Ludwig Gramminger Das gerettete Leben

Ludwig Gramminger

Das gerettete Leben

Aus der Geschichte der
Bergrettung —
Einsätze, Entwicklungen,
Ausbildung, Episoden…

Herausgegeben
von Hans Steinbichler

Rother

Bergverlag Rudolf Rother GmbH
Alle Rechte vorbehalten
1. Auflage 1986
ISBN 3-7633-7005-6
Reproduktionen: Brend'amour, Simhardt
GmbH & Co., München
Hergestellt in den Werkstätten der
Bergverlag Rudolf Rother GmbH, München
(2159/6100)

Bildnachweis:
Baumann 187; Henneberger 97; Hoffmann 73
unten; Rother 181; Sanden 69, 71; Scholl 189
oben rechts; Schott 247 rechts;
Speer 191; Sporthaus Schuster 254;
Stadtarchiv München 154/155, 156/157;
Steinbichler 95 unten, 249 oben, 266, 267, 268.
Alle übrigen Aufnahmen dieses Buches
Gramminger/Archiv Gramminger.

Randbemerkung

Das gerettete Leben: Dies ist die Lebensgeschichte Ludwig Grammingers, eines Mannes, dessen Beruf und Berufung es war, in Not geratenen Bergsteigern Hilfe zu leisten. Dazu war ein langer Weg aufzuzeichnen, ein Weg, der nahezu mit unserem Jahrhundert begonnen hat und der wie dieses viele Höhen und Tiefen kennt.

Ludwig Gramminger ist — aus heutiger Sicht — ein Bergretter der ersten Stunde. Seit 1925 Mitglied der Bergwacht, hat er wie kein anderer vor oder seit seiner aktiven Zeit diese Organisation, ihr Bild in der Öffentlichkeit, ihren Ruf unter den Bergsteigern und ihre Leistungsfähigkeit im Dienst Verunglückter geprägt und weitergebracht. Mit seinem Namen sind einige der spektakulärsten Rettungsaktionen ebenso verbunden wie bahnbrechende Neukonstruktionen von verschiedenen Rettungsgeräten („Gramminger-Sitz", Akja, Stahlseilgerät, Streckschiene und vieles mehr).

Natürlich ist keine lückenlose Chronik all der Rettungs- und Bergungsaktionen entstanden, an denen Ludwig Gramminger — der „Wiggerl" — während seines langen Wirkens als Bergretter beteiligt war. Da wäre von Hunderten von Einsätzen zu berichten gewesen, und dabei hätte sich vieles wiederholt (ein Umstand, den Leser für gewöhnlich nicht schätzen). Doch derlei Lückenlosigkeit, solch pedantische Akribie konnte nicht Ziel dieses Buches sein. Die Bedeutung der folgenden, reich illustrierten Aufzeichnungen liegt auf einer ganz anderen Ebene: An dem, was Ludwig Gramminger erlebt, geschaffen und festgehalten hat, läßt sich geradezu beispielhaft darstellen und nachvollziehen, welche Entwicklung das alpine Rettungswesen seit seinen Anfängen genommen hat.

Dieses Buch ist daneben ein lebendiges Zeugnis der dunklen Seite des Alpinismus, eine eindringliche Konfrontation mit all den Facetten des Bergsteigens, die wir fürchten, vor denen wir nie ganz sicher sein können, doch denen mancher Schrecken dank Grammingers Einsatz genommen ist. So wird der Leser feststellen, daß auf diesen Seiten etwas Besonderes auf ihn wartet: der Lebensbericht einer ganz großen Persönlichkeit des Alpinismus, die ihre außergewöhnlichen bergsteigerischen Fähigkeiten in den Dienst der Sache, nicht des Ruhmes gestellt hat. Um dies zu dokumentieren: Gramminger hat nicht nur sehr frühe Wiederholungen der großen Kaiser-, Karwendel- oder Wettersteintouren seiner Zeit unternommen, sondern er bewältigte beispielsweise auch den berüchtigten Hinterstoißer-Quergang in der Eiger-Nordwand vor den späteren Erstbegehern dieser Wand. Er tat dies allerdings nicht, um alpinen Lorbeer zu ernten, sondern um Bergsteigern, die in der Route gescheitert waren, zu helfen (was nicht mehr rechtzeitig gelang), und letztlich, um deren Leichen zu bergen.

„Die Bergrettung — mein Leben" nannte Ludwig Gramminger seine Vorträge. Er, der dieses sein Leben ungezählte Male für andere eingesetzt hat, durfte und darf dies mit dem höchsten Recht behaupten! Zusammen mit Hans Steinbichler, dem wir für seine wertvolle Mithilfe am Entstehen dieses Werkes zu danken haben, hat er dies nun nachvollziehbar gemacht.

Uns allen, die wir an diesem Projekt mitgearbeitet haben, ist daran gelegen, daß neben all den vielen Leben, die Ludwig Gramminger gerettet hat, auch sein eigenes für die Nachgeborenen erhalten, gerettet wird. Als notwendiger Beitrag dazu versteht sich dieses Buch — und gerade auch sein Titel — aus unserer Sicht.

München, im Frühjahr 1986
Bergverlag Rudolf Rother

Inhalt

Aus der Jugendzeit	8
Ein Inserat mit Folgen	13
Neue Aufgaben	23
Mit dem Flachsen-Bugatti in die Dolomiten	25
Skitage unterm Matterhorn	28
Mit dem Motorrad zum Montblanc	31
Diensthütten — Fritz Bergers rettende Idee	34
Mitten in der Nacht ...	38
Im Zeichen der fünf Ringe	39
Das Grauen in der großen Wand	40
Verwegener Einstieg ins neue Jahr	65
Zur Geschichte der Bergrettung	76
Verhängnis am Grubenkarpfeiler	82
Das gerettete Leben	87
Neubelebung des Naturschutzgedankens	100
Zeitgemäße Beweglichkeit	104
Das verschollene Flugzeug	108
Seilriß am Hochkalter	110
Tod am Montblanc	112
Unter einem schlechten Stern	123
Der Gramminger-Sitz	131
Schwere Zeiten	132

Der Hühnerschreck	140
Mord an der Sonnenspitze	142
Eine Totenbergung mitten im Krieg	144
Eines alten Mannes Ende	148
Sturz in der Schmittrinne	150
Die Stunde Null	152
Die Bergwacht im Roten Kreuz	158
Die Gründung der IKAR	165
Zuflucht zum Bomberschrott	170
Die Watzmann-Biwakschachtel-Story	177
Hilfe von oben	180
Eine neue Ära der Rettungstechnik: das Stahlseil	188
Rettung der Bergungsmannschaft	192
Die Arbeit an den Fundamenten	204
Zuversicht, vom Schnee begraben	217
Claudio Cortis langer Atem	222
Hilfe im Flug	241
In der Wand ist Totenstille	248
Vertrauen ist gut …	253
In dankbarer Erinnerung	254
Weggefährten	256
Die Sicherheit in mir selbst	260
Nachwort	262
Register	269
Rückkehr ins Leben	271

Aus der Jugendzeit

Münchner Hinterhöfe. Lehrjahre. Erste Bekanntschaft mit den Bergen

Ich bin ein Münchner Kindl. Geboren wurde ich am 11. Juni 1906 in der Adlzreiterstraße, im Münchner Süden, im sogenannten „Schlachthofviertel" — einem durchaus ehrenwerten Stadtteil, in dem sich auch heute noch zahlreiche Metzgereien befinden. Meine Eltern, meine drei Schwestern und ich wohnten ganz oben unter dem Dach eines Häuserblocks in einer Mansardenwohnung. Täglich waren sehr viele Treppenstufen zu steigen, die man abwärts nicht zu gehen brauchte, denn das glattpolierte Holzgeländer gestattete heiße Rutschpartien von Stockwerk zu Stockwerk. Der Vater verdiente unseren Unterhalt als Porzellanmaler in der Nymphenburger Porzellanwarenmanufaktur, die Mutter war Hausfrau. Wir lebten einfach und bedürfnislos, es gab keinerlei Luxus oder Zerstreuung, für die Gestaltung unserer Freizeit waren wir allein zuständig — und da mangelte es nie an Ideen. Von den Eltern her gab es keinerlei Abwechslung, an größere Ausflüge oder gar Reisen ins Gebirge war gar nicht zu denken. Wir Kinder waren schon überglücklich, wenn es an schönen Sommersonntagen im Kreis der Familie zum Kleinhesseloher See ging, zu Fuß selbstverständlich. Dort, im Gasthaus „Hinterbrühl", bestellte der Vater für alle sechs Familienmitglieder drei Quartel Bier, und die Mutter packte aus dem Rucksack das daheim zubereitete Essen: Kartoffelsalat und Fleischpflanzl.

Genau erinnere ich mich noch an die oft wilden Straßenkämpfe der Buben zwischen den Stadtteilen Sendling und Schwanthalerhöh'. Diese Auseinandersetzungen wurden mit allen Mitteln geführt: Die Gegner wurden verspottet, blamiert, auch verdroschen, und beide Seiten versuchten immer wieder, „Gefangene" in ihre Gewalt zu bringen. Wir bestraften dieselben auf eine besonders raffinierte Weise: Im Hinterhof unseres Blocks befand sich eine Schlosserei, die im Auftrag der Reichsbahn Unterstände herstellte. Sie wurden aus Wellblech und Winkeleisen gefertigt. In diese etwa zwei Quadratmeter messenden Behausungen sperrten wir unsere Gefangenen, wobei wir die Türen von außen so verriegelten, daß jene sich selbst nicht befreien konnten. Nach draußen konnten sie nur gelangen, wenn sie sich erneut unbeliebt machten: Indem sie mit Fäusten und Füßen das Wellblech traktierten, gelang es ihnen, einen solchen Krach auszuführen, daß selbst die durch den Lärm der Schlosserei ohnehin beeinträchtigten Bewohner des Blocks aufmerksam wurden. Da die Gefangenen dazu auch noch laut um Hilfe riefen, war das Getöse so groß, daß es irgendwem irgendwann zu viel wurde und nach der Ursache der Lärmquelle gesucht wurde. Oft genug gab es dann für die Befreiten noch eine saftige Watschn, weil sich der Drang zur Freiheit etwas zu lautstark bemerkbar gemacht hatte. Wir, die wir aus sicherer Entfernung den Lauf der Dinge beobachteten, waren mit diesem Ablauf der Ereignisse voll einverstanden und freuten uns, wenn einer der Gegner heulend nach Hause lief.

Mit Kegelaufstellen und Arbeiten bei einem Tapezierer verdiente ich mir schon in der ersten Schulzeit soviel Taschengeld, daß ich mir ein gebrauchtes Fahrrad kaufen konnte. Damit war eine hohe Stufe von Freiheit und Unabhängigkeit erreicht, die bei weitem nicht alle meiner Schulkameraden besaßen. Mein Vater, der ein ausgezeichneter Schütze war, vermittelte mir das Interesse für's Schießen. Er gewann viele der damals überall stattfindenden Preisschießen, und die Preise bestanden in jener Zeit nicht in Pokalen und Zinntellern, sondern die hiesigen Metzger stifteten dazu schöne Stücke Geselchtes oder lange Würste, mit denen sich der familiäre Speisezettel ganz wesentlich verbessern ließ. Von meinem erworbenen Taschengeld kaufte ich mir einen „Flobert" (Luftdruckgewehr). Natürlich hatte mich der Vater über die Gefährlichkeit einer solchen Waffe aufgeklärt, weshalb die Ladung der Büchse zumeist aus den sogenannten „Liebesperlen" bestand, kleinen bunten Zuckerkugeln. Als weiterer Ersatz für Pulver und Blei dienten rohe Kartoffeln. Sie wurden mit einem dünnen Rohr ausgestochen, und der Pfropfen kam in den Lauf des Flobert. Immerhin ließ sich mit dieser Munition über zwanzig Meter Distanz auf die nackten Beine unserer Gegner schießen – und auch die Mädchen wurden nicht verschont.

Zur Schule, die sich in der Tumblinger Straße befand, war es nicht weit, doch kann ich mich nicht erinnern, daß sie mir irgendwann einmal besondere Freude gemacht hätte. Viel eher war dies der Fall, wenn die Glocke schrillte, die ihr Ende anzeigte, denn nun begann der interessante Teil des Tages, der freie Nachmittag. An warmen Sommertagen ging's hinaus in die Isarauen, zum „Flaucher", wo wir mit Kindern aus vielen anderen Stadtteilen Indianer spielten. Die Isar befand sich damals (wenigstens oberhalb von München) in gutem Zustand, das Baden in den klaren grünen Wassern war zwar ein kühles Vergnügen, doch überaus beliebt. Besonders in den sogenannten „Überfällen" (stufenartige Wasserfälle in Thalkirchen) herrschte zur Hochsommerzeit ein ungeheurer Betrieb. Von April bis November liefen wir barfuß – und so ging es auch in die Schule. Es war eine glückliche und trotz unserer Mittellosigkeit unbeschwerte Kindheit. Dies änderte sich fast schlagartig, als der Vater schon im August 1914 an die Front mußte. Ich erinnere mich noch genau, wie ich ihn zum Hauptbahnhof begleitete und dabei sein Gewehr tragen durfte. Die Kriegszeit brachte auch unserer Familie Not. Von weit her mußte ich mit meinen Schwestern das Brennholz mit dem Leiterwagl holen. Wie viele andere sammelten wir es in den München umgebenden Forsten, und wir suchten oft lang, bis wir eine Fuhre beisammen hatten. Im Herbst zogen wir dann alle hinaus auf die abgeernteten Kartoffeläcker und suchten nach liegengebliebenen und versteckten Erdäpfeln. Diese Art der Nahrungsbeschaffung war in München allgemein unter der Bezeichnung „Kartoffeln resten" bekannt.

Ein Onkel mütterlicherseits betrieb in Hohenbrunn, im Südosten Münchens, eine kleine Wäscherei. Nebenher bewirtschaftete er noch ein „Sachl", einen kleinen Bauernhof. Obwohl er selber eine Schar Kinder hatte, durfte ich die Sommerferien während des Krieges bei ihm verbringen. Hier auf dem Land war der Hunger noch unbekannt, wenngleich auch da niemand im Überfluß lebte. Auf dem Hof meines Onkels lernte ich viele Bauernarbeiten, was mir später noch oft zugute gekommen ist. Auch sonst war das „Landleben" für einen „Stadterer" eine hochwillkommene Abwechslung, von der ich den Schwestern daheim noch lange erzählen konnte. Am Ende des Sommers, wenn ich Abschied nehmen mußte, packte mir der gute Onkel stets meinen Rucksack randvoll mit Eßbarem – und meine Mutter erwartete mich jedesmal am Bahnhof, denn mit diesem Proviantpaket konnten wir wieder eine schöne Zeit leben.

1918, am Ende des Krieges, kam der Vater unverletzt wieder zurück, doch konnte er in der beginnenden Wirtschaftskrise seinem alten Beruf als Porzellanmaler nicht mehr nachgehen. Da er geschickt und beweglich war, hatte er bald wieder Arbeit. Er verlegte sich auf die Fassadenmalerei und hatte hier stets genügend Aufträge. Auch die Mutter mußte mitverdienen, um die Familie zu erhalten; sie bekam Arbeit in einer Elektrofirma und konnte mir, als ich 1919 aus der Schule kam (damals gab es nur sieben Schuljahre), dort eine Lehrstelle besorgen. Die Berufsbezeichnung ist heute verschwunden: Ich lernte den Beruf eines „Gürtlers". Der Ausdruck bezieht sich wohl auf die Herstellung von Gürtelschnallen und Beschlägen für Zaumzeug und anderes, doch umfaßte er damals schon eine Reihe feinmechanischer Arbeiten, zur Hauptsache mit Buntmetallen. Zwar wäre mein Berufswunsch „Koch" gewesen, aber da fragte man damals nicht lang, und schon gar nicht den kleinen Betroffenen. Als ich dem Meister vorgestellt wurde, hob er erstaunt die Brauen und murmelte: „Daß er klein ist, der Ludwig, habe ich schon gewußt — aber so klein!" Um überhaupt auf die Werkbank sehen zu können, mußte man für mich zuerst einmal ein Holzgestell zurechtzimmern; erst dann konnte ich meinen Platz am Schraubstock einnehmen.

Damals wurde noch an sechs Tagen in der Woche gearbeitet — um so wertvoller war uns die wenige verbleibende Freizeit. Ich verbrachte sie zum großen Teil in der Arbeiterjugend der Gewerkschaft. An jedem Freitagabend gab es in unserem Heim Lichtbildervorträge, damals natürlich nur in Schwarzweiß. Sie handelten, wie heute auch, von Reisen ins Gebirge oder in ferne Länder. Sie weckten meine Reiselust, und ich wünschte mir nichts sehnlicher, als auch einmal so unterwegs sein zu können. Verstärkt wurde dieser Drang, in die Welt hinauszuziehen, auch durch die Lieder, die wir an unseren Gruppenabenden lernten, von Laute oder Gitarre begleitet. Trotz der schroffen politischen Gegensätze herrschte damals besonders unter der Jugend eine Aufbruchsstimmung, die mitreißend wirkte.

„Aus grauer Städte Mauern ziehn wir in Wald und Feld", so sangen wir, und mit diesen Liedern zogen wir zu Fuß oder mit den Rädern hinaus in die nähere Umgebung unserer Stadt. Wandern querfeldein durch Wald und Flur, Lagerfeuer, Singen und einfaches Leben — wir waren fast wunschlos glücklich in einer Zeit des wirtschaftlichen Niedergangs, der Inflation und der politischen Umstürze.

Die Lichtbildervorträge fanden im Thomasbräu am Kapuzinerplatz statt. Sie zeigten die Schönheit von Landschaften und Bergen, und hier wurde der Same gelegt, der dann mein gesamtes Leben beeinflussen sollte. Die Vortragenden waren alle Mitglieder beim „Touristenverein Die Naturfreunde", einer der Arbeiterjugend nahestehenden Organisation. Dies bewog mich, diesem Verein ebenfalls beizutreten. Damit, so hoffte ich, gab es nun die Möglichkeit, die Berge selbst einmal zu sehen. Und so war es auch. In Gruppen trafen wir uns am Hauptbahnhof und fuhren am Sonntagmorgen in völlig überfüllten Zügen nach Süden, dem Gebirg' entgegen. Gleichgültig, wie sich das Wetter zeigte, wir waren unterwegs in den bayerischen Alpen, zwischen Wank und Kampenwand. Bald schon hatte ich einen festen Kameradenkreis, mit dem ich dann auf eigene Faust auszog. Viele meiner Bekannten fuhren auch am Samstagnachmittag schon in die Berge und übernachteten dort in romantischen Almhütten. Meist hatte sich ein halbes Dutzend von ihnen zusammengetan und eine dieser Hütten gepachtet. Ein solcher Hüttenabend, verbunden mit einem selbstgekochten Essen, mit rauhem Gesang und dem Erlebnis der Gemeinschaft Gleichgesinnter, schien mir der Gipfel der irdischen Seligkeit. Wir suchten nicht lang, dann fand sich ein für unsere Bedürfnisse geeignetes Objekt auf der Südseite der Benediktenwand, die Petereralm. Wir pachteten sie, und damit hatten wir nun jede Woche ein Ziel. Das Hüttenleben war für uns die große Freiheit. Jeden Samstagnachmittag packten wir unsere Fahrräder und fuhren den Bergen entgegen...

Dann kam der Winter, und damit stand ein neues Abenteuer bevor: Schnee und Ski. Im Herbst, vor dem ersten Schnee, hatten wir einen Berg Holz zusammengezogen, gesägt und gehackt. Dann war es an der Zeit, sich nach Ski umzusehen: Ich erstand ein Paar gebrauchte Hickorylatten mit einer Huitfeldbindung um genau fünf Mark. Schon nach dem ersten Versuch kaufte ich mir dann eine Bilgeribindung im Sporthaus Schuster — damals das modernste, was auf dem Markt war.

Der Aufstieg zur Hütte mit diesen langen Latten ohne jede Steighilfe (wie Felle) war zwar mühsam, aber verglichen mit der Abfahrt wenigstens gefahrlos. Da wir die teuren Seehundfelle nicht kaufen konnten, banden wir oft Tannenzweige unter die Laufflächen der Ski. Im Bereich der Hütte gab es dann zunächst viel Arbeit mit dem Eintreten einer „Bahn". In kühnen Schußfahrten wurde der „Telemarkschwung" geübt, der „Kristianiabogen" (Kristl) war uns noch unbekannt. Selbstverständlich bauten wir auch eine Schanze, und dann wurde gesprungen, so hoch und weit wie nur möglich. Es gab haarsträubende Stürze und manches Holz splitterte dabei. Doch auch für solche Fälle waren wir gerüstet: Mit dem Blech leerer Konservendosen wurde eine Manschette um die Ski gelegt, mit zahlreichen kleinen Nägeln befestigt — und schon ging es wieder. Man sah oft Ski, die hinten und vorne solche Blechmanschetten aufwiesen. Die Krönung der Skikünste war die Aneinanderreihung linker und rechter Telemarkbögen, wofür sich die Bilgeribindung besonders gut eignete. Wer dies konnte, zeichnete ungemein elegante Linien in den Schnee, und diese Spuren durften nicht überfahren werden. Sie zeugten dann noch lang von der Skikunst des „Telemarkers". Es gab noch keine Lehrbücher und keine Skilehrer, schlußendlich lernte jeder vom anderen, und irgendwer brachte immer etwas Neues von der Skitechnik in den Kreis oder es wurden die absonderlichsten Kunststücke geübt. Besonders gefahrvoll waren jedoch die Abfahrten, die Ziehwege hinab durch den Wald und über die Steilhänge. Da der Telemarkschwung fürs Bremsen wenig geeignet ist, mußten wir uns andere Techniken zulegen. Beliebt — und in Notsituation die einzige Möglichkeit — war das „Steckerlreiten". Dabei wurden die Stöcke zwischen die Beine genommen und mit dem Hinterteil belastet. Das erzeugte zwar den gewünschten Bremseffekt, doch oft genug gingen dabei die Stöcke zu Bruch. Doch das war nicht weiter schlimm, denn sie bestanden aus Haselnußstangen, die jederzeit wieder ersetzt werden konnten. Da die Stockbremse an steilen Hängen oder in engen Ziehwegen nicht mehr ausreichte, kamen wir auf eine andere Idee: Wir suchten uns für die Abfahrt ein dürres Bäumchen in ordentlicher Christbaumgröße oder einen entsprechenden Ast. Auf diesen Hölzern ritten wir dann die steilen Passagen hinunter — wie die Hexen auf ihren Besen.

Bei allen unseren Unternehmungen, den Fahrten in die Berge oder bei den Arbeiten für unsere Hütte waren gute Kameradschaft und uneigennütziges Handeln selbstverständlich. Dazu brauchten wir keine Vorschriften und Reglements. Alles, was sich an Eßbarem im Rucksack befand, wurde brüderlich geteilt.

Unsere erste Hilfeleistung für einen verletzten Skibergsteiger erfolgte auf einer Tour ins Karwendel. Wir waren mit dem Zug über Mittenwald nach Scharnitz gefahren, schulterten dort die Ski, liefen das lange Karwendeltal hinein und stiegen hinauf zum Karwendelhaus; von dort ging's weiter ins Schlauchkar. Bei der Abfahrt trafen wir dann auf eine Gruppe von Skifahrern, die etwas hilflos um einen Kameraden standen, der sich bei einem Sturz einen Unterschenkelbruch zugezogen hatte. Sie waren, wie wir, aus München — wir kannten sie von früheren Begegnungen, sie nannten sich die „Waxensteiner"; auch der Name des Verletzten ist mir noch im Gedächtnis: Karl Schuster. Ohne lange zu diskutieren, fing ich an, einen Schlitten zu bauen, wobei ich die Ski des Verletzten mit Riemen und Schnüren so zusammenband, daß ein stabiler Schlitten daraus wurde. Gepolstert wurde das Gefährt mit Latschenzweigen. Anschließend schiente ich das gebrochene Bein sehr behelfsmäßig mit Ästen und einigen Binden, dann hoben wir den Verletzten vorsichtig auf den Schlitten und begannen den mühsamen Transport hinab ins Tal und hinaus nach Scharnitz. Vier Stunden waren dazu erforderlich. Für eine solche Bergung gab es noch keinerlei Anleitungen, es gab keine Akja, ja noch nicht einmal eine ganz primitive Skiverschraubung. Mit Schnüren zogen und bremsten wir das Gefährt, wobei wir selbst zu Fuß durch den tiefen Schnee spurten, unsere eigenen Ski und Stöcke auf dem Rucksack. Auch das Schienen und Ruhigstellen eines gebrochenen Beines war mir unbekannt. Ich behalf mir mit einfachsten Mitteln, wobei ich nur ungefähr wußte, worauf es ankam.

Dieses Erlebnis führte mir vor Augen, wie hilflos ein Mensch mit einem gebrochenen Fuß in den verschneiten Bergen im Handumdrehen sein konnte und wie wenig Rettungsmittel für solche Fälle zur Verfügung standen. Ich wußte, daß es eine Organisation gab, die sich die Bergwacht nannte, aber das war dann schon alles. In München erkundigte ich mich im Freundeskreis ein wenig über diesen Verein und erfuhr, daß dort Sanitätskurse für Notfälle in den Bergen ausgeschrieben wurden. Ohne langes Zögern belegte ich einen solchen.

Diese Rettung eines „Waxensteiners" hatte noch ein anderes Nachspiel, das meinem Leben eine weitere gravierende Wende gab: Die „Vorstandschaft" der Waxensteiner beschloß, uns Vorgebirgswanderer und Jochbummler zu einer Klettertour in den Wilden Kaiser einzuladen, um sich auf diese Weise für unsere Hilfeleistung zu bedanken.

Von Hinterbärenbad aus stiegen wir auf die Kleine Halt, überschritten die Gamshalt und wollten zur Ellmauer Halt weiter. Kurz unterhalb des höchsten Kaisergipfels traf meinen Seilschaftsersten ein fallender Stein am Kopf und verletzte ihn so, daß er bewußtlos zusammensackte und das Blut unter der Mütze herausquoll. Ich befürchtete Schlimmes, und es stellte sich bald heraus, daß die Schädeldecke ein Loch aufwies. Mein Seilkamerad konnte jedoch, nachdem er wieder zu Bewußtsein gekommen war und ich ihm mit meinem frisch erworbenen Wissen einen sauberen Verband angelegt hatte, langsam weitersteigen. Diese eine Klettertour hatte mich vollständig gefesselt, ich war begeistert von den Wänden und Kanten — es war eine Liebe auf den ersten Blick. Von nun an wurde der Kaiser zum Hauptziel. Woche für Woche fuhren wir mit unseren Rädern die mehr als hundert Kilometer von München nach Kufstein, stiegen ins Kaisertal hinauf, übernachteten auf den damals schon berühmten Hütten, in Hinterbärenbad, auf der „Strips", oder jenseits der Steinernen Rinne auf der „Gaudihüttn". Rückblickend, aus einer Distanz von sechzig Jahren, darf ich sagen, daß wir die gekletterten Schwierigkeiten in fast atemberaubendem Tempo steigerten. Aber es war schon so, daß die vielen Abstürze und Unglücksfälle, die sich in dieser Zeit ereigneten, bei mir auch die Vorsicht weckten. Ich war fest entschlossen, zum Können im Fels auch die entsprechenden Sicherungstechniken zu erlernen, und zwar so, daß ich sie in jeder Situation blind und ohne langes Nachdenken anwenden konnte. Vielleicht war diese stets wachgehaltene Vorsicht ein Grund, daß ich ein Leben lang nicht gestürzt bin und daß sich in den sechs Jahrzehnten, in denen ich in den Bergen unterwegs bin, in meinen Seilschaften kein Unfall ereignete.

Ein Inserat mit Folgen

Aufnahme in die Bergwacht. Kaisertouren. Verlust eines Auges. Paula. Neuer Lebensmut

Im Herbst 1925 las ich in den „Münchner Neuesten Nachrichten" eine Anzeige:
Die Bergwacht sucht für ihre Rettungseinsätze junge Bergsteiger und Skifahrer. Aufnahmealter mindestens 20 Jahre.
Ich meldete mich zusammen mit Heinrich Duschl, einem Kameraden von unserer Naturfreundegruppe, in der Bergwacht-Geschäftsstelle im Südbau des Hauptbahnhofs. Geschäftsführer war damals Ernst Gottschaldt, mit dem ich dann später noch viele Jahre zusammenarbeitete. Als erstes wurden wir aufgefordert, beim Roten Kreuz, Zug 14, einen Sanitätskurs zu belegen. Die Leiter dieses Kurses hatten in alpiner Rettung bereits Erfahrung. Auf ihre Anregung hin war in den vergangenen Jahren in Neuhaus/Schliersee bereits ein Winterrettungsdienst aufgebaut worden.

Schon während des Kurses wurden wir an Wochenenden zu Hilfseinsätzen im Gebiet des Spitzingsees verpflichtet. Wir beide fielen dem Prüfungsarzt negativ auf, da wir ohne Krawatte und Uniform die Lehrstunden besuchten. Als Angehörige der Bergwacht waren wir ja gar nicht im Besitz von Rotkreuz-Kleidung, aber das war dem Herrn Doktor anscheinend nicht bekannt, weshalb er uns bei der Prüfung in allen Fächern mit Glanz und Gloria durchfallen ließ. Allerdings setzten sich unsere Ausbilder zur Wehr und erreichten, daß wir unsere Prüfung nochmals ablegen durften, wobei wir beide ohne weiteres bestanden. Nun waren wir Angehörige der Bergwacht mit offizieller Sanitätsausbildung.

Bei mehreren Rettungseinsätzen im winterlichen Spitzingseegebiet wurde mir bald die Primitivität unserer Hilfsmittel deutlich bewußt. Bei jedem Abtransport eines Verletzten wurde improvisiert. Es gab keine Trage, keinen Akja — wenn wir einen Verletzten ins Tal bringen wollten, mußten wir uns von einem Bauern einen Hörnerschlitten leihen oder aus zwei Paar Ski einen Notschlitten bauen. Dieser Zustand hatte keine Zukunft, und so kam es mir sehr gelegen, daß es in unserer Geschäftsstelle einen ungenützten Kellerraum gab, den ich mir mit Zustimmung unseres Vorsitzenden Fritz Berger zu einer Werkstatt ausbauen konnte. Das erste, was ich dort konstruierte, war eine Skiverschraubung, mit der ich vier Ski fest zusammenmontieren konnte. Das nächste war ein Schlitten, dessen Kufen an beiden Enden gebogen waren, damit wir an steilen Hängen, ohne jeweils umzukehren, queren konnten. Der Abtransport erfolgte ja damals ausschließlich durch die Retter zu Fuß. Der Einsatz von Ski war erst mit dem Akja möglich.

In meiner gesamten freien Zeit arbeitete ich an der Verbesserung der Rettungsgeräte und an von mir ausgetüftelten Neukonstruktionen. Dabei entstand eine zerlegbare Trage aus Stahlrohr, die etwa zwölf Kilo wog und mit einer Plane bespannt war. Sie konnte für Winterbergungen auf den erwähnten Schlitten montiert werden. Für sommerliche Rettungseinsätze ließen sich an diese Trage zwei vollgummibereifte Speichenräder anbringen. Für behelfsmäßige Abtransporte entwickelte ich aus zwei Holzstangen mit vier Querstreben eine Mustertrage, die sich rasch mit einigen Reepschnüren herstellen ließ, wobei außer Schnüren zur Verbindung und zur Verspannung keinerlei weitere Hilfsmittel verwendet wurden.

Nach wie vor arbeitete ich in meinem erlernten Beruf als Gürtler bei meiner Firma *Deutsche Lichttechnik*. Jede Woche einmal, zur Sommersaison oft mehrmals in der Woche, wurde ich telefonisch zu Rettungseinsätzen gerufen. Damals gab es die Bergwacht-Bereitschaften in den größeren Alpenorten noch nicht. In Berchtesgaden, Garmisch und Oberstdorf bestanden zwar alpine Rettungsstellen, sie waren jedoch nicht ständig besetzt und erreichbar. Auch unterstanden sie damals dem Deutschen und Österreichischen Alpenverein. Kam ein Anruf von unserer Dienststelle, legte ich umgehend das Werkzeug aus der Hand, schwang mich aufs Rad und fuhr von der Ungererstraße im Norden Münchens so rasch wie möglich zum Hauptbahnhof. Nach kurzer Information kam das nötige Gerät, das ich im Keller stets fertig gepackt hatte, ins Auto (anfangs ein Simson mit Außenschaltung, den wir „Simmerl" getauft hatten). Mit vier bis fünf Mann fuhren wir dann auf staubigen Sandstraßen den Bergen entgegen. Als erstes nahmen wir am Ort Kontakt mit der Meldestelle auf und begannen dann, die Vermißten oder Abgestürzten zu suchen. Zumeist unterstützten uns auch die einheimischen Bergführer, wenn sie nicht gerade auf Tour unterwegs waren.

Während der Woche wurde im Klettergarten Baierbrunn im Isartal trainiert. Eine Reihe von hervorragenden Kletterern aus den verschiedenen Münchner Clubs wetteiferten mit allem Einsatz um die schwierigsten Passagen und Routen. Hier wurden auch die Seilschaften fürs Wochenende verbunden, es wurden Touren besprochen und erklärt.

Unsere besondere Vorliebe galt dem Kaiserfels und unsere Unternehmungen dort wurden ständig schwieriger und länger. Am Totenkirchl kletterte ich alle damals bekannten Routen, wie den Südostgrat, die Südverschneidung, die Direkte Westwand; auch am Predigtstuhl sammelte ich Führen, wie die Nordkante, die Schüle/Diem, die Fiechtl/Weinberger, die Westwand und all die diversen Kamine, Grate und Schluchten. An der Fleischbank durchstieg ich Dülferriß, Ostwand und Südostwand. Alle diese Touren ging ich mit den verschiedensten Seilpartnern. Viele von ihnen waren damals arbeitslos, und was lag da näher, als daß sie all ihre Zeit in den Bergen verbrachten. Ich ärgerte mich oft, daß ich am Sonntagabend allein absteigen mußte, um mit dem Rad nach München zurückzufahren. Die „Arbeiter" ließen den „Arbeitslosen" das Material und die Reste des Essens zurück, meist fuhr auch einer der Arbeitslosen mit in die Stadt, um am Montag für alle zu „stempeln" und vom Arbeitsamt das Arbeitslosengeld in Empfang zu nehmen. Der Sommer 1927 brachte die ersten Eistouren, wie die Wiesbachhorn-Nordwestwand, Großglockner-Pallavicinirinne und Überschreitungen in den Stubaiern und Ötztalern.

Bei Rettungen aus schwierigen Wänden stand ich mit meinen ehrenamtlichen Helfern (ich war ja ebenfalls ein solcher) oft vor fast unlösbaren Aufgaben. Es war nicht möglich, mit den alpin unerfahrenen Rettern in schwierige Routen einzusteigen, um Hilfe zu bringen oder Tote zu bergen. In solchen Fällen war ich auf meine Seilkameraden angewiesen, also auf meinen privaten Freundeskreis. Bei der Weiterentwicklung der Geräte kam mir mein Beruf sehr zustatten, konnte ich doch mit allen Metallen umgehen, zum Beispiel Rohre biegen, Bleche schweißen, Messing und Aluminium löten, Holz bearbeiten.

Ich hatte nun folgende Idee: Alle meine Kameraden, mit denen ich in schweren Routen unterwegs war, sollten zu einem ehrenamtlichen Dienst gewonnen werden, wobei sämtliche anfallenden Spesen und Verdienstausfälle von der Bergwacht getragen werden sollten. Mit Fritz Berger besprach ich diesen Plan, und er war sogleich einverstanden. Auch mit den Kameraden war ich schnell einig, denn solche Rettungseinsätze hatten zunächst auch einen Vorteil: Man kam zu ganz ungewöhnlichen Zeiten in die Berge und dazu mit einem ebenso ungewöhnlichen Fahrzeug — nämlich mit dem Auto der Bergwacht. Das Kind mußte nun auch getauft werden, und da fiel mir nur eine Zahl

Oben: Den Simson (wir nannten ihn „Simmerl"), ursprünglich ein Mannschaftswagen, bauten wir so um, daß auch eine Trage in ihm verstaut werden konnte.
Unten: In den ersten Jahren nach der Gründung gehörte der Ordnungsdienst zu den Hauptaufgaben der Bergwacht.

ein: in Anlehnung an den so bezeichneten höchsten Schwierigkeitsgrad beim Klettern die Ziffer VI. Sie sollte symbolisieren, daß es sich bei diesem Einsatz, bei diesem Dienst um Rettungsunternehmen in schwierigstem Gelände handelt, in großen Wänden und auf ausgesetzten Graten genauso wie in abgelegenen Karen oder auf hohen Gipfeln.

Für diesen schweren und anspruchsvollen Rettungsdienst konnte ich nach und nach über zwanzig Kameraden begeistern, die ich allesamt in einer Kartei zusammenfaßte. Kam nun eine Meldung von einer Rettungsstelle, so wurde zuerst ich verständigt, und nachdem ich mit dem Rad die Geschäftsstelle erreicht hatte, telefonierte ich reihum, bis die entsprechende Mannschaft beisammen war. Zumeist fuhr uns Fritz Berger persönlich zu den Einsatzorten und organisierte dort weitere Hilfsmaßnahmen.

Im „Dienst VI" trafen sich fast alle leistungsstarken Münchner Kletterer der Vorkriegszeit, Namen, die Bergsteigergeschichte geschrieben haben. Ich darf sie in alphabetischer Reihe aufführen: Karl Ammann, Otto Eidenschink, Sepp Emmer, Hans Ertl, Franz Fischer, Adi Göttner, Karl Grandl, Anderl Heckmair, Bertl Herbst, Hans Hintermeier, Bartl Hütt, Dr. Karl von Kraus, den wir „Kai" nannten, Hias Kuhn, Paul Liebl, Hans Lucke, die Brüder Martl und Toni Meier, Karl Merk, Toni Mesner, Eugen Minarek, die Brüder Arwed, Fedor und Rudi Möhn, Bertl Paidar, Rudi Peters, Leo Rittler, Ernst Rosenschohn, Wiggerl Schmaderer, die Brüder Franz und Toni Schmid, Franz Singer, Hartl Steinberger, Ludwig Vörg.

Aus diesem „Dienst VI" fanden sich Seilschaften zusammen, die in den Alpen wie in den Bergen der Welt große Fahrten durchführten; viele konnten bei den schwierigen Rettungseinsätzen ihre Erfahrung im Klettern und in der Seiltechnik verbessern und dann bei ihren Touren anwenden.

In den Jahren von 1926 bis 1929 war ich an den Wochenenden stets zum Klettern unterwegs. Im Sommer im Fels von Kaiser, Karwendel und Wetterstein, zur Winterszeit in den heimatlichen Voralpen. Aus diesem Grund war ich sonntags meist nicht zu erreichen, hatte allerdings einmal im Monat die sogenannte „Bereitschaft", die wir fast immer in Stockdorf, bei unserem Vorsitzenden Fritz Berger, „absaßen". Oft genug mußten wir am späten Sonntagnachmittag noch ausrücken, oder es traf mich sogar am Abend noch, wenn ich hundemüde in München ankam (meist auch noch mit dem Fahrrad).

Mein Lieblingsgebiet wurde, wie schon erwähnt, der Wilde Kaiser, doch zog es mich auch immer wieder ins Karwendel, wo ich 1928 mit Anderl Heckmair die Fiechtl-Herzog-Route in der Laliderer Wand kletterte. Da war zunächst die Frage nach der Routenbeschreibung. Da wir die Ersteiger nicht persönlich kannten, holten wir Rat bei den Zweitbegehern, und einer von diesen war niemand anders als Dr. Willo Welzenbach, schon damals eine von allen respektierte Größe im Sektor Bergsteigen. Dr. Welzenbach bekleidete einen einflußreichen Posten bei der Reichsbahn. Anderl und ich klopften eines Tages bei der Vorzimmerdame an — und wir wurden eingelassen. Welzenbach lud uns ein, Platz zu nehmen, und wir verschwanden fast in den großen gepolsterten Ledersesseln. Zuerst gab es eine eindrückliche Predigt, vermengt mit vielen guten Ratschlägen. Mir erschien das so wie eine Führerscheinprüfung, aber als er uns dann fragte, welche Touren wir

Oben, links und rechts: Klettern im Wilden Kaiser. Die zwanziger und dreißiger Jahre dürfen als die hohe Zeit der Münchner Kletterer bezeichnet werden. Für viele war eines unbeschränkt verfügbar: die Zeit – eine Folge der großen Arbeitslosigkeit. Im Fels der Kaiserwände konnten sie alle ihre Leistung bringen und auch Bestätigung finden – hier war die Meßlatte, hier wurde der Rang des Kletterers bestimmt.

Unten: Der Klettergarten Buchenhain im Süden Münchens. An Sommerabenden herrschte hier oft reger Betrieb. Verbissen wurde trainiert, rasch war zu erkennen, wer Begabung hatte, wer die „Fingerspitzl-Traverse" auf Anhieb schaffte. Es gab die Hannemannroute, den Sixtriß und den „Überhang", das Marmorwandl, den Rittlerquergang, den Altweiberriß, das Herrenwandl, den Schwarzen Bauch und die verschiedenen Abseilstellen. Hier holten sich die Münchner Kletterer das Rüstzeug.

schon geklettert wären, konnten wir seine Sorgenfalten doch soweit glätten, daß er uns die Beschreibung der Route guten Gewissens überreichen konnte.

Wenig später fuhren wir mit den Rädern ins Karwendel und stiegen durchs Johannestal zur Falkenhütte hinauf, in der Max Kofler, ein Zillertaler, Hüttenwirt war. Ein liebenswerter Mensch, der keinen seiner Gäste bevorzugte oder minder behandelte. Die Tour bewältigten wir in einer guten Zeit, wir mußten uns sogar beeilen, denn schon am Mittag stand drohend ein Gewitter im Westen. Nach dem Ausstieg sprangen wir sofort weiter in die Scharte, in der die Spindlerschlucht ihren Anfang nimmt, und begannen mit dem Abseilen. Gerade hatte ich zum zweitenmal das Seil abgezogen — Anderl richtete die dritte Abseilstelle her — als ganz in der Nähe ein Blitz einschlug und schwere Regentropfen auf die Felsen klatschten. Ich sah die Schlucht hinunter und malte mir aus, was da nun in Bewegung käme. Ich rief dies dem Anderl zu und fügte an, daß wir am besten so schnell wie möglich wieder zum Grat hinaufklettern sollten. Auch er war nach kurzer Überlegung dieser Ansicht, und so schnell wir konnten, kletterten wir dorthin zurück, wo wir gerade mit dem Abseilen begonnen hatten. Im strömenden Regen stiegen wir nun ins Roßloch hinab und trabten hinaus nach Scharnitz. Von dort hatschten wir in den Kletterpatschen das Karwendeltal einwärts.

Es herrschte schon tiefe Dunkelheit und wir waren so müde, daß wir beschlossen, im Karwendelhaus ein wenig zu schlafen. Es wird gegen zwei Uhr morgens gewesen sein, als wir den Wirt aus dem Schlaf klopften, und nun entspann sich ein Dialog über die Gebühr, die wir für drei oder vier Stunden Lagerbenützung zahlen sollten. Der Wirt verlangte den vollen Preis, was den Anderl jedoch so erboste, daß er diesen ungastlichen Menschen mit einer ganzen Ladung waschechter Münchner Schimpfwörter überschüttete, von denen nicht eines druckreif ist. Mit dem Gruß Götz von Berlichingens warf der Wirt das Fenster zu. Wir durften uns wieder auf die Reise begeben. Nochmals stolperten wir zwei Stunden dahin, bevor wir unsere Burg, die Falkenhütte, erreichten. Im Dämmerlicht des neuen Tags begrüßte uns der Hund des Kofler Max, und wir hatten noch nicht einmal unsere feuchten Klamotten ausgezogen, als schon heißer Kaffee auf dem Tisch stand. Zwar waren wir nach dieser vierundzwanzigstündigen Tour todmüde, aber wir wollten sofort weiter absteigen und nach München zu unseren Arbeitsstellen zurückfahren. Das ließ der Kofler Max aber nicht zu. Zuerst tischte er uns eine saubere Brotzeit auf, dann schickte er uns für zwei Stunden in die Lager — erst dann durften wir hinab ins Tal. Als wir das Isartal hinausradelten, in Richtung Tölz, beschlossen wir, die Arbeit ruhen zu lassen. Es war ja schon viel zu spät. Nun hatten wir wieder Zeit und konnten den Klettergarten Buchenhain besuchen, wo einige unserer Kameraden gerade trainierten. Als sie uns sahen, waren sie sehr erstaunt und teilten uns mit, daß die Bergwacht bereits alarmiert sei, um uns zu suchen. Sofort rannte ich hinauf ins Gasthaus und telefonierte diese Rettungsaktion ab. Das war einer von zwei Fällen, wo ich selbst Objekt einer Rettungsaktion war. Das zweite Mal war dann fünfzig Jahre später.

Wir beide waren noch nicht beim Alpenverein, und da wir uns bei der Sektion Bayerland bewerben wollten, benötigten wir eine exklusive Tourenliste, die jetzt vollständig war. Anläßlich eines Lichtbildervortrags im Winter 1928 wurden wir in Gnaden aufgenommen. Im Frühling absolvier-

---

Sechzig Jahre liegt es zurück . . . Klettern in den Kaiserwänden. Schrittweise entwickelte sich die Seiltechnik, nach und nach die Form der Haken und Karabiner. An Steinschlaghelme dachte niemand, doch gab es schon einige, die ständig mit ihren Hüten kletterten, die sie mit Stoff oder Papier gepolstert hatten. Steinschlag war eine der großen Gefahren für die Kletterer – vor allem: er konnte jeden treffen, die Anfänger wie die Könner. Irgendwoher hatte sich dafür der Warnschrei „Egon!" durchgesetzt. Bei diesem Ruf rissen alle in der Wand die Köpfe nach oben, um die Flugbahn des Steins abzuschätzen. Hatte man einen Sack auf dem Rücken, wurde er blitzschnell über den Kopf gezogen.

te ich mit Hans Ertl und Toni Schmid auf der Rotwand bei Hauptmann Winkler einen Skilehrerkurs. Jetzt war so alles beisammen, was zu einem „richtigen" Bergsteiger gehört. Wenngleich auch die meisten meiner Kameraden arbeitslos waren, erlebten wir doch eine schöne Zeit, in der vor allem auf gute Kameradschaft Wert gelegt wurde. Wenn jemand in Bergnot geriet, durfte er sicher sein, daß wir alles dransetzen würden, um die Rettung einzuleiten und durchzuführen. Auch ohne Geld war es ein lustiges Leben in Hinterbärenbad, auf der „Strips", in der „Gaudihüttn" und besonders beim Fischer Franzl auf der Oberreintalhütte.

1929, zur Zeit der Wirtschaftskrise, gab es auch in unserer Firma nur mehr wenig Arbeit. Mehrere jüngere Mitarbeiter wurden entlassen, darunter auch ich. Zwar war ich nur vier Wochen arbeitslos, dann erhielt ich bei der Firma *Kustermann-Eisengießerei* eine Stelle als Reparaturschlosser, doch konnte ich auch dort nur ein Jahr arbeiten, dann war ich wieder arbeitslos. Wenngleich ich in der Bergwacht-Werkstätte genügend Arbeit und Aufgaben fand, bedrückte mich dieser Zustand, und ich sah mich überall nach einer Möglichkeit um, wieder eine Tätigkeit aufzunehmen.

Da kam mir eine Anzeige einer Zürcher Firma in die Hände, die Arbeiter meines Berufes suchte. Sofort schrieb ich an die Firma *Koch* in Dietikon und erhielt schon eine Woche später Bewilligung, Aufenthaltsgenehmigung, Arbeitsvertrag und Fahrkarte, packte mein Bündel und stieg in den Zug nach Zürich.

In einem schönen alten Bauernhof hatte ich mein Zimmer und ging tagsüber in die Arbeit. Hier gab es keine Bergwacht, und auch mit dem Klettern war es plötzlich aus, denn ich war ja allein. Aus diesem Grund kaufte ich mir ein Rennrad und unternahm an den Wochenenden ausgedehnte Fahrten, die mich während dieser einundhalb Jahre bis Grindelwald führten. Es war eine unbeschwerte Zeit, in der ich einen großen Teil der Schweiz auf meinem „Velo" kennenlernte.

Von Fritz Berger erhielt ich mehrere Briefe, in denen er es bedauerte, daß ich ins Ausland gegangen war. Er schrieb mir, daß man mich sehr vermißte und bot mir im Falle einer Rückkehr nach München eine feste Anstellung in der Bergwacht an. Ende September lief meine Aufenthaltsbewilligung in der Schweiz ab und ich begab mich wieder auf den Heimweg. Als „kleinen" Abstecher nahm ich den Umweg über den Gotthard, fuhr mit meinem Rad nach Rom und Neapel und erst von dort wieder nach München.

Schon wenige Tage nach meiner Rückkehr erhielt ich über meinen Schwager, der Meister im *Bayerischen Leichtmetallwerk München-Freimann* war, eine Stelle als Ventilschleifer. Zugleich meldete ich mich in der Geschäftsstelle der Bergwacht. Als erstes räumte ich im Keller einen Berg von Unordnung auf, um unsere Ausrüstung wieder einsatzbereit zu machen. Mit Fritz Berger besprach ich die weitere Zukunft der Bergwacht, die Möglichkeiten meines Einsatzes und die hauptamtliche Anstellung. Von nun an verlief mein Leben wie früher: fünfeinhalb Tage Arbeit, jeden Abend Beschäftigung im Keller der Bergwacht und am Wochenende die Fahrt ins Gebirge mit den alten Freunden.

Und noch etwas kam dazu: Schon vor meiner Reise in die Schweiz hatte ich ein Mädchen kennengelernt, Paula Schuler, aus Giesing. Wir trafen uns an den Lichtbilderabenden, den Gruppenstunden und bei den Ausflügen der Arbeiterjugend. Sie schrieb mir auch ein paar Briefe nach Zürich, und als ich wieder in München war, trafen wir uns wie früher. Beiläufig erwähnte ich an einem Gruppenabend am Freitag, daß ich übers Wochenende mit meinem Freund Karl Grandl in den Kaiser fahren wolle, um am Totenkirchl die Direkte Westwand zu klettern. Karl war stolzer Besitzer einer „Fünfhunderter" BMW mit Beiwagen, was für uns fahrradreisende Bergsteiger ein ungeheurer Luxus war. Weit früher als sonst stiegen wir am Samstag von Sparchen ins Kaisertal und hinauf zum Weinberger Frane, der damals Hinterbärenbad bewirtschaftete. Zu meiner größten Überraschung kam am Abend eine Gruppe mit vier Burschen und einem Mädchen herauf, und dieses Mädchen war Paula. Sie beabsichtigte, am folgenden Tag durch den Hohen Winkel ins Kopftörl zu steigen und über den Kopftörlgrat auf die Ellmauer Halt, den höchsten Punkt des Kaisers, zu klettern. Ich konnte mich vor Freude gar nicht fassen, denn den ersten Teil der Route konnten wir gemeinsam gehen und auch vom Grat zur Wand bestand Ruf- und Sichtverbindung. Am Abend spazierten wir beide noch ein wenig in Richtung „Strips", um nach dem Wetter zu sehen und freuten uns über den klaren Himmel, an dem unzählige Sterne leuchteten. Früh am Morgen begaben wir uns alle auf den Weg und stiegen im Schatten berühmter Kaiserwände in den Hohen Winkel, wo sich die Wege trennten. Paula und ihre vier Begleiter kletterten den Grat vom Kopftörl zur Ellmauer Halt und stiegen über die Rote-Rinn-Scharte und die Scharlinger Böden nach Hinterbärenbad ab. Karl und ich durchkletterten die „Direkte" des Totenkirchls, damals die fünfzehnte oder sechzehnte Begehung und eine der schwersten Kaisertouren. Über die Terrassen des Führerwegs, die Leuchsvariante und die Schmittrinne stiegen wir zum Stripsenjoch ab und wollten gleich weiter nach Hinterbärenbad, um Paula zu treffen. Doch wie so oft kam es zunächst anders: Auf der „Strips" lag die Meldung vor, daß am Totensessel, unter der Ellmauer Halt, ein Bergsteiger durch Steinschlag schwer verletzt war und auf Hilfe wartete. Natürlich traf es uns, hier zu helfen. Vom „Stegervater", dem Hüttenwirt des Stripsenjochhauses, erhielten wir eine Trage, dann konnte es wieder losgehen: hinunter zum Neustädter Graben und über das Kar auf den Totensessel zu. Wir fanden den Verletzten bald, da er uns zurufen konnte.

In mühevoller, anstrengender Arbeit trugen wir den Verunglückten durch das Kar hinab zum Weg, wo uns Paula entgegenkam. Von absteigenden Bergsteigern hatte sie erfahren, daß wir von unserer Tour zurückgekehrt waren und umgehend zu einer Bergung gerufen wurden. Sie hatte auch zwei Flaschen mit Tee dabei und fütterte uns während des kraftraubenden Abstiegs mit Kirschen. In Hinterbärenbad wurde der Patient von Paula und mir nochmals versorgt, dann ging der Transport wie bisher weiter, das lange Kaisertal hinaus zum Pfandlhof und hinab nach Sparchen. Dort wartete bereits ein Sanitätswagen. Für uns der Abschluß eines Tourentages, wie wir ihn schon oft erlebt hatten, für Paula Einblick in die Aufgaben der Bergwacht.

So begann eine Partnerschaft, die mehr als ein halbes Jahrhundert anhielt, bis zum 17. November 1982, wo sie nach kurzer schwerer Krankheit in meinen Armen starb.

Paula war Näherin, geschickt und ideenreich, für mich und für die Entwicklung meiner Geräte eine geradezu ideale Ergänzung. Zusammen tüftelten wir an Rettungsgeräten und geeigneter Kleidung. Paula lernte die Verarbeitung von Leder und Segeltuch; das Nähen und Nieten, eigentlich eine Sattlerarbeit, bereitete ihr keinerlei Schwierigkeiten. Sie war mir auch eine große Hilfe bei der Konstruktion des *Bergwacht-Trag- und Abseilsitzes* (1937), der unter dem Namen „Gramminger-Sitz" zum Begriff wurde. Bei allen Neuentwicklungen war Paula sozusagen mein Versuchskaninchen. Sie hing im Sitz, am Seil, mit ihr probierte ich die Abseilkarabiner, die Bremsmöglichkeiten, sie nähte die Bergungs- und Totensäcke — und, vor allem — sie setzte meine Ideen für Bergbekleidung in die Praxis um. Zunächst waren die Stücke aus Segeltuch, später, als Kunststoffe aufkamen, aus Perlon und Nylon. Paula hat auch alle unsere Materialien gereinigt, gewaschen, ausgebessert und getrocknet — eine schwierige und oft genug unangenehme Arbeit bei den steifen Hanfseilen, den blutverschmierten Binden und Bergungssäcken, der verschmutzten Kleidung. Die Bergwacht, auf Spenden angewiesen, konnte solche Dinge nicht einfach in die Reinigung geben.

Doch unser gemeinsames Leben wurde, noch bevor es richtig begonnen hatte, durch einen schweren Schicksalsschlag belastet: Am 8. Mai 1931 fuhr ich mit meinem Rennrad in die Stadt. Unterwegs überholte mich ein Lieferwagen, und ich benützte die Gelegenheit, mich in seinen Windschatten zu setzen. Solche im Grund riskanten Manöver waren damals nichts Ungewöhnliches. An einer Ampel, sie stand für uns auf „Grün", überquerte ein Fußgänger die Straße, was den Fahrer des Wagens zu einer Vollbremsung zwang. Mir war diese nicht mehr möglich. Ich prallte mit dem Kopf an die linke Seite der Bordwand, wobei sich ein eiserner Hebel in mein Gesicht bohrte. Das Ergebnis: gebrochene Nase, zertrümmertes Jochbein, Verlust des rechten Auges.

Für mich brach eine Welt zusammen. Was hatten wir für Pläne geschmiedet, was wollten wir alles in diesem Jahr unternehmen. Eine Dolomitenfahrt mit Anderl Heckmair war geplant, Westalpen, Berner Oberland ...

Vier Wochen lag ich in der Augenklinik – und Paula war tagtäglich an meinem Bett, sprach mir Trost und Mut zu. Es war sicher für Paula ein wichtiger Entschluß, ob sie auch weiter zu mir halten sollte. Ihr Vater, ein Mann mit sprichwörtlich aufrechtem Charakter, sagte ihr das auch ganz deutlich: „Paula, als Vater muß ich dir jetzt sagen, daß der Ludwig nun nur mehr ein Auge hat, daß er also behindert ist. Wenn ihm auf dem anderen etwas zustößt, ist er blind, und dann wäre er ganz auf dich angewiesen, und du dürftest ihn dann nicht einfach aufgeben. Wenn du es ernst mit ihm meinst, mußt du dich jetzt für ihn entscheiden."

Die Antwort von Paula: „Der Ludwig hat nur sein Auge verloren, aber nicht sein Herz."

Nach meinem Aufenthalt in der Klinik, in der mich der französische Arzt Dr. Lefèvre hervorragend und ohne jede Komplikation operierte, standen nochmals vier Wochen Genesungsurlaub vor mir. Ich wollte ihn in den Bergen verbringen, bei der Familie Dobler in Plangeroß im Pitztal. Einen der drei Söhne, den Bergführer und Wirt der Chemnitzer Hütte, hatte ich vor einigen Jahren auf der Wazespitze kennengelernt und ein paarmal auch einige Lasten zur Hütte hinaufgetragen. Mit dem Rad fuhr ich über den Fernpaß ins Inntal und hinein ins enge Pitztal. In Plangeroß hatte ich Ruhe und konnte mich bei vielen Streifzügen auf die neue Situation einstellen. Es war ja nun alles anders. Rechts war mein Blickfeld bedeutend verkürzt und mit dem räumlichen Sehen war es auch vorbei. Ich mußte lernen zu gehen, von Stein zu Stein zu springen und die optischen Täuschungen überwinden. Das ging nicht ohne Schrammen und Fehltritte, doch nach und nach stellte sich die alte Sicherheit wieder ein, kam das Gefühl für die räumliche Distanz zurück, und ich begann, von Plangeroß aus die umgebenden Berge zu erkunden. Einer der Doblerbrüder war Jäger und Schafhalter. Zusammen gingen wir auf Pirsch und suchten verirrte Schafe in den steilen Flanken. Mit dem Bergführer und Hüttenwirt ging es auf die Chemnitzer Hütte, zu der ich dann manche Traglast hinaufschleppte. Schlußendlich erstieg ich die Hohe Geige und fand, daß es fast wie früher war. Auch die Verletzungen waren verheilt, ich verspürte keine Schmerzen mehr.

Mit neuem Lebensmut fuhr ich zurück nach München, wo mich Paula freudestrahlend in die Arme schloß. Der Wermutstropfen, in meinem Beruf nicht mehr arbeiten zu können, wurde aufgewogen von der Zusage des Bergwacht-Vorsitzenden Fritz Berger, mich nun hauptamtlich einzustellen. Am 9. Juli 1931 wurde ich der erste hauptamtliche Rettungsmann.

Neue Aufgaben

Die Bergrettung rückt in den Mittelpunkt. Neue Hilfsmittel werden eingesetzt

In den vergangenen fünf Jahren hatte sich der Schwerpunkt der Bergwacht-Arbeit vom ursprünglichen Ordnungs- und Naturschutzdienst mehr und mehr auf die Bergrettung verlagert. Dieser nicht eigentlich neue, sondern erweiterte Aufgabenbereich erforderte eine spezielle Ausbildung der Mitglieder, deren Organisation mir übertragen wurde.

Nach wie vor suchte sich die Bergwacht ihren Nachwuchs auch über Inserate in den Tageszeitungen Münchens. Junge, idealistisch gesinnte Bergsteiger und Skifahrer waren immer willkommen. Liebe zur Natur, Hilfsbereitschaft und kameradschaftlicher Geist einerseits sowie ein Nachweis bergsteigerischer Unternehmungen andererseits gaben für die Aufnahme den Ausschlag. In diesem Zusammenhang muß auch noch festgehalten werden: die Bergwacht war und ist auch heute noch ein reiner „Männerbetrieb". Der Gründe sind sicher viele, der gewichtigste wird wohl der sein, daß der Rettungsdienst die Helfer bis an die Grenze ihrer physischen Leistungsfähigkeit belastet. Es konnte sein, daß sich auf solche Ausschreibungen an die hundert junge Männer meldeten, die dann am jeweiligen Einführungsabend mit einem Referat in die Aufgaben der Bergwacht eingewiesen wurden. Schon hier erfolgte die „natürliche Auslese", denn zur zweiten und dritten Zusammenkunft schrumpfte die Zahl der Kandidaten auf ein Drittel oder ein Viertel.

Der Schwerpunkt der Bergwacht-Ausbildung lag nun auf dem Sanitätssektor. Dieser „Sanitätskurs", pro Woche ein Abend, zog sich über Monate hin, also wesentlich länger als dies etwa bei einem Kurs des Roten Kreuzes der Fall war. Neben der Erstversorgung von Verletzten, der Wundbehandlung, dem Anlegen von Schienen und Verbänden, der Fixierung von Brüchen und anderem wurde in diesem Kurs auch die gesamte Rettungstechnik vermittelt, also Seil- und Knotenkunde, Einsatz der Rettungsgeräte, Abtransport von Verletzten aus schwierigstem Gelände im Sommer wie im Winter, Lawinenkunde, Versorgung von Kälteschäden, Überlebenstechnik im Schnee (Bau von Biwaks mit einfachsten Hilfsmitteln).

Den medizinischen Teil des Kurses lehrte ein Arzt, dem unsere Ausbilder zur Seite standen; Rettungstechnik im steilen Gelände, Materialkunde, Einsatz der Hilfsmittel — kurz gesagt alle Tätigkeiten, die zwischen dem Unfall und der Übergabe des Verletzten in die Hände des Arztes zu erfolgen haben — gehörten zu meinem Lehrpensum.

Funk- und Flugdienst waren zwei weitere Spezialbereiche. Seit einigen Jahren nutzte die Bergwacht bereits die Vorteile der drahtlosen Übermittlung. Dr. Felix Goldmann, ein Fachmann auf dem Gebiet der Funktechnik, erkannte, daß gerade die Leistungsfähigkeit unserer Organisation wesentlich von der raschen Weitergabe der Nachrichten abhing. Der einzige Weg dazu war der Funk. Aber es gab noch große Schwierigkeiten: Ein Funkgerät wog zwischen zehn und fünfzehn Kilo, und es mußte im Tal eine eigens installierte Bodenstation vorhanden sein. Bei allen größeren Einsätzen führten wir ab 1930 Funkgeräte mit. Wer sich von den Bergwacht-Männern für das Funken interessierte, konnte sich der Funkgruppe unter Dr. Goldmann und seinem Mitarbeiter Alois Ebner anschließen. (Dr. Goldmann war jüdischer Abstammung und emigrierte 1933 in die Schweiz und später in die USA. Im Jahresbericht 1934 dankte die Bergwacht Dr. Goldmann für „seine unermüdliche sachkundige Mitarbeit aufs herzlichste"...)

Schon zu Beginn der dreißiger Jahre gab es in

der Bergwacht auch einen „Flugdienst". Hierbei handelte es sich allerdings nicht um Flugrettung, sondern die Bergwacht-Männer flogen als sogenannte „Orter" mit, sie waren also zum Suchen Vermißter eingesetzt. Im April 1933 erfolgte der erste Kurs auf dem Flugfeld Oberschleißheim. Ab diesem Datum stand dann eine Maschine in Bereitschaft. Die Orter hatten auch die Aufgabe, in eigens zu diesem Zweck angefertigten Taschen Meldungen gezielt abzuwerfen; auch Proviant und Material konnten so direkt oder an kleinen Fallschirmen aus dem Flugzeug abgeworfen werden. Die ersten Mitglieder, die sich dieser Spezialausbildung unterzogen, waren Anton Woerndle und Karl Grandl.

Ein besonderes Anliegen war mir die Ausbildung jener Bergwacht-Männer, die das Wissen und Können in die einzelnen Abschnitte und Bereitschaften tragen sollten. Für solche Kurse kamen natürlich nur Standorte in den Bergen in Frage, fast immer waren dies Alpenvereinshütten wie die Kemptner Hütte, das Prinz-Luitpold-Haus, die Meilerhütte, die Höllentalangerhütte, das Kührointhaus und die Blaueishütte.

Für die Ausbildung im Eis fuhren wir ins Stubai, ins Zillertal und ins Ötztal. Die verschiedenen Abschnitte wurden dafür von der Zentrale in München benachrichtigt und konnten Teilnehmer ihrer Wahl zu diesen Kursen schicken, die ein bis zwei Wochen dauerten — eine relativ lange Zeit, wenn man berücksichtigt, daß es sich hier um absolut ehrenamtliche Arbeit handelte, für die auch noch der persönliche Urlaub verwendet wurde. Zum Ende des Kurses gab es eine Prüfung, zu der der Arzt des jeweiligen Abschnitts erschien. Auch der Abschnittsleiter und der Naturschutzreferent prüften die Kandidaten.

In diesem Zusammenhang kurz einige Erläuterungen zu den Abschnitten und Bereitschaften: Die Bergwacht gliederte sich vor dem Krieg in drei Hochgebirgs- und in sieben Mittelgebirgsabschnitte. Die Hochgebirgsabschnitte waren: Chiemgau, Hochland und Allgäu. Die Mittelgebirgsabschnitte waren: Bayerwald, Frankenjura, Fichtelgebirge, Odenwald, Rhein-Main-Gau, Sachsen/Thüringer Wald, Schwarzwald. Die Zentrale hatte ihren Sitz in München.

Als theoretische Unterlage beschloß der Hauptausschuß der Bergwacht eine Lehrschriftenreihe herauszugeben, die bereits 1927 vier Titel umfaßte. Unter der Überschrift „Bergwacht-Bücherei" erschienen:

Heft 1 *Die Lawinengefahr und wie ihr der Alpinist begegnet*
Heft 2 *Erste Hilfe bei Unfällen in den Bergen*
Heft 3 *Einführung in das Verständnis der Wetterkarte*
Heft 4 *Die alpinen Gefahren, ihre Verhütung und Bekämpfung*

Diese Publikationen waren nicht nur auf die Anforderung der Bergwacht-Männer zugeschnitten, sie waren auch für alle Alpenvereinsmitglieder von Interesse.

Mit dem Flachsen-Bugatti in die Dolomiten

1932: Die erste gemeinsame Reise mit Paula

Der Unfall, der mich ein Auge gekostet hatte, war überwunden. Langsam hatte ich mich vom räumlichen Sehen auf die eine Dimension umgewöhnt, und es ging immer besser. Eine ganz große Hilfe bei dieser gewiß nicht leichten Umstellung war mir Paula, die auch – oder vielmehr gerade wegen – dieses Unglücks wie selbstverständlich zu mir gehalten hatte. Die Zeit unseres Urlaubs nahte, und Paula hatte einen ganz großen Wunsch: Sie wollte einmal im Leben Venedig sehen (wir haben es später noch oft besucht).

Als Reisemittel standen uns nur die Fahrräder zur Verfügung, Räder mit einem einzigen Gang, mit Rücktrittbremse. Aber wir wollten auch in die Dolomiten, das sagenhafte Felsenreich kennenlernen, von dem die weitgereisten Kletterfreunde so viel erzählten. Es dauerte seine Zeit, bis wir all unser Gepäck auf dem Radl verstaut hatten: Zelt, Schlafzeug, Kocher, Essensvorräte, Kleidung, Regenmäntel, Bergsteigerausrüstung und das Werkzeug für die Fahrräder, denn Flicken war bei den damals herrschenden Straßenzuständen an der Tagesordnung. Und wenn der Mantel ein größeres Loch erhielt, gab es nicht etwa einen neuen, sondern es wurden Stücke eines alten Mantels unterlegt, was bei jeder Radumdrehung einen leichten Schlag spüren ließ. Ab und zu hatte ich vier und fünf „Unterlegungen" in einem Reifen, die sich beim Fahren alle bemerkbar machten.

Über Mittenwald und den Zirler Berg fuhren wir nach Innsbruck, wo wir am Inn erstmals unser Zelt aufstellten. Früh am Morgen schoben wir die endlos lange Straße zum Brenner hinauf und freuten uns die ganze Zeit auf die Abfahrt nach Süden. An der Grenze kümmerten sich die Zöllner nur um die Stempel in unseren Ausweisen, dann waren wir in Südtirol, und die Abfahrt konnte beginnen. Bald aber fingen die Naben unserer Rücktrittbremsen zu dampfen und zu stinken an und mußten mit Wasser gekühlt werden. Ab Sterzing gab es dann keinerlei solche Schwierigkeiten mehr, wir konnten die Räder nach Herzenslust hinunter nach Bozen laufen lassen, wo wir im trockenen Hochwasserbett des Eisack unser Zelt aufstellten. Das nächste Ziel war Trient, doch wir hielten uns dort nicht auf und fuhren weiter nach Rovereto, und von dort ging es nach Riva am Gardasee. Damals gab es dort nur wenige Deutsche, von einem „Teutonengrill" war keine Rede. Doch wir badeten auf unserer Reise südwärts mehrmals in den blauen Wassern. Über Verona, Vicenza und Padova erreichten wir Mestre am Meer, wo wir unsere Räder in einem Privathaus einstellen durften. Nach Venedig ging's mit der Bahn weiter. In der weltberühmten Stadt blieb uns nur das Staunen. Wie waren wir stolz, als uns ein Gondoliere durch die Wassergassen mit seinem langen Stab führte, entlang der Paläste, unter den Brücken, auf denen die Zuschauer zu uns heruntersahen – für Paula ging ein Traum in Erfüllung. Einmal übernachteten wir in der Stadt, am folgenden Tag besuchten wir die Kirchen und Museen, abends waren wir wieder in unserem Zelt.

Doch nun ging's zurück in die Berge, und das hieß wieder schieben, endlos in der heißen Sonne. Gegen Abend des ersten Tages erreichten wir San Martino di Castrozza. Über uns ragten der Sass Maor und die Cima della Madonna in den milden Abendhimmel, die untergehende Sonne färbte sie orange. Am folgenden Morgen stiegen wir hinauf zur Pradidalihütte – ein langer heißer Weg. Wir wollten die Cima di Pradidali überschreiten, den großartigen Felsberg hinter der Hütte, dessen Nordwand wie eine Riesenorgel dasteht. Zeitig am Morgen, noch war niemand wach, gingen wir los und kamen auch gut voran. Zwei Seillängen unter dem Gipfel plötzlich Stimmen, italienische. Ich stieg ein wenig in die Südseite und sah etwas unter mir einen Kletterer mit einem Mädchen sitzen. Sie schienen nicht mehr weiter zu wissen. Nach langem Hin und Her erfuhren wir, daß die beiden schon gestern in diese Route eingestiegen waren, sich ihr aber in keiner Weise gewachsen zeigten, denn sie hatten hier biwakiert. Er blätterte in seinem Führer und rief dauernd „Spigola", was ich aber beim besten Willen nicht verstehen konnte. Erst als er mir einen Steinmann zusammenbaute, wußte ich, was los war. Wir nahmen die beiden nun an unser Seil, und Paula kümmerte sich rührend um das völlig überforderte Mädchen. Die beiden Seillängen zum Gipfel schafften wir ganz gut, denn ich gab dem Mädchen nach Kräften Zug. Hier oben hüllten uns Nebel ein. Die Überschreitung der anderen beiden Gipfel machte mit den beiden ungeübten Bergsteigern noch viel Mühe, doch gelangten wir endlich an die Stelle, wo abgeseilt werden muß. Das Mädchen hatte so etwas noch nie erlebt; es hatte so viel Angst, daß sich Paula mit einem zweiten Seil mit ihm abseilen mußte, ich sicherte beide zusätzlich von oben. Zum Schluß ließ ich den Italiener hinunter und glitt dann als letzter hinab. Im Grund der Schlucht lag harter Schnee, was die beiden augenblicklich vor nicht geringe Probleme stellte. Mit den Kletterpatschen war es zwar nicht einfach, doch kam ich nun auf die Idee, die beiden Mädchen dicht beieinander langsam nach unten zu sichern und ihn dann „nachzureichen". Als die letzte Seillänge hinter uns lag, war das Mädchen am Ende seiner Kräfte. Von hier stiegen wir das Kar hinunter zu unseren Bergschuhen. Die beiden mußten noch etwas queren, um zu den ihren zu gelangen. Als wir sie später der Hütte entgegengehen sahen, bemerkten wir, daß er es dauernd beschimpfte und ihm sogar noch den Rucksack aufgedrängt hatte. Er selbst ging ohne! In der Hütte waren wir für ihn völlig fremde Leute. Abends beim Essen führte er das große Wort – gottseidank verstanden wir nichts, ich hätte mich bestimmt geärgert. Das Mädchen war sofort im Schlafraum verschwunden, es war total erschöpft.

Am folgenden Morgen wanderten wir ins Tal, packten unsere Räder und schoben sie hinauf zum Rollepaß, und anderntags fuhren wir im Saus hinab ins Fassatal. Bei einem Bauern wurde übernachtet. Am frühen Morgen stiegen wir zum Grasleitenpaß hinauf und sahen dort die uns von vielen Bildern bekannten Vajolettürme, den Stabeler, den Winkler und den Delago. Den Winklerriß am gleichnamigen Turm wollten wir zusammen ersteigen. Bei prächtigem Wetter turnten wir die luftige Kletterei hinauf zum Gipfel. Paula hielt sich sehr gut, es war eine Freude ihr zuzusehen, im Fels bewegte sie sich elegant und geschmeidig. Dort oben haben wir uns einander versprochen. Wir waren allein, um uns der Glanz dieses Dolomitentages – wir waren vollkommen glücklich. Als wir mit dem Abseilen begannen, kam schon die Dämmerung, und es wurde dunkel, als wir die letzte Seillänge hinuntergeglitten.

Der nächste Tag brachte uns zur Marmolada. Vorbei an zahllosen Stellungen und Relikten des Weltkrieges stiegen wir hinauf zum höchsten Dolomitenberg.

Über Canazei und das Sellajoch erreichten wir dann das Grödner Tal und bald darauf den Brenner. Gleich hinter der Grenze, in Österreich, kauften wir uns um die letzten Schillinge zwei Portionen Gulasch und aßen dazu 18 (achtzehn) Brote. Ein Herr, der unseren Hunger beobachtete, zahlte uns zwei Gläser Wein...

Oben: Der Brenner 1934. Damals war das Leben der Zöllner noch beschaulich, es gab keine Autobahn, keine Fahrzeugschlangen und keinen Lkw-Parkplatz. Die Grenze Österreich/Italien wurde mit einer Schnur, einer Kordel, gezogen.
Unten: Abseilen vom Winklerturm in den gleichnamigen Riß. Diese Route, die vom siebzehnjährigen Münchner Kletterer Georg Winkler 1887 allein erstbegangen wurde, gehört zu den klassischen Dolomiten-Touren. Sie wird mit dem Schwierigkeitsgrad IV bewertet. Zusammen mit Paula ging ich diese Route im Auf- und Abstieg. Paula liebte die Dolomitenwände.

Skitage unterm Matterhorn

1934: Mit dem Fahrrad von München nach Zermatt

Noch immer war das Rad unser „Hauptverkehrsmittel", und so kam für unsere zwei Wochen Urlaub, die uns nach Zermatt bringen sollten, gar nichts anderes in Frage als das Fahrradl. So unproblematisch sich das anhört, so schwierig wurde es, als das Gepäck beisammenlag — das sollte alles auf den „Flachsen-Bugatti": Kleidung, Schlafsack, Zelt, Ski, Stöcke, Skischuhe, Eis- und Felsausrüstung, Bergschuhe, Seil, Pickel, Kocher, Proviant und all die zahllosen Kleinigkeiten, die zwei Zivilisten in der Wildnis brauchen. Mein hinterer Aufbau war so hoch, daß ich beim Auf- und Absteigen das Bein gar nicht mehr über diesen Gepäckturm schwingen konnte, sondern den Fuß vorn über die Stange nehmen mußte.

Am ersten Tag ging's bis Lindau, wo ein Onkel Paulas wohnte. Dort hatten wir es gut, wir wurden bewirtet und konnten in Betten übernachten. Den Bodensee überquerten wir von Lindau nach Rorschach mit dem Schiff und begannen dann die Fahrt durch die Schweiz über Zürich, Zug, Schwyz, vorbei am Vierwaldstätter See nach Altdorf. Und dann wurde die Straße steiler, wir mußten schieben, Kehre um Kehre, entlang der wilden Reuß, die durch die Teufelsschlucht tobt und die schweißnassen Gesichter mit feinem Wasserstaub kühlte. Andermatt, Hospenthal, Furkapaß. Wieder stundenlanges Schieben. Die Landschaft wandelte sich, die Vegetation wurde karg, dann überdeckte Schnee die Hänge, wir waren dem Winter nachgestiegen. Noch bevor die große Abfahrt begann, erreichten wir den Rhonegletscher, blaugrünes Eis direkt neben der Straße. Das Hotel war noch geschlossen, doch stiegen wir ins Eis des Gletschers und genossen den Wechsel von Hitze zur Kühle. Über die ungeteerten Straßen flogen wir nach Gletsch hinab und tiefer ins Goms. Obwohl ich so vorsichtig wie möglich bremste und bei jedem Bach Wasser auf den Freilauf schüttete, wurde die Bremshitze kurz vor Münster so groß, daß das Rad blockierte. Und damit hatte auch die gute Fichtel & Sachs-Nabe den Geist aufgegeben. Ich brauchte ein neues Hinterrad. Von Brig aus fuhren wir die Vispa talein, über uns himmelhohe Berge, Gletscher, Schneefelder. Und dann begann wieder das Schieben: Stalden, St. Niklaus, Randa, Täsch. Die Landschaft wurde überwältigend, steile Felswände, über die das Wasser heruntertoste, zerrissene Gletscherzungen und darüber die weißen Gipfel, unwirklich hoch, entrückt. Die Straße war zu einem engen Karrenweg geworden, und in Täsch konnten wir auch die Räder nicht mehr schieben, weshalb wir per Zug in Zermatt eintrafen. Hier schulterten wir das Gepäck. Mit unseren großen Rucksäcken und den Ski erregten wir sogar in diesem Bergsteigerdorf noch Aufsehen, denn der Winter war ja längst passé. Am Abend stand unser Zelt am Schwarzsee, unter dem Berg der Berge, dem Matterhorn. Und da hinauf wollten wir am andern Morgen. Allerdings führten wir die Ski nicht vergebens mit, denn hier oben fand sich eine geschlossene Schneedecke, und das Matterhorn bot einen winterlichen Eindruck.

Oben: Obwohl ich bei der Abfahrt vom Furkapaß ins Rhonetal die heißlaufende Nabe immer wieder mit Wasser kühlte, blockierte das Rad schlußendlich so, daß der Freilauf unbrauchbar wurde.

Unten links: Unterwegs zur Hörnlihütte. Schon hier brauchten wir das Seil, und nach den ersten Metern am Grat war es mir klar, daß wir trotz des schönen Wetters den Gipfel nicht erreichen würden.

Unten rechts: Es war früh im Jahr, rings ums Matterhorn lag noch Schnee, wir genossen die blendenden Verhältnisse — für die Ski. Für den Hörnligrat aber bestanden leider keine Aussichten.

Im Dämmern des jungen Tages marschierten wir hinauf zur Hörnlihütte und stiegen in die verschneiten Felsen des Grates. Doch nach wenigen Seillängen war mir klar, daß ich da zu groß geplant hatte: Zu viel Schnee, zu früh im Jahr, und völlig allein. Also zurück, wieder hinunter. — Was für einen normalen Bergsteiger fast ein Drama gewesen wäre, war uns ein Leichtes: Wir stiegen ab und genossen zwei Tage auf Ski. Unter dem Matterhorn zogen wir unsere Spuren über die weiten Gletscher bergan, kehrten um, wo es uns freute und kurvten im Bröserlfirn wieder zu unserem Zelt hinunter.

Dann blieb uns noch eine knappe Woche Zeit für die Heimreise. Sie führte uns das frühlingshafte Rhonetal abwärts zum Genfer See und über Bern, Zürich, St. Gallen nach Lindau zum Onkel. Von dort aus bestellten wir telefonisch den Apfelstrudel daheim bei Paulas Mutter — und mit diesem Bild vor uns verging die Fahrt nach München wie im Flug. Und an Kondition herrschte jetzt kein Mangel mehr...

Mit dem Motorrad zum Montblanc
Kein Gipfelglück am höchsten Berg der Alpen

Die Bergwacht hatte es mir 1934 ermöglicht, die Führerscheine der Klassen I und III zu erwerben. Dies war auch wichtig, denn annähernd zwei Jahre war ich mit unserem Mercedes-Kompressorwagen ohne einen Fahrausweis gefahren — ohne auch nur einmal aufgehalten zu werden. Die erste Kontrolle erlebte ich genau einen Tag nachdem dieses Papier erworben war. Den Polizisten, die mich ja auch kannten und denen ich nun den taufrischen Ausweis unter die Nase hielt, kam das nicht koscher vor und sie stellten mir allerhand Fragen, die ich mit möglichst unschuldiger Miene beantwortete. Aber es hatte ja alles seine Richtigkeit: Ich saß in einem Auto, war im Besitz eines gültigen Führerscheins, und etwas anderes war nicht zu beweisen...

Mein „D-Radl", wie dieser Motorradtyp genannt wurde, hatte ich gebraucht von einem Bergwacht-Kameraden gekauft. Die 500 Kubikzentimeter Hubraum gestatteten sogar, der Maschine einen Beiwagen anzumontieren. Diesen Beiwagen baute ich mir selbst, und nach einigen Probefahrten konnte es im Juli 1935 losgehen — Urlaub mit Paula im Montblancgebiet. Von München fuhren wir über Meersburg, den Bodensee, Konstanz, Zürich und Bern ins Rhonetal bis Martigny. Die Strecke bestand noch weithin aus Sandpisten, und der Paß, den wir nun überqueren wollten, der Col de la Forclaz, 1526 m, war unter den Automobilisten berüchtigt, denn die engen Kehren verlangten von den Autos in den Kurven Zurückstoßen. Die Serpentinen waren darüber hinaus so steil, daß Paula jedesmal vom Sozius abspringen mußte, und auch ich schwang mich bei allen diesen Haarnadelkurven aus dem Sitz und lief neben dem Gespann her.

Im damals schon mondänen Chamonix waren wir natürlich nicht am richtigen Ort und übernachteten etwas außerhalb in einem Heustadel. Am Morgen stellten wir bei einem Bauern das Motorrad in die Tenne, packten die Rucksäcke und stiegen unterhalb der neuen Seilbahn zum Plan de l'Aiguille hinauf. Die Benützung der Seilbahn ließ sich mit unserem Etat nicht vereinbaren, ergo ging es zu Fuß höher. Zunächst stiegen wir im Lärchenwald auf einem gut angelegten Weg aufwärts, doch plötzlich war dieser Wald in einem wüsten Zustand: Ein gewaltiger Föhnsturm hatte Stämme geknickt, Bäume entwurzelt und den Weg damit fast unpassierbar werden lassen. Mühevoll kämpften wir uns mit den schweren Rucksäcken durch diesen Verhau. Die Seilbahnstation Gare des Glaciers, 2414 m, war damals der Endpunkt. Dort oben wunderten sich die Franzosen sehr, daß wir mit so schweren Rucksäcken durch diesen Dschungel gestiegen waren und gleich weitergingen zum Refuge des Grands Mulets, 3051 m. Allerdings, ganz so tapfer waren wir auch nicht, denn wir hatten insgeheim beschlossen, mit der Seilbahn hinunterzufahren, aber das mußte ja niemand wissen. Die stein- und eisschlaggefährdete Passage zum Glacier des Bossons ließ uns ungeschoren, doch Paula staunte über den zerrissenen Gletscher, der uns nun zu vielen Umwegen zwang. Als wir hoch über uns einige Bergsteiger absteigen sahen, wußten wir, daß wir uns auf der richtigen Route befanden. Kurze Zeit später fiel Paula auf, daß von den beiden nichts mehr zu sehen war — tatsächlich, sie waren weg, verschwunden. Wir beeilten uns, dorthin zu gelangen, wo wir sie zum letzten Mal gesehen hatten, und bevor wir diesen Punkt erreichten, hörten wir bereits Hilferufe („Au secours") aus einer Spalte. Tatsächlich, sie befanden sich beide, noch angeseilt, in einem etwa acht Meter tiefen Loch — unverletzt. Es wäre ihnen wohl kaum möglich gewesen, ohne

31

fremde Hilfe wieder herauszukommen. Obendrein hatten sie Glück, denn auf dem Spaltenboden befand sich Schnee, der den Aufprall gemildert hatte.

Ich warf ihnen mein Seil hinunter und zog mit Paula einen von ihnen herauf, was uns viel Mühe kostete. Mittlerweile hatte es zu regnen begonnen, und als wir zu dritt den anderen der französischen Seilschaft aus der Spalte gehievt hatten, waren wir alle total durchnäßt. Die Franzosen bedankten sich wort- und gestenreich für unsere Hilfe. Wir allerdings beobachteten sie noch so lang, bis sie den Gletscher verlassen hatten. Es war von den beiden leichtsinnig gewesen, am kurzen Seil durch die Brüche der Jonction zu marschieren. Der Sturz des einen hatte unweigerlich den andern mitgerissen.

Als wir die Hütte erreichten, mußten wir alles, was wir auf dem Leib hatten, zum Trocknen aufhängen. Der Wirt lieh uns Reservewäsche, aber nicht ohne eine saftige Leihgebühr.

Tags darauf zeigte sich der Himmel wolkenlos. Es war noch dunkel, als wir uns auf den Weg begaben, allein, denn die wenigen Hüttenbesucher stiegen ins Tal ab. Über weite Schneehänge gelangten wir zum Petit Plateau und über die folgende Steilstufe ins Grand Plateau. Hier allerdings machten sich bei Paula Kopfschmerzen und Übelkeit bemerkbar, aber wir erreichten noch das Refuge Vallot, 4362 m. Doch die Bergkrankheit verschlimmerte sich, was mich bewog, sofort wieder abzusteigen. Mit abnehmender Höhe ging es meiner Frau immer besser, und auf der Hütte waren die Beschwerden schon wieder verschwunden. Ich war froh, die Entscheidung zur Umkehr so rasch gefaßt zu haben, denn oft genug hatte ich im Rettungseinsatz die Folgen erlebt, wenn ein solcher Entschluß aus Ehrgeiz hinausgezögert wurde. Anderntags stiegen wir zur Seilbahnstation hinunter und glitten ins Tal hinab — unsere erste Fahrt mit einer sogenannten „Luftseilbahn".

Die folgenden Tage bummelten wir durch Chamonix und fuhren gemütlich das Tal der Arve hinaus bis Genf und zurück nach München. Vier Jahre später rief uns der tragische Tod des Münchner Bergsteigers Georg Michel nochmals zur gleichen Stelle, auf die Vallothütte. Ihm war es nicht mehr gelungen, lebend das rettende Tal zu erreichen.

Oben links: Mein erstes Motorfahrzeug war ein D-Rad (Deutsche Werke) mit 500 Kubikzentimeter Hubraum. Den Beiwagen für dieses Motorrad hatte ich mir selber gebaut. Auf dem Bild befinden wir uns gerade auf der Fähre von Meersburg nach Konstanz.

Oben rechts: Im Aufstieg zum Montblanc. Rückblick auf die Grands-Mulets-Felsen, auf denen die Hütte steht. Das Tal der Arve ist von Nebeln überlagert. Rechts die Aufschwünge der Aiguille du Midi, zu der damals noch keine Seilbahn hinaufführte.

Unten links: Im Eisbruch zwischen dem Petit und dem Grand Plateau. Große Eistürme flankieren unseren Weg.

Unten rechts: Kurz unter der Vallothütte bemerkte Paula die Anzeichen der Höhenkrankheit, was mich bewog, sofort umzukehren. Trotz des strahlenden Tages und bester Verhältnisse konnten wir also den Gipfel nicht erreichen.

Diensthütten — Fritz Bergers rettende Idee
Von 1934 an entstanden im gesamten deutschen Alpenbereich eigene Bergwacht-Unterkünfte

Die Idee der „Diensthütten" geht auf Fritz Berger, den Gründer der Bergwacht, zurück. Im „Jahresbericht der Deutschen Bergwacht" von 1934 schrieb er unter anderem:

Mit wachsender Sorge betrachtete der Hauptvorstand seit einer Reihe von Jahren in seinem vom Massenverkehr am meisten berührten Arbeitsgebiet, in den bayerischen Bergen zwischen Aschau und Oberammergau, den Umstand, daß die Unterbringung der im Dienst befindlichen Bergwacht-Männer immer mehr auf Schwierigkeiten stieß. Ursache war teilweise die sich steigernde Inanspruchnahme der Unterkunftshütten durch die Touristen und Sportler, andererseits der Mangel an gutem Willen der Hüttenbesitzer oder Pächter, von denen die letzteren, soweit Einzelpächter von Ski-Almhütten in Betracht kommen, da und dort aus mancherlei Gründen gerade den Aufenthalt von Bergwacht-Organen in ihren Hütten verweigerten. Dazu kam noch die Tatsache, daß auf verschiedenen, sehr stark besuchten Ski-Abfahrtsstrecken Unterkunftshütten jeglicher Art überhaupt nicht vorhanden sind und dadurch im Besonderen der Ausübung des alpinen Sanitäts- und Rettungsdienstes ein oft nur schwer zu überbrückendes Hindernis in den Weg gestellt war. Was lag näher, als sich immer mehr mit den Gedanken der Errichtung eigener Heime vertraut zu machen, durch die sich nicht nur alle Schwierigkeiten beseitigen, sondern sogar die Dienstverrichtungen der Deutschen Bergwacht an Gestalt und Wirkung günstig verändern ließen?

Die Idee war die eine Seite, Finanzierung und Ausführung die andere. Da die Bergwacht über keinerlei eigene Mittel verfügte, mußten wir vom Blech des Daches bis zur Kücheneinrichtung alles erbetteln. Auch ich fuhr zu den einzelnen Firmen, um all die Dinge abzuholen, die gespendet wurden. Wir waren aber auch nicht wählerisch: ausrangiertes Geschirr von Cafés und Hotels, ebenso Besteck und Küchengerät waren hochwillkommen. Wer bei uns dann zu Besuch war, mußte vermuten, daß ganze Bereitschaften zum Stehlen unterwegs gewesen waren, aber es war alles gespendet. Fritz Berger hat diese Materialbeschaffung generalstabsmäßig organisiert. Seine vielen Verbindungen zu Politik und Wirtschaft ermöglichten es ihm, all die erforderlichen Gegenstände auf diesem Weg zu beschaffen. Mit Geschick meisterte er auch die Grundstücksverhandlungen mit Forstämtern und privaten Grundbesitzern. Mit geliehenen Lastwagen transportierte ich das Material in die jeweiligen Talorte, wo wir es bei freundlichen Bauern in der Tenne unterbringen durften.

Ein ganz besonderes Kapitel war dann der Transport vom Tal zu den jeweiligen Standorten; 1934 hatten wir ja noch keine Geländewagen — es gab nur die beiden Möglichkeiten Mensch oder Muli. Über die Gebirgspioniere in Brannenburg erhielten wir leihweise mehrere Muli, um die Traglasten zu transportieren. Sie standen uns eine Woche zur Verfügung und wurden ebenfalls bei uns bekannten Bauern untergebracht. Für die Pflege und das Füttern blieben zwei der Pioniere bei uns. Sie zeigten uns auch, wie ein Muli beladen wird und auf welche Weise es sich führen läßt. Aber leider passierte es immer wieder — irgendwie hatten wir wohl nicht gut aufgepaßt —, daß

Oben, links und rechts: Eine neue große Aufgabe war der Bau der Bergwacht-Diensthütten, mit dem 1934 begonnen wurde. Fast jedes Wochenende waren die Kameraden der Bergwacht-Bereitschaft München als Maurer, Zimmerleute oder Maler in den Bergen tätig. Auf dem linken Bild streiche ich mit Paula die Hochalm, rechts sind wir an der Soinseehütte tätig.
Unten: Die Bergwacht-Diensthütte am Latschenkopf.

sich eines der Tiere, erst halb beladen, in Bewegung setzte und dann im Galopp dahinrannte, bis auch das letzte Brett heruntergeschüttelt war. Dann hieß es zunächst alles wieder zusammensammeln und das Muli einfangen, das über die plötzliche Freiheit natürlich sehr erfreut war.

Ich lernte in diesen Monaten des Hüttenbaus das Zimmern und Schreinern, hobelte Bretter, stemmte Balken aus und, da war ich wieder Fachmann, setzte ganz am Ende des Rohbaus das Blechdach auf den mit Brettern und Dachpappe verschalten Dachstuhl. In diesem Sommer gab es eigentlich für viele Männer der Bergwacht-Bereitschaft München kein freies Wochenende. Bei jedem Wetter wurde gearbeitet, ja geschuftet, doch am Ende des Jahres 1934 standen dann vier schmucke neue Hütten, die unsere Arbeit bedeutend erleichterten. Jetzt hatten wir ein Refugium, einen Ort, der uns gehörte, den wir nach eigenen Vorstellungen gemütlich einrichten konnten, der uns Schutz bot, an dem wir das Rettungsmaterial verstauen konnten und in dem wir manchen lustigen Abend erlebten.

Noch 1934 wurden folgende Diensthütten festlich und feierlich eingeweiht:
Die Diensthütte am Hochalmsattel, 1800 m, oberhalb von Garmisch;
die Diensthütte bei der Firstalm, 1430 m, Spitzingseegebiet;
die Diensthütte am Soinsee, 1560 m, Rotwandgebiet;
die Diensthütte am Latschenkopf, 1450 m, Lenggrieser Berge.

Diese vier Hütten waren für die Bergwacht-Kameraden aller anderen Bereitschaften geradezu ein Anziehungspunkt. Alle Besucher waren von dieser Idee und vor allem auch von der Ausführung unserer kleinen Hütten begeistert, und überall entstanden nun in rascher Folge die Unterkünfte der einzelnen Bereitschaften, wobei viele unserer Mitglieder mit Phantasie und Ideenreichtum wahre Schmuckstücke an Gediegenheit und Gemütlichkeit schufen. Viele dieser Unterkünfte sind dezent in die Landschaft gesetzt, viele sind gar nicht einmal so leicht zu finden — sie belasten die Natur nur wenig, denn sie sind bis heute geblieben, als was sie geplant worden sind: Diensthütten der Bergwacht und keine preiswerten Feriendomizile...

Die drei Diensthütten am Soinsee, am Hochalmsattel und am Latschenkopf waren die ersten Bergwacht-Unterkünfte und gleich konzipiert. Im Vorraum befanden sich die damals wichtigen Geräte für Rettungen. Links im hölzernen Wandschrank war das Verbandsmaterial aufbewahrt, daneben und darunter hängen einige Schneereifen, in der Mitte zerlegbare Lawinensonden, rechts oben ein Bergesack, darunter Hanfseile und rechts eine Schneeschaufel sowie die von mir entwickelte Stahlrohr-Trage.

Mitten in der Nacht...

Freundespflichten rund um die Uhr. Eine Episode aus dem Münchner Bergsteigerleben

Meine Frau und ich schliefen gut und fest, es war lange nach Mitternacht. Irgendwo klopfte etwas, aber nicht an der Tür. — Es mußte am Fenster sein; ich blinzelte aus meinem Federbett und sah tatsächlich am Fenster eine dunkle Gestalt, die sich gegen den etwas helleren Himmel abhob. Wieder klopfte es, bum, bum, bum. „Ja, da schaug hi", sage ich zu Paula, „da is ja oaner am Fenster!" Mit einem Sprung war ich aus dem Bett und öffnete — der, der sich hier an eine Stange klammerte, den kannte ich, das war der Schmaderer Wiggerl, einer meiner Kletterkameraden, einer vom „Dienst VI". Und an der Stange, unter dem Wiggerl, da hingen zwei weitere: der Göttner Adi und der Rosenschohn Ernstl. Sie stöhnten schon, weil sie so lang auf den Kaffee warten mußten. Aha, diesmal also war ich dran mit der nächtlichen Kaffeerunde — ein beliebtes Spiel damals im München der dreißiger Jahre. Wenn sich die nächtliche Wirtshausrunde aufzulösen drohte, wurde mitunter beschlossen, daß man ja noch einen Besuch machen könnte bei irgend jemandem, nur nicht bei einem der Beteiligten. Paula, die unsere Gebräuche kannte, setzte bereits in der Küche das Wasser auf den Gasherd, und ich half den Kameraden von der Fahnenstange ins Schlafzimmer, damit niemand die Treppe benutzen mußte. Aber unsere Hausbesitzerin, die parterre wohnte, war bereits erwacht. Mit scharfer Stimme fragte sie aus dem unteren Schlafzimmerfenster, was hier eigentlich los sei. Ich beruhigte sie, so gut ich konnte, woraufhin sich das Fenster unter mürrischem Gebrumm wieder schloß.

Es gab ein gedämpftes, aber kreuzlustiges Hallo, denn ich hatte meine Kameraden seit langem nicht mehr gesehen: Sie kamen gerade aus dem Kaukasus, waren zwei Monate fort gewesen und hatten eine Reihe von Erstbegehungen erfolgreich abgeschlossen. Ernst Grob, ein betuchter Schweizer, hatte ihnen diese Reise finanziert.

Sie waren beim Bier, das sie lange entbehren mußten, versumpft, und als sie davon genug getrunken hatten, stand ihnen der Sinn und der Geschmack nach Kaffee. Jetzt, als jeder sein dampfendes Haferl in den Händen hielt, als erzählt und gefragt wurde, meldete sich auch noch der Hunger. Aber auch da war Paula nicht so leicht aus der Fassung zu bringen — in wenigen Minuten war der Pfannkuchenteig fertig, und schon brutzelte es in der Pfanne. Mit Marmelade und Zucker in Menge wurden die Pfannkuchen belegt, der Hunger der drei war beträchtlich. Besonders der Zucker in der Dose mußte mehrmals nachgefüllt werden, wobei unser alter Spruch die Runde machte: „Zucker spar'n is grundverkehrt, der Körper braucht ihn, Zucker nährt, und b'sonders wenn er an andern g'hört."

Langsam wurde es draußen hell, aber niemand wollte ins Bett — im Gegenteil, einer angelte sich die Gitarre von Paula, und ungeniert wurde zu singen angefangen. Das war zwar schön, aber auch laut. Ein Glück, daß meine Hausfrau die rauhen Stimmen meiner Kameraden als Gesang gelten ließ...

Nahtlos ging es ins Frühstück über. Paula und ich mußten dann in die Arbeit, und es war nicht leicht, die drei in den Wagen zu verfrachten. An einem geeigneten Trambahnplatz ließen wir sie aussteigen, wo sie dann den zur Arbeit eilenden Mitbürgern genug Gelegenheit zur Verwunderung gaben.

Im Zeichen der fünf Ringe

Bergwacht-Bereitschaft bei den Olympischen Winterspielen 1936 in Garmisch-Partenkirchen

Für eine Großveranstaltung wie sie die Olympischen Spiele darstellen, wurde auch damals ein gut funktionierender Sanitäts- und Rettungsdienst benötigt. Mit dieser Aufgabe wurde die Bergwacht betraut, denn nur sie verfügte über die entsprechend ausgebildeten Männer, die auch unter widrigsten Umständen, in Schnee und Eis, ihren Dienst ausüben können. Wir wußten, was hier von uns erwartet wurde, und begannen frühzeitig mit den Vorbereitungen. Unser Ausbildungsarzt Dr. Franz Friedrich wurde schon im September 1935 beauftragt, den Sanitätsdienst „autoritär" zu übernehmen.

Erstmals erhielt die Bergwacht auch einen staatlichen Zuschuß, mit dem ich in der Werkstatt im Hauptbahnhof den „Olympiaschlitten" baute. Damit konnten zwei Mann einen Verletzten zu Tal bringen. Zwei an ihren Enden aufgebogene Ski wurden mit demontierbaren Stahlrohren so verschraubt, daß ein schlittenähnliches Gestell entstand, auf dem unsere Trage befestigt werden konnte (Bild oben). Von diesem Modell hatten wir in Garmisch zwanzig Stück in Bereitschaft. Die Schlitten wurden mit Zugleinen gezogen und gebremst. Der Akja war uns noch unbekannt.

Die Bergwacht stellte siebzig Mann für vier Wochen nach Garmisch auf die Pisten, an die Bobbahn und zu den Langlaufloipen. Stationiert waren wir in eigens errichteten Baracken, wo ich mir dann auch eine Werkstatt einrichtete. Hier stand auch unser „Sanka", der Verunglückte nach München bringen sollte. Die Veranstaltung verlief reibungslos. Die vielen Übungen hatten sich gelohnt.

Das Grauen in der großen Wand
Die Eiger-Nordwand-Versuche von 1935/36 und ihre schrecklichen Folgen

Die Eigerwand hat auch heute nur wenig von jenem Ruf verloren, den sie in den Jahren 1935 und 1936 erhalten hat: nämlich eine Todeswand zu sein. Bis dahin galt sie keineswegs als unbezwingbar oder besonders gefährlich, zumal sie ja bereits 1928 durch Hans Lauper und Alfred Zürcher mit den Bergführern Knubel und Graven im östlichen Teil einen eleganten Anstieg erhalten hatte. Der zentrale Teil der Wand allerdings war noch unerstiegen, auch Willo Welzenbach hatte dort keinen Versuch unternommen. Nachdem 1931 die Brüder Schmid aus München die Matterhorn-Nordwand durchstiegen und 1935 Rudl Peters mit Martin Meier die Nordwand der Grandes Jorasses erklettert hatten, waren es im gleichen Jahr wieder zwei Münchner, die sich „am letzten Problem", an der Nordwand des Eiger, versuchten.

1935

Max Sedlmayr und Karl Mehringer, beide Mitglieder der Hochtouristengruppe der Sektion Oberland, fuhren am 16. August 1935 mit ihrem Auto nach Grindelwald und quartierten sich in einem kleinen Heustadel ein. Das Wetter war gut. Doch sie wollten nicht gleich einsteigen, sondern die Wand noch beobachten und auf dem Gipfel ein Proviant- und Materialdepot errichten, wobei der Abstiegsweg erkundet werden sollte. Diese gewissenhaften Vorbereitungen konnten natürlich nicht geheim bleiben, und es sprach sich rasch herum, daß zwei Kandidaten für die Eigerwand in Alpiglen seien.

Am 21. August, noch in der Nacht, verließen sie ihren Stadel und machten sich auf, über den fünfhundert Meter hohen Wandvorbau zu steigen. Am späten Nachmittag gelangten sie an eines der Stollenlöcher der Jungfraubahn und biwakierten

dort. Am zweiten Tag — das Wetter war noch gut, aber ein Umschlag kündigte sich an — begannen die schwierigen Abschnitte ihrer Route, die sie als Direttissima zum Gipfel gewählt hatten. Über das Erste Eisfeld und eine steile Felsstufe gelangten sie auf das große Zweite Eisfeld, wo sie der Wettersturz erreichte. Nebel verhüllten den Berg und entzog die Bergsteiger somit den Beobachtern. Auch Ernst von Allmen, der die beiden fast zwei Tage lang von der Kleinen Scheidegg aus durch sein berühmtes Fernrohr beobachtet hatte, mußte auf eine Wetterbesserung warten. Es blieb tagelang schlecht und die Wand gewährte keinen Einblick.

Am 26. August teilte sich der Nebelvorhang und gab den Blick frei in eine tiefverschneite Wand, in der sich zwei verlorene, winzige Gestalten am Bügeleisen bewegten, einem Vorsprung oberhalb der Wandmitte. Dann schloß sich der Vorhang wieder, es schneite weiter.

Am 28. August erhielten wir in München von der SAC-Rettungsstelle Grindelwald telefonisch die Nachricht, daß die beiden Münchner nun seit sieben Tagen bei sehr schlechten Bedingungen in der Wand seien. Im Tal regne es, auf der Kleinen Scheidegg gäbe es leichten Schneefall, in der Wand liege mehr als ein halber Meter Neuschnee. Ein Schweizer Militärflugzeug, das an diesem Morgen die Wand abgesucht habe, hätte nichts entdecken können. Es seien auch weder optische noch akustische Signale wahrgenommen worden. Die Wand werde jedoch weiterhin ständig beobachtet.

Was tun? Kein Zweifel, die beiden brauchten

In dieser Alphütte in Alpiglen hatten wir für die Suche der in der Eigerwand verschollenen Seilschaft Sedlmayr/Mehringer unser Lager aufgeschlagen. Abmarsch zum Fuß der Wand an einem Morgen, an dem Wolkenbänke an den Bergflanken hängen.

Hilfe. Sie hatten in einer Woche nur die Hälfte der Wand durchklettert, sie hatten sechs härteste Biwaks hinter sich — wir mußten sofort helfen. Ich telefonierte mit den Mitgliedern des „Dienstes VI", stellte die Ausrüstung zusammen, lud sie in unseren Mercedes-Kompressorwagen, und abends um 20 Uhr fuhren wir los, Richtung Grindelwald. Wir waren zu viert: Rudi Peters, Franz Hausstätter, Heini Sedlmayr (ein Bruder von Max) und ich. Es regnete fortwährend. An der Grenze ging alles glatt. Von München aus hatte ich bereits den Zoll verständigt. Über Luzern und den Brünigpaß erreichten wir Grindelwald nach elf Stunden Fahrt. Wir erlebten nun eine Welle der Hilfsbereitschaft: In der Rettungsstelle erfuhren wir den letzten Stand der Dinge, im Hotel Oberland konnten wir uns einquartieren, im Fremdenverkehrsbüro erhielten wir alles verfügbare Fotomaterial der Eigerwand, Bergführer Fritz Steuri unterrichtete über die Route, die die beiden geklettert seien und für die Jungfraubahn erhielten wir Freikarten.

Zuerst inspizierten wir den Heustadel in Alpiglen, wo die beiden einen Teil ihrer Ausrüstung zurückgelassen hatten. Anscheinend hatten sie mit einer Durchstiegszeit von drei Tagen gerechnet und waren nur dementsprechend ausgerüstet — jetzt waren sie bereits acht Tage in der Wand.

Wir übernachteten ebenfalls in einem der Heustadel bei Alpiglen und trafen am Abend zwei weitere Münchner, Haber und Pösel, die sich anerboten, uns zu helfen.

Der 30. August brachte überraschend schönes Wetter. Wir fuhren mit der Jungfraubahn zur Station Eigergletscher und teilten uns dort in zwei Partien. Haber und Pösel stiegen über die Nordwestflanke auf, um dort an geeigneter Stelle in die Wand zu sehen, wir vier gingen im Tunnel hinauf zum Stollenloch, von dem man in die Wand aussteigen kann. Am Doppelseil gesichert, stieg Rudi Peters hinaus in die tiefverschneite Wand. Der Fels war mit einer dicken Eisschicht überzogen, und in die Stufen, die wir hackten, rieselte sofort der Neuschnee und deckte sie zu. Immer wieder ereigneten sich auch größere Schneerutsche, die uns aus dem Stand zu werfen drohten. Nur langsam kamen wir vorwärts. Nach einigen Stunden sahen wir ein, daß wir die Route der beiden nicht erreichen würden. Wir kehrten um. In der Station Eigergletscher trafen wir auf Haber und Pösel, sie hatten die Wand stundenlang beobachtet und ebenfalls nichts gefunden. Auch heute hatte ein Schweizer Militärflugzeug die Wand abgeflogen und fotografiert. Die Bilder sollten vergrößert und so Punkt um Punkt abgesucht werden. Aber auch dies war vergeblich. Dann jedoch meldete sich ein Wildhüter; er hatte gesehen, daß die beiden unter einem Felspfeiler am Zweiten Eisfeld die Rucksäcke liegen gelassen und ohne Gepäck versucht hatten, diese schwierige Passage zu überwinden. Sie mußten allerdings wieder zurück zu ihrer Ausrüstung, wo sie wahrscheinlich zum drittenmal biwakiert hatten. Dies wird sicher auch ihre letzte Nacht gewesen sein. Dort sind sie wohl vor Erschöpfung eingeschlafen und im Schneesturm erfroren — so jedenfalls stellten wir uns die Sache ungefähr vor. Diesen Punkt unter dem Felspfeiler zu erreichen, war, neben den zu erwartenden Schwierigkeiten, nur bei größter Gefahr möglich. Es mußte reiflich überlegt werden, ob wir uns, um zwei Tote zu bergen, in diese Gefahren begeben sollten, denn anhaltend donnerten Lawinen durch die Wand.

Am Abend, in Alpiglen, erhielten wir Besuch von zwei weiteren uns gut bekannten Münchner Kletterern, Albert Herbst und Hans Teuffel. Beide wollten sich andertags an der Suche beteiligen.

Am 31. August, einem Samstag, stiegen wir zu acht in vier Zweierpartien in die Wand ein. Schon am frühen Morgen donnerten die Lawinen herunter, fast ohne Unterbrechung rauschte es wie ein

Aufstieg über den harten Firn, die ständige Suche in Schluchten und Klüften, über uns die gewaltige Mauer der Eiger-Nordwand mit ihren Eisfeldern und Ausbuchtungen. Eine seltsame Weise, in die Berge zu steigen.

Wildbach. Die Randklüfte waren mit Lawinenschnee völlig gefüllt. Trotz dieser Verhältnisse beschlossen wir, in der Wand bis zum Stollenfenster auf verschiedenen Routen aufzusteigen. Es begann ein mühsames Wühlen im nassen Schnee, unterbrochen von glattgefegten eisigen Passagen. Gegen 14 Uhr kam Sonne in die Wand, und umgehend mehrten sich die Lawinenabgänge — sie kamen sturzbachähnlich herunter, unberechenbar, gefährlich, lebensbedrohend. Da war kein Weiterkommen möglich, wir mußten in Nischen und unter Überhängen Schutz suchen. Bis 19 Uhr warteten wir, erst dann wurde es ruhiger, und wenig später war alles gefroren und vereist. Wir stiegen nicht weiter auf, sondern suchten unseren Weg nach unten. Müde und niedergeschlagen kamen wir in der Nacht in Alpiglen an.

Am Sonntag fuhren wir hinauf zur Kleinen Scheidegg. Dort lieh mir Fritz von Allmen ein hervorragendes Fernrohr mit Stativ. Von der Station Eigergletscher stiegen wir dann über die Westflanke zum Gipfel, ein mühevolles Unternehmen bei diesen Verhältnissen. Wir hielten uns möglichst nahe am Westgrat, wobei wir von jedem günstigen Platz mit dem Fernrohr die Wand absuchten. Gegen Mittag erreichten wir den Gipfel und stiegen sodann ein Stück den Mittellegigrat hinab, um in die Wand hinuntersehen zu können. Ein Abstieg von oben bei diesen Verhältnissen war ausgeschlossen — am Gipfel lagen zwei Meter Schnee. In gedrückter Stimmung stiegen wir ab, jetzt hatten wir jede Hoffnung aufgegeben. Für Heini war es besonders schlimm, seinen Bruder dort in der Wand zu wissen, ohne ihm noch helfen zu können.

Am Montag, dem 1. September, unternahmen wir nochmals einen Versuch, vom Stollenfenster in die Wand zu kommen, aber auch er scheiterte. Schweren Herzens entschlossen wir uns zur Rückkehr und zur Heimreise. Wir hatten alles versucht. Die Wand würde wahrscheinlich in diesem Jahr überhaupt nicht mehr ausapern. Aber wir nahmen uns vor, im nächsten Jahr wieder zu kommen, so wie es die Verhältnisse gestatteten — für den letzten Dienst an unseren Kameraden. In Alpiglen packten wir die Ausrüstung von Karl und Max in unsere Rucksäcke und stiegen nach Grindelwald ab. Nach herzlichem Abschied fuhr Heini mit dem Wagen von Max und Karl nach München zurück, wir nahmen den Abstecher über Bern, wo Rudi Peters einen Bekannten hatte, den wir besuchen wollten. Wir waren gedrückter Stimmung, es regnete, und erst als kurz vor Bern die Sonne heraustrat, besserte sich unsere Seelenlage. Sie kam dann vollends ins Gleichgewicht, als sich unsere Gastgeber von der großzügigsten Seite zeigten. Die Gastfreundschaft erlebte dann noch ihren Höhepunkt, als wir zudem mit einem Stapel belegter Brote verabschiedet wurden. Schon kurz nach Bern, in einem Obstgarten mit reifen Früchten, vertilgten wir auch diese Brote mit Äpfeln und Zwetschgen; wir waren richtig ausgehungert. Dann ging es zurück nach München.

Nach einigen Wochen kam die Nachricht aus Grindelwald, daß Oberst Ernst Udet mit Bergführer Fritz Steuri auf einem Erkundungsflug entlang der Eiger-Nordwand einen der Vermißten entdeckt hatte: Er saß zusammengekauert, den Kopf auf die Hände gestützt, im Schnee. Diese Stelle ist als „Todesbiwak" in die Geschichte dieses Berges eingegangen. Wir vermuteten, daß der andere noch unter dem Schnee begraben sein müsse. Doch die Verhältnisse in der Wand erlaubten für dieses Jahr aber keine Bergung mehr, sie mußte auf das Jahr 1936 verschoben werden.

Oben links: Wir befinden uns in der Fallinie des Platzes, der später einmal das „Todesbiwak" getauft werden sollte. Wir haben die Wand von unten genau betrachtet und suchen nun über den Wandvorbau hinauf zur Randkluft, steigen in diese hinein, ständig bedroht von Steinschlag, der hier durch die Luft pfeift.
Oben rechts: Wir sind zur Station Eigergletscher gefahren und steigen die Westflanke hinauf zum Gipfel. Wo es möglich ist, spähen wir in die Wand – doch alles Suchen ist vergebens, wir sehen von den beiden keine Spur.
Unten: Die Großartigkeit der Berge blieb unverändert – obwohl wir in ihr zwei unserer Kameraden verloren hatten.

1936

Schon im Frühjahr waren wir wieder mit der SAC-Rettungsstelle Grindelwald in Verbindung getreten. Am 5. Juli 1936 fuhren der damalige Leiter der Landesstelle Bayern, Richard Siebenwurst, und ich mit einem Auto nach Grindelwald, um uns über die Verhältnisse zu informieren und alles für die Bergung von Max Sedlmayr und Karl Mehringer vorzubereiten. Tags darauf ging es mit der Jungfraubahn zur Station Eigergletscher, von der wir über die Westflanke aufsteigen wollten. Dort oben befindet sich auf etwa 3500 Meter eine Gratscharte, in die von der Nordwand her ein Kamin mündet. Dieser Kamin hat eine Höhe von 150 bis 200 Metern und endet an einem Band, das sich in die Wand hineinzieht — die obere Begrenzung des Dritten Eisfeldes. Es müßte möglich sein, Mannschaft und Material an einem etwa sechs Millimeter starken Stahlseil, das von einer hier verankerten Winde liefe, hinauf und hinunter zu transportieren. Der Weiterweg auf dem ziemlich ebenen Band schien mir problemlos, da genügend Sicherungsmöglichkeiten vorhanden waren. Nachschub und Rückzug wären hier wohl am schnellsten und sichersten zu bewerkstelligen. — Dies waren wohl die ersten Überlegungen, eine Bergung mit einem Stahlseil durchzuführen, und genau 20 Jahre später gelang mir die erste Lebendbergung mit einem Stahlseilwindengerät: Am 1. Oktober 1956 holten wir Sepp Biller aus Mittenwald mit diesem Gerät aus der tiefverschneiten Laliderer Nordwand, aus der Auckenthalerroute. 320 Meter wurde der Retter am Seil in die Wand hinuntergelassen. Eine andere Rettung wäre damals nicht möglich gewesen. — Noch bevor wir uns auf den Weg begaben, erfuhren wir, daß sich in den vergangenen Tagen in der Nähe ein Unglück ereignet hatte: Meine beiden Kameraden Bertl Herbst und Hans Teuffel waren nach der Durchsteigung der Schneehorn-Nordwand, einer äußerst schwierigen Erstbegehung, beim Abstieg wegen eines ausbrechenden Hakens abgestürzt. Hans Teuffel war tot, Bertl Herbst verletzt. Oberländer Bergführer hatten die beiden geborgen. Sie waren im vergangenen Jahr bei der Suche nach Max und Karl dabeigewesen und hatten sich in selbstloser Weise für die Vermißten eingesetzt. Ich telefonierte sofort mit dem Krankenhaus in Lauterbrunnen und erfuhr, daß es Bertl soweit gut gehe und wir ihn in zwei Tagen mit nach München nehmen durften. — Das Wetter hielt sich gut, und wir stiegen hinauf zu jenem Grateinschnitt, wo ich das Gelände erkunden konnte. Während des Abstiegs trafen wir zwei junge Österreicher, Edi Rainer und Willy Angerer, mit dem Ziel Eiger-Nordwand. Wir besuchten sie in ihrem Zelt, und am Abend waren wir in Grindelwald. Die folgenden zwei Tage beobachteten wir die Wand und hielten vergebens Ausschau nach Max und Karl.

Dann trafen wir fristgerecht in Lauterbrunnen ein und holten unseren Freund Bertl ab. Wieder ging es nach München zurück, und wieder fehlte einer ...

Am 8. Juli 1936 kamen wir nach München, und zehn Tage später, am 18. Juli 1936, stiegen vier Mann in die Nordwand des Eiger, um eine Route zu finden. Neben den Meldungen aus dem Radio und der Zeitung informierte uns auch fast täglich die SAC-Rettungsstelle Grindelwald über den Stand der Dinge.

Am 20. Juli 1936 kam dann plötzlich die Nachricht: „Hilferufe aus der Eigerwand!" Diesmal überraschte mich das nicht mehr, ich hatte die vergangenen Tage bereits vorsorglich eine Mannschaft aus dem „Dienst VI" zusammengestellt. Im Innenministerium fragte ich nach der Möglichkeit, die Strecke München — Bern mit dem Flugzeug zu überwinden. Nach kurzem Warten kam

---

Oben und unten: Nach und nach verlegen wir unsere Suche höher. Die zahlreichen in die Wand eingelagerten Schneefelder mußten alle an ihren Rändern abgesucht werden. Auf diese Weise lernten wir den Vorbau und den unteren Teil der Wand genau kennen. Auch hier war natürlich der Steinschlag eine allgegenwärtige Gefahr.

dann die Zusage, daß für uns am Morgen des 21. Juli, 7 Uhr, auf dem Oberwiesenfeld eine JU 52 startklar bereitstand. Bis spät in die Nacht stellten wir das Material zusammen, und ich telegrafierte noch an die Polizei Interlaken: „Kommen den 21. Juli, 9 Uhr, mit acht Mann für Eigerexpedition nach Bern-Belp, erbitten Bus nach Grindelwald!"

Es klappte alles nach Wunsch. Um sieben Uhr flogen wir in München ab und landeten zwei Stunden später in Bern. Ein bereitstehender Bus brachte uns direkt nach Grindelwald. In Grindelwald-Grund stiegen wir in den bereits wartenden Sonderzug und fuhren hinauf bis an die Stollenlöcher, wo wir noch vor 13 Uhr eintrafen. Wir waren gerade dabei, uns anzuseilen und von den Stollenlöchern in die Wand auszusteigen, als wir dort drei Bergsteiger zurückkommen sahen: Es waren die Führer Adolf und Christian Rubi sowie Hans Schlunegger, die uns berichteten, daß alle vier tot seien und daß der letzte, Toni Kurz, am Seil hängend, gerade gestorben war. Was war geschehen?

Einige Tage nachdem wir die beiden Österreicher Willy Angerer und Edi Rainer besucht hatten, waren zwei weitere Nordwandaspiranten in Grindelwald eingetroffen: Toni Kurz, ein Bergführer aus Berchtesgaden, mit seinem Freund, dem Reichenhaller Andreas Hinterstoißer. Während von den Österreichern nur wenig bekannt war, handelte es sich bei den zwei Deutschen um ausgesprochene Könner im Fels, die bereits eine Reihe von schwierigsten Routen geklettert waren, Routen, die auch heute noch hohen Respekt genießen. Beide kamen gerade aus den Dolomiten, wo sie mehrere schwere Felstouren unternommen hatten. Angerer und Rainer kannten das erste Drittel der Wand bereits, hatten westlich der Route von Sedlmayr und Mehringer einen Weg entdeckt, der auch heute noch benützt wird. Sie hatten den „Schwierigen Riß" erklettert und waren allerdings dort mit ihren Künsten am Ende, wo heute der „Hinterstoißer-Quergang" ansetzt. Bis hierher waren sie gekommen und von dort stiegen sie wieder hinunter.

Am 18. Juli begannen die Deutschen und Österreicher in zwei Zweierseilschaften den Aufstieg auf der von Angerer und Rainer erkundeten Route. An dem Punkt, an dem die Österreicher umgekehrt waren, begannen Hinterstoißer und Kurz einen Quergang über einen steilen, ungangbaren Plattenschuß. Das Ende des Quergangs sollte den unteren Teil des Ersten Eisfeldes erreichen — das Manöver gelang, die vier Bergsteiger überwanden diese Passage. Das Geländerseil wurde abgezogen... Über das etwa hundert Meter hohe Erste Eisfeld ging es höher unter eine zwanzig Meter hohe senkrechte Felsstufe, über der das Zweite Eisfeld beginnt. Ein schmaler steiler Streifen Eis war der Schlüssel, dieses Steilstück zu überwinden. Der Abschnitt kostete viel Zeit — später taufte man ihn den „Eisschlauch". Die Dämmerung brach herein, doch stiegen sie das Zweite Eisfeld noch hinauf bis an die begrenzenden Felsen, bis dorthin, wo im Vorjahr Sedlmayr und Mehringer ihr drittes Biwak bezogen hatten. Neunhundert Meter der Wand, die Hälfte, lag hinter ihnen, die eigentlichen Schwierigkeiten allerdings standen ihnen noch bevor. Dennoch ist die Leistung der vier erstaunlich! Viele der späteren Seilschaften mußten weit unterhalb ihr erstes Biwak beziehen.

Am Sonntag, dem 19. Juli, hingen Nebelfetzen in der Wand. Von der Kleinen Scheidegg her wurden die Kletterer gesehen, wie sie gegen sieben Uhr das Eisfeld zu queren begannen. Dann erfolgte ein rascher Schlechtwettereinbruch und es war keine Beobachtung mehr möglich.

20. Juli, Montagmorgen. Das Wetter war kurzfristig besser geworden. Die Wand war frei, und es wurde beobachtet, daß die beiden Seilschaften auf dem „Bügeleisen" biwakiert hatten und weiter abstiegen, zum „Todesbiwak". War etwas passiert? Sie waren am Sonntag nur sehr langsam vorangekommen, hatten praktisch nur das Zweite Eisfeld gequert und kaum Höhe gewonnen. Plötzlich war zu erkennen, daß die vier abzusteigen begannen — doch erneut verdeckten Nebel die Wand. Erst am Spätnachmittag riß es nochmals auf. Die Bergstei-

Die uns vom Innenministerium zur Verfügung gestellte JU 52 der Lufthansa brachte uns in zwei Stunden von München nach Bern-Belp. Dort stand bereits der von mir bestellte Bus, der uns in weiteren zwei Stunden nach Grindelwald brachte.

ger waren nun auf dem Zweiten Eisfeld. Es war deutlich zu sehen, daß einer von ihnen verletzt sein mußte, denn während einer abstieg, bemühten sich zwei um den anderen. (Bei der Bergung der Leiche Angerers stellte sich dann auch heraus, daß er eine erhebliche Kopfverletzung erlitten haben mußte. Wahrscheinlich hatte er einen Schädelbruch erlitten, denn sein Kopf trug eine Binde.) Sie stiegen bis ans untere Ende des Eisfelds und seilten sich über den Eisschlauch hinab zum Ersten Eisfeld, wo sie biwakierten. In kurzer Zeit verschlechterte sich das Wetter rapide, Sturm kam auf, es begann zu schneien. In der Wand mußte die Hölle los sein. Am Nachmittag kam ein Streckengeher der Jungfraubahn, Albert von Allmen, aufsteigend ans Stollenloch, trat ein paar Schritte hinaus und rief nach oben. Überraschenderweise erhielt er Antwort; es hörte sich fast fröhlich an, zuversichtlich, so wie „Alles in Ordnung!" Zwei Stunden später, beim Abstieg, rief er nochmals aus dem Stollenfenster. Nun hörte er deutlich Hilferufe, mehrmals und immer wieder. Er gab Antwort, daß er sofort Hilfe holen wolle, rannte die fünfhundert Meter wieder hinauf zur Station Eigerwand und schlug Alarm. Zufällig befanden sich an diesem Tag drei Oberländer Führer, Hans Schlunegger und die Brüder Adolf und Christian Rubi in der Station Eigergletscher. Mit einem Sonderzug von der Kleinen Scheidegg her wurden sie sofort ans Stollenloch transportiert, wo sie in beginnender Nacht ausstiegen und im tobenden Sturm begannen, die etwa 150 bis 180 Meter zu den überhängenden Felsen unterhalb des „Hinterstoißer-Quergangs" hinüberzusichern.

Bald erhielten sie auf ihr Rufen auch Antwort.

Sie vernahmen, daß nur mehr Toni Kurz am Leben war und dringend Hilfe brauche; sie sollten sofort aufsteigen und helfen. Mittlerweile war es Nacht geworden, Schneesturm tobte, an eine Bergung unter diesen Umständen war nicht zu denken. Die Bergführer riefen hinauf, Kurz müsse noch eine Nacht aushalten, morgen früh würden sie mit der Rettung beginnen. „Nein, nein, nein!" kam es verzweifelt herunter. Hans Schlunegger erzählte mir später, daß es sich anhörte, als habe ein wildes Tier geschrieen. Diese Schreie seien ihnen allen durch Mark und Bein gedrungen.

Was hatte sich wohl an diesem Nachmittag in der Wand ereignet? Darüber lassen sich heute nur mehr Vermutungen anstellen. In allen Publikationen wird die Ansicht vertreten, daß Hinterstoißer, als er beim Aufstieg das Quergangsseil abzog, einen entscheidenden Fehler beging. Das kann man auch anders sehen, und ich habe auch einen Beweis dafür. Hinterstoißer und Kurz waren erfahrene Bergsteiger, die höchste Schwierigkeiten kletterten. Quergänge waren ihnen nichts Neues; dies darf auch von Rainer und Angerer gesagt werden. Ebenso dürfen wir annehmen, daß die vier keine Hasardeure waren, etwa nach dem Motto: „Es gibt nur eine Richtung — hinauf!" Wenn also Andreas Hinterstoißer einen Quergang von rechts oben nach links unten ausführen konnte, wäre es ihm sicher auch möglich gewesen, von links oben nach rechts unten zu queren. Und wir dürfen weiter annehmen, daß er dies auch bedacht hatte. — Wenige Tage später, als wir die Toten am Wandfuß bargen, fanden wir Andreas Hinterstoißer an einem langen Seil, das beim Versuch des Quergangs gerissen sein mußte...

Dienstag, 21. Juli. Zu den drei Schweizer Führern hatte sich ein weiterer gesellt: Arnold Glatthard aus Meiringen. Im Morgengrauen stiegen sie vom Stollenloch in die Wand hinaus. Toni Kurz lebte noch, er stand auf einer Leiste, das Seil lief nach oben und nach unten, doch Angerer und Rainer waren nicht zu sehen. Die Rufe der Führer wurden sofort beantwortet: „Ihr könnt mich nur von oben retten, ihr müßt den Riß hinauf!" Den Schweizern war dies offensichtlich nicht möglich, der „Schwierige Riß" war völlig vereist, und sie hatten sich eine andere Möglichkeit ausgedacht. (Einige Tage später stiegen Martin Meier und ich diesen Riß hinauf, um den toten Edi Rainer zu bergen.) In schwerem Gelände kamen die vier Führer bis auf fünfzig Meter unter Toni Kurz heran, dann sperrten weitausladende Überhänge jedes Höherkommen. Auch die Sicht war nun verstellt, sie hatten nur mehr Rufverbindung. Toni sollte ihnen eine Reepschnur hinunterlassen, damit er Seil, Haken und Karabiner aufseilen könne — er hatte keine Reepschnur. Dann kam die Aufforderung: „Klettere zu Angerer hinunter, schlage das Seil ab, dreh es auf und knüpfe die Litzen zusammen, dann wird es reichen!" (Die damaligen Hanfseile bestanden fast durchwegs aus drei einzelnen Litzen, die jeweils vier oder fünf Millimeter Durchmesser aufwiesen. Sie konnten tatsächlich durch Drehen auseinandergenommen werden.) Wenig später waren Pickelschläge zu hören. Kurz war also zu seinem toten Kameraden hinuntergeklettert und schlug das Seil ab. Die Schweizer erwarteten nun, daß der tote Angerer vor ihren Augen hinunterstürzen würde — aber nichts geschah zunächst.

Das Aufdrehen des Seils bereitete Toni Kurz unendliche Mühe. Ihm war eine Hand erfroren, und so konnte er die Arbeit nur mit den Zähnen und der anderen Hand tun — er brauchte Stunden dafür. Plötzlich sahen die Führer einen fallenden

---

Oben: München – Grindelwald in vier Stunden, das Flugzeug macht's möglich. In Grindelwald-Grund wartete bereits ein Sonderzug der Jungfraubahn auf uns und brachte Retter und Geräte hinauf zur Kleinen Scheidegg – eine bewundernswerte Zusammenarbeit über die Grenzen hinweg. (Zwanzig Jahre später erlebten wir in Grindelwald bei der Bergung Cortis das genaue Gegenteil.)

Unten: Nebel ziehen um die dunkle Wand. Ernst von Allmen, Hotelier auf der Kleinen Scheidegg, hat uns sein Fernrohr mit Stativ geliehen. Meter für Meter wird die Wand über viele Stunden abgesucht.

Körper — Angerer hatte sich aus seiner eisigen Umklammerung gelöst und stürzte lautlos über die Wand in die Tiefe. Später kam ein Stein an einer Schnur herunter. Kurz hatte die drei Litzen gelöst, sie zusammengeknotet und ans untere Ende einen Stein gebunden, damit diese Schnur auch in die Hände der Führer kam. Diese nahmen den Stein von den Litzen und hängten zwei 40-Meter-Seile, die mit einem Knoten verbunden waren, an die Schnur, ebenso einen Hammer, einige Haken und Karabiner. Dann gaben sie das Kommando zum Emporziehen. Wieder mußten sie eine lange Zeit warten, dann sahen sie den zutode erschöpften Kurz langsam am einfachen Seil herunterkommen. Aufgrund seiner erfrorenen Hand konnte er nicht im Dülfersitz abseilen. Er hatte sich eine Sitzschlinge geknüpft, das Seil, das er sicher an Haken befestigt hatte, zweimal um einen Karabiner gewickelt und in die Sitzschlinge eingehängt. Dann gab er den Bergführern das Kommando, das Seil zu straffen und jeweils wieder langsam zu lockern, womit seine Abfahrt gut gesteuert werden konnte. Mit der gesunden Hand hielt er sich am Seil fest, um nicht nach rückwärts zu kippen. Langsam ging es nach unten, ans Ende des einen Seils — und da kam der Knoten! Den Führern stockte der Atem: Wird dieser Knoten durch den Karabiner gleiten? Nein! Kurz bemüht sich verzweifelt — es geht nicht. Die Führer, nur mehr sechs bis acht Meter entfernt, sprechen ihm Mut zu, muntern ihn auf — vergebens. Toni Kurz stöhnt noch einmal auf, sagt: „Ich kann nicht mehr." Dann kippt er nach vorn, Arme und Füße hängen nach unten, er stirbt.

Die Führer stiegen zurück, wir trafen uns am Stollenloch und hörten von ihnen das Ende des Dramas. Wir waren erschüttert. Gemeinsam fuhren wir mit der Bahn hinunter zur Kleinen Scheidegg und übernachteten bei Ernst von Allmen im „Gesindehaus".

Mittwoch, 22. Juli. Mit der ersten Bahn fuhren wir wieder hinauf nach Eigergletscher und durch den Tunnel zum Stollenfenster. Wir gingen die gleiche Route wie die Führer am Vortag. Es hatte während der Nacht geschneit und wir mußten uns vor den Lawinen in acht nehmen. Der Anblick des am Seil hängenden Toni Kurz war furchtbar. Während der Nacht war Wasser am Seil herabgeronnen und hatte seinen Körper mit einer Eisschicht überdeckt. An den Fingern und an den Füßen hingen lange Eiszapfen, und das Seil war durch die Eisummantelung nun zehn Zentimeter dick. Erstaunlich, daß dieses Gewicht von den

Links: Wir sind aus dem Stollenfenster gestiegen, der erste klettert hinaus in die Wand. Dieser Sicherungsplatz ist direkt noch gemütlich. An meinen Steigeisen sind die Frontzacken zu erkennen, die ich mir selbst hergestellt hatte und die ich an normale Zehnzacker anschrauben konnte. Es ist durchaus möglich, daß dies die ersten frontalen Zacken an Steigeisen überhaupt waren.
Rechts: Blick aus einem Stollenloch oberhalb der Station Eigergletscher. Aus diesen Löchern konnten wir direkt in die Wand hinaussteigen. Sie dienten beim Bau der Bahn zum Hinauswerfen des Ausbruchmaterials.

Bilder des Grauens. Die Tragik des Geschehens ist vielfach beschrieben und auch bereits nachgefilmt worden. Toni Kurz, der bis dahin einzige noch Überlebende, hat hoch oben mit starren erfrorenen Händen das Seil, an dem der tote Angerer hing, abgeschlagen, hat es aufgedreht, die einzelnen Litzen zusammengebunden und mit dieser nun fünfzig Meter langen Schnur zwei Seile der Schweizer Bergführer zu sich hinaufgezogen, zwei Dreißig-Meter-Seile, die mit einem Knoten verbunden waren. Da eine Hand bereits erfroren war, konnte er sich nicht mehr im Dülfersitz abseilen, und hatte sich deshalb eine Sitzschlinge geknüpft, die er mit einem Karabiner ins Seil hängte. (Das Seil hatte er dabei zweimal um den Karabiner gewickelt.) Die Schweizer konnten nun das Abgleiten von Kurz selbst steuern: Strafften sie das Seil, bremste sich die Fahrt, lockerten sie den Zug, glitt Kurz weiter abwärts. Kurz konnte sich dabei mit der gesunden Hand festhalten – doch dann kam der Knoten ... Und hier kam das unerbittliche Ende. Kurz blieb hängen, versuchte noch mit den letzten Kräften sich zu befreien – doch hier mußte er sterben. Die Schweizer, nicht einmal zehn Meter entfernt, waren hilflos, da sie vor dem Aufprusiken zurückschreckten.

Wir trafen die Schweizer Bergführer, als sie aus der Wand ins Stollenloch zurückstiegen, und erhielten so aus erster Hand die Informationen. Trotz aller Zusammenarbeit, trotz aller technischen Mittel, die wir eingesetzt hatten – wir waren zwei Stunden zu spät gekommen. Wir hätten uns ohne langes Besinnen sofort zu Toni Kurz hinaufgeprusikt, diese Technik hatten wir immer und immer wieder geübt, doch es war zu spät. Als wir am folgenden Tag den Toten bergen wollten, hatte eine dicke Schicht Wassereis das Seil auf zehn Zentimeter Durchmesser gebracht, an Toni Kurz hingen lange Eiszapfen – es war ein gespenstisches Bild.

Die Wetterverhältnisse vereitelten jeden Versuch, Kurz' Leiche sogleich zu bergen, die im Wind pendelte und immer wieder Schneerutschen, Stein- und Eisschlag ausgesetzt war.

Links und rechts: Die lange Zeit des Wartens auf bessere Verhältnisse nützten wir zum Training im Eis. Die Eishaken waren damals noch relativ „jung", Fritz Rigele und Willo Welzenbach hatten sie erstmals in der Wiesbachhorn-Nordwestwand im Jahre 1925 angewandt.

Haken gehalten wurde. Es wäre uns möglich gewesen, am hängenden Seil zu Toni Kurz aufzuprusiken, doch schien mir dies für eine Totenbergung zu riskant.

In schwerstem Fels kletterten wir soweit empor, bis wir auf drei Meter an den leblosen Körper herankamen. Mit einer zweieinhalb Meter langen Stange, an deren Ende eine Seilschlinge befestigt war, versuchten wir, den Toten zu fixieren, um dann das Seil abzuschneiden. Wir bemühten uns drei Stunden lang mit allen nur erdenklichen Mitteln. Doch vergebens. Zwar war derjenige, der mit der Stange hantierte, am Doppelseil gesichert, doch war es auf dem exponierten Standplatz nur mit größter Anstrengung möglich, frei zu stehen und mit beiden Armen die Stange zu halten. Wir erkannten die Aussichtslosigkeit unserer Bemühungen und beschlossen, das Seil abzuschneiden. Ein Messer wurde an die Stange gebunden — und dann fiel der eisgepanzerte Körper wenig unter uns auf die glatten Platten. Ein dumpfer Schlag, Eis splitterte, dann war er verschwunden. Zurück blieb das Seil und der Knoten, an dem ein kurzes Stück vom anderen Strick hing ...

Die Leiche von Toni Kurz würden wir wie diejenige der anderen in den kommenden Tagen bergen. Edi Rainer war einige Seillängen über uns ins Eis eingefroren. Wir konnten ihn sogar sehen. Vielleicht würde er sich von selbst lösen. Dann stiegen wir zurück, mußten mehrmals dem Steinschlag ausweichen. Durch den Tunnel gingen wir hinunter zur Kleinen Scheidegg. Abends saßen wir mit den Schweizer Führern bei Ernst von Allmen und sprachen über die tragischen Ereignisse, auch um Lehren daraus zu ziehen — für künftige Besteigungen, wie für die Rettung. Von Allmen

Links: Hinterstoißer, Kurz und Angerer liegen irgendwo am Fuß der Wand, wir haben sie noch nicht gefunden. Der tote Edi Rainer steht noch oben am unteren Ende des Hinterstoißer-Quergangs, vom Eis an die Wand geheftet. Ihn wollen wir heute bergen. Mit Martin Meier steige ich über den Schwierigen Riß hinauf zum Beginn des Hinterstoißer-Quergangs. Martin ist bereits oben, ich folge und nehme ein weiteres Seil mit. Paul Liebl steht auf der kleinen Kanzel und sieht uns zu (Bild). Der tote Rainer ist gar nicht weit von diesem Standpunkt, etwa vierzig Meter weiter östlich, auf gleicher Höhe. Doch um dorthin zu gelangen, müssen wir wie die Nordwandbesteiger den Quergang gehen. Um den Toten nicht in schwerem Gelände hinauf- und hinabseilen zu müssen, werden wir ihn am oben befestigten Seil wie bei einem Pendel vom Ende des „Hinterstoißers" zu diesem Platz ziehen. Schon beim Aufstieg zum oberen Punkt des Quergangs sehen wir uns in starkem Steinschlag. Über uns ragen die Felsen der Roten Flüh senkrecht in den Himmel – eine Schüsselkar-Südwand in der Eiger-Nordwand. Die Steine kommen heulend vier- bis fünfhundert Meter in freiem Fall herunter, schlagen oft in unmittelbarer Nähe ein und zerbersten. Von oben sehen wir den Toten nun, das Wasser läuft über die Wand, wir richten das Quergangsseil ein. Da – ein Geräusch! Wir sehen, daß Rainer vornüber kippt, mit einem dumpfen Ton aufschlägt und in der Tiefe verschwindet. Wir sind betroffen und erleichtert zugleich, seilen uns sofort wieder ab zu unseren Kameraden in weniger gefährliches Gelände.

Rechts: Wir stehen am Beginn des Hinterstoißer-Quergangs. Martin Meier blickt nach oben, da sich Steinschlag ankündigt. Wenige Minuten später fällt Rainer aus der Wand.

Seite 60: Wir haben Hans Hintermeier am Seil in eine der Randklüfte hinabgesichert, wo er nach den Toten sucht. Ein extrem unangenehmer und gefährlicher Einsatz. In diese Schluchten rinnen die Schmelzwasserbäche und durchnässen den Suchenden; dazu der anhaltende Steinschlag, dem man nur mit Glück entkommen kann.

Zu den Bildern auf Seite 61:

Oben links: Hans Hintermeier hat in einer Randkluft nach den Abgestürzten gesucht und steigt nun, völlig durchnäßt, aus dieser Schlucht.

Oben rechts: Willy Angerer, der als Toter vor den Augen der Schweizer Rettungsmannschaft aus dem Hinterstoißer-Quergang gestürzt war, fanden wir einen Tag darauf in einer Schlucht am Fuß der Wand. Deutlich ist das Seilstück zu sehen, das er noch um die Brust gebunden hat. Das Seil wurde von Toni Kurz mit dem Pickel abgeschlagen, als dieser seinen dramatischen Rettungsversuch begann. Angerer war da bereits nicht mehr am Leben.

Unten links: Ein erschütterndes Bild von Willy Angerer. An seinen Fingern wird der Kampf mit der Wand, sein Überlebenswille und die Härte des Kletterns sichtbar.

Unten rechts: So fanden wir Andreas Hinterstoißer, eingewickelt in die Seile, mit der gesamten Schlosserei. Es spricht vieles dafür, daß er beim Versuch, den Quergang zurückzusteigen, einem Seilriß zum Opfer gefallen ist.

erklärte uns auch anhand von Fotos, in welchen Bereichen des unteren Wandteils wir nach den Abgestürzten suchen sollten.

Donnerstag, 23. Juli. Zu acht suchten wir am Wandfuß nach den Abgestürzten. Dann stiegen wir in die steilen Schneefelder im unteren Teil der Wand und forschten in den Rinnen und Schluchten. In einer dieser Rinnen fanden wir Willy Angerer. Er wurde in einem Totensack verschnürt, abgeseilt und am Wandfuß an eine Stange gebunden und hinab an die Trasse der Jungfraubahn gezogen. Für diese Arbeit waren vier Mann nötig, die anderen suchten weiter. Es fanden sich Fetzen von Kleidung, Steigeisen, ein Fotoapparat und eine Uhr. Wir stiegen wieder ab und durchsuchten die tiefen Löcher der Randkluft, die da und dort von mächtigen Lawinenkegeln überschüttet, oft aber auch offen waren. Hier fanden wir einen Toten, der dem Aussehen nach schon länger hier liegen mußte — es war Max Sedlmayr. So bargen wir auch diesen Toten und zogen ihn an der Stange hinab zur Bahn. Karl Mehringer fanden wir nicht.

Das Wetter besserte sich langsam. Aus der Wand kamen fast anhaltend Schneerutsche und Steine. Die Suche war gefährlich. Wer einen fallenden Stein hörte, warnte sofort die anderen, die nach oben sahen und Deckung suchten. Müde kehrten wir am Spätnachmittag zur Scheidegg zurück. Über große Fernrohre waren wir von dort den ganzen Tag über beobachtet worden.

Am Freitag waren wir ohne Fund unterwegs. Am Samstag fanden wir Hinterstoißer auf einem Vorsprung liegend, das Seil, wie erwähnt, in Schlingen neben sich ... Toni Kurz war nicht zu finden.

Am Sonntagmorgen gingen wir hinauf zur Station Eigergletscher. Weil zu dieser Tageszeit noch kein Zug unterwegs war, stiegen wir im Tunnel hinauf zu den Stollenlöchern und hinaus in die Wand. Heute waren wir zu sechst. Zwei unserer Mannschaft waren in Grindelwald und kümmerten sich um die Toten, verständigten die Angehörigen und kauften Proviant ein. Über den „Schwierigen Riß" hinauf kletterten wir bis zum Beginn des „Hinterstoißer-Quergangs", um Edi Rainers Leiche zu bergen. Wir fanden die Haken, die Hinterstoißer und Kurz hier gesetzt hatten, und sahen, etwa vierzig Meter unter uns, Rainer an einem Felsen lehnen. Gerade begann Martin

Links: Heini Sedlmayr, Max' Bruder, war mit uns nach Grindelwald gefahren, um uns bei der Suche nach seinem Bruder zu helfen. Erst als der Schnee schmolz, der in den vergangenen Wochen gefallen war und der den vier Eigerwand-Kletterern zum Verhängnis wurde, konnten wir die Suche auch auf den seit dem Vorjahr verschollenen Max Sedlmayr ausdehnen. Wir fanden ihn auf einem Lawinenkegel und verpackten ihn in einen Bergesack. Auf dem Bild Heini mit dem, was einmal sein Bruder war.

Rechts oben: Am gleichen Tag, an dem wir Max Sedlmayr bergen konnten, entdeckten wir auch Willy Angerer. Hier verschnüren wir seine sterblichen Überreste am Ende des Schnees und ziehen dann...

Rechts unten:...die beiden Toten auf einem Brett über das Kar hinunter zur Trasse der Bahnlinie Grindelwald – Kleine Scheidegg. Hier wurden sie von zwei unserer Kameraden im Zug verstaut. Diese fuhren mit nach Grindelwald hinab und kümmerten sich um das Begräbnis.

62

Meier das Quergangsseil zu verankern, als uns ein Geräusch aufhorchen ließ: Die leblose Gestalt kippte vornüber, rutschte einige Meter über schräge Felsen und verschwand in der Tiefe. Betroffene Gesichter, doch dann Erleichterung, daß es auf diese Weise abgegangen war. Wer weiß, welche Gefahren bei dieser Bergung aufgetreten wären. Wir befanden uns ohnehin in einem stark gefährdeten Bereich: Über uns drohten die Abstürze der Roten Flüh, fünfhundert Meter Felsschluchten, von denen immer wieder Steine wie Geschosse heruntersurrten und oft in unserer unmittelbaren Nähe einschlugen. Zwei unserer Seile, die sich nicht mehr abziehen ließen, mußten wir hängen lassen. Wie wir später erfuhren, dienten sie einigen Nachfolgern als Geländerseile im „Hinterstoißer-Quergang".

Einen Tag später bargen wir die Leiche Rainers, und da wir auch jetzt Toni Kurz nicht finden konnten, gaben wir die weitere Suche auf. Ein Jahr später fanden ihn Hans Hintermeier und Rudi Peters, beide Gebirgsjäger in Bad Reichenhall, die von ihrem Kommandeur für diesen Dienst freigestellt wurden.

Wieder traten wir die Heimreise an und wieder waren hoher persönlicher und materieller Einsatz für eine Lebendbergung zu spät gekommen. Doch auch der letzte Dienst an den toten Kameraden mußte getan werden. Irgend jemand mußte bereit sein für eine Arbeit, deren oft unbeschreibliche Anforderungen Überwindung und Selbstbeherrschung erforderten, ganz abgesehen von den Gefahren, die durch Steinschlag, Lawinen und Absturz drohten. Mir blieb die Genugtuung, daß alle meine Kameraden, die sich für diese Arbeit bereit erklärt hatten, körperlich unverletzt zurückkehrten — aus einer Wand, deren gefährlicher Nimbus gerade auch durch unsere Bergungseinsätze einen Höhepunkt erreicht hatte.

Verwegener Einstieg ins neue Jahr

Enormer Einsatz der Rettungsmannschaft und unfaßbare Zufälle
entscheiden in der Watzmann-Ostwand

Jahreswechsel 1936/37. Wir waren auf der Hochalm oberhalb Garmisch und feierten im Kameradenkreis. Die kleine Bergwachthütte steht auf dem Hochalmsattel, wir hatten sie 1934 erbaut. Es waren ruhige Tage, wir lagen in der Sonne an der Südseite der Hütte und unternahmen kleinere Skitouren. Schlepplifte und Sesselbahnen gab es noch nicht, nur die Kreuzeckbahn brachte Skifahrer herauf. Von dort war es mit den Steigfellen noch eine knappe Stunde zu unserer Hütte. Wir waren zwar zum Dienst eingeteilt, aber es hatte sich kein Unfall ereignet. Die Abtransporte erfolgten damals noch mittels Skiverschraubung, die Retter mußten zu Fuß durch den Schnee. Die ersten Akja, aus Holz mit je einer Stange vorne und hinten, wurden erst im Winter 1944/1945 erprobt.

Am Montagmorgen, 4. Januar 1937, begann der Alltag wieder im Südbau des Hauptbahnhofs, in der Dienststelle der Bergwacht. Doch sollte sich das sehr schnell ändern. Schon kurz nach acht Uhr erschien eine Frau und meldete, ihr Sohn, Franz Frey, sei mit seinem Vetter gleichen Namens am Sylvestertag nach Berchtesgaden gefahren, um in der Zeit vom 1. bis 3. Januar 1937 die Watzmann-Ostwand zu durchsteigen. Sie wollten am Abend des gestrigen Sonntags zurück sein, waren aber nicht eingetroffen. Seit Samstag hatte sich das Wetter stark verschlechtert, es schneite und stürmte seither mit wenigen Unterbrechungen. In dieser Situation mußten wir damit rechnen, daß die beiden Münchner einen Unfall erlitten hatten oder irgendwo in dieser Riesenwand festsaßen. Sofort telefonierte ich mit dem Obmann unserer Berchtesgadener Rettungsstelle, Josef Aschauer. Ihm war das Unternehmen der beiden jedoch schon bekannt — ja mehr noch, drei Bergführer waren eigens über den Königssee nach St. Bartholomä gefahren, den beiden in den unteren Teil der Wand nachgestiegen und hatten diese, als sie in Rufverbindung waren, vor dem drohenden Wetterumschwung gewarnt. Doch vergebens, sie hatten sich nicht abbringen lassen. Gestern, als es einmal kurz aufriß, war zu beobachten, daß die Vettern gerade vom 4. zum 5. Band stiegen. Es stand ihnen also ein viertes Biwak bevor, und zum Gipfel, der Watzmann-Südspitze, 2712 m, war es noch weit. In Berchtesgaden schneite es ...

Es war klar, daß die beiden Hilfe brauchten. Als erstes telefonierte ich mit den Kameraden vom „Dienst VI", vornehmlich mit solchen, die hochalpine Erfahrung und bereits Winterbegehungen mit Biwaks ausgeführt hatten. Dabei hatte ich Glück, denn einige meiner Freunde waren erst vor kurzem mit glänzenden alpinen Erfolgen aus dem Kaukasus zurückgekommen. Sie waren trainiert und ausnahmslos sofort bereit, bei der Rettungsaktion mitzuhelfen: Ludwig Schmaderer, Herbert Paidar, Adi Göttner, Ernst Rosenschon und Hartl Steinberger. Mit Kai (Dr. Karl von Kraus) und Hans Ruder stellte ich die Ausrüstung zusammen, verstaute alles in unserem Mannschaftsbus. Nach einer kurzen Besprechung, in der wir vor allem nochmals die Ausrüstungsliste überprüften, fuhren wir kurz nach Mittag über die Autobahn und die Deutsche Queralpenstraße in Richtung Berchtesgaden. In Inzell entkamen wir um Haaresbreite einem Unfall, als uns ein freilaufendes Pferd vor den Wagen sprang und ich nur mit einer Notbremsung einen Zusammenstoß verhindern konnte.

Gegen 16 Uhr trafen wir in der Bergwacht-Bereitschaft Berchtesgaden ein, wo uns Josef Aschauer bereits erwartete. Er berichtete uns, daß Ernst Udet mittags, als die Wand kurz frei war, versuchte, einige Verpflegungspakete abzuwerfen. Ob die beiden diese Dinge erreichten, konnte nicht beobachtet werden, denn es begann am Nachmittag wieder zu schneien. Doch zumindest wußten sie nun, daß man sich um ihre Rettung bemühte. Josef Aschauer, Bergführer Sepp Kurz und drei Reichenhaller Gebirgsjäger zwängten sich mit ihren Rucksäcken noch in unseren Bus, dann ging es zurück, Richtung Ramsau, bis zur Wimbachbrücke. Beim Wirtshaus stellten wir den Bus ab, verteilten die nicht geringen Lasten und spurten mit Ski das endlos lange Wimbachtal hinein, zur Wimbachgrieshütte, 1327 m. Es war schon dunkel. Mit unseren beiden Berchtesgadener Kameraden jedoch hatten wir zwei Ortskundige dabei, die den Weg auch bei Nacht und Nebel finden würden. Wenig später wollte auch der Wirt dieses Naturfreundehauses noch nachkommen, um uns ein Essen zu kochen und etwas Wärme in die eiskalte Hütte zu bringen. Der tiefe Neuschnee zwang beim Spuren zum häufigen Abwechseln. Obwohl es nun Nacht war, leuchtete der Schnee doch so intensiv, daß wir die nächste Umgebung gut erkennen konnten. Später hörte es auch zu schneien auf. Nach vier Stunden, gegen 21 Uhr, standen wir vor der Hütte. Auch der Wirt war in unserer Spur nachgekommen, und bald prasselte das Feuer im Ofen, es wurde warm in der Küche, wo wir uns alle zusammendrängten. Dampfender Tee kam auf den Tisch und heiße Suppe und alle waren wir mit der Brotzeit beschäftigt. Ich dachte an die beiden in der Wand, denen das vierte Biwak bevorstand — in feuchten Kleidern, im Schnee, bei grimmiger Kälte...

Im ersten Licht des Tages verließen wir die Hütte. Es war kalt, der Himmel wolkenlos, oben am Grat fegte der Sturm Schneefahnen in die Weite. Mit Ski spurten wir in den hintersten Winkel des Wimbachgrieses, deponierten dort die Bretter und wandten uns dann in die steile Südwestflanke des Watzmann, ins „Schönfeld". Zwar wäre es noch möglich gewesen, mit Ski aufzusteigen, doch angesichts der Schneemassen war gewiß die gerade hinaufführende Fußspur am sichersten, um die Auslösung von Lawinen zu vermeiden. Es wurde ein mühevolles Spuren in hüfttiefem Schnee, oft fiel der Vorausgehende in Löcher und verschwand fast völlig. Erst höher oben, wo der Schnee verblasen war, wurde es besser, der Untergrund härter. Hier fiel uns aber der Wind in solchen Stößen an, daß wir oft stehenbleiben und uns mit den Skistöcken abstützen mußten.

Ob die beiden in der Ostwand noch lebten? Dort waren sie zwar dem Sturm nicht so ausgesetzt, aber sie mußten durch tiefen Schnee spuren, ständig in Lawinengefahr, in feuchter Kleidung. Sicher hatten sie Hunger, sie wollten ja nur zwei oder drei Tage unterwegs sein. — Heute waren sie schon den fünften Tag in der Wand.

Wenig nach zehn Uhr erreichten wir die 2712 Meter hohe Südspitze. Als erstes legten wir uns zu zehnt an die Gratkante und brüllten aus Leibeskräften in die Tiefe. Das war kein schlechtes Geschrei — wir lauschten angespannt, aber es war nichts zu hören. Sieben Mann unserer Gruppe bemühten sich um ein Biwak in der Nähe des Gipfels, mit den anderen fünf begann ich die Sicherungen für das Abseilen vorzubereiten, denn einer der Kameraden sollte nun in die tiefverschneite Ostwand hinabgelassen werden. Wir besaßen sechs Hanfseile zu je dreißig Meter, die zusammengeknüpft und doppelt genommen wurden. Das heißt, wir verfügten schließlich über eine einsetzbare Seillänge von knapp 90 Metern. Adi Göttner wurde als erster in die Tiefe gelassen. Als er etwa 70 Meter abgefahren war, stellte sich heraus, daß seine Rufe nicht mehr zu hören waren,

Oben links: Zwei junge Bergsteiger sind Anfang Januar in die Watzmann-Ostwand eingestiegen. Das Wetter ist schlecht geworden, es stürmt und schneit seit Tagen. Sie brauchen Hilfe, sicher. Wir wollen von oben in die Wand hinunter, sie suchen. Wir steigen aus dem Wimbachgries zur Südspitze hinauf...

Oben rechts: ... und verlassen den Gipfel am anderen Tag im Höhensturm nach glücklichem Abschluß der Bergung.

Unten: Die Vettern Frey sind ins Leben zurückgekehrt. Die Dramatik der letzten Stunden ist deutlich in ihre Gesichter geschrieben. Dahinter Bertl Paidar und Ernst Rosenschohn.

längst war er auch unseren Blicken entschwunden. Ludwig Schmaderer glitt nun am Hauptseil, mit einer Reepschnur gesichert, hinab zum ersten Absatz und konnte so die Kommandos weitergeben. Unheimlich rasch, und von uns kaum wahrgenommen, hatte sich das Wetter verschlechtert. Wolken fegten über den Gipfel, in der Wand bildete sich Nebel, es begann zu schneien. Wir hörten, daß Göttner auf einem Vorsprung stand, unter dem die Wand senkrecht abbrach. Er glaubte, Stimmen zu hören, direkt unter sich im Nebel. Er sollte weiter hinab, doch wir hatten keine Seile mehr — es war zum Verzweifeln. Es blieb nur die Hoffnung, daß sie uns gehört hatten, daß sie dadurch neuen Mut fassen konnten und sich nicht verloren zu geben brauchten. Am Gipfelgrat war der Sturm zum Orkan angewachsen. Die Schneekristalle schmerzten im Gesicht, wir froren jämmerlich, konnten uns nicht bewegen.

Um 16 Uhr gab Schmaderer das Signal zum Aufziehen, mit vereinten Kräften beförderten wir beide höher, bis sie neben uns standen. Was nun? Wir brauchten mehr Seile. Woher sollten wir die nehmen? Seile hatten die Gebirgsjäger in Reichenhall, drei von ihnen waren ja bei uns. Aschauer, Kurz und einer der Jäger würden absteigen und sich um Seile und anderen Nachschub bemühen. Am besten würde es sein, wenn ein Zug Gebirgsjäger zu Hilfe kommen und eine sichere, gut begehbare Spur bis zum Gipfel legen würde. Wichtig wären weitere Biwakausrüstung, Fackeln und Benzinkocher. Die drei verabschiedeten sich und waren bald außer Sicht.

Das Biwak, das die Kameraden gebaut hatten, befand sich knapp neben dem Gipfel. Sie hatten ein großes Loch in eine Wächte gegraben und den Eingang mit Schneeziegeln geschlossen. Ein Teil der Decke bestand aus einem Biwaksack, der im Sturm knatterte und davonzufliegen drohte. Wir befestigten ihn ringsum mit unseren Steigeisen, die wir durch den Stoff in den Schnee steckten. Im Innern der Schneehöhle stützten Skistöcke das Dach aus Stoff. Es war dunkel geworden. Der Orkan fegte mit unverminderter Heftigkeit über den Gipfel. Eng aneinander gekauert saßen wir in der Höhle, hielten das Dach unserer Behausung fest und arbeiteten dauernd, um den eindringenden Schnee nach draußen zu befördern. Von oben fielen kleine Schneerutsche auf unser Dach und drohten es einzudrücken. Was wir unbedingt gebraucht hätten, war etwas Heißes zu trinken. Schmaderer und Paidar, die in solchen Situationen Erfahrung hatten, versuchten, den Benzinkocher zum Einsatz zu bringen, doch es war so kalt, daß jedes Hantieren nur mit Handschuhen möglich war. Paidar goß etwas Benzin über den Kocher, doch im Nu brannte dieser lichterloh, also stieß er ihn mit dem Fuß aus der Höhle. Jetzt eine Explosion und Brandverletzungen — das wäre der Gipfel des Absurden gewesen. Dann versuchte er es mit einem zweiten Kocher nochmal, wieder vergeblich. Erst mit dem dritten gelang die kontrollierte Flamme.

Lange dauerte es, bis das Wasser auch nur auf Körpertemperatur erwärmt war, und rasch wurde es wieder kalt und gefror, denn die „Zimmertemperatur" war weit unter Null, und draußen wird es wohl 15 Grad Kälte gehabt haben. Hans Ruder und die beiden Jäger klagten über gefühllose Zehen — wir massierten uns gegenseitig, klopften uns auf den Körper und bewegten, was sich bewegen ließ. Der Schnee sammelte sich auf dem Biwaksack, unsere Unterkunft wurde immer niedriger. Wir mußten achtgeben, daß der Stoff keinen Riß erhielt. Am besten war es, wenn wir mit dem Rücken und nach vorn gebeugtem Kopf das Gewicht des Schnees auf dem Biwacksack hielten — eine Nacht lang.

Endlich ein heller Schimmer, wir krochen hinaus, streckten uns. Welche Erleichterung! Um uns eine Welt in Weiß; es hatte zu schneien aufgehört, doch wird in dieser Nacht wohl ein halber Meter

Gleich ist es geschafft! Die letzten Meter im Schneetreiben vor der Wimbachbrücke.

Neuschnee gefallen sein. Ursprünglich wollten wir sofort wieder mit dem Abstieg in die Ostwand beginnen, doch drei von uns hatten Erfrierungen und mußten sofort hinunter ins Tal. Unsere Kleidung war feucht und außen gefroren, bei jeder Bewegung krachte es. Wir riefen gemeinsam nochmals hinunter: keine Reaktion. Schweren Herzens beschlossen wir abzusteigen, rafften unser Zeug zusammen, stopften es in die Rucksäcke und wateten im Schnee hinab. Wie wichtig wäre jetzt ein Funkgerät gewesen. Doch diese zehn Kilo wollten wir nicht auch noch hinauftragen, ganz abgesehen davon, daß die Batterien dieser Kälte nicht standgehalten hätten. Wir hielten weite Abstände zueinander, damit bei einem Lawinenabgang nicht alle verschüttet werden würden. Je tiefer wir kamen, desto wärmer wurde es. Als wir die Ski anschnallten und zur Hütte zurückfuhren, war der Schnee schwer und pappig — in der Nacht war das Schneien in Regnen übergegangen.

Nun war die Lawinengefahr vorüber, wir atmeten alle auf. In der Hütte gab es heißen Tee, wir konnten uns wärmen und etwas essen, was ja oben ganz ausgefallen war. Hans Ruder und die beiden Gebirgsjäger hatten starke Erfrierungen erlitten. Wir massierten die kalten Füße, doch schien es mir angebracht, sie so rasch wie möglich in die Obhut eines Arztes zu geben. Also weiter hinunter zum Gasthaus Wimbachbrücke. Dort trafen wir Aschauer und Kurz mit siebzig optimal ausgerüsteten Gebirgsjägern. Sie stiegen am Morgen von der Hütte ins Schönfeld und von dort sogleich weiter zum Gipfel. Wir würden eine hervorragende Spur vorfinden. Der Zug stand unter der Leitung von Oberleutnant Raithel, mit dem wir noch das Nötigste besprachen, ehe er seinen Soldaten nacheilte.

Von Aschauer erfuhren wir, daß der Beobachtungsposten in St. Bartholomä am Vormittag die beiden in der Ostwand kurz gesehen hatte, wie sie im tiefen Schnee langsam aufstiegen. Mir fiel ein Stein vom Herzen — sie lebten noch. Im Gasthof Wimbachbrücke übernachteten wir und begaben uns am frühen Morgen des nächsten Tages auf den Weg ins Wimbachgries.

Im Eilmarsch folgten wir der Spur der Jäger talein. An der Wimbachgrieshütte genehmigten wir uns nur eine kurze Rast, dann ging es weiter in den Winkel des Tals. Dort standen bereits die siebzig Paar Ski der Jäger. Eine gutausgetretene Spur leitete bereits hinauf ins Schönfeld. Von absteigenden Soldaten erfuhren wir, daß nun genug Seile am Gipfel deponiert waren, auch die Wand sei ohne Nebel. In einer solchen Spur ließ sich gut steigen, weshalb wir rasch auf den Grat gelangten, wo uns wieder der Sturm packte. Die Sicht jedoch war gut. Auf dem Gipfel befand sich nun ein ganzes Materiallager: Seile, Pickel, Fackeln, Biwakmaterial. Oberleutnant Raithel empfing uns am Gipfel. Er dirigierte seine Mannschaft ebenso energisch wie umsichtig. Die Abseilstelle versetzten wir diesmal einige Meter nach Osten und sicherten sie bis ins kleinste Detail.

Paidar und Schmaderer wurden am Doppelseil 120 Meter in die Tiefe geseilt. Seitlich, einige Meter unterhalb des Gipfels, standen zwei Posten, ausgerüstet mit einem Megaphon, die uns genau einwiesen. Die beiden waren nach 120 Metern Abseilfahrt auf einem kleinen Vorsprung gelandet und begannen, den Schnee abzuräumen und einen Standplatz einzurichten. Jetzt fuhren Ernst Rosenschohn und ich am Seil hinunter. Alle vier hatten wir auf dem Vorsprung gut Platz. Diese Stelle war durch die beiden ersten so gesichert, daß Schmaderer sogleich an den von uns mitgebrachten Seilen weiter abfahren konnte. Mit dem Pro-

---

Nach dem Abstieg von der Südspitze haben wir in der Wimbachgrieshütte übernachtet. Am anderen Tag luden wir die Vettern auf einen Schlitten und zogen sie das Wimbachtal hinaus. Und erneut stand der gute Stern, der uns die beiden Tage begleitet hatte, über uns: Zwischen zwei Gruppen von Rettern, die höchstens eine Viertelstunde auseinander waren, donnerte eine gewaltige Lawine ins Tal und verschüttete die Spur meterhoch. Die Schneemassen hatten sich wohl 200 Meter ins „Gries" hineingeschoben, und wir mußten diesen Kegel mühsam umschreiten.

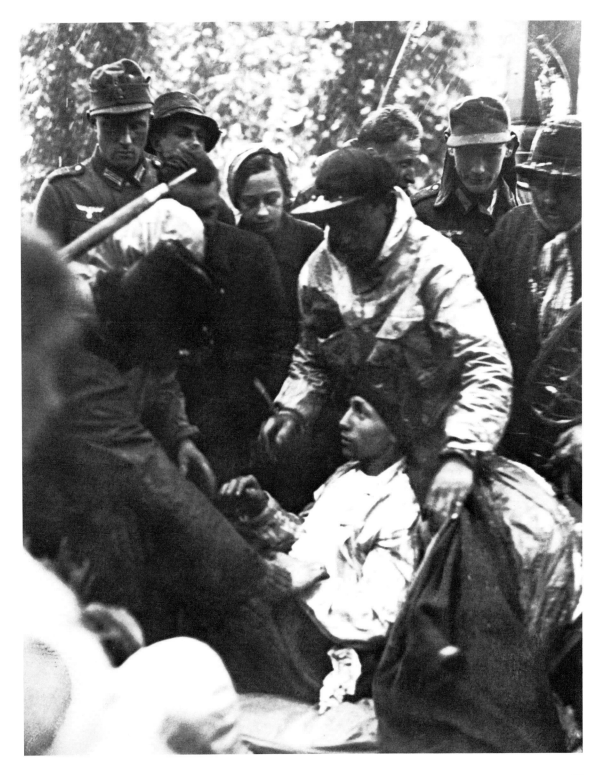

viantrucksack auf dem Rücken und unseren guten Wünschen entschwand er über eine Kante in senkrechte Abstürze. Diese Kante hatte es uns bisher verunmöglicht, in die Wand hinunter zu blicken. Wir hatten zwar schon oft gerufen, aber von unten keine Antwort erhalten. Die Verständigung mit Schmaderer dagegen war ausgezeichnet, obgleich wir auch ihn nicht mehr sehen konnten. Nachdem die Abseilfahrt zunächst zügig vorangegangen war (das Seil wurde von uns nachgegeben), stockte sie plötzlich, und auch mit der Rufverbindung war es aus. Nichts rührte sich mehr, wir riefen, brüllten zu dritt hinunter, lauschten — keine Antwort. Wir spannten das Seil auf Zug — keine Reaktion. Es war vereinbart, daß Schmaderer mit einigen kurzen Rucken am Seil den Wunsch angeben sollte, nach oben gezogen zu werden, aber ein solches Signal kam nicht. Wir warteten zwanzig Minuten. Es kam uns wie eine Ewigkeit vor. Was könnte passiert sein? In dieser Unsicherheit ließen wir Herbert Paidar an einem weiteren Doppelseil ein wenig hinunter. Er sollte nachsehen, was los war. Kaum war er über die Kante verschwunden, ruckte es am Seil von Schmaderer. Rasch holten wir zuerst Paidar zu uns herauf und zogen dann am Doppelseil von Schmaderer. Es ließ sich nur schwer bewegen — wir begannen den Grund zu ahnen, arbeiteten mit ganzer Kraft, mit voller Konzentration. Beide Seile waren an Karabinern gesichert, die ich zum Nachfassen mit der Hand blockierte. Überraschend erschienen zuerst zwei unbekannte Gesichter, blaugefroren, mit steifen Bewegungen — aber sie lachten! Als wir sie auf unseren Platz geholt hatten, tauchte auch Ludwig auf, lachend, voll Schnee, über und über weiß. Von oben war alles beobachtet worden, ein Juchzer kam herunter, ich rief zurück. Ludwig berichtete: Beim Abseilen hatte er sich mit beiden Füßen vom Fels weggestemmt, war einen Meter tiefer auf Schnee gekommen — und plötzlich durchgebrochen und in einer Höhle gelandet. Und da waren die beiden Gesuchten eng beieinander gelegen — ein unglaublicher Glücksfall! Wir konnten es gar nicht fassen, aber die beiden standen vor uns, hingen an unserem Seil! Sie waren völlig ausgehungert und hatten starken Durst. Wie gut, daß Ludwig genügend zu essen und zu trinken dabei hatte. Erst als sie etwas gestärkt waren, seilte er sie an, zu zweit an ein Seil, sich selbst band er ans andere. Deshalb hatten wir so lange warten müssen.

Nun knüpften wir die beiden ans lange Seil und wie vorher Ludwig ans andere, dann gaben wir das Zeichen: Aufziehen! Oben zogen die Jäger mit solchem Einsatz, daß Schmaderer mehrmals „Langsamer!" rufen mußte, weil die beiden Frey nicht mitkamen. Alles weitere konnten wir nicht mehr miterleben, denn die beiden, die ebenfalls Erfrierungen erlitten hatten, mußten sofort hinunter in die Hütte gebracht werden. Wir seilten uns nun genauso an wie vorher Schmaderer und die beiden Frey, gaben das Kommando zum Ziehen und ließen uns nach oben hieven. Dabei konnte es uns natürlich nicht schnell genug gehen. Am Gipfel erwartete uns Oberleutnant Raithel und die „Zugmannschaft". Auch hier viel Freude über den glücklichen Ausgang.

Beim Abstieg blieb eine ganze Menge von Ausrüstung zurück. Aber es eilte nun, denn die Däm-

Oben: Adolf Hitler weilte damals auf dem Obersalzberg und ließ sich laufend über das Geschehen berichten. Er stellte uns sogar seinen großen Mercedes-Spezialgeländewagen zur Verfügung, mit dem wir Material und Mannschaften so weit wie möglich ins Wimbachtal hineinbrachten. Vor diesem Auto fotografiert uns ein Bildreporter an der Wimbachbrücke – wir sind durchnäßt und durchfroren, aber zufrieden, denn die Aktion ist zu einem guten Ende geführt. Von links: Josef Aschauer, Ludwig Grammminger, Ludwig Schmaderer, Hartl Steinberger, Ernst Rosenschohn, Adolf Göttner, Dr. Karl von Kraus („Kai") und Bertl Paidar. Nicht auf dem Bild sind Sepp Kurz und Hans Ruder.

Unten: Ehrung im Münchner Rathaus, sechs Wochen später. Die Akteure haben sich in Schale geworfen und erhalten aus der Hand von Ritter von Epp die Rettungsmedaille am Band. Von links: Vier Reichenhaller Gebirgsjäger, die stellvertretend diese Auszeichnung entgegennehmen, dann Ludwig Schmaderer, Adi Göttner, Ludwig Grammminger, Dr. Karl von Kraus, Bertl Paidar, Ernst Rosenschohn und Hartl Steinberger.

merung brach herein. Auch der Wind hatte sich verstärkt, ein Strahl der Abendsonne stahl sich durch die Wolken, wir stopften so viel wie möglich von den Seilen in unsere Rucksäcke und begannen als letzte mit dem Abstieg. Im allerletzten Licht fotografierte ich noch den Ludwig, wie er im Schneesturm zu mir zurückschaute, dann verließ ich den Gipfel. Ich war froh und dankbar, daß hier, an diesen steilen Hängen, keine Lawinen abgingen, daß alles so gut gegangen war. Nicht auszudenken, wenn ein Schneebrett die Gebirgsjäger verschüttet hätte ...

Die Soldaten und die Kameraden waren in Laufschritt geraten, und bald war ich allein. Ich kannte das von vielen anderen Rettungsunternehmen: Wenn die Arbeit getan war, dann gewann die Hütte eine fast magische Anziehungskraft. Da wollten sie alle schnellstmöglich hinunter in die warme Stube, zum Essen und Trinken, in die Gesellschaft. Vorsicht und Umsicht waren mit einem Mal vergessen, die Gedanken kreisten um die eigene Person. — Weit unten sah ich sie mit den Ski abfahren, keiner blickte zurück. Wenn mir jetzt etwas zustieß, ob ich überhaupt vermißt werden würde? In der kleinen, mit über hundert Personen wohl dreifach überbelegten Hütte war ein Lärm wie in einem Oktoberfestzelt, die Luft war kaum zu atmen — aber es war richtig heiß, angenehm nach der Kälte am Berg.

Die Geretteten fand ich bereits schlafend im Lager. Kai hatte sie sofort ärztlich versorgt und festgestellt, daß beide an den Füßen Erfrierungen erlitten hatten. Morgen würden wir sie auf einem Hörnerschlitten das Tal hinausziehen. Die Gebirgsjäger werden uns zwei parallele Spuren getreten haben, damit wir es im tiefen Schnee leichter haben. Als dann das Licht gelöscht war, wurde es eng. Die zuerst sitzenden und stehenden Menschen wollten nun alle liegen, brauchten also das Doppelte an Platz, und deshalb gab es keinen unbelegten Quadratmeter mehr: Tische, Stühle, Bänke — darauf und darunter, eng zusammengeschichtet, die Schläfer.

Am Morgen richtete ich den Schlitten her, polsterte ihn mit Rucksäcken und Reservekleidung, knüpfte zwei Seilstücke an die Seiten, damit die Kameraden ja nach Bedarf ziehen oder bremsen konnten. Mittlerweile hatten sich die Gebirgsjäger auf den Weg begeben und hinterließen eine schöne breite Spur. Die Vettern Frey saßen warm verpackt auf dem Schlitten. Es konnte losgehen. Nach etwa zwei Stunden Gehzeit, in der Nähe des Wimbachschlosses, versperrte plötzlich eine wohl sechs Meter hohe Schneebarriere den Weg. Eine ungeheure Lawine war aus dem Hochkaltermassiv heruntergestürzt — und die Spur der Gebirgsjäger führte direkt in die Schneemassen hinein! So schnell es mir möglich war, kletterte ich dieses Schneechaos hinauf, überquerte es, um zu sehen, ob die Spur sich jenseits fortsetzte — und wieder fiel mir ein Stein vom Herzen: sie zog genauso weiter, wie sie vorn in die Schneemassen leitete. Welch ein Glück, oder war es Fügung, diese Aneinanderreihung von Zufällen? Den Schlitten konnten wir unmöglich über dieses Hindernis ziehen, sondern mußten es im tiefen Schnee umfahren.

An der Wimbachbrücke wurden die Gebirgsjäger gerade von Lastwagen abgeholt. Wie erzählten ihnen, wie knapp sie und auch wir dem Lawinentod entronnen waren.

Die beiden Vettern lieferten wir ins Krankenhaus Berchtesgaden ein und fuhren dann zurück nach München.

Nachschrift

Dieser Rettungseinsatz in einer winterlichen Wand mit einem langen, lawinengefährlichen Zustieg, mit Biwak und Abseilstrecke, mit schwerem Gepäck in tiefem Schnee, hatte uns vor eine Reihe von neuen Problemen gestellt. Der „Dienst VI" hatte sich bewährt, doch hatte ich mir viele Einzelheiten notiert, die verbessert werden mußten.

Die Vettern Frey hätten ohne fremde Hilfe den

Gipfel nicht mehr erreicht, denn sie waren ja schon drei Tage ohne Nahrung. Von den Proviantpaketen, die Ernst Udet vom Flugzeug aus in die Wand abgeworfen hatte, hatten sie keines gefunden. Aber die Tatsache, daß sie gesucht wurden, hatte ihnen Mut gegeben.

Adolf Hitler, damals gerade auf dem Obersalzberg über Berchtesgaden, nahm starken Anteil an den Geschehnissen in der Wand sowie an den Rettungsmaßnahmen. Durch seinen Brigadeführer Schaub ließ er sich fortlaufend unterrichten. Im Auftrag Hitlers stellte uns dieser auch einen großen geländegängigen Wagen zur Verfügung, mit dem wir die unterste Wegstrecke des Wimbachtales befahren konnten. Die Gebirgsjäger hatten eine Funkverbindung von der Wimbachgrieshütte ins Tal eingerichtet und konnten die Nachricht vom guten Gelingen der Aktion bereits am Nachmittag ins Tal funken, wo eine Reihe von Berichterstattern sehnlich auf solche Meldungen wartete. Dadurch war es auch möglich, die Eltern der beiden Ostwandbegeher zu verständigen. Richard Siebenwurst, unser Einsatzleiter im Tal, und Brigadeführer Schaub überbrachten Hitler die Nachricht vom gelungenen Abschluß der Rettungsaktion, wobei dieser sich ausführlich über den Hergang berichten ließ.

Das gesamte auf dem Gipfel verbliebene Material überließ der Standortkommandeur der Reichenhaller Gebirgsjäger der Bergwacht. Mit den Bereitschaften Ramsau und Berchtesgaden vereinbarten wir, dieses Material bei stabiler Wetterlage so bald wie möglich zu holen. Für die Bergwacht war dies ein großer Glücksfall, denn wir hatten kaum die Mittel, neues Gerät anzuschaffen, und oft mußten wir froh sein, wenn wir nur das verschlissene Material ersetzen konnten.

Drei Wochen später, am 30. Januar 1937, wurde der Rettungsmannschaft der Bergwacht und vier Angehörigen der Reichenhaller Jäger (in Vertretung für den Zug) die „Deutsche Rettungsmedaille am Band" überreicht. Ritter von Epp übergab uns diese Auszeichnung im Münchner Rathaus.

Daß diese Rettungsaktion als Sensationsnachricht tagelang durch alle deutschen Zeitungen ging, war gewiß nicht in unserer Absicht. Aber wir haben uns dennoch gefreut, daß man unseren Dienst anerkannte und daß erstmals höchste staatliche Stellen von uns Notiz nahmen. Hitler schenkte der Bergwacht wenig später zwölf hervorragende Geländewagen mit Vierradantrieb und Vierradlenkung. Zusätzlich erhielten wir noch einen Mannschafts- und einen Sanitätswagen. Die Bergwacht, die bisher stets arm und nur im Improvisieren stark war, wurde damit wohlhabend, und unsere Freude kannte keine Grenzen. Es würde uns gewiß Unrecht getan, wollte man uns belehren, aus welchen Händen jene großzügige Spende kam. Wir haben allen Menschen, die in den Bergen in Not gerieten, geholfen, wir fragten nicht nach Rasse, Stand oder Namen, wir hatten auch das Recht, eine unserer Sache dienende, eine unseren Dienst vielfach erleichternde Schenkung anzunehmen.

Zur Geschichte der Bergrettung

Von den ersten Meldestellen des Alpenvereins zu den Bereitschaften der Bergwacht

Die Geschichte der Bergrettung ist eng mit jener der alpinen Vereine verbunden. Der Österreichische Alpenverein wurde 1862 in Wien gegründet. Sieben Jahre später, 1869, erfolgte die Gründung des Deutschen Alpenvereins. 1873, anläßlich der Hauptversammlung beider Vereine in Bludenz, erfolgte deren Zusammenschluß zum „DuOeAV". Erst dreißig Jahre später, 1902, bei der Hauptversammlung in Wiesbaden, wurde beschlossen, ein „Alpines Rettungswesen für die Ostalpen" einzurichten. Auf allen Hütten und überall in den Tälern wurden die sogenannten „Meldestellen für alpine Unfälle" installiert. Hier wurden die Nachrichten und die Einzelheiten über den Hergang des Unfalls aufgenommen und schnellstmöglich an die Rettungsleute weitergegeben. Diese rekrutierten sich hauptsächlich aus den Bergführern der Region sowie den Trägern, Führeraspiranten und bergerfahrenen Einheimischen. Der Rettungsobmann, bei dem sich auch die „Rettungsstelle" befand, leitete diese Gruppe. Ein solcher Dienst konnte natürlich nicht ehrenamtlich sein, denn die Rettungsmänner mußten ja umgehend alles liegen- und stehenlassen und ausrücken können. Der Alpenverein vergütete solche Einsätze deshalb. Es gab allerdings noch keine zentrale Ausbildung, keine Erfassung aller Einsätze und nur wenig Erfahrungsaustausch.

Nach dem Ersten Weltkrieg nahm das Bergsteigen einen unerwarteten Aufschwung. Tausende drängten in ihrer freien Zeit in die Berge — und an Zeit mangelte es nicht, denn viele waren und wurden arbeitslos. Dieser Drang in die Berge brachte auch unangenehme Begleiterscheinungen mit sich. Hütten wurden aufgebrochen, was gebraucht werden konnte, wurde mitgenommen. Auch die alpine Flora mußte daran glauben, jedermann pflückte Blumen, brach Latschenzweige nach Belieben. Diese betrüblichen Tatsachen veranlaßte mehrere Münchner Bergsteiger aus verschiedenen Sektionen, sich zu einer Gruppe zusammenzuschließen, der sie den Namen Bergwacht gaben.

Treibende Kraft war der Münchner Verwaltungsangestellte Fritz Berger von der Sektion Bayerland. Um die Organisation auf eine breitere Basis zu stellen, suchte Berger auch die Unterstützung ähnlich orientierter Vereine, wie des Touristenvereins Die Naturfreunde, des Jugendherbergsverbandes, der Wandervereine, des Vereins zum Schutz der Alpenpflanzen und -tiere. Zweck und Ziel der Aufgaben dieser Bergwacht waren klar umrissen: Ordnung, Sitte und Anstand mußten in den Bergen wieder Fuß fassen können.

Bergers Idee schlug ein. Viele hatten sich, wie er, bereits mit einer solchen Institution befaßt, und so kam es, daß die neugegründete Bergwacht schon zu Beginn starken Zulauf hatte. Alle waren sie der Auffassung, daß die Bergsteiger ihren Erholungsraum nicht verwildern lassen dürften. Kommenden Generationen sollte er ebenso erhalten bleiben, also: Schutz der Berge vor den Menschen. Ein Anfang war getan. In kleinen Gruppen zogen idealistisch gesinnte Männer an den Wochenenden in die Berge und versuchten durch Beispiel, durch Überzeugung und auch durch energisches Auftreten die Aktivitäten von Naturfrevlern und Rowdies einzuengen. Schon kurze Zeit später hatte die

Zu Beginn der dreißiger Jahre erhielt die Bergwacht auch eine Uniform. Sie war aus grauem Loden geschneidert. Wir benützten sie für unsere Sammlungen, für festliche oder für Traueranlässe. Wenngleich die beiden Bilder einen militärischen Eindruck vermitteln, war die Bergwacht doch ein völlig „ziviler Haufen", genauso wie heute. Die Stander an unseren Fahrzeugen gaben den Wagen allerdings einen hochoffiziellen Anstrich.

Bergwacht im Münchner Hauptbahnhof eine Geschäftsstelle. Hier konnte man sich im Handumdrehen ein Bild verschaffen über die Menschenmengen, die in die Berge strömten, denn der weitaus größte Teil der Bergsteiger begann hier die Reise ins Gebirge. Die Bergwacht-Männer hatten auch bald Abzeichen und Armbinden (ein weißes „BW" auf rotem Grund), und wurden somit jedermann kenntlich. Natürlich waren dazu auch entsprechende Mittel erforderlich. Für diese sorgte eine große Gönnergemeinde, die regelmäßig Beiträge entrichtete und darüber hinaus freiwillig spendete.

Und die Idee zog Kreise: Im Chiemgau, im Allgäu, im Schwarzwald, im Frankenjura und im Fichtelgebirge — überall entstanden Bergwacht-Gruppen, die sogenannten „Bereitschaften". Die Geschäftsstelle wandelte sich nach und nach zu einer Auskunftsstelle. Ebenso wurden die Streifendienste immer häufiger auch zu kleineren und schweren Unfällen gerufen. Damit wuchsen die Aufgaben und auch das Ansehen der Bergwacht-Männer erheblich, und schon bald wurden den Streifen je ein Mann mitgegeben, der durch das Rote Kreuz in Erster-Hilfe-Leistung ausgebildet war.

1923 umfaßte die Bergwacht bereits vier fest organisierte Abschnitte: München, Allgäu, Chiemgau und Schwarzwald. In diesem Jahr begann auch der Alpenverein seinen durch den Krieg fast völlig zusammengebrochenen Rettungsdienst wieder aufzubauen und übertrug der Bergwacht die Aufgaben einer „Vor-Orts-Hilfsstelle".

Die Bergwacht-Idee hatte sich durchgesetzt — und immer weitere „Abschnitte" formierten sich und baten um Aufnahme in München. Im Bayerischen Wald entstanden sie ebenso wie im Odenwald und in der Sächsischen Schweiz (Elbsandsteingebirge). Die Institution zählte nun mehr als dreihundert aktive Mitglieder, sie hatte sich etabliert.

1925, im Jahr meines Eintretens wurden die Rettungseinsätze so zahlreich, daß der Alpenverein die Bergwacht von der „Vor-Orts-Hilfsstelle" zur „Landesstelle Bayern des DuOeAV" ernannte, womit das Arbeitsgebiet eine beträchtliche Erweiterung erfuhr: Zu den gesamten Bayerischen Alpen kamen nun folgende zu überwachende Gebiete hinzu: große Teile des Außerfern, die Tannheimer Berge, ein Stück der Mieminger Berge, das Kleine Walsertal, ein großes Gebiet des Karwendels und der Kitzbüheler Alpen, das gesamte Kaisergebirge, Teile der Loferer Steinberge und das Steinerne Meer. Von Westen nach Osten waren dies die von München gut erreichbaren Ziele. In diesen verschiedenen Gebirgsgruppen bestanden vor dem Krieg etwa fünfzig alpine Rettungsstellen des Alpenvereins. Sie waren zum Teil bereits aufgegeben worden oder in Teilen noch dienstbereit. In mühevoller Arbeit wurden diese Einsatzorte neu besetzt und mit dem nötigen Rettungsmaterial versehen. So rasch wie möglich wurde auch ein Telefon eingerichtet.

Aus den Jahresberichten zwischen 1925 und 1930 ist zu entnehmen, wieviel Arbeit zu leisten war: Bergungen von Toten und Verletzten, Nachforschungen nach Vermißten — 3000 Einsätze waren es im Jahresdurchschnitt.

Die Leitung der „Landesstelle Bayern", also der Bergwacht-Zentrale, bestand aus Fritz Berger (Leiter), Dr. Franz Friedrich (ärztlicher Beirat), Karl Grandl (Sachwart) und mir als hauptamtlichem Lagerverwalter, was eine Unzahl an weiteren Aufgaben einschloß.

Oben links: Abseilen mit normalen bergsteigerischen Mitteln. Ein Verletzter in Paketverschnürung wird, zusammen mit einem Helfer, über schwieriges Gelände abgeseilt. Dabei ist es wichtig, daß der folgende Standplatz vorbereitet ist.
Oben rechts: Im Lauf der Jahre habe ich eine Reihe von Möglichkeiten ausprobiert, Verletzte möglichst schonend nach unten zu bringen. So konstruierte ich Anfang der dreißiger Jahre diesen „Abseilkorb", der sich aber nicht bewährte.
Unten: Dr. Goldmann baute die ersten transportablen Funkgeräte, die damals etwa 20 Kilo wogen. Wir setzten sie am Fuß der Wand ein und konnten somit ins Tal funken. Das Bild entstand um 1930.

Der Leiter der Bergwacht, Fritz Berger.

Fritz Berger war seiner Bergwacht ein umsichtiger und vorbildlicher Leiter. Obwohl damals auch noch an den Samstagen gearbeitet wurde, setzte er zu jedem Anlaß seine Zeit und viel persönlichen Besitz für das Funktionieren unseres Ordnungs-, Naturschutz- und Sanitätsdienstes ein. In den zehn Jahren, in denen ich mit ihm zusammenarbeiten durfte, verstanden wir uns von Anfang an in allen Bereichen aufs beste. Ich hatte nun eine Aufgabe, wie ich sie mir immer schon gewünscht hatte.

Mit Fritz Berger besuchte ich viele Rettungsstellen, um die nötigen Organisationsarbeiten zu leisten und um die Umstrukturierung von Alpenvereins-Rettungsstellen zu Bergwacht-Stellen zu besprechen. Die früheren „Ortsstellen des Bergrettungsdienstes" wurden zu „Bergwacht-Bereitschaften". Die Leiter blieben, sofern sie dies wünschten, die gleichen. Allerdings kamen nun fest umrissene Ausbildungsarbeiten auf sie zu. Neben der eigenen Fortbildung im alpinen Rettungswesen war ihre Aufgabe, für geeigneten Nachwuchs zu suchen, der wiederum in allen erforderlichen Bereichen geschult werden mußte. Für die Sanitätsausbildung bemühten wir uns um Ärzte, die im oder in der Nähe des Ortes wohnten. Wichtig war dabei, daß sie auch am Bergsteigen Interesse hatten und in der Lage waren, bei schwierigen Einsätzen dabei zu sein. Zur Unterstützung der ärztlich geleiteten Ausbildung hatten wir in der Landesstelle Lichtbildreihen über Erste Hilfe in den Bergen, Bildtafeln sowie Gerät für die Praxis zusammengestellt, das den Bereitschaften zugesandt wurde. Mit Fritz Berger reise ich oft noch am Abend ins Oberland, um in den einzelnen Bereitschaften praktische Ausbildung in Erster Hilfe, wie Schienen von Brüchen, Wundversorgung, Ruhigstellung von Brüchen und Verrenkungen, Bau von Behelfsschlitten, Abtransport Verletzter aus schwierigem Gelände zu leisten. Mit der Zeit gaben wir auch verschiedene Lehrbücher heraus, die sich mit alpiner Rettung befaßten.

Ein besonderes Augenmerk widmeten wir der Schulung der Ausbilder. Dies war nun eine der speziellen Aufgaben der Landesstelle. Zu diesen Kursen, die zumeist auf den Alpenvereinshütten stattfanden, sandten die Bereitschaften ihre besten Männer. Leider war es damals nicht so wie heute, da die Bergwacht über genügend sportliche und gutausgebildete Ärzte verfügt; es war kaum möglich, einen Arzt ehrenamtlich für diese Ausbildungskurse auf die Hütte zu bekommen. Aus diesem Grund blieb uns nichts anderes übrig, als auch selbst möglichst viel medizinisches Wissen zu vermitteln.

Unter den Kursteilnehmern bestand immer ein sehr herzliches Verhältnis, und der gegenseitige Gedankenaustausch wirkte außerordentlich befruchtend auf die verschiedenen, erst noch in der Entstehung befindlichen Rettungsgeräte. Sämtliche Übungen wurden unter realistischen Verhältnissen durchgeführt, wobei das Wetter überhaupt keine Rolle spielte. Gute Kameradschaft war selbstverständlich, und schon in den ersten Stunden entstand ein Teamgeist, der auch die eher phlegmatischen Teilnehmer mitriß. Die aufgewandte Zeit konnte die Bergwacht natürlich nicht vergüten, doch waren alle unsere Leute zumindest ordentlich versichert und brauchten während des Dienstes nicht für Kost und Logis aufkommen.

Wir bemühten uns an den Bereitschaftsorten auch um die Mitarbeit der hier wohnenden Bergführer und luden sie zu unseren Abendkursen regelmäßig ein. Heute ist es fast eine Selbstverständlichkeit, daß ein Bergführer auch Mitglied der Bergwacht-Bereitschaft ist und ihr für die Einsätze auch zur Verfügung steht. Fast alle diese Bergführer sind zumeist in der Ausbildung tätig.

Es war für uns in der Landesstelle ermutigend festzustellen, wie die einzelnen Bereitschaften sich allmählich selbständig machten, mehr und mehr unabhängig wurden und sich an größere Rettungsaufgaben wagen konnten. Auch für den jeweiligen Talort war eine gut geführte und jederzeit einsatzfähige Bereitschaft ein besonderes Aushängeschild — schon deshalb, weil die Zeitungen über die Rettungen in langen Artikeln berichteten, wobei die Bergwacht natürlich im Mittelpunkt stand. Die Bereitschaften erhielten nun oftmals von ihren Gemeinden Zuschüsse, und auch hier gab es Gönner, die die Organisation dann regelmäßig unterstützten.

In dieser Zeit kam von Fritz Berger die Idee zu bergwachteigenen Diensthütten, von deren Entwicklung noch in einem eigenen Kapitel berichtet wird.

Auch die Zusammenarbeit mit dem Alpenverein verlief zur beiderseitigen Zufriedenheit, wenngleich die Bergwacht nach und nach die Aufgaben übernahm, die vordem die „Rettungsstellen" des Alpenvereins innehatten. Nur: Der ungezügelten Entwicklung des Bergwanderns und Bergsteigens nach dem Ersten Weltkrieg hatte der Alpenverein zunächst nichts entgegenzustellen. Aus diesem Grund war es auch zur Gründung der Bergwacht gekommen. Mit den Herren Zeuner und Dr. Schmidt-Wellenburg verband uns eine gute Zusammenarbeit. Der Hauptverein unterstützte uns finanziell und wir verrechneten unsere Bergungskosten mit ihm. Mit einer ganzen Reihe von Sektionen bestand ein herzliches Verhältnis. Dies war für uns besonders wichtig, wenn wir die Hüttenwege befuhren und in den Hütten übernachteten. Fast alle Sektionen hatten für unsere Belange Verständnis und präparierten ihre Wege so, daß sie auch von unseren Geländewagen befahren werden konnten, und auf den Hütten hatte die Bergwacht im Dienst freie Übernachtung auf den Lagern.

Verhängnis am Grubenkarpfeiler

Zwei Tote und einer, der dem Tod im letzten Augenblick von der Schaufel sprang

Sonntagabend. Mit der Eisenbahn fuhren wir, von Kufstein kommend, im Münchner Hauptbahnhof ein. Wir waren rechtschaffen müde, hatten heute die Fiechtl-Weinberger-Route am Predigtstuhl geklettert, waren das Kaisertal bis zum Bahnhof Kufstein hinausgegangen und freuten uns nun auf ein gutes Abendessen und ein frisches Bett. Sepp Emmer war mit mir am Seil gewesen, die andere Seilschaft hatte aus den beiden „Paules", dem Liebl und dem Stadelmann bestanden. Am Perron wurden wir von Kameraden erwartet. Das sollte wohl kaum ein ehrenvoller Empfang werden, im Gegenteil: Das bedeutete nichts Gutes. Und so war es. Am Grubenkar-Nordpfeiler im Karwendel sei ein schweres Unglück passiert, alles warte seit Stunden auf unsere Rückkehr, denn drei Kameraden der Bereitschaft seien zwar in die Eng gefahren und zum Hohljoch aufgestiegen, aber sie könnten nicht einsteigen, die Schwierigkeiten seien zu groß.

Es war uns klar, was nun bevorstand: Umgehend ins Auto und „zurück in die Berge", ins Karwendel. Meine drei Freunde hatten sich spontan bereiterklärt, mitzufahren, ich brauchte also nicht nach weiteren Mitgliedern des „Dienstes VI" zu telefonieren. Mittlerweile war das Wetter schlecht geworden. Es regnete, als wir in Richtung Tölz fuhren, und der Regen wurde immer stärker. Ein Unwetter fegte über Bayern — schwarze Nacht umgab uns, wahre Sturzbäche schossen über den Weg. Langsam kämpfte sich der Lichtkegel unseres Wagens durch die Finsternis. Halt! Geröllmassen lagen vor uns — eine Mure hatte die Straße verschüttet: Steine, Baumstämme und Schlamm. Die Fahrt war zu Ende. Im strömenden Regen gingen wir noch die letzte halbe Stunde in die Eng, wo wir beim Kofler-Vater unsere Kameraden trafen und mit einem „bärigen Schmarrn" bewirtet wurden. Hier erfuhren wir auch die Einzelheiten des Unglücks. Am Morgen waren von der Falkenhütte her zwei Zweierseilschaften in den Grubenkarpfeiler eingestiegen. Die eine Seilschaft waren Richard Hechtel und Walter Pause, die andere ein uns unbekanntes Paar aus München. Sie stiegen kurz hintereinander. Etwa vierhundert Meter über dem Hohljoch löste sich unter den Füßen des Mannes, der die gemischte Seilschaft anführte, ein Felsbrocken, und zusammen mit diesem fiel er in die Tiefe. Der Stürzende, ein Zweimetermann, riß das sichernde Mädchen aus dem Stand und schleuderte es über einen kleinen Grat, wobei es sich tödlich verletzte. Er selbst wurde durch diesen Umstand gehalten und hing schwerverletzt im Seil. Hechtel und Pause bemühten sich um ihn; sie seilten ihn mehrere Seillängen hinab auf ein Band, wo er hingelegt werden konnte. Walter Pause blieb beim Verletzten, während Richard Hechtel allein abkletterte, um Hilfe zu holen — zu spät, denn in der Zwischenzeit starb der Bergsteiger. Da sich das Wetter auch hier schnell verschlechterte, kletterte auch Walter Pause hinunter zum Hohljoch, wo ihm Richard Hechtel von der Eng schon wieder entgegenkam. Eine Weile später trafen auch unsere Kameraden dort oben ein und erfuhren vom Tod der beiden. Als es zu schneien begann, trennte man sich. Hechtel und Pause gingen zur Falken-

Oben links: Am Grubenkarpfeiler ist eine Zweierseilschaft abgestürzt. Beide, das Mädchen und der Bursche, haben nicht überlebt. Zweihundert Meter über dem Hohljoch hat sich das Seil verfangen, beide sind hängen geblieben.
Oben rechts: Das Schlimmste liegt hinter uns. Vom Hohljoch transportieren wir die beiden toten Bergsteiger auf einem Hörnerschlitten in die Eng hinunter.
Unten: Wir haben den Schlitten vom Hohljoch in die Eng hinuntergezogen. Ein düsterer Tag geht zuende.

hütte zurück, unsere Kameraden stiegen zur Eng ab. Dort trafen wir dann in der Nacht auf sie.

Nach kurzem Schlaf waren wir im ersten Morgengrauen wieder auf den Beinen. Zu siebt stiegen wir dann hinauf zum Hohljoch. Vier von uns legten am Pfeiler zunächst kein Seil an und turnten über das steile und brüchige Felsgelände höher. Als wir am Band eintrafen, auf dem der tote Kletterer lag, hinterließen wir eine schriftliche Nachricht für die drei am Seil folgenden Kameraden. Sie sollten doch sofort mit dem Abseilen des Toten beginnen. Wir kletterten höher bis zum toten Mädchen. Als wir es in den Bergsack legten, fing es schon wieder zu regnen an. In größter Eile begannen wir mit dem Abseilen. Bald jedoch ging der Regen in Schnee über und die Seile wurden dadurch bocksteif und schwer. Trotz dieser Schwierigkeiten waren wir mit dem toten Mädchen schon wieder unten auf dem Band, als unsere Kameraden eben dabei waren, die erste Abseilstelle einzurichten. Auch schneite und stürmte es nun sehr heftig, der Wind pfiff um die Kanten, Nebel erschwerte die Routensuche und es begann zu dämmern ...

Den ganzen Tag über hatten wir nichts gegessen und uns mit allen Kräften eingesetzt — wir waren hungrig und müde, völlig durchnäßt und durchfroren. Es bestand auch keine Aussicht mehr, die Toten noch heute ins Hohljoch hinunterzubringen. So beschlossen wir abzusteigen und die Bergung am folgenden Tag durchzuführen.

Als wir nun nacheinander an den nassen Seilen hinabglitten, mußten sechs von den sieben immer warten, bis es weiter ging. Die Stimmung war nervös und gereizt ...

Und da geschah etwas Merkwürdiges, etwas noch nie Erlebtes: Einer der jungen Kameraden, der vor Kälte und Erschöpfung zitterte, der es nicht mehr

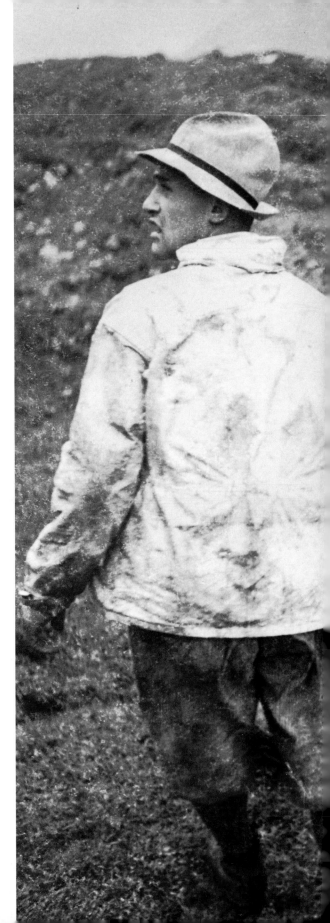

Die beiden Toten sind nun aus der Wand, sie liegen am Hohljoch und wir werden sie auf einen Hörnerschlitten laden und in die Eng hinunterziehen. In unseren Gesichtern spiegelt sich noch deutlich die Anstrengung und das Grauen dieser Arbeit. Links Hans Ruder, rechts Ludwig Gramminger.

erwarten konnte, bis er zum Abseilen an der Reihe war, rief mir plötzlich zu: „Wiggerl, ich spring da auf des Bandl hinunter, von dort geht's dann leicht weida." Ich traute meinen Ohren nicht, wandte mich ruckartig zu ihm, sah ihn genau an und fragte ihn: „Wos tuast du?" Er wies auf ein tief unten liegendes verschneites Band, das gerade aus dem Nebel trat, und machte Anstalten, dort hinunterzuspringen. Blitzschnell packte ich ihn an Anorak und Pullover und schrie ihn an: „Ja, bist denn du narrisch? Da geht's ja vierzg Meter oba!" Jetzt erst sah er genau dorthin und erkannte die Höhe. Jetzt erst, durch mein Aufrütteln, konnte er sie richtig einschätzen. Sein Gesicht, das von den Strapazen dieses Tages ohnehin gezeichnet war, wurde eine Spur bleicher. Ich packte das aufgeschossene Seil neben mir und warf es hinunter. Es blieb lange in der Luft, bevor die Kringel unten auf dem Band zu liegen kamen. „Do schaug hi!" sagte ich, aber mein Kamerad Wolfgang hatte schon begriffen ... er hatte die Augen niedergeschlagen. Wir seilten uns weiter ab, vorsichtig und konzentriert. Mir standen die Haare zu Berge, bei der Vorstellung, was jetzt hätte passieren können. Welch ein Glück, daß er seine Absicht laut geäußert hatte ...

Es war schon fast Nacht, als wir das Hohljoch erreichten. Im letzten Dämmerlicht gingen, ja rannten wir fast unter den steilen Laliderer Wänden hinüber zur Falkenhütte, denn mit der Bewegung kam wieder etwas Wärme in den Körper, und die brauchten wir dringend, war waren ja völlig ausgekühlt.

Dort angelangt zogen wir alle unsere Kleider aus, hingen sie zum Trocknen auf und tranken, tief in Decken gehüllt, literweise heißen Tee. Nach der Vertilgung einer großen Pfanne Schmarrn und mehreren Schüsseln Kompott, fielen wir in die Lager und schliefen wie Bewußtlose.

Am anderen Tag, das Wetter hatte sich nur wenig gebessert, holten wir die beiden Toten aus dem Vorbau des Pfeilers, brachten sie hinunter zum Hohljoch und legten sie auf einen Ziehschlitten („Hörnerschlitten"), den wir von einem Bauern zu leihen genommen hatten. Auf dem steinigen Weg zogen und schoben wir diesen dann in die Eng hinunter ...

Das gerettete Leben

Zehn Tage Hoffnung und Verzweiflung in der Hochwanner-Nordwand

Am Samstag, dem 18. September 1937, schnallten in München drei Bergsteiger ihre Rucksäcke auf die Fahrräder und radelten aus der Stadt in Richtung Süden, nach Garmisch. Für die Münchner war dies ein vertrautes Bild: Die Bergsteiger, vor allem die alpine Jugend, hatten damals nicht die Mittel, ein Motorrad oder ein Auto zu kaufen. Darüber hinaus brachte die Anreise mit dem „Flachsen-Bugatti" schon etwas von der so wichtigen Kondition, denn das Unterbieten der Geh- und Kletterzeiten war allgemein beliebt. Die drei Alpinisten Adolf Haberl (30), Georg Baumgartner (18) und Erwin Vuzem (17) hatten nach den rund hundert Kilometern Anfahrt noch genügend Kraft, um ins Oberreintal aufzusteigen, wo sie in der Nähe der Hütte ihr kleines Zelt aufstellten. Am folgenden Morgen, das Wetter war noch gut, durchkletterten sie die Ostwand des Oberen Schüsselkarturms (IV). Gerade noch rechtzeitig vor einem aufziehenden Unwetter gelangten sie in die Oberreintalhütte, die schon damals vom legendären Fischer Franz bewirtschaftet wurde. Die Nacht zum Montag verbrachten Georg Baumgartner und Erwin Vuzem in ihrem Zelt, während Adolf Haberl abstieg, um nach München zurückzufahren, da er am Montag wieder arbeiten mußte. Die beiden Jungen jedoch hatten eine Woche Urlaub und wollten in die Nordwand des Hochwanner einsteigen. Haberl wußte von diesem Plan, doch hatte Erwin Vuzem zuhause erklärt, daß sie nur zum Zelten in die Berge fahren wollten.

Am Morgen regnete es, und so beschlossen die beiden, ihr Zelt im Oberen Reintal abzubrechen und es tiefer unten, am Fuß des Hochwanner, wieder aufzustellen. Dort, in der Nähe der Hinteren Blauen Gumpe, übernachteten sie.

Am Dienstag, dem 21. September 1937, bei klarem kalten Wetter, begannen sie mit dem Aufstieg. Die Direkte Nordwand ist mit dem Schwierigkeitsgrad V bewertet. Sie wurde damals in der Regel mit einem Biwak begangen. Trotz ihrer Jugend waren die beiden aufgrund ihres kletterischen Könnens den technischen Schwierigkeiten gewachsen. Sie beabsichtigten sogar, die Wand in einem Zug, ohne Biwak, zu durchsteigen, hatten das Biwakzeug jedoch dabei. Die nötige Erfahrung für Wände solcher Höhe war bei beiden aber sicher noch nicht vorhanden.

Überraschenderweise verschlechterte sich das Wetter im Lauf des Vormittags, weshalb Baumgartner und Vuzem beschlossen, statt der Direkten die Alte Nordwandroute anzugehen, die einen bis eineinhalb Grade leichter eingestuft ist. Bald hüllte sich die Wand in Nebel, und wenig später begann es sogar zu schneiden. Sie befanden sich etwa vierhundert Höhenmeter unter dem Gipfel, und da der Schneesturm die Wand in kürzester Zeit in Weiß getaucht hatte, wurde beschlossen, hier zu biwakieren.

Dieses Biwak in einer schwierigen Wand, auf einem abschüssigen Band im Toben des Schneesturms, stellte die beiden jungen Kletterer auf eine harte Probe. Besonders Baumgartner setzten die Umstände so zu, daß er in dem Glauben, daß sie wohl aus dieser Situation nicht lebend davonkommen würden, zu phantasieren anfing. Nun lasteten Verantwortung und Führung vollständig auf Erwin Vuzem. Der Schneesturm dauerte bis in den Morgen, und bei Tageslicht zeigte sich die Wand in winterlichen Verhältnissen. Die Situation hatte sich dramatisch zugespitzt. Vuzem übernahm nun die Führung und begann, sich durch die Schneemassen nach oben zu kämpfen. Doch es war ein langsames Vorrücken — nur hundert Höhenmeter schafften die beiden an diesem

Tag, ein zweites Biwak war fällig. Und da hatten sie Glück. Sie fanden unter einer überhängenden Verschneidung einen Platz, der von Vuzem mit mehreren Haken gesichert wurde. Zwischen die Haken verspannte er das Seil so, daß es fast wie eine Hängematte zu benützen war. Um in den Biwaksack zu gelangen, zog Erwin seine Schuhe aus und löste sich vom Seil. In diesem Moment brach der Haken aus dem Fels, der die vordere Seilschlinge hielt, auf der Erwin saß, und er fiel kopfüber die Wand hinunter. Sein Fall kam nach etwa dreißig Metern in einer steilen, schneegefüllten Rinne überraschend zum Stillstand: Der Schnee bremste den Sturz für Vuzem fast verletzungsfrei, nur eine Schramme über dem linken Auge war zu verschmerzen.

Auf sein Rufen um Hilfe kam keine Antwort, und da es nun dunkel geworden war, wagte er nicht, zum Biwak hinaufzuklettern, zumal er nur Strümpfe an den Füßen hatte. Er stand in der Schneerinne und konnte sich nicht bewegen, da die Gefahr eines weiteren Absturzes bestand. An den Füßen erlitt der Bub in dieser Nacht schwere Erfrierungen. Erwin Vuzem kletterte jedenfalls bei Tagesanbruch die dreißig Meter zum Biwakplatz hinauf — und fand ihn geräumt, leer. Das Seil war abgezogen, Rucksäcke und Schuhe waren fort, es war nichts geblieben. Erwin konnte sich diese Umstände nicht erklären, doch seine Situation hatte sich erneut verschlimmert. Während des Aufstiegs hatte er in der Wand eine kleine Höhle entdeckt, zu der er sich nun mit seinen erfrorenen Füßen wieder hinabkämpfte. Dort hinein kroch er und hoffte auf ein Wunder.

War Baumgartner etwa abgestiegen oder hatte er gar den Gipfel erreicht? Es verblieb ein Funken Hoffnung.

Mittwoch, 22. September 1937. In einer Höhle in der Nordwand des Hochwanner hoffte ein junger Mensch auf Hilfe, die nicht kommen konnte, denn sein Kamerad war zu diesem Zeitpunkt bereits tot — ein während des Abseilens ausbrechender Haken ließ ihn abstürzen. Auch er landete, äußerlich unverletzt, im Schnee, zog sich aber schwere Schädelverletzungen zu. Diese führten zweifellos nicht sofort zum Tod, denn die Rettungsmannschaft fand ihn später, eingewickelt noch ins Seil, eine angerauchte Zigarette zwischen den Fingern.

Von all dem wußte Erwin nichts, und zu seiner Hoffnung auf baldige Rettung kam eine Wetterbesserung, die nun die Sicht ins Reintal, zur Knorrhütte und zum Gipfel der Zugspitze erlaubte. Tief unten auf dem Weg sah er am Vormittag einen Lastentransport zur Hütte: Ein vollbepacktes Muli und der Muliführer zogen ihres Weges. Seine Rufe verhallten wohl ebenso im Rauschen der Partnach wie das Krachen der Steine, die er hinabwarf, um auf seine Lage aufmerksam zu machen. Der Tag verging ohne Essen und Trinken, ohne Hilfe.

Donnerstag, 23. September 1937. Das Wetter hatte sich stabilisiert, die Sicht reichte zu den umgebenden Gipfeln. Auch heute kamen Muli und Treiber wieder — hinauf und hinunter. Er schrie verzweifelt, warf Steine in die Tiefe — umsonst. Der Hunger wurde hart. Seit drei Tagen hatte der Bub nichts mehr gegessen, den Durst stillte ihm notdürftig der Schnee. Warum kam ihm niemand zu Hilfe? Was war mit seinem Kameraden? Der Tag verging, die dritte Nacht in der Höhle begann.

Freitag, 24. September 1937. Immer, wenn er in der Nacht aufwachte, sah er die Lichter des Münchner Hauses auf der Zugspitze. Dort gab es zu essen und zu trinken, dort gab es Geborgenheit. Für ihn jedoch hieß es warten — und die Hoffnung schwand. Erwin überdachte sein bisheriges Leben, er erinnerte sich an seine Mutter, an die Schulkameraden, an die Lehrer. Er dachte an seinen Religionslehrer, an die Worte aus der Bibel, und begann zu beten. Muli und Treiber kamen wieder den Weg hinauf und hinunter, aber das Rauschen des Bergbachs übertönte alle Hilferufe. In seiner Anoraktasche fanden sich ein kleiner Zettel und ein Stück Bleistift. Erwin begann mit kleiner Schrift an seine Mutter zu schreiben, er beichtete ihr alle seine Sünden und versprach ihr, ein besonders lieber und folgsamer Sohn zu werden, wenn er aus dieser Lage befreit würde. Dann dämmerte er stundenlang zwischen Schlaf und Wachen, zwischen Hoffen und Bangen.

Samstag, 25. September 1937. Das Hungergefühl hatte abgenommen, aber der Durst war stärker geworden. Das anhaltende Schönwetter, die spätsommerliche Wärme, hatten den Schnee geschmolzen. Erwin konnte nun nicht mehr nach Belieben Schnee essen, aber er hatte Glück: Im hintersten Winkel der Höhle sickerte Wasser heraus, tropfenweise. Er konnte es nirgends auffangen, er hatte ja kein Gefäß. Da kam ihm die Idee, die Feuchtigkeit mit seinem Taschentuch aufzunehmen und sie aus dem Stoff zu saugen. Er schrieb weiter auf dem Zettel und beboachtete den ganzen Tag über den Weg, aber es ließ sich niemand sehen. Immer wieder stellte er sich vor, wie es sein würde, wenn seine Retter erschienen — er kannte sie ja, die Bergwachtmänner aus Garmisch, die Kletterer — den Wiggerl Grammminger, den Hans Hintermeier, Paul Liebl ..., und beim Gramminger war er im vergangenen Jahr zu einem Sanitätskurs der Bergwacht.

Sonntag, 26. September 1937. Erwin glaubte nun nicht mehr an eine Rettung, er war zutiefst verzweifelt, aber von irgendwoher sammelte er Kräfte und wollte der Wand nach oben entkommen und über den Gipfel absteigen. Es war warm, das Wetter schön. Schon bei den ersten Metern, die er kletterte, platzten die Frostbeulen seiner schweren Erfrierungen, die Füße bluteten und schmerzten. Auch der Durst war wieder da, doch hier gab es nirgendwo Wasser. Über ihm noch vierhundert Meter schwerer Fels, und was würde sein, wenn er den Gipfel erreichte, würde er weiterkommen, würde er mit seinen zerschundenen Füßen absteigen können? Der Mut verließ ihn wieder, fünfzig Meter hatte er in zwei Stunden geschafft, er wollte wieder zurück in die Höhle, zurück zu seinen Wassertropfen. Um den Rückweg mußte er sich keine Sorgen machen — eine Blutspur leitete hinab zur Höhle. Erleichtert kroch er zurück in sein Gefängnis, sog das Wasser aus dem Taschentuch. Dann schlief er erschöpft ein, er hatte viel Blut verloren.

Montag, 27. September 1937. Heute morgen wäre der Urlaub von Erwin und Georg abgelaufen, heute sollten sie wieder an ihrem Arbeitsplatz sein. Für Erwin war das eine Lehrstelle in einem Elektrogeschäft. Seine Mutter würde ihn wohl zu suchen beginnen, sie würde vielleicht in die Geschäftsstelle der Bergwacht im Münchner Hauptbahnhof, im Südbau, gehen und fragen, was sie tun sollte. Georg hatte das Tal nicht lebend erreicht, dessen war sich Erwin nun sicher. Aber wo sollte die Bergwacht suchen? Er hatte seiner Mutter ja nicht erklärt, was sie sich vorgenommen hatten. Vielleicht würde die Mutter den Adolf fragen, ihren Kameraden, der fürs Wochenende mitgefahren war, oder die Bergwacht würde das Zelt am Fuß der Wand finden.

Aber wie lange würde es dann noch dauern, bis die Retter auftauchten? Würde er es noch erleben? Die Füße eiterten, sie waren zu unförmigen Klumpen geschwollen, die Haut war blau und schwarz, sie waren gefühllos und schmerzten auch nicht. Die Schlaf- und Dämmerphasen wurden länger.

Dienstag, 28. September 1937. Das Wetter war anhaltend schön. Erwin sah unten am Weg zwei Bergsteiger aufsteigen, aber er war schon so geschwächt, daß sein Rufen in der nächsten Umgebung nicht mehr zu hören gewesen wäre. Der Tag war zum großen Teil mit Schlafen ausgefüllt. Doch in den Stunden, in denen Erwin wach war, überdachte er mit klaren Gedanken seine Lage. Wenn die Mutter gestern bei der Bergwacht gewesen war, müßten heute die Retter kommen. Doch in der Wand blieb alles ruhig. Nachts glänzten die Lichter des Münchner Hauses und der Wetterstation herüber. Erwin erinnerte sich an seine Tour auf den höchsten Berg Deutschlands vor zwei Jahren. Auch damals waren sie mit den Rädern nach

Garmisch gefahren, hatten in der Jugendherberge Hammersbach übernachtet und waren am anderen Tag durchs Höllental auf die Zugspitze gestiegen. Noch am selben Tag war es wieder hinabgegangen und mit dem Rad nach München, wo sie gegen Mitternacht angekommen waren.

Mittwoch, 29. September 1937. An diesem Tag war Erwin klar, daß er verloren sein würde. Neun Tage war er nun schon in dieser furchtbaren Wand. Niemand wußte wohl, daß sie in diese Route eingestiegen waren, und Adolf würde niemand gefragt haben. Vielleicht wußte er noch nicht einmal, daß sie abgängig waren. Die Mutter hatte gewiß die Bergwacht verständigt, aber wo sollte die suchen, wenn nicht bekannt war, was die beiden vorgehabt hatten. Tiefe Hoffnungslosigkeit erfaßte ihn. Er konnte nun nicht einmal mehr weinen ...

Donnerstag, 30. September 1937. Wieder begann ein herrlicher herbstlicher Tag. Erwin registrierte es schon gar nicht mehr. Unten im Reintal sah er einige Bergsteiger marschieren. Sie werden wohl von der Reintalangerhütte gekommen sein. Es wurde Mittag, und es war wie all die Tage vorher, nur die Trostlosigkeit hatte zugenommen. Hoffnung hatte er keine mehr, er wartete nun auf den Tod, der ihm gar nicht mehr so schlimm erschien. Es ging auf drei Uhr, da vermeinte er Stimmen zu vernehmen. Doch er befürchtete, es könnten nur Halluzinationen sein, wie sie Georg beim ersten Biwak bekommen hatte. Aber nein, die Stimmen waren deutlich zu hören. Zwei Männer unterhielten sich ganz in seiner Nähe — da war kein Irrtum mehr möglich, die Retter waren da! Erwin beugte sich aus seinem Lagerplatz und sah zwei Kletterer langsam die Wand hinaufsteigen — und er erkannte sie sofort: Es waren Hans Hintermeier und Paul Liebl, bekannte Alpinisten der Münchner Bergsteigergilde, die Erwin von Buchenhain, dem Münchner Klettergarten, her kannte. Erwin wollte rufen, aber es kam nur ein krächzender Laut aus seiner Kehle. Aber die beiden Kletterer hatten ihn gehört, jetzt konnten sie ihn sehen, und Erwin hörte, wie einer sagte: „Der lebt ja noch!" Gleich darauf blies einer von ihnen in ein Horn: Dreimal lang — lebend gefunden. Dann standen die beiden Männer vor Erwin, für den ein neues Leben begann.

Die Rettung

Am Dienstag, dem 28. September 1937, es war ein schöner herbstlicher Tag, kam eine Frau in unsere Dienststelle im Hauptbahnhof-Südbau und erzählte uns in heller Aufregung, daß ihr Sohn Erwin seit über einer Woche in den Bergen sei und am Sonntag heimkehren sollte. Es war jetzt 9 Uhr vormittags, und er war noch nicht zuhause. Solche Fälle gab es bei uns fast jede Woche, und ich nahm zuerst einmal auf einem Vordruck die Personalien auf. Dabei stellte sich heraus, daß mir der Bub schon bekannt war, denn Erwin hatte im vergangenen Jahr bei mir einen Ausbildungskurs absolviert. Frau Vuzem wußte nur, daß Erwin mit seinem Freund Georg Baumgartner per Fahrrad nach Garmisch wollte, um zu zelten. Erwin war Mitglied der Sektion München und dort in der

Oben links: Zwei junge Münchner sind mit den Rädern nach Garmisch gefahren, „zum Zelten", wie sie daheim angeben. Doch sie steigen in die Nordwand des Hochwanner ein. Ein Wettersturz bremst ihr Vorwärtskommen. Sie biwakieren. Dabei stürzt einer ab, verfängt sich nach dreißig Metern, muß die Nacht hier ausharren, erfriert sich die Füße. Der andere beginnt am Morgen abzusteigen, seilt sich ab. Dabei löst sich ein Haken und er fällt die Wand hinunter – tot. Sein Kamerad wird nach neun Tagen in der Wand lebend gefunden.

Oben rechts: Abtransport des toten Georg Baumgartner durch das Reintal.

Unten links: Erwin Vuzem am zehnten Tag. Ludwig Gramminger hat ihn tags zuvor zum Hochwannergipfel getragen. Am Morgen des zehnten Tags hinüber zum Gatterl, wo ihn Bergwacht-Kameraden aus Garmisch übernahmen.

Unten rechts: Erst bei diesem Zusammentreffen erhielt Erwin etwas zum Essen und Trinken. Dann ging's hinunter nach Garmisch ins Krankenhaus – und dort begann der zweite Teil der Geschichte...

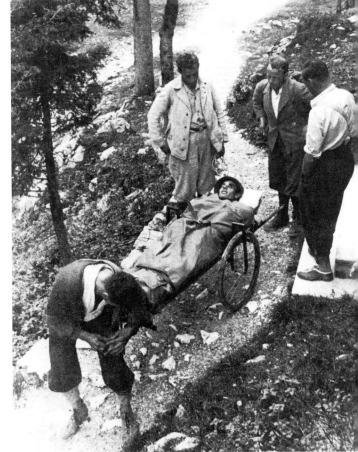

Jungmannschaft. Ich versprach der in Tränen aufgelösten Frau, die Sache sofort mit allen verfügbaren Mitteln zu verfolgen, und sagte ihr, daß ich sie am anderen Morgen besuchen würde, um ihr unsere Nachforschungsergebnisse mitzuteilen.

Nachdem sich die Frau verabschiedet hatte, ging ich zunächst einmal die paar Meter hinüber in die Schillerstraße, wo sich die Geschäftsstelle der Sektion München befand. Der damalige Leiter der Geschäftsstelle, Marschall, konnte mich mit dem Führer der Jungmannschaft verbinden, der mir sofort mitteilte, daß die beiden zum Klettern ins Oberreintal wollten. Nach dieser Auskunft lief ich zurück in unsere Geschäftsstelle und telefonierte mit der Rettungsstelle der Bergwacht in Partenkirchen. Ich ordnete an, daß sofort einer der Bergwachtmänner ins Oberreintal hinaufsteigen sollte, um dort oben den Wirt, den Fischer Franz, zu befragen. Zugleich sollte man nach zwei Rädern und nach einem Zelt suchen und jede Wahrnehmung umgehend nach München telefonieren.

Als ich in unsere Dienststelle zurückkam, setzte ich sogleich eine Vermißtenanzeige auf, die am anderen Morgen in beiden Tageszeitungen Münchens erscheinen sollte. Sie hatte folgenden Wortlaut:

Ziel unbekannt

Zwei Lehrlinge in den Bergen vermißt

Die Landesstelle Bayern für das Alpine Rettungswesen des D.u.Oe.A.V. (Deutsche Bergwacht) teilt mit:

Vermißt werden die beiden 18jährigen Lehrlinge Erwin Vuzem und Georg Baumgartner aus München. Sie sind am 18. September nachmittags mit ihren Fahrrädern (Marke Weltflieger) von München aus in die Berge gefahren und sollten am 22. September wieder zurück sein. Über das Ziel ihrer Fahrt konnten die besorgten Angehörigen keine Angaben machen.

Vuzem ist 1,70 Meter groß, kräftig gewachsen, hat braune Haare, blaue Augen und Münchner Sprechweise. Bekleidet ist er mit blau-weiß gestreiftem Hemd, Trenkerhose, braunmeliertem Pullover, braunen Strümpfen, grauer Windbluse, Bergschuhen und trägt Norweger Rucksack. Sein Begleiter Baumgartner ist ebenfalls 1,70 Meter groß, von gleich kräftiger Gestalt, hat schwarze Haare, schwarze Augen und spricht Münchner Dialekt. Bekleidet ist er mit Manchesterhose mit lederbesetzten Knien, blaukariertem, etwas verwaschenem Hemd, ärmellosem rötlichem Pullover, Windbluse und Bergschuhen.

Bergsteiger und Wanderer, die Wahrnehmungen machen, die auf eine Spur der Abgängigen führen könnten, werden gebeten, umgehend die Deutsche Bergwacht, München-Hauptbahnhof, Südflügel, Telephon 58886, benachrichtigen zu wollen.

Damit war meine Arbeit zunächst einmal erledigt. Überraschenderweise kam aber kurz nach Mittag die Nachricht aus Garmisch, daß die Räder der beiden Buben am Eingang zur Partnachklamm gefunden worden waren und daß der Fischer Franz die beiden am vorletzten Sonntag in seiner Hütte kurz gesprochen hatte. Aufgrund einiger Worte, die er von den beiden hörte, nahm er an, daß Vuzem und Baumgartner, als sie am Montag ihr Zelt zusammenpackten und abstiegen, in die Nordwand des Hochwanner wollten. Diese Nachricht brachte uns die Bergwacht Garmisch, wie erwähnt, schon kurz nach Mittag — denn unser Kamerad war in einer erstaunlich kurzen Zeit zur Oberreintalhütte und zurück gerannt. Nun war sicher, daß sich hier ein Unglück ereignet hatte. Ich bemühte mich sofort um die Aufbietung des „Dienstes VI". Die Angehörigen desselben waren allesamt meine persönlichen Freunde und Kletterkameraden, denn die damals noch junge Bergwacht verfügte noch nicht über gutausgebildete extreme Kletterer, wie das heute der Fall ist.

Als ich das Material für diesen Einsatz zusammenstellte, kam ein zweiter Anruf aus Garmisch: Am Telefon war der Fischer Franz und teilte mir mit, daß ihm die Sache keine Ruhe gelassen hätte und er ins Reintal abgestiegen sei, um nach dem Zelt zu sehen. Schon nach kurzem Suchen fand er ein kleines Zweimannzelt am Abschneider vom Oberreintalweg zum Weg zur Knorrhütte — direkt unter der Nordwand des Hochwanner. Somit war klar, daß die beiden in dieser Wand in Bergnot sein müßten, wenn nicht gar ein Unfall mit schlimmsten Folgen zu befürchten war. Ich dankte dem Fischer Franz für diese wertvollen Hinweise und bemühte mich um größte Eile bei der Zusammenstellung der Mannschaft.

Am späten Nachmittag besuchte ich noch die Familie Vuzem und erzählte von unseren Ermittlungen; und obwohl die Sache sehr ernst war, tröstete ich die Eltern damit, daß wir schon öfter bei unseren Einsätzen Verunglückte lebend auch nach langer Zeit geborgen hätten. Wieder zurück, widmete ich mich den weiteren Vorbereitungen, und als am Abend die Mannschaft beisammen war, besprachen wir alles Nötige.

Mittwoch, 29. September 1937. Am Morgen packten wir die Ausrüstung in unseren Mannschaftsbus, einen Chevrolet, den wir „Mandi" getauft hatten, und fuhren mit vier Kameraden nach Garmisch. Nach Rücksprache in unserer dortigen Rettungsstelle liefen wir weiter zum Eingang der Partnachklamm, packten die Rucksäcke und stiegen durch die Klamm ins Reintal hinauf. Unser erstes Ziel war der Standort des Zeltes, den uns der Fischer Franz beschrieben hatte. Wir fanden es, ohne lange zu suchen. Neben einigen Ausrüstungsgegenständen lagen dort noch verschimmelte Lebensmittel, die auch bereits von den Mäusen angefressen waren. Kein Zweifel: Von hier waren die beiden eingestiegen. Wir beobachteten die Wand genau und suchten mit dem Fernglas Stück um Stück der Felsfluchten ab. Dann riefen wir und bliesen mit unserem Signalhorn in Richtung Wand. Es rührte sich nichts. Mittlerweile war es Abend geworden, und wir beschlossen, in der Reintalangerhütte zu übernachten. Der Wirt war erstaunt, als er die Rettungskolonne sah. Er hatte keine Hilferufe aus der Wand gehört.

Bei Tagesanbruch waren wir auf dem Weg zur Nordwand des Hochwanner, die mir recht gut bekannt war, denn erst vor vierzehn Tagen hatte ich mit meinem Freund Karl Grandl die Direkte Nordwand gegangen, ohne Biwak, mit Abstieg nach Garmisch und Heimfahrt nach München. Wenn die beiden am vorletzten Montag in die Wand eingestiegen waren, dann kam heute, nach neun Tagen, unsere Hilfe auf alle Fälle zu spät. So lange hatte noch nie ein Bergsteiger in einer Wand verbracht. Aus diesem Grund packten wir zwei Leichensäcke in die Rucksäcke und verzichteten auch auf Proviant, da wir ja am Abend wieder zurück sein wollten. Wir stiegen zu fünft ein und gingen seilfrei. Nach zwei Stunden und etwa vierhundert Metern Höhe fanden wir ein Messer und Teile eines Fotoapparates — nun wußten wir: Das mußte die Route sein, die die beiden gegangen waren. Nach weiteren hundert Metern, am Beginn einer Steilrinne, auf etwa 2100 Meter, fanden wir einen toten Bergsteiger, sitzend, eingewickelt ins Seil, den Hut auf dem Kopf, eine Zigarette zwischen den Fingern. Im Seil war ein Haken eingefädelt — sicher der Grund des Absturzes, denn der Haken mußte sich gelöst haben. Warum aber war kein Karabiner eingehängt. Das blieb ein Rätsel. Der Tote war äußerlich unverletzt, und er mußte noch gelebt haben, als er hier zu liegen kam. Was also war seine Todesursache? Als wir ihn in den Sack legten, entdeckten wir schwerste Schädelbrüche, allerdings ohne jede Verletzung der Kopfhaut.

In der Umgebung der Absturzstelle fanden wir zwei Rucksäcke. In dem einen steckten ein Paar Bergschuhe und ein Paar Kletterschuhe — das mußte der Rucksack des Kameraden sein, denn im anderen Sack waren nur Bergschuhe. Die Kletterpatschen hatte der Tote ja an den Füßen. Im anderen Rucksack dagegen befand sich die komplette Ausrüstung des Seilgefährten. Was konnte da nur passiert sein? Wir suchten weiter, fanden aber nichts mehr. Ich schlug vor, daß zwei von uns die gesamte Route zum Gipfel durchsteigen sollten, um nach dem Seilkameraden zu suchen. Wir anderen bereiteten inzwischen die Totenbergung vor.

Eine halbe Stunde war vergangen, als wir ein Signal hörten: dreimal lang! Keine Frage, das hieß „Lebend gefunden". Aber das war doch unmöglich! Die zwei konnten doch noch gar nicht so weit entfernt gewesen sein. Wir rannten los, stürmten hinauf und bald sahen wir die beiden Kameraden vor einem Felsloch. Sie winkten und riefen uns zu: „Er lebt!" Bald waren wir beisammen, und ich sah einen jungen Bergsteiger vor mir, lachend, ein Taschentuch um die Stirn gewickelt: „Ich habe ja gewußt, daß ihr kommt. Hat der Schorsch euch verständigt?" Wir betrachteten den Buben, dem die Augen tief in den Höhlen saßen, der völlig abgemagert war. Und wie sahen seine Füße aus! Zerrissene Strümpfe hingen über zerfetzter Haut, aufgebrochenen Frostbeulen, Eiter und Blut. Er erzählte uns mit wenigen Sätzen den Hergang des Unglücks, und nun war uns auch klar, weshalb wir unten beim Toten den Rucksack mit den Schuhen gefunden hatten. Ich sah auf die Uhr — es war höchste Zeit, wenn der Bub nicht eine zehnte Nacht in dieser Wand verbringen sollte. Wir berieten uns kurz. Zuallererst brauchten wir weitere Hilfe! Einer von uns mußte noch bis zur Knorrhütte kommen, um von dort ins Tal zu telefonieren. Wir brauchten ausreichend Essen für den Verletzten, der ja seit neun Tagen nichts mehr zu sich genommen hatte, denn wir selbst hatten ja nichts dabei, da es uns unmöglich erschienen war, daß jemand so lange Zeit ohne Nahrung sein konnte. Des weiteren sollte uns ein Arzt entgegenkommen und unsere Garmischer Kameraden sollten eine Trage zur Reintalangerhütte transportieren. Für diesen Kurierdienst wurde Heinrich Sallerberger bestimmt, der sofort zu klettern begann und bald unseren Blicken entschwand.

Erwins Füße sahen schlimm aus. Mit all unseren Binden und Taschentüchern versorgten wir die eiternden Wunden. Mit einigen Reepschnurschlingen, die ich über meine Schultern legte, schaffte ich für Erwin eine Sitzgelegenheit, in die er nun hineingehoben wurde. Mit seinen Armen hielt er sich an meiner Brust fest, während Hans Hintermeier vorauskletterte und mich mit dem Seil von oben sicherte. Paul Liebl und Hans Ruder unterstützten mich mit ihren Armen von hinten. So setzen wir uns in Bewegung, langsam, vorsichtig, Schritt für Schritt. Welch ein Glück, daß das Wetter so stabil war. Nach und nach wurde es dunkel. Wir stiegen in der Nacht weiter und hatten zudem das Glück, daß der fast volle Mond in die Wand leuchtete. Gegen Mitternacht endlich erreichten wir den Gipfel des Hochwanner — für mich das zweite Mal innerhalb von vierzehn Tagen. Acht Stunden hatten uns diese vierhundert Höhenmeter gekostet. Doch noch war unsere Reise nicht zu Ende, denn wir wollten noch hinunter zu den Grasbändern auf der Südseite, um so auch der grimmigen Kälte zu entrinnen, die uns auf dem Gipfel umfing. Endlich, nach einer weiteren halben Stunde, erreichten wir das Gras und ich konnte die Last langsam von den Schultern gleiten lassen. Erwin klapperte mit den Zähnen — er war stark unterkühlt, wir mußten ihn wärmen. Ich schnitt den Rupfensack, den wir sonst für die Totenbergung verwendeten, zur Hälfte auf und setzte mich hinein. Dann nahm ich den Buben auf meinen Schoß und plazierte links und rechts einen der Kameraden ganz nahe an Erwin, und der dritte wärmte ihn mit dem Rücken von vorn. Über uns alle zogen wir einen Biwaksack.

Bei Erwin meldete sich nun der Hunger. Leise fragte er mich, ob ich etwas zu essen dabei hätte.

Oben: Die endlose Zeit des Wartens ist vorüber, Erwin Vuzem befindet sich in den Armen Ludwig Grammingers. Die Not hat ein Ende, es kann ihm nichts mehr passieren. Und doch zeichnet sich ein weiteres Drama ab: Amputation der erfrorenen Füße!

Unten: 47 Jahre später feierten die beiden auf Einladung des Bergverlags Rother. Ludwig Gramminger bekam den Bergverlagspreis 1984. Dr. Fritz März, Vorsitzender des Deutschen Alpenvereins, hielt die Laudatio. Von links: Ludwig Gramminger, Dr. Fritz März, Erwin Vuzem.

Doch zu meinem Leidwesen mußte ich gestehen, daß wir nichts mit uns führten. — Da fiel mir ein, ich hatte ja noch ein hartes trockenes Stück Brot in meiner Anoraktasche. Das konnte ich ihm geben, und es war gut, daß es so hart war, da mußte er lange kauen — denn er verzehrte es mit Heißhunger. An Schlaf war nicht zu denken. So ließen wir uns die Geschichte noch einmal ganz genau erzählen, und dann mußten wir ihm auch sagen, daß sein Freund, der Schorsche, tot war. Erwin hatte das wohl erwartet, denn irgendwie mußte er es sich ja auch erklären, weshalb die Retter erst am neunten Tag erschienen waren. Er zeigte uns auch den Zettel, den er in der vergangenen Woche an seine Mutter geschrieben hatte. Er bestand aus einer Einkaufsquittung, die von ihm bis an den Rand mit kleinster Schrift bekritzelt war. Trotz der Kälte und des Hungers waren dies fast feierliche Stunden, die wir da zusammen erlebten, und es erstaunte uns, daß der Bub dieses zehnte Biwak so tapfer durchstand, ohne eine Klage über seine Lippen zu bringen.

Langsam verging die Nacht, und die Kälte ließ uns früh aufbrechen. Wieder ging es in unwegsamem Gelände weiter, und dann standen noch einmal 100 Meter Aufstieg bevor, ehe die Scharte erreicht war. Hier endlich empfing uns die wärmende Sonne. Beim Abstieg ins Reintal sahen wir sehnsüchtig nach unseren Kameraden. Als wir sie erblickt hatten, sagte ich: „Jetzt gehen wir keinen Schritt mehr." Langsam ließ ich den Erwin auf den Boden gleiten. Es war warm geworden, wir zogen dem Buben Pullover und Hemd aus, damit ihn die Sonne wärmen konnte. Sein Bauch war von blauen Flecken übersät. Auf meine Frage antwortete er zögernd, daß dies die Knöpfe meiner Hosenträger gewesen seien, die sich in seine Vorderseite gebohrt hatten. Auch die Knie waren in einem üblen Zustand — mit ihnen war er an den Felsen entlanggescheuert. Aber er hatte die Zähne zusammengebissen und kein Wort gesagt.

Dann waren die Kameraden da, mit großen Rucksäcken auf den Schultern. Und sie packten aus: Thermosflaschen mit heißen Getränken, die Erwin an sich drückte, um die Wärme zu spüren. Dann hatten zwei Mann voll zu tun, um Erwin zu füttern: Weißbrot, Kekse, leichte Kost und dazu Getränke, die vom Arzt angeordnet wurden. Aber es langte bei weitem nicht. Er fragte: „Ist das alles?" Es blieb uns nichts anderes übrig, als die normale, die für uns bestimmte Kost mit ihm zu teilen, die er ebenfalls mit Heißhunger verschlang.

Dann ging's weiter. Der Kuhn Hiasl und der Gleisl Luggi wechselten sich nun im Tragen ab, und zuletzt saß der Erwin auf dem Rücken des Fischer Franzl, der mit seinem „Reiter" zu rennen anfing und wie die wilde Jagd im Schutt des Kars nach unten sprang. Einmal ging's schief und beide machten mit dem Boden Bekanntschaft — aber der Franz hatte da seinen gängigen Satz auf den Lippen: „Scheiß da nix!"

Nach zweieinhalb Stunden, gegen elf Uhr, erreichten wir die Reintalangerhütte, wo es wieder etwas zu essen und zu trinken gab. Und es schmeckte den Rettern wie dem Geretteten.

Die Garmischer Kameraden hatten eine Krankentrage auf die Hütte transportiert, an die ich ein leichtes Fahrgestell mit zwei Rädern montiert hatte — ein Vorläufer der einrädrigen Bergwacht-Trage, die dann zehn Jahre später zum Einsatz kam. Während zwei Kameraden der Garmischer Bergwacht den Erwin das Reintal durch die Partnachklamm hinausfuhren — und -trugen, wenn dies nötig war —, blieb ich mit den anderen auf der Hütte und bereitete die Totenbergung vor, die wir am nächsten Tag durchführen wollten. Der Abend war ausgefüllt mit der Erzählung dieser unglaublichen Geschichte, die auf uns alle tiefsten Eindruck gemacht hatte, und ich wies darauf hin, daß ein Mensch so lange nicht aufgegeben werden dürfe, solange er nicht gefunden worden sei.

Die 1400 Meter hohe Nordwand des Hochwanner, in der sich das auf diesen Seiten beschriebene Drama abspielte, das aber am zehnten Tag ein glückliches Ende hatte.

Samstag, 2. Oktober 1937. Wieder erlebten wir einen bildschönen Herbsttag. Für uns brachte er die traurige Pflicht, den toten Georg Baumgartner zu bergen. Wieder ging es einen großen Teil der Wand hinauf, doch diesmal trugen wir die Last nicht bis zum Gipfel, sondern seilten sie in langer mühevoller Arbeit nach unten. Der Abtransport auf dem vielbesuchten Weg im Reintal war eine traurige Angelegenheit, besonders für die Wanderer und Bergsteiger, die darauf nicht vorbereitet waren.

Von Samstag auf Sonntag übernachteten wir in unserem Mannschaftswagen. Am Sonntagvormittag, bevor wir nach München zurückfuhren, besuchten wir den Geretteten im Partenkirchner Krankenhaus. Wir fanden Erwin in einem Zweibettzimmer, wo er mit einem älteren Kranken zusammengelegt worden war.

Auf meine Frage: „So, Buabei, wia geht's nacha?" traten ihm die Tränen in die Augen, und er berichtete: „Morgen sollen mir meine Füße amputiert werden." — „Ja, deswegn ham mir di aba net aus der Wand g'hoid." Ich fragte nach dem diensthabenden Arzt, der mir bestätigte, daß die Erfrierungen so schwer seien, daß hier nichts mehr zu machen wäre. Ich war tief erschrocken: 17 Jahre und amputierte Füße! Mir kam in den Sinn, daß ich ja im Januar in der Watzmann-Ostwand zwei ähnliche Fälle erlebt hatte: Die Vettern Frey waren fünf Tage bei tiefen Temperaturen in der Wand gewesen und hatten sich ebenfalls schwere Erfrierungen zugezogen. Professor Magnus, Chef der Chirurgischen Klinik in München, hatte die beiden in Behandlung genommen und diese „hoffnungslosen Fälle" zum Guten gewendet. Die Erfrierungen, die Erwin in der Hochwanner-Nordwand erlitten hatte, waren zwar schlimmer, aber vor der Amputation mußte doch noch alles Menschenmögliche versucht werden. Ich ging wieder in Erwins Zimmer und bat den Bettnachbarn, daß er dafür sorgen sollte, daß Erwin seine Kleider bekomme. Dann ging ich mit den Kameraden hinaus und telefonierte von unserer Bereitschaft nach München in die Klinik, wobei ich das große Glück hatte, den Professor am Sonntagvormittag im Krankenhaus zu erreichen. Ich schilderte ihm den Fall genau. Da nun in Mitteleuropa, noch dazu im Sommer, eine schwere Erfrierung keine alltägliche Sache ist, hatte der Herr Professor an diesem Fall plötzlich Interesse und fragte mich, ob sich der Patient eventuell für seine Vorlesungen in der Universität zur Verfügung stellen würde. Dies beantwortete ich ohne jede Rückfrage mit einem Ja. In zwei Stunden wollten wir in München sein. Jetzt ging's wieder ins Krankenhaus und wir fanden den Buben angezogen mit seinen Bergklamotten im Bett sitzend. Ohne lange

Für einen Film durchsteigen der Retter und der Gerettete 48 Jahre später noch einmal die Wand und erleben das damalige Geschehen am „Originalschauplatz". Wiggerl Gramminger war 79, Erwin Vuzem 66 Jahre alt.

Erklärungen wurde er mir auf den Rücken gehoben, und es ging aus dem Spital hinaus, hinein ins Auto und nach München in die Klinik.

*

Erwin Vuzem hatte eine wahre Glückssträhne. Prof. Magnus erwartete den Verletzten bereits mit einem Ärzteteam und begann sofort mit der Behandlung. Letztendlich gelang es ihm, den rechten Fuß vollständig und ohne bleibende Schäden zu heilen, während links die beiden größeren Zehen amputiert werden mußten. Erwin erlebte eine neue, revolutionäre Behandlung seiner Erfrierungen und war ein paar Wochen lang Mittelpunkt des Interesses der Studenten, denen er auch seine Erlebnisse in der Wand berichten mußte. Ein halbes Jahr später verließ der Bub das Krankenhaus und begann sofort wieder mit leichten Bergtouren zu trainieren. Seine Verletzungen heilten rasch, so daß er bereits ein Jahr darauf wieder zum Klettern gehen konnte. Was er in den neun Tagen in der Wand als lebensbedrohendes Erlebnis gefühlt haben mußte, war aus heutiger Sicht vielleicht auch lebensrettend: Erwin wurde wegen dieser Verletzungen als Soldat ausgemustert und nicht zum Kriegsdienst eingezogen. Durch weiteres intensives Training steigerte er sein Können im Fels derart, daß ihm bald Touren in den höchsten Schwierigkeitsgraden gelangen, wie die Fleischbank-Südostwand, Bauernpredigtstuhl-Westwand, Karlspitze-Ostwand im Wilden Kaiser; im Wetterstein die damals schwierigste Kletterei, die Schüsselkarspitze-Südostwand. Im Kriegsjahr 1942 durchkletterten wir zusammen die Auckenthalerroute an der Laliderer-Spitze-Nordwand, wobei er mit Toni Meier am Seil war, während mein Partner Sepp Emmer gewesen ist. Kurz vor dem Ausstieg erlebten wir dabei ein Gewitter, bei dem wir glaubten, unser letztes Stündlein sei gekommen.

Mit Erwin Vuzem verbindet mich seit damals, seit nun einem halben Jahrhundert, eine Freundschaft, die wir jedes Jahr am 30. September neu feiern. Erwin bezeichnet diesen Tag als seinen zweiten Geburtstag, und wir haben ihn 1985 gemeinsam gefeiert, als wir mit einigen Kameraden die Nordwand des Hochwanner noch einmal durchstiegen. Ich stand in meinem achtzigsten Lebensjahr.

Neubelebung des Naturschutzgedankens

Trotz spektakulärer Rettungsaktionen bleibt die Bergwacht auch den ursprünglichen Zielen verbunden

Gründungsziel der Bergwacht waren der alpine Ordnungsdienst und der Naturschutz. Lang bevor unsere Leute auch zu Rettungen und Bergungen gerufen wurden, kümmerten sich die Bergwacht-Streifen um den Schutz bedrohter Pflanzen und Tiere. Die Gründer der Organisation waren ausnahmslos Naturfreunde sowie Kenner der Fauna und Flora. Als zu Beginn der dreißiger Jahre die Rettungseinsätze die Arbeit zu bestimmen begannen, trat der Naturschutz etwas zurück, jedoch nicht in den Hintergrund. Nach wie vor waren die Naturschutzstreifen an den Wochenenden unterwegs, zur Zeit der Blüte der Bergflora stellten die Kameraden sogar Zelte in jenen Plätzen auf, in denen noch geschützte Pflanzen wuchsen. Solche „Zeltposten" befanden sich hauptsächlich im Allgäu, und dort an der Höfats, am Schneck und am Aggenstein, in den Berchtesgadener Alpen am Seeleinsee unter dem Kahlersberg. Später, als wir begannen, unsere Diensthütten zu errichten, hatten die Streifen dort ihren Sitz. Jeder Abschnitt der Bergwacht hatte auch einen „Naturschutzreferenten", der die Belange des Naturschutzes den Kameraden der Bereitschaften näherbrachte und bei ihnen um Verständnis warb. Wesentlichen Anteil an der Schulung der Bergwacht-Männer im Naturschutzbereich hatten Georg Frey, Kempten, und Fritz Lense, Gräfelfing. Ihnen verdanken viele unserer Kameraden ihr Wissen und ihr Interesse um alles, was in den Bergen blüht, wächst und sich bewegt.

Georg Frey wie Fritz Lense haben in ungezählten Vorträgen in den Bereitschaften den Samen gesät, der auch heute noch weiterwirkt. Von Georg Frey erhielt ich das Manuskript seines Vortrags, den er 1937 zusammenstellte und mit dem er, mit seinen Dias, in den Bereitschaften aller Abschnitte auftrat. Nachfolgend einige Auszüge, die zeigen, auf welche Weise er den Bergen zugetan war, und welches Anliegen es ihm bedeutete, diese Gedanken auch den Kameraden zu vermitteln:

*Kameraden der Bergwacht,
liebe Freunde der Berge!*

Je mehr die Zeit voranschreitet, je größer und staunenswerter die Errungenschaften sind, die Geist und Kraft des Menschen schaffen, desto klarer wird auch die eine Erkenntnis: All unserem Tun, unseren Werken, fehlt als letztes die Vollkommenheit. Vollkommen aber ist die Natur, und in ihren Erscheinungen, ihrem Wirken erkennen wir ein unwandelbares, göttliches Gesetz. Ihm unterliegen wir alle, denn wir sind selbst ein Stück dieser Natur. Was liegt näher, als daß wir allein schon aus diesem Grunde die Natur um uns mit Dankbarkeit betrachten, mehr noch, mit Ehrfurcht erleben. Auf das Erleben kommt es an. Erleben heißt jedoch, alles Hemmende und Störende beiseite tun und sich für mehr oder weniger lange Zeit ausschließlich e i n e r Sache hingeben. Erleben heißt, sich ganz aufschließen, ist, mit einem Worte gesagt, m i t l e b e n . So betrachtet, ist das Erlebnis der Natur geradezu etwas Ungeheures; selbst wenn wir nur einmal eine kleine Blume am Wegrand oder im Felsspalt betrachten. Denn sie verkörpert in ihrer Zartheit, der Glut ihrer Farbe und der

Oben: Die Bergwacht wurde als Naturschutzorganisation gegründet. Hinzu kamen dann Ordnungs- und Rettungsdienste. Heute liegt der Schwerpunkt auf der Rettungstätigkeit. Doch auch der Naturschutz ist noch Bestandteil der Bergwachtarbeit, wie diese Tafeln und verschiedene Diensthütten beweisen, die eigens für die sogenannten „Edelweißposten" gebaut wurden.

Unten: Solche Hütten für die Edelweißposten gibt es drei in den bayerischen Alpen: am Seeleinsee in den Berchtesgadener Alpen, am Aggenstein in den Tannheimer Bergen und an der Höfats (Bild) im Allgäu.

Schützt die Alpenpflanzen.

Freut Euch nur im reinen Schnee
Aber brüllt nicht gleich „Juchhe"
Weil das Wild, das so schön leidet,
Bös erschrickt u. schleunigst scheidet:
Wenn es Euren Sang vernimmt,
glaubt es, daß der Teufel kimmt.

Bedenk o Wanderer, Du allein,
Sollst an der Welt dich nicht erfreun.
Dran wollen sich auch andere laben,
Drum schone unseres Herrgotts-
Gaben.

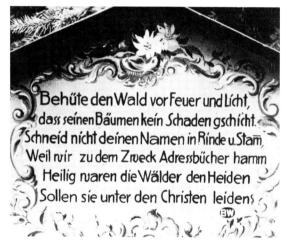

Behüte den Wald vor Feuer und Licht,
dass seinen Bäumen kein Schaden gschicht.
Schneid nicht deinen Namen in Rinde u. Stam,
Weil wir zu dem Zweck Adressbücher hamm
Heilig waren die Wälder den Heiden
Sollen sie unter den Christen leiden

Eine Naturschutzstreife der Bergwacht.

einmaligen, fast ans Unbegreifliche grenzenden Zweckmäßigkeit ihrer Einrichtung nicht nur die Vollkommenheit, sondern bezeugt uns in ihrem Dasein, ihrem Werden, Blühen — und Vergehen das Leben selbst: Wir stehen ergriffen vor dem letzten Geheimnis (...)

Unter den großen Erscheinungen unserer Erde ist das Gebirge bestimmt die eindringlichste. Das Hohe, das Himmelanstrebende hat den Menschen zu jeder Zeit mächtig berührt. Das ist es aber nicht allein. Was den Menschen früherer Zeiten ein Schrecken war, nämlich das Ungebändigte, Wilde, das Unerschlossene, das ist uns Menschen von heute ein Segen. Die Berge sind heute innerhalb unseres Erdteiles die einzige zusammenhängend große Stätte, wo die Natur nach eigenem Ermessen, unbeeinflußt durch den Menschen, schaltet und waltet: Die Alpen sind das *Urland Europas!* (...)

Aus dieser Erkenntnis ist der Naturschutz entsprungen. Wenn wir uns dafür einsetzen, der deutschen Landschaft alle ihre urhaften Züge zu erhalten, so leisten wir eine wirkliche Kulturaufgabe im schönsten Sinne dieses Wortes. Diese greift auch in das Wirtschaftliche hinüber, denn all die schweren Eingriffe in die Natur, welche wir besonders während des letzten halben Jahrhunderts in steigendem Ausmaße verzeichnen mußten, rächten und rächen sich früher oder später. Die Natur läßt sich auf die Dauer nicht ungestraft vergewaltigen; man halte sich als einziges Beispiel nur vor Augen, daß die Entwässerung der Moore, der idealen Ausgleichsstellen im Wasserhaushalt der Natur, weit mehr Schaden als Nutzen gebracht hat. (...) Eines aber ist in solchen Fällen stets erreicht worden: Ein Stück Landschaft ist wiederum ihres urhaften Charakters beraubt worden. (...)

Daß solche Zustände Gegenkräfte auf den Plan riefen, war klar. Man betrachte nur die Arbeit der verschiedenen Naturschutzvereine, z. B. des Bundes Naturschutz, des Vereins zum Schutz der Alpenpflanzen usw., besonders aber auch die des Deutschen Alpenvereins. (...)

Doch es gehört unter allen Umständen zum Rüstzeug jedes Bergwachtmannes, die 25 vollkommen geschützten Pflanzen bzw. Pflanzengattungen genau zu kennen, desgleichen über die teilweise geschützten Pflanzen im Bilde zu sein und ferner diejenigen Blumen zu kennen, die für den Handel nicht freigegeben werden dürfen. Er muß ferner die Bestimmungen über die Entnahme und den Handel von Schmuckreisig sowie das Verbot der mißbräuchlichen Nutzung aller Pflanzen unbedingt wissen. (...)

Dem Bergwachtmann müssen die einzelnen Vorschriften des Tierschutzes, wie auch die unbedingt geschützten wildlebenden, nicht jagdbaren, wie auch die bedingt geschützten Tiere geläufig sein. Es ist unumgänglich notwendig, daß dieser reiche Stoff anhand des Gesetzes innerhalb der einzelnen Bergwacht-Ortsstellen immer und immer wieder, also nicht nur einmal, sondern mehrere Male im Jahr, mit Gründlichkeit behandelt und durchgesprochen wird. Denn ein Bergwachtmann ohne diese genauen Kenntnisse ist wie ein Bergsteiger, der sich auf schwierige Fahrt ohne die notwendige Ausrüstung begibt! (...)

Dieser Dienst ist, wenn er richtig durchgeführt wird, schwer und verantwortungsvoll. Er erfordert in erster Linie wirkliche Idealisten, denen die Erhaltung von Schönheit und Ursprünglichkeit ihrer Bergheimat am Herzen liegt, die bereit sind, oftmals im Jahr anstelle privater Bergfahrten Naturschutzdienststreifen zu machen oder Dienstposten zu besetzen, Anstrengungen, Entbehrungen und vielfach auch Ärger auf sich zu nehmen. Daß sich dazu nur charaktervolle und „gestandene" Menschen eignen, ist wohl sehr verständlich, Männer, die über den notwendigen Takt und über Feingefühl verfügen, die aber gegebenenfalls auch ein kräftiges Wörtlein zu sprechen in der Lage sind. Denn es ist nicht ihre Aufgabe, Anzeigen zu sammeln, sondern Pflanzenraub zu verhindern. Das heißt auch, v o r den anderen am Platze sein und als Letzte zu Tale steigen (...)

Wir aber wissen um den Sinn unseres Tuns, wir wissen, daß uns die herrlichen Berge in ihrer Schönheit und Urhaftigkeit ein gar kostbares Stück unseres Lebens bedeuten. Was ist es Ergreifendes um den Anstieg durch den Bergwald mit seinem tiefen Schweigen, wie ist der sturmzerfetzte ehrwürdige Baum auf steiler Felsenklippe ein Symbol des rechten Kämpfens, wie sind die glutenden Blüten in den Schrofen Sinnbild des Lebens! Welch ein Erlebnis, wenn alles unter uns ist, was dem Tal und den Menschen zugehört und über der Urwelt der Berge tausend Sterne schimmern in unerhörter Pracht; wenn die Sonne heraufkommt über einem Kranz blaudämmernder Berge und strahlendes Licht auf den Gipfeln entzündet! Wenn wir, mit Gleichgesinnten vereint, die große Stille der Berge erleben, für uns Menschen von heute ein wunderbares Geschenk! Wenn uns nichts Kleines und Kleinliches erinnert an die Unvollkommenheit und das Vollkommene der Urwelt der Berge uns erhebt und zuinnerst beglückt! Das wollen wir erhalten, für uns, für andere und für die nach uns Kommenden!

Georg Frey

Zeitgemäße Beweglichkeit

Hitlers Interesse und Vermittlung verhelfen der Bergwacht zu modernsten Gelände-Fahrzeugen

Damals, wie heute, war die Bergwacht auf Spenden angewiesen. Zu allen Zeiten fanden sich auch hochherzige Gönner, die Fahrzeuge und Gerät stifteten. Alle diese Fahrzeuge mußten zuerst einmal umgebaut werden. Dazu wurden einige Sitze herausgenommen, um Platz für eine Trage zu bekommen. Diese Arbeit führten wir in unserer eigenen Werkstatt aus. Wir montierten verschiedene Haltevorrichtungen, mit denen die Trage fest verankert werden konnte.

Nach unserem ersten Fahrzeug, dem Simson mit der Außenschaltung, erhielten wir 1930 einen Mercedes-Kompressor-Wagen mit sechs Plätzen. Er diente uns sieben Jahre lang, und er hat viele Einsätze erlebt. Ich erinnere mich noch gut, daß ich ihn einmal selbst völlig zerlegte, die Ventile neu einschleifen ließ und den Motor dann wieder zusammenbaute. Der Kompressorwagen war ein starkes und schnelles Auto, das allerdings bei eingeschaltetem Kompressor das Benzin geradezu verschlang.

Im Januar 1937 war Hitler auf dem Obersalzberg fast Augenzeuge der dramatischen Rettungsaktion der Vettern Frey aus der Watzmann-Ostwand. Er lieh uns damals seinen großen Mercedes-Geländewagen, mit dem wir Mannschaften und Material ins Wimbachgries hineinbrachten. Während des Einsatzes ließ er sich von unserer Arbeit laufend berichten, wobei wir — so nebenbei — einflechten ließen, daß ein solcher Geländewagen auch für die Bergwacht geeignet wäre. Kurz nachdem Hitler von den Aufgaben der Bergwacht erfahren hatte, erhielt unsere Zentrale einen Brief aus Stuttgart-Untertürkheim, in dem mitgeteilt wurde, daß ab August vier neukonzipierte Geländewagen des Typs „G 5" an die Bergwacht ausgeliefert werden würden. Dieses Auto mit Vierradantrieb, mit 2000 Kubikzentimeter Hubraum und 45 PS Leistung war seiner Zeit weit voraus, denn es verfügte über eine Vierrad-Spindellenkung, konnte also gleichzeitig die Vorder- und Hinterräder lenken — ein Riesenvorteil auf schmalen Wegen und vor allem in engen Kurven. Mit diesem Fahrzeug war es sogar möglich, durch den Wald zu fahren. Diese vier Wagen gaben wir an die Bereitschaften Allgäu, Hochland, Chiemgau und Berchtesgaden. Dort wurde das Auto auf Herz und Nieren geprüft, und obwohl es einen geradezu revolutionären Fortschritt brachte, das heißt, unsere Arbeit ganz wesentlich erleichterte, gab es doch noch eine Reihe von Verbesserungsvorschlägen. Ein Jahr später, 1939, erhielt die Bergwacht weitere acht Wagen des Typs „G 5", bei denen eine Reihe unserer Anregungen schon berücksichtigt waren; dazu noch einen Sanitätswagen und einen Mannschaftswagen, beides Mercedes. Auch diese Fahrzeuge erhöhten unsere Einsatzbereitschaft beträchtlich. Jetzt konnten wir zwölf Mann und eine Menge Ausrüstung in ei-

Oben: Das erste Fahrzeug der Bergwacht, ein englischer Simson, war die Gabe eines hochherzigen Spenders. Die hier an der Seite angebrachte Trage konnte im Innern des Wagens fest montiert werden. Deutlich zu sehen sind die außen angebrachten Bedienungselemente von Handbremse und Schaltung. Zwei Reservereifen waren damals üblich, denn es mußten bei weitem öfter die Reifen geflickt werden, als das heute der Fall ist. Ursache waren die geringere Qualität der Reifen und die Schotterstraßen. Das Verdeck konnte mit wenigen Handgriffen emporgezogen werden (siehe Seite 15).

Mitte, links und rechts: Verschiedene Mannschaftswagen, mit denen wir unsere Einsatzorte erreichten. Im Auto rechts, einem Chevrolet, hatten zwölf Mann Platz.

Unten links: Ein Mannschaftswagen der österreichischen Firma Steyr mit drei Achsen. Der Antrieb war auf die beiden hinteren Achsen gelegt.

Unten rechts: Der Stolz unseres Fahrzeugparks war der Mercedes-Kompressor-Wagen, den wir für die Fahrt in die Berge benützten. Dieser Typ war kein Geländewagen.

Oben: Diese stattliche Kolonne von Mercedes-Geländewagen (G 5) erhielten wir durch die Vermittlung Adolf Hitlers. Zunächst kamen vier Exemplare dieses Typs (1938), wenig später weitere acht Autos. Diese Geländewagen wurden an die einzelnen Bergwacht-Bereitschaften in Deutschland und Österreich weitergereicht. Ein Exemplar blieb in München.

Rechts oben: Der Mercedes G 5 war eine technische Meisterleistung. Die Differentialsperre konnte per Kupplung zugeschaltet werden, man mußte also nicht stehenbleiben. Zu den vier Vorwärtsgängen kam ein „Kriechgang" für schwieriges Gelände. In dieser Untersetzung war es möglich, die Vierradlenkung einzuschalten, mit der selbst Haarnadelkurven ohne Zurücksetzen zu passieren waren.

Rechts unten: Zwei Welten begegnen sich, die eine wird die andere ablösen. Mulis versorgen noch die Falkenhütte im Karwendel, doch schon vor dem Krieg erreichten wir diesen hochgelegenen Stützpunkt im Karwendel mit dem G 5, den wir „Stutzerl" getauft hatten.

nem Auto befördern. Diese beiden Wagen wurden dann auch nach jedem Fliegerangriff in München eingesetzt, und in ihnen haben wir viele Schwerverletzte zu den Verbandsplätzen und in die Sanitätsbunker gefahren.

Wo die G 5 den Krieg überlebt hatten, taten sie noch lange Dienst. Die Berchtesgadener Bereitschaft, die ein Exemplar über die Kriegswirren gerettet hatte, benützte diesen Wagen noch jahrelang. Später kaufte einer der Berchtesgadener Kameraden, ein Landwirt, diesen G 5 und verwendete ihn noch eine Zeitlang in Wald und Feld. Ein Sommergast sah Mitte der fünfziger Jahre dieses Fahrzeug und erwarb es gegen einen gebrauchten Unimog. Heute findet sich das „Stutzerl" im Werksmuseum von Daimler-Benz in Untertürkheim. — Bei der Bergwacht wurden nach dem Krieg, die verschiedensten Geländewagen gefahren: Unimog, Landrover, DKW-Jeep (Munga), Volvo, Haflinger und Pinzgauer (Steyrer Puch) und natürlich die seit 1979 lieferbaren Mercedes-Allrad-Geländewagen, die komfortabelsten, aber auch teuersten Fahrzeuge fürs Gelände. — Doch keiner von den aufgeführten Typen kann auch die Hinterräder lenken, wie damals der G 5 …

Das verschollene Flugzeug
Eine mit acht Personen besetzte JU 52 ist aus den Ammergauer Alpen zu bergen

Im Herbst 1937 verunglückte eine JU 52 auf einem Schulungsflug (Blindflugübung) in den Ammergauer Bergen. Die Maschine galt als vermißt und blieb dies trotz intensiver Suche. Ein halbes Jahr später entdeckten Skibergsteiger das Wrack unterhalb des Gipfels der Kreuzspitze, 2184 m. Diese Information hatten wir durch einen Offizier vom Flugplatz Leipheim erhalten. Zwei Stunden später waren wir unterwegs. Da ich wußte, daß acht Tote zu bergen waren, nahm ich zehn Kameraden mit, dazu Säcke, Seile und Brechwerkzeug. Kurz hinter Graswang beginnt das Elmautal, und dort hinein marschierten wir nun. Mit uns gingen zwei Fliegeroffiziere. Da kaum Steigspuren vorhanden waren, machte ich mir Gedanken, wie wir hier acht Tote hinunterbringen sollten. Schon von weitem sahen wir dann den Rumpf des Flugzeugs. Dieses war in einen breiten Bergriß hineingerast und hatte sich dort verklemmt.

Zunächst einmal mußten wir uns zwanzig Meter vom Gipfel her abseilen. Mit einem Brechwerkzeug riß ich ein Loch in den Rumpf, und erst dann konnte ich einsteigen. Die Maschine war derart verkeilt, daß ich dies ohne weiteres wagen konnte. Im Innern fand ich die Flugschüler noch angeschnallt auf ihren Sitzen, sie waren äußerlich kaum verletzt, nur der Körper des Piloten war zerschmettert. Die Haut der Gesichter und Hände der Toten wirkte wie von Pergament überspannt — keine Verwesung, kein Geruch war wahrzunehmen. Die Kameraden zogen mich am Seil wieder zum Gipfel hinauf. Wir beratschlagten. An manchen Stellen wäre ein Steig und ein gespanntes Seil wichtig gewesen. Einer der Offiziere wußte Rat: Er würde heute abend eine Gruppe Pioniere anfordern, diese sollte uns dann die schwierigsten Stücke gangbar machen.

Nach diesen Vorüberlegungen stiegen wir ab und übernachteten in einem Hotel in Graswang. Bereits am Morgen fuhr ein Mannschaftswagen vor, ein Dutzend Mittenwalder Pioniere, voll ausgerüstet, ging mit uns ins kleine Tal. Und sofort fingen sie mit der Arbeit an. Wir stiegen zum Gipfel hinauf und begannen mit der Bergung. Die toten Flugschüler brachten wir an diesem Tag aus dem Flugzeug und lagerten sie unter dem Gipfel. Etappenweise trugen wir sie in den folgenden Tagen zu Tal. Da wir nur zwei Tragen mit Fahrgestell bei uns hatten, brauchte der Transport also erhebliche Zeit. Die Pioniere hatten großartige Arbeit geleistet; wir waren begeistert, denn nun konnten wir die Räder an der Trage gut einsetzen. Nach Beendigung der Totenbergung sollten wir das Wrack aus den Felsen sprengen. Ein Sprengmeister der Pioniere stieg mit uns zum Gipfel, weigerte sich aber standhaft, von dort oben am Seil hinunter zur Maschine zu gleiten. Er erläuterte mir, wie ich die Dynamitladung anbringen sollte, und dann seilte ich mich ab, verstaute die Ladung, montierte das Zündkabel und ließ mich wieder zum Gipfel hochziehen. In Deckung gegangen zündeten wir den Sprengstoff — aber trotz des Krachs rührte sich der Rumpf keinen Deut. Am Abend fragte dann unser Kamerad Paul Liebl einen der Offiziere, ob er dieses Wrack haben könne, er würde es abbauen und zu Tal bringen. Das wurde ihm gerne zugestanden.

Oben: Aufstieg zur Kreuzspitze. Vom Gipfel mußten wir uns eine Seillänge zum Flugzeug abseilen. Dort fanden wir die Toten im Rumpf der Maschine. Mit einer eigens installierten Seilbahn von etwa 150 Metern brachten wir die Toten in ein Gelände, von dem dann ein normaler Abtransport möglich war.
Unten: Für das Wrack der JU interessierte sich unser Kamerad Paul Liebl. Mit behördlicher Genehmigung sägte er Stück um Stück des Flugzeugs ab und brachte es zu Tal.

Seilriß am Hochkalter
Eine mühsame Totenbergung in den Berchtesgadener Alpen

Herrliches Sommerwetter. Mit Karl Grandl war ich am Samstagnachmittag von München zum Königssee gefahren, per Motorrad, einer Fünfhunderter BMW mit Beiwagen. Ein Schiff brachte uns nach St. Bartholomä, und noch am Abend gingen wir hinauf bis in die Latschen, um dort zu biwakieren. Am Morgen stiegen wir in den „Kederbacherweg" ein und standen bereits am frühen Nachmittag auf der Watzmann-Südspitze. Über das Schönfeld ging es ins Wimbachgries hinunter zur Hütte und nach einer frischen Radlermaß stand uns noch der endlose Hatscher zur Wimbachbrücke bevor. Per Bus ging's nach Berchtesgaden, und während Karl nach Königssee weiterfuhr, um das Motorrad zu holen, besuchte ich die Bergwacht-Kameraden in der Berchtesgadener Bereitschaft. Und ich kam gerade recht: Kurz vorher war eine Meldung eingetroffen, daß sich am Hochkalter ein Unfall ereignet hätte, ein Verletzter warte auf Rettung, ein Toter sei zu bergen. Als Karl Grandl zurückkommt, erklärt er sich sofort bereit, mitzugehen. Wir übernachteten bei Hellmuth Schuster, und am nächsten Morgen, einem Montag, waren wir beim ersten Tageslicht unterwegs zur Blaueishütte. Dort trafen wir auf Josef Aschauer und Raffael Hang, den Hüttenwirt. Zwei Hüttenbesucher wollten ebenfalls helfen und stiegen mit uns über den Blaueisgletscher zum Hochkalter hinauf. Dort fanden wir den Verletzten, den nun Raffael auch bald hinabbrachte. Noch waren wir nicht lange am Gipfel, als vier Kameraden der Ramsauer Bereitschaft eintrafen und uns unterstützten.

Mit Josef Aschauer, Karl Grandl und einem Helfer, einem großen kräftigen Bauernburschen aus der Ramsau, seilten wir uns zu dem Toten hinunter, der schlimm zugerichtet war. Für Aschauer und mich ein Anblick, an den wir uns oft genug gewöhnen hatten müssen. Doch für unseren Helfer war dies zu viel. Plötzlich wurde er blaß, fing an zu zittern und mußte sich setzten. Karl Grandl, der die letzte Seillänge nicht heruntergestiegen war und uns dort oben sicherte, hatte jetzt zuerst die Aufgabe, unseren Begleiter hinaufzuziehen und ihn an zwei Haken zu sichern. Dann erst warf er uns das Seil wieder hinunter, damit wir den mittlerweile im Bergsack verstauten Toten an das Seil hängen konnten. Josef Aschauer kletterte zu Karl Grandl hinauf, und zu dritt zogen sie den Verunglückten empor, wobei ich nachkletterte und den Sack immer wieder von der rauhen Wand wegstemmte. Es war eine mühevolle und krafttraubende Arbeit, diese drei Seillängen in schwerem Gelände zu bewältigen. Doch dann hatten wir plötzlich wieder einen starken Helfer, denn der schwachgewordene Bursche sah jetzt nur mehr den unförmigen Sack und damit war seine Ohnmacht überwunden. Er setzte wahre Bärenkräfte ein, um uns zu helfen. Auch im Klettern stellte er sich geschickt an. Als wir den Grat erreicht hatten, kamen die Ramsauer Kameraden schon wieder das Blaueis herauf, und bald konnten wir zusammen die Bergung zügig zu Ende führen, wobei das Abseilen über den kleinen steilen Gletscher große Vorsicht erforderte.

Damals gab es noch keine Forststraße und keine Seilbahn. Der Tote wurde von uns, wie so oft, bis in den Talboden hinuntergetragen...

Oben: Am Hochkalter ist ein Bergsteiger abgestürzt. Wir seilen uns in die Südostflanke des Berges, ins Wimbachtal ab. Im Bild Josef Aschauer, Bereitschaftsleiter der Bergwacht Berchtesgaden.
Unten links und rechts: Der Verunglückte wurde von seinen Kameraden zwar zu halten versucht, doch riß das Seil. Wir müssen uns abseilen und große Schwierigkeiten klettern, um an die Leiche heranzukommen.

Tod am Montblanc
Ein weiter Weg aus traurigem Anlaß

Seit langem schmiedeten wir für die Pfingstfeiertage Pläne. Es sollte in die hohen Schneeberge gehen, wir wollten einige lange Skitouren unternehmen. Doch diese Pläne wurden über Nacht umgeworfen — wir mußten nach Chamonix. Dr. Hartmann, Vorstand der DAV-Sektion Bayerland, hatte mich angerufen und mir von einem erschütternden Brief erzählt, den er gerade von Ludwig Steinauer aus Chamonix erhalten habe. Dr. Hartmann las mir am Telefon vor:

„*19.5.1939. Mein lieber Dr. Hartmann. — Du wirst es schon wissen. Michel und ich sind von München aufgebrochen, um die Hohe Route vom Montblanc aus zu beginnen. Es ging ganz gut, nur hatten wir sehr schlechtes Wetter. Wir stiegen von Chamonix nach Montenvers hinauf und weiter zur Leschauxhütte. Über die Cabane Requin und den Col du Midi überschritten wir den Montblanc du Tacul, den Mont Maudit und erreichten den Gipfel des Montblanc am Abend des Donnerstag, dem 11.5. 1939. Das Wetter war an diesem Tag bis Mittag gut, schlug aber gegen ein Uhr völlig um. Mit Mühe erreichten wir die Vallothütte, 4362 m. Michel und ich waren wohlauf und voll Freude über den großen Sieg. Draußen raste der Schneesturm, wie er schlimmer nicht toben kann.*

Am anderen Tag, dem 12. Mai, war das Wetter anhaltend schlecht. Wir brachten die Hütte in Ordnung und richteten uns behaglich ein.

Auch am Samstag, dem 13. Mai tobte der Sturm. Michel klagte über Kopfschmerzen und Atemnot, er spuckt Blut. Dies war uns beiden rätselhaft, wo Michel doch immer so gesund war.

14. Mai, Sonntag: An diesem Tag war das Wetter schön. Wir hätten abfahren können, aber Michels Befinden war so schlecht, daß wir nicht daran denken konnten; er mußte liegen und konnte nicht einmal stehen.

15. Mai. Schneesturm in voller Stärke. Unsere Lage wurde sehr ernst. Michel ist schwer krank, hat hohes Fieber und ist teilweise bewußtlos. Unser Proviant ging zu Ende.

16. Mai. Michel immer noch schwer krank und Fieber, ich konnte ihn nicht allein lassen. Schlechtes Wetter, Schneesturm.

17. Mai. Michel glaubt, die Abfahrt an diesem Tag durchstehen zu können. Um 9 Uhr brachen wir auf. Michel kam aber nur bis zum Observatorium, 30 Meter unterhalb der neuen Vallothütte, dort brach er bewußtlos zusammen. Bei Schneesturm. In meiner Verzweiflung brach ich ins Observatorium ein, und nach zwei Stunden ungeheurer Anstrengung hatte ich Michel auf ein Lager gebettet. Proviant war auch zu finden, so daß meine Hoffnung wieder stieg. Michel atmete schwer und erbrach viel Blut.

Dann kam der 18. Mai, und er brachte wie die vorhergehenden Tage Schneesturm. Michel lag fast immer bewußtlos da. Um 6 Uhr am Morgen gab ich ihm heißen Tee, den er gern nahm. Um viertel vor zehn Uhr kochte ich ihm ein Grießmus, und gleich nachdem er es gegessen hatte, um 10 Uhr, starb er in meinen Armen. Du kannst Dir vielleicht denken,

Oben links: Georg Michel, der Berggefährte Ludwig Steinauers, starb im Observatorium unter der Vallothütte.

Oben rechts: Aufbruch ins Gebirge – diesmal für eine Totenbergung am Montblanc. Das Beladen unseres Geländewagens und das Befestigen der Ausrüstung lockte stets eine Reihe von Neugierigen an, die immer wissen wollten, was passiert war und wohin die Fahrt ginge. Diesmal luden wir fünf Mann und die nötige Hochgebirgsausrüstung in das „Stutzerl", wie unser Geländewagen genannt wurde.

Unten: Die engen Kurven der alten Paßstraße hinauf zum Col de la Forclaz, 1526 m, waren bei den Automobilisten gefürchtet. In den Kehren mußten die meisten Fahrzeuge mindestens einmal zurückstoßen, so eng war der Kurvenradius. Mit unserem allradgetriebenen Wagen und den lenkbaren Hinterrädern waren solche „Spitzkehren" kein Problem.

wie mir war. Draußen heulte der Schneesturm sein grausames Lied, und ich hielt Totenwacht bei meinem Kameraden, hoch oben am Montblanc. Den ganzen Tag und noch eine Nacht blieb ich beim toten Freund.

Am 19.5., also heute morgen um 1/2 6 Uhr, fuhr ich allein hinunter nach Chamonix, wo ich alles bei der Gendarmerie meldete. Was soll ich nun machen? Die Bergung kostet RM 500,—, und sie müssen in französischen Francs bezahlt werden. Kann man das einrichten? Oder schickst Du die Bergwacht herein? Vier Mann sind nötig. Alle müssen gute Skiläufer sein. Am besten graben wir Michel in Chamonix ein. Verständige bitte auch Michels Eltern, München 19, Ahornstraße. Schreibe mir bitte umgehend, was ich tun soll. Meine Adresse ist: Ludwig Steinauer, Hôtel de l'Arve, Chamonix. Mit dem besten Bayerländergruß, auch an alle Bayerländer. — Dein Wiggerl Steinauer"

Keine Frage, ich versprach Dr. Hartmann sofort, eine Bergungsmannschaft zusammenzustellen und loszufahren. Dann rief ich umgehend unseren Landesleiter Richard Siebenwurst an, der ebenfalls sogleich bereit war, diese Aktion zu unterstützen und zu organisieren. Als ich Dr. Hartmann den Entscheid unserer Landesleitung telefonierte, konnte er mir mitteilen, daß zwei junge Bayerländer, gute Kletterer und Skifahrer, bereit seien, mitzufahren. Ich kannte die beiden gut: Mit Toni Messner war ich schon zum Klettern im Kaiser. Mit Hans Ellner, Hans Ruder und Richard Siebenwurst waren wir nun zu fünft, womit wir gut in unserem Geländewagen Platz hatten. Der Nachmittag war voll ausgefüllt, um alle Formalitäten für die Grenzübertritte zu ordnen. Die Zentrale des ADAC half mir dabei hier in dankenswerter Weise. Es würde eine lange Fahrt werden: nach Lindau, über Zürich und Bern nach Lausanne, das Rhonetal hinein bis Martigny, und von dort über den Col de la Forclaz zur französischen Grenze und über den Col des Montets nach Chamonix hinab. Für die Rucksäcke und unser Gepäck hatten wir im G 5, unserem „Stutzerl", noch Platz, Ski und Stöcke waren hinten senkrecht befestigt. Obwohl wir sehr früh abgefahren waren, schafften wir die große Strecke nicht an einem Tag und übernachteten vor Martigny in einer Pension. Mit Richard wechselte ich mich stündlich am Steuer ab. Eine Fahrt von dieser Länge brachte damals viel mehr an Abwechslung als heute. Es gab in der Schweiz noch keine Autobahnen, die Straße führte durch die Dörfer und Städte und hatte noch nicht überall Teerbelag. Den Col de la Forclaz überquerte ein schmaler steiniger Weg und mit dem Auto diesen Paß zu überqueren war ein abenteuerliches Unternehmen.

Der Paß war mir von einer Motorradfahrt schon bekannt, doch für unseren Geländewagen mit Allradantrieb gab es keinerlei Schwierigkeiten, im Gegenteil, die engen Kurven, die Steilstücke bereiteten richtigen Spaß. Dazu das schönste Wetter und die großartige, noch tief verschneite Montblancgruppe. Nicht minder verwegen war die Fahrt über den französischen Paß, den Col des Montets, von dem es dann ins Tal der Arve, nach Chamonix hinabging. Das angegebene Hotel war gleich gefunden, aber Steinauer war nicht da. Doch trafen wir hier vier Münchner vom Club Alpiner Skiläufer, die sich anerboten, uns bei der Bergung zu helfen. Wenig später traf auch Steinauer wieder ein. Er hatte allein sein wollen und war zum Lac Blanc hinaufgestiegen. Zusammen besprachen wir nun den Ablauf unseres gemeinsamen Unternehmens: Mit der kleinen Kabinenbahn war es möglich, zum „Gare des Glaciers",

Oben links: Schon 1939 führte eine Seilbahn von Chamonix in Richtung Aiguille du Midi. Sie wurde im selben Jahr noch zum Col du Midi, 3532 m, weitergebaut, allerdings nur als Materialseilbahn, dann kam der Krieg ...

Oben rechts: Die Grands-Mulets-Hütte, eine primitive Bretterbude, war auch damals der meistbenützte Stützpunkt für Montblancbesteigungen mit Ski.

Unten: Auf dem Weg zur Vallothütte, 4362 m, oberhalb des Grand Plateau, dort, wo wir am Vortag im Schneesturm steckengeblieben waren.

2414 m, hinaufzufahren und so schon einmal 1300 Meter zu überwinden. Durch die Brüche des Bossonsgletschers, die „Jonction", ging es zum Refuge des Grands Mulets und empor zur Vallothütte. Von dort plante ich, den Toten mittels einer Skiverschraubung auf seinen eigenen Brettern hinabzubringen.

Wir gingen früh schlafen, denn es stand ein kraftraubender Aufstieg und eine schwierige Abfahrt bevor. Am Morgen, nach dem Frühstück, wollten wir unsere Ski aus dem Stiegenkammerl holen — aber o je, es war verschlossen. Wer war in der Lage, die Bedienung um einen Schlüssel zu bitten, wer konnte ihr das in französisch sagen? Der Ellner Hanse warf sich in die Brust und versprach, das zu erledigen. Als Madame den Kaffee brachte, stand der Hanse auf und begann: „S'il vous plaît, Madame, Madame . . . a, a, an Schlüssel brauchat i . . ." Und er gestikulierte mit den Händen, wobei er die drehende Bewegung des Aufsperrens machte. Ganz klar, so hätten wir es auch alle gekonnt — ein brüllendes Gelächter ergoß sich über den armen Hanse und die erstaunte, aber völlig unschuldige Madame. — Diese Situation mußte der Hanse noch jahrelang erdulden, denn wenn wir ihn irgendwo in der Stadt oder im Gebirg trafen, war die Begrüßung seither nur mehr: „S'il vous plaît, Madame, a, a, an Schlüssl brauchat i . . ."

Mit unserem Auto fuhren wir an die Talstation der Bahn, die damals noch im Bau war, und zwar nicht zur Aiguille du Midi, 3842 m, sondern zum Refuge Simond, 3600 m, am Col du Midi. Die ersten beiden Sektionen, die Station de la Para, 1685 m, und der „Gare des Glaciers", 2414 m, konnten bereits erreicht werden. (Die Bahn wurde noch während des Krieges auf 3600 Meter Höhe weitergebaut. Heute ist sie aufgelassen. In zwei Riesensprüngen überwindet jetzt die große Kabinenbahn die 2700 Meter Distanz von Chamonix zum Gipfel der Aiguille du Midi, 3842 m.) Nun folgte die steile Querung zum Bossonsgletscher und die Wegsuche in den Brüchen der „Jonction". Ein wundervoller Anstieg durch das zerborstene Eis, über die grünblauen Trümmer des Gletschers. Kein leichter Weg auch entlang von Spalten und Steilstufen. Richard Siebenwurst hatte mit solchen Verhältnissen am wenigsten Erfahrung. Als ich eben vor ihm eine solche steile Flanke bergan stieg, rauschte es hinter mir und ich mußte im Umblicken erkennen, daß er nach einem Ausrutscher mit den Ski schneller werdend nach unten glitt. Das bedeutete Lebensgefahr! Wie im Chor brüllten wir ihm zu: „Umdrehen, auf den Bauch!" Er befolgte dies mit aller Kraft und kam zum Stillstand. Jetzt warfen wir ihm ein Seil hinab, zogen ihn herauf, seilten ihn an und erreichten ohne weiteren Zwischenfall die Hütte an den Grands Mulets, wo wir den Wirt und seinen Träger trafen. Hier blieb Richard zurück, während wir nach einer kurzen Rast weiter aufstiegen. Über glitzernde Flächen, vorbei an hohen Eisbrüchen, stiegen wir höher, wechselten regelmäßig im Spuren ab und erreichten am späten Nachmittag das Petit Plateau, wo wir uns zu einer Rast niederließen.

Doch Steinauer deutete auf die rasch anwachsenden Wolkenhauben, die bereits die Spitzen von Aiguille du Midi und Montblanc einhüllten — Schlechtwetter stand bevor, und wir mußten noch 500 Höhenmeter überwinden. Nach einer Steilstufe erreichten wir die riesige schräge Fläche des Grand Plateau, und hier hüllten uns die Nebel ein. Sturmböen sprangen uns an, es begann heftig zu

Oben: Einen Steinwurf unterhalb des Refuge Vallot befindet sich das „Observatorium", eine Hütte, in der sich in den Sommermonaten Wissenschaftler aufhalten. Ludwig Steinauer hatte beim letzten Fluchtversuch nach unten in dieses Gebäude einbrechen müssen, um seinen todkranken Freund zu bergen. Doch Georg Michel starb kurz darauf, vermutlich an einem Lungen-Höhenödem.

Unten links: Auch damals befand sich die Vallothütte in einem verwahrlosten Zustand. Bevor wir mit dem Abtransport des Toten begannen, schaufelten wir den Schnee aus dem Raum und richteten die Hütte so her, daß sie nachfolgenden Bergsteigern wieder als Schutz dienen konnte.

Unten rechts: Nachdem es soweit war, heizten wir den kleinen Ofen ein und kochten Tee. Am Ofen steht Ludwig Steinauer, links Hans Ruder.

schneien. Steinauer übernahm die Führung und zog die Spur in Richtung Col du Dôme, von dem aus nur mehr hundert Höhenmeter über einen unschwierigen Rücken bevorstanden, zum Refuge Vallot. Die Sicht war auf wenige Meter geschrumpft, eng hintereinander folgten wir seiner Spur, neun Mann, eine Kolonne von etwa fünfundzwanzig Metern. Unvermittelt versperrten hohe Seracs unseren Weg. Der Sturm wurde stärker, entwickelte sich zum Orkan. Wir konnten nur mit Mühe das Gleichgewicht halten. Der Sturm blies uns die letzte Wärme aus dem Körper, wir waren nun über viertausend Meter hoch, und die Kälte war kaum auszuhalten. Steinauer ließ nun Toni Messner den Vortritt und bemühte sich als letzter, die Kolonne in der Richtung zu halten. Langsam schwenkten wir nach rechts, in Richtung Westen, auf den Col du Dôme zu. Eis und Schnee bekamen wir jetzt direkt ins Gesicht — die harten Kristalle schmerzten wie Nadelstiche. Wieder tauchten Eistürme auf. Wir hielten an. Steinauer war der Meinung, daß hier etwas nicht stimmen könne. Mit Toni Messner stieg er ein Stück weiter, wir warteten. Nach wenigen Minuten sahen wir sie wieder, sie erzählten von riesigen Eisbastionen über uns, die der Nebel gnädig unseren Blicken entzog. Steinauer stellte fest, wir seien hier falsch, wir müßten in unserer Spur zurück bis zu den anderen Eisbrüchen und dort die Bussole neu einstellen. Eng aufgeschlossen gingen wir in der Spur zurück, doch auf einmal hörte die Spur auf — verweht und verblasen. Vor uns eine weiße Fläche, die ins Unendliche zu gehen schien. Steinauer sah immer wieder auf seinen Kompaß. Wir konnten ihm nicht helfen, hatten keine Ahnung, wohin es ging, mußten uns auf ihn verlassen, denn er kannte den Weißen Berg als einziger. Mit vollständig vereisten Mützen und Anoraks standen wir ohne Spur inmitten des Eisbruchs. Da wir ja schon im Nebel vom Kleinen ins Große Plateau gestiegen waren, hatten wir den Col du Dôme nicht einmal gesehen und deshalb keine Ahnung von der Richtung. Wenn es nur einmal für Sekunden aufgerissen hätte, wäre uns der Wegverlauf vermutlich sofort klar gewesen, doch im Gegenteil, die Heftigkeit des Sturms nahm noch zu, ebenso die Kälte. Einige der Kameraden hatten schon die weißen Kälteflecken im Gesicht. Mir bereiteten meine Lippen große Schmerzen: da sie mehrmals am Metall-Reißverschluß meines Anoraks angefroren waren, hatten sich Hautfetzen gelöst.

Ein weiterer Versuch in eine andere Richtung schlug ebenfalls fehl und war dann zugleich das Signal zur Umkehr, hinab zur Cabane des Grands Mulets. Aber auch dies war nun nicht mehr so ohne weiteres möglich, denn plötzlich standen wir vor dunklen Löchern — ein großes Spaltenfeld breitete sich vor uns aus! Steinauer konnte es nicht glauben — wir waren wieder falsch. Nach langem Suchen erreichten wir wieder das erste Blockfeld und schwärmten nun aus, unsere Aufstiegsspur zu suchen, doch blieben wir soweit beisammen, daß einer den andern noch erkennen konnte. Auch hier trafen wir auf tiefe schwarze Schlünde, doch plötzlich kam der Ruf: „Die Spur, die Spur! Da ist sie!" Tatsächlich fanden sich die Löcher von den Stocktellern — es waren meine, die ich, als Nebel und Wind einsetzten, besonders groß ausgedreht hatte. Die anderen hatte der Sturm zugeweht, nur von meinen Einstichen waren noch Vertiefungen zu erkennen, unbedeutende Schatten, da und dort auch die Linie unserer Skispur. Jetzt waren wir fast in Sicherheit! Verhalten und vorsichtig kurvten wir hintereinander der Spur entlang hinunter. Der Sturm wurde schwächer, die Sicht besser, die Nebel lichter, und kurz vor Einbruch der Dunkelheit standen wir vor der Hütte. Erleichterung und Fröhlichkeit lagen auf den Gesichtern. Welches Glück, daß wir bei diesem Wetter zurückgefunden hatten. Kleider trocknen, trinken und essen, nach dem Wetter sehen — und, o Wunder, Sterne schimmerten, die Silhouette des Montblanc ragte in den Himmel, die Nebel waren verschwunden.

Um drei Uhr morgens weckte uns der Hüttenwart; eine halbe Stunde später knirschte der

Schnee unter den Steigfellen; wir folgten unserer gestrigen Spur. Noch war Nacht, doch ein hellroter Schimmer kündete den neuen Tag. Wenig unter dem Grand Plateau, gerade als wir den Eisbruch querten, schien die Sonne in eine bizarre Welt aus Eis und Schnee. Ringsum spiegelten die Schneekristalle das Licht — bunt, in den Farben des Regenbogens, oder leuchtend golden. Fast mühelos glitten wir über die weiten Schneefelder und wunderten uns nicht mehr, daß wir auf diesen großen Flächen gestern im Kreis marschiert waren. Hin und wieder hatte der Sturm unsere Spur freigeblasen, so daß wir sie mit den Augen verfolgen konnten. Wir waren in den hintersten Winkel des Grand Plateaus geraten, unter die Seracs, direkt in der Fallinie des Montblancgipfels.

Unsere Kolonne hatte sich etwas auseinandergezogen. Als ich den Col du Dôme erreichte, sah ich fünf unserer Kameraden schon oben an der Hütte vorbeispuren. Sie wollten die Gelegenheit nützen und zum Gipfel hinaufsteigen. Ich hatte nichts dagegen — Freude und Leid, Tod und Leben liegen ja gerade beim Bergsteigen so nah beisammen. Bis wir unsere traurige Pflicht erfüllt haben, würden sie auch schon wieder zurück sein. Mit Ludwig Steinauer, Hans Ruder und Hans Ellner trat ich nun ins Observatorium. Ein dunkler Raum, dessen Wände zudem noch mit furchterregenden hölzernen Masken „verziert" waren — Freizeitbeschäftigung der in den Sommermonaten hier hausenden Wissenschaftler. Hier lag der tote Michel, so, wie ihn Steinauer vor acht Tagen verlassen hatte. Wir konnten uns vorstellen, was jetzt in ihm vorging. Deshalb schlug ich ihm vor, doch zur Vallothütte hinaufzusteigen, um dort nachzusehen, ob alles in Ordnung sei. Für uns drei war der letzte Dienst für einen toten Kameraden zwar nichts Alltägliches, aber doch der Alltag. Nach kurzem Beratschlagen kamen wir zum Ergebnis, daß die Skiverschraubung für diese steile Abfahrt wohl nicht das geeignete sei. Dieses Gefährt würde viel zu schnell werden, wir könnten es kaum bremsen und fast nicht steuern (der Akja war 1939 in den Alpen ja immer noch unbekannt). Wir verpackten Michel in unserem lederbesetzten starken Leinensack und hängten in dessen sechs starke Ledergriffe mit Hilfe von Karabinern drei Seilstücke ein: Vorn zog Steinauer mit einer etwa zwanzig Meter langen Reepschnur das Bündel in die Richtung unserer Abfahrt, hinten bremsten wir zu zweit an jeweils einem Dreißig-Meter-Seil und hatten somit die Möglichkeit, weit auseinander abzufahren.

Dann setzte sich der traurige Zug in Bewegung. Unsere Kameraden waren zwar noch nicht zurück, doch sahen wir sie hoch oben bereits im Abstieg. Sie würden uns sicher bald erreichen, denn unser Vorwärtskommen war außerordentlich mühsam. Der Tag blieb so schön, wie er am Morgen begonnen hatte. In der strahlenden Helligkeit des ewigen Schnees schleppten wir den Toten über das Grand Plateau, zu viert am vorderen Seil ziehend. Als wir die Seracs erreichten, und uns umblickten, sahen wir unsere fünf Kameraden in weiten Bögen durch den lockeren Pulverschnee schwingen, lange Schneefahnen hinter sich herziehend. Ein kurzer „Kristiania", Schneestaub wirbelte auf, und ich sah in leuchtende Augen. Doch jetzt war auch für sie schlagartig alles anders. Zu neunt waren wir nun mit aller Kraft und Aufmerksamkeit damit beschäftigt, unsere Fracht durch die Brüche zu führen. Vor allem mußten wir darauf achten, daß offenes oder verstecktes Eis mit seinen scharfen Kanten unseren Bergesack nicht aufschlitze. Manch kompliziertes Seilmanöver wurde notwendig, und mehrmals mußte der Sack auch getragen werden, und die Querung hinüber zu den Grands Mulets ließ den Schweiß noch einmal in Strömen fließen. Um sieben Uhr abends standen wir vor der Hütte. An den Felsen, in einer kleinen Mulde, betteten wir Michel für seine letzte Nacht am Montblanc. Steinauer blieb noch eine Zeit bei seinem toten Freund. Wir gingen zur Hütte zurück und blieben auf der Terrasse stehen. Die tiefstehende Sonne brach durch eine Wolkenwand und schüttete ihr Rot über den

Schnee. Die Aiguille du Midi stand wie eine lodernde Flamme achthundert Meter über uns ...

Der neue Tag brach so leuchtend an, wie der gestrige vergangen war. Es war Pfingstsamstag. Der durch die Sonne am Vortag aufgeweichte Schnee war hart gefroren, was unseren Abtransport nicht erleichterte, doch hofften wir, daß die Oberfläche in der Wärme bald auffirnen würde. Andernfalls hätte unser Sack dem harten Untergrund nicht lang standgehalten. Auch der Hüttenwart und sein Träger verließen mit uns die Hütte, auch sie mit Ski. Es ging sofort in die Brüche der „Jonction", überall Spalten und Eistürme. Mit wilden und kühnen Schwüngen verabschiedeten sich die beiden. Gesprochen wurde nur wenig, wir fühlten sehr deutlich die Distanz, die die beiden aufbauten. Vielleicht war dies auch schon ein Ahnen des kommenden Konfliktes zwischen unseren beiden Völkern. Wir sahen den beiden zu, wie sie die Ski elegant um die eisigen Klippen schwangen — da, einer stürzte, rutschte kreiselnd über einen Steilhang abwärts, fand keinen Halt mehr und verschwand in einer Spalte.

In kürzester Zeit waren wir am Unfallort und sahen den Hüttenwart etwa fünfzehn Meter tief unten auf einer Schneebrücke liegend. Er stöhnte, er lebte. Sein Kamerad, der Träger, hätte ihm nicht helfen können, denn weder er noch der Verunglückte hatten ein Seil dabei. Rasch bauten wir am Spaltenrand eine Sicherung und ließen Hans Ruder am Seil in die Tiefe. Nach einer kurzen Untersuchung rief er zu uns herauf, daß der Abgestürzte seinen linken Arm gebrochen habe, dazu kämen Prellungen und Abschürfungen. Zuerst zogen wir Stöcke und den Rucksack auf, dann banden wir seine Ski in der Mitte ans Seil, sicherten ihn mit einem zweiten Strick, setzten ihn auf seine Ski und zogen ihn aus der eisigen Gruft. Als ich ihn oben untersuchte, stellte ich fest, daß er sich noch mehrere Rippen gebrochen haben mußte, am Knöchel vermutete ich eine Bänderdehnung. Ich legte ihm mit seinen Steigfellen einen Druckverband an, schiente ihm den Arm und band diesen fest an den Körper. Zwei von uns und der Träger nahmen ihn ans Seil und nun waren es zwei traurige langsame Gruppen, die sich durch die Eisbrüche des Bossonsgletschers bewegten. Im unteren Teil der „Jonction" übte eine Gruppe französischer Gebirgsjäger in den Eisbrüchen. Der Ausbildungsleiter, ein Offizier, sah uns und beobachtete durch ein Fernglas, daß wir einen Toten und einen

Links oben: Den Toten verpackten wir in einem lederbesetzten starken Transportsack, verschnürten ihn und zogen ihn am langen Seil auf Schnee über 1300 Höhenmeter hinunter zur Hütte auf die Grands Mulets. Am anderen Tag ging es auf die gleiche Weise hinab zur Station der Seilbahn.

Links unten: Die Hauptarbeit ist getan, wir erleben, hoch über den Wolken, den Sonnenuntergang. Von links: Ludwig Gramminger, Toni Messner, Hans Ellner, Hans Ruder und Richard Siebenwurst.

Rechts: Der nun wirklich letzte Dienst, den wir unserem Kameraden Georg Michel erwiesen, war der Gang hinter einem pompös aufgeputzten Leichenwagen zu einem offenen Grab im Friedhof von Chamonix.

Verletzten zu Tal brachten. Er ließ sofort die Übungen einstellen und kam uns mit seiner Gruppe junger Soldaten entgegen. Hilfe brauchte vor allem der Hüttenwart, am Bergesack hatten wir genug Helfer. Die Soldaten übernahmen also den Verletzten, womit wir wieder alle Kameraden für unsere Aufgabe zur Verfügung hatten. Bis in die letzten Meter blieb es steil und gefährlich. Als wir den Toten in das Stationsgebäude trugen, trafen wir die Gebirgsjäger bei ihrer Mittagspause. Sie erhoben sich und ehrten den Toten mit militärischem Gruß, was uns alle erstaunte und sympathisch berührte. Am frühen Nachmittag brachten wir den Toten mit der Seilbahn hinab ins blühende, sonnige Tal von Chamonix.

An der Talstation wartete bereits ein von zwei Pferden gezogener, theatralisch aufgeputzter Leichenwagen, ein offener Sarg daneben. Mit einem Friedhofangestellten entkleideten Steinauer und ich den Toten und zogen ihm das Sterbehemd an. Dann legten wir ihn in den Sarg und folgten alle neun — so wie wir waren in Anorak, Bundhose und Skischuhen — dem Wagen durch Chamonix zum Friedhof. Noch am selben Nachmittag fand die Beerdigung statt. Der Pfarrer sprach französisch zu unserer kleinen Trauergemeinde, dann warf der Totengräber die ersten Schaufeln Erde auf den Sarg ...

In der Nähe dieses Grabes fanden wir auch die Ruhestätten unserer Münchner Kameraden Leo Rittler und Hans Brehm, die acht Jahre zuvor, am 12. August 1931, beim Versuch der Erstbegehung der Grandes-Jorasses-Nordwand, tödlich abgestürzt waren.

Ludwig Steinauer blieb noch einen Tag in Chamonix, er hatte ja sein Motorrad dort. Wir begaben uns wieder auf die Reise in Richtung Heimat, fuhren durch das blühende Rhonetal, dem Genfer See entgegen, bewunderten die Pracht des Frühlings, übernachteten ein letztes Mal in der Schweiz, ehe wir am Pfingstmontag München erreichten.

Unter einem schlechten Stern

Schwierige Bergung aus der Laliderer Wand. Der Trag- und Abseilsitz erstmals im Einsatz

Im Wetterstein, in der Umgebung der Meilerhütte, war ein Abgestürzter zu bergen. Damals, als es noch keinen Hubschraubereinsatz gab, war dies eine mühevolle, kraftraubende Arbeit. Die wenig angenehme und viel Überwindung erfordernde Tätigkeit des Verpackens einer oft übel zugerichteten Leiche ist zwar heute noch genauso grauenhaft wie damals, aber wenn heute diese Arbeit getan ist und der Sack am Hubschrauber hängt, ist für die Rettungsmannschaft der Fall abgeschlossen. Sie kann absteigen oder den Rest des Tages für eine Tour nutzen. Für uns begann damals erst der mühselige Transport über Steilstufen und Geröllhalden, auf endlosen Wegen hinab ins Tal, wo wir im Leichenhaus des jeweiligen Ortes oft auch noch beim Einsargen helfen mußten.

Aus Garmisch kommend, fuhren wir mit unserem Geländewagen vor die Geschäftsstelle des Münchner Hauptbahnhofes. Wie stets wurden wir dort von Passanten umringt, die uns mit Fragen bestürmten: „Wo kommt's ihr her?" — „San wieder Bergsteiger abg'stürzt?" — „Warn's tot?" Aber wir hatten zu tun und keine Zeit, Neugier zu befriedigen. Als wir begannen, Rucksäcke und Gerät auszuladen, kam aufgeregt ein Kamerad heraus und sagte uns, von Hinterriß sei gemeldet worden, daß der Hüttenwart der Falkenhütte aus der Laliderer Wand Hilferufe gehört habe. Da hieß es schnell handeln. Ich fragte die Kameraden, die gerade erst von einem schwierigen Einsatz zurückgekommen waren, ob es ihnen möglich wäre, nochmals mitzufahren, ohne Schwierigkeiten mit ihrem Arbeitgeber befürchten zu müssen. Erfreulicherweise nahmen sich alle sofort wieder Zeit. Ganz sicher spielte bei diesem Entschluß auch der Ort eine Rolle, die Nordwand von Laliders, die Wand mit dem großen Ruf. Mir kam dieser Einsatz aber ganz ungelegen, hatte ich mich doch heute schon auf den Abend gefreut, an dem ich mit Paula unseren fünften Hochzeitstag feiern wollte. Das mußte nun verschoben werden.

Eine Bergung aus der Laliderer Wand ist keine Kleinigkeit, und bis 1939 war so etwas eigentlich noch nie durchgeführt worden. Perfekte Technik des Kletterns und absolut sichere Seiltechnik waren die Voraussetzung für ein solches Unternehmen — und noch etwas: Mit den bisherigen Hilfsmitteln war es fast unmöglich. Aber ich hatte mir über dieses Problem seit langem Gedanken gemacht und auch schon etwas konstruiert. Ich holte also aus meiner Werkstatt noch einen bereits gepackten Rucksack und warf ihn ins Gepäckfach unseres „Stutzerls". Dann konnte es losgehen. Mit mir fuhren Hans Hintermeier, Max Ebner und Hans Brunner. Hans Ruder wollte mit Wolfgang Pfund im zweiten Auto nachkommen, wobei sie noch weiteres Material wie Seile und Haken mitnehmen mußten. Diese Vorsichtsmaßnahme war nötig, da wir nicht wußten, um wie viele Verletzte es sich handeln würde und aus welcher Route der Wand und vor allem aus welcher Höhe wir die Verunglückten würden bergen müssen.

Die Neugierigen standen noch immer um unseren Wagen und hatten bald erkannt, daß wohl ein weiteres Unglück geschehen sein mußte, denn wir waren ja im Begriff, schon wieder wegzufahren. Von allen Seiten kamen noch gute Wünsche, als wir das Spalier sprengten und uns in den schon damals dichten Verkehrsstrom einreihten. Unsere Geländewagen, die wir nun ein Jahr im Einsatz fuhren, hatten sich ganz ausgezeichnet bewährt. Mit ihnen war alles viel leichter geworden, wesentlich rascher konnten wir an den Ort des Unglücks gelangen. Während der Fahrt war natürlich die bevorstehende Bergung Thema des Gesprächs. Hinter Tölz war dann für Gespräche im Wagen keine

Möglichkeit mehr: Mit großer Geschwindigkeit fuhren wir auf der kleinen, kurvenreichen Sandstraße von Lenggries nach Fall und Hinterriß. Alle im Auto waren an der Fahrt beteiligt, sieben Augen (ich hatte ja nur noch eines) sahen gespannt nach vorn, ob kein Hindernis in Form von Kühen, Fuhrwerken oder anderen Autos entgegenkam. Wir zogen eine mächtige Staubfahne hinter uns her, und manch kerniger Fluch wurde uns wohl von Wanderern und Radfahrern nachgesandt. Gegen 18 Uhr erreichten wir Hinterriß und bogen ins Johannestal ein. Der hier beginnende schmale und steinige Weg war so richtig etwas für unseren Geländewagen. Diesen Ziehweg hatte ich schon im vergangenen Jahr einmal befahren, und ich wußte genau, daß es möglich war, mit diesem Fahrzeug bis vor die Tür der Falkenhütte zu fahren. Die Kameraden, die ja diesen Weg auch kannten, rätselten anhaltend, wie weit die wilde Fahrt wohl noch gehen würde. Mit den letzten Sonnenstrahlen erreichten wir den Kleinen Ahornboden, und vor uns ragten nun die Karwendelwände in ihrer ganzen Großartigkeit empor.

Aber wir konnten uns nicht lange der Betrachtung dieses Bildes widmen. Die Strecke zur Ladizalm bot höchste fahrtechnische Schwierigkeiten, und als wir an den Almen anhielten, um uns ein paar „Waidlinge" frischer Milch zu kaufen, staunten die Sennerinnen nicht schlecht über unser „Stutzerl", das nun bis hierher gekommen war. Weiter ging es, zum Spielißjoch hinauf, über dem sich die Wand emportürmt. Angestrengt sahen wir nach oben in die verschiedenen Routen, doch es war keine Spur von Kletterern zu erkennen. Auf jeden Fall wollten wir uns genau unterrichten, weshalb wir die kurze Strecke zur Falkenhütte noch weiterfuhren, wo uns Max Kofler, der Hüttenwart, schon erwartete. Allerdings war er erstaunt, daß wir es noch geschafft hatten: „Ja, seid's ihr scho da!" wurden wir begrüßt. „Des is recht." Und dann gab er Auskunft: Am frühen Morgen des heutigen Tages steigen zwei Bergsteiger in die Dibona-Mayer-Route der Laliderer Nordwand ein. Die Kletterer werden von Hüttenbesuchern dabei mit dem Fernglas beobachtet. Sie kommen gut vorwärts, der Seilschaftsführer ist dieser Route durchaus gewachsen – es war der Münchner Toni Reindl. Kurz vor Mittag ein Schreckensschrei, ausgestoßen von demjenigen, der die beiden gerade am Fernrohr beobachtet: Steinschlag geht durch die Wand, und es ist zu beobachten, wie der Erste von Steinen getroffen wird und stürzt. Er reißt seinen Kameraden mit. Wie durch ein Wunder verfängt sich das Seil jedoch fünfzig Meter tiefer unten an einem Felsvorsprung – und hält! Dadurch werden die zwei vor dem tödlichen Absturz über weitere vierhundert Meter der Wand bewahrt ...

Max Kofler hatte sich durch das Fernrohr genau über den Standpunkt der beiden orientiert, war zum Joch hinuntergelaufen, dann das Kar hinaufgestiegen und hatte versucht, mit den Verunglückten über diese weite Distanz Rufverbindung aufzunehmen. Dies war auch gelungen, und er hatte erfahren, daß einer der Kletterer schwer verletzt

Oben links: Bergung aus einer schweren Wand. Zwei Kletterer sind in die Laliderer Wand, Dibona-Mayer-Route, eingestiegen. Steinschlag hat den ersten aus dem Stand gerissen, er ist ins Seil gestürzt, hat sich schwer verletzt. Der Seilzweite, wenig erfahren, kann ihm nicht helfen. Mit Hans Hintermeier und Max Ebner klettere ich die mir bekannte Route etwa 400 Meter hinauf zu den Verunglückten.

Oben rechts: Es beginnt ein langwieriges und umständliches Abseilmanöver, das fast den ganzen Tag beansprucht, doch ist es immerhin möglich, einen Verletzten aus einer so steilen Wand zu bringen, denn ...

Unten links: ... heute sollte sich mein „Sitz", der „Gramminger-Trag- und Abseilsitz", bewähren. Erstmals wurde ein Verletzter vom Rettungsmann in einer Wand auf den Rücken genommen, in einem speziellen Sack, der separat mit dem Seil verbunden war. Der Abseilende mußte dieses Gewicht also nicht tragen, er brauchte nur die Balance zu halten und sich mit den Füßen von der Wand zu stemmen – je steiler die Wand, desto einfacher war die Sache. Ganz im Gegensatz zu früher.

Unten rechts: Einer der Kameraden seilt sich voraus ab, um den Standplatz herzurichten, die anderen helfen dem unverletzten Kletterer hinunter und folgen, während ich mit dem Verunglückten schon wieder in der nächsten Seillänge nach unten gleite.

sei und dringend Hilfe benötige, während dem anderen fast nichts fehle. Kofler war zur Hütte zurückgeeilt und hatte einen seiner Angestellten hinab nach Hinterriß gesandt, um die Bergwacht in München zu verständigen.

Die Dunkelheit war nun hereingebrochen, wir bereiteten alles für den folgenden Tag vor, und ich wollte den beiden in der Wand noch signalisieren, daß Hilfe im Anzug sei. Dazu stellte ich den Wagen so, daß die Scheinwerfer in den Teil der Wand leuchteten, in dem wir die Verunglückten vermuteten.

Die Dibona-Mayer-Route kannte ich. Mit Anderl Heckmair hatte ich sie schon an einem Tag durchklettert, und rechnete mir aus, daß die beiden etwa eine Seillänge unter der großen Schlucht hängen mußten, aus der bestimmt auch der Steinschlag gekommen war, der den einen aus dem Stand gerissen hatte. Von unten war nun Motorengeräusch zu hören, die Kameraden hatten die Auffahrt ebenfalls geschafft. Nach dem Abendessen gab es eine kurze gemeinsame Besprechung, dann ging es in die Lager, denn noch vor dem Morgengrauen wollten wir unterwegs sein, um mit dem ersten Tageslicht den Einstieg zu erreichen. Allerdings muß ich gestehen, daß ich kein Auge geschlossen habe. Mir war die Leitung dieser spektakulären Rettungsaktion aufgetragen und ich trug somit auch die volle Verantwortung für das Leben meiner Kameraden und derjenigen, die wir retten wollten. Da gab es vieles zu bedenken. Die Durchsteigung dieser Wand gehörte damals zum schwierigsten im Fels — ich wußte ja, was uns auf diesen vierhundert Metern erwarten würde. Eine weitere Sorge bildete das Wetter: Jetzt, zum Beginn der Nacht waren Wolken aufgezogen und Wind war aufgekommen. Eine solche Rettung bei Sturm und Nebel? Und noch etwas: Morgen sollte sich ein völlig neues Gerät bewähren, ein „Trag- und Abseilsitz", der es ermöglichte, daß ein einzelner mit einem Verletzten am Doppelseil in die Tiefe fährt. Bisher wurden ja Verunglückte aus steilen Wänden ganz anders geborgen: Der Verletzte kam waagrecht liegend in den sogenannten Tragsack, der längsseitig offen und beidseitig mit Ösen versehen war. Diese Ösen wurden locker mit einem Seil verschnürt, und durch die Schlingen steckte man eine Stange, die wenig vor dem Ende jeweils mit einem Seil gesichert wurde. Diese beiden Seile mußten möglichst gleichmäßig von oben nachgegeben werden, damit der Verunglückte auch waagrecht nach unten gleiten konnte. Diese Art der Bergung benötigte sechs Helfer und eine Unmenge von Material. Zwei Bergsteiger seilten sich, jeweils am doppelten Strang, mit dem Verletzten nach unten. Sie überwachten das gleichmäßige Nachgeben der Seile und hoben die Last über vorstehende Felsen und Kanten, was natürlich um so schwieriger wurde, je „leichter", das heißt je weniger steil sich das Gelände zeigte. Das Einrichten der Sicherungsplätze war überaus zeitraubend, wie eben die gesamte Rettung. Und all dies sollte nun mit meinem neuen Trag- und Abseilsitz der Vergangenheit angehören: Ein einzelner Mann am Doppelseil sollte nun in der Lage sein, einen Verunglückten wesentlich rascher und vor allem schonender zu bergen. Morgen würde ich es wissen, ob dies auch der Fall war. Mit diesem Gedanken vertrieb ich mir den Schlaf und konnte meine Kameraden beneiden, die neben mir tief und auch „hörbar" schliefen.

So war ich froh, als um halb vier der Wecker schrillte. Ausnahmsweise ohne jede Verzögerung sprangen alle aus den Decken. Die Hüttenwartin hatte uns fürsorglich in der Küche ein kräftiges Frühstück bereitgestellt, und gegen vier Uhr, es war kalt und finster, verließen wir die Hütte. Wenn ich an die beiden dort oben dachte, die bei dieser Kälte auf einem schmalen Sims die ganze Nacht aushalten mußten, schauderte es mich. Als wir das Kar erreichten, sammelte ich meinen Trupp, und gemeinsam brüllten wir nach oben, dann Stille, Atem anhalten — und große Freude, als wir sogleich Antwort erhielten. Gott sei Dank, sie hatten also die Nacht überstanden, sie lebten noch. Bald war das Kar unter uns, wir standen an den Felsen, sortierten die Ausrüstung und seilten uns an. Über uns die dunklen Wandfluchten, unheimlich drohend. Im Osten kam ein Schimmer Licht in graues Gewölk, der neue Tag kündigte sich an. Mit einer Zweier- und einer Dreierseilschaft stiegen wir ein. Mit mir am Seil Hans Hintermeier, Max Ebner führte Wolfgang Pfund und Hans Brunner. Hans Ruder blieb am Einstieg und beobachtete das Unternehmen. Es war nicht leicht, mit den schweren Rucksäcken zu klettern. Neben der umfangreichen Schlosserei hatte jeder von uns zwei Seile im Rucksack, die Erste-Hilfe-Packung und Proviant, und bei mir lag der neue „Trag- und Abseilsitz" noch im Sack, der heute seine Feuerprobe bestehen sollte. Die Standplätze sind naturgemäß in einer so steilen Wand nicht sehr zahlreich, man klettert deshalb mit einem langen Seil bedeutend leichter, weil sich damit die Möglichkeiten, einen Standplatz zu finden, erhöhen. Nachdem wir die ersten 200 Höhenmeter geklettert waren, warteten wir auf die Dreierseilschaft. Wieder band sich Max Ebner bei uns ein, die beiden anderen blieben hier zurück und begannen, Standplätze für das Abseilen herzurichten. Zu dritt stiegen wir weiter und waren bald soweit, daß wir die Verunglückten sehen konnten. Jetzt war auch der Rufkontakt gut. Die beiden saßen etwa dreißig Meter westlich der Route auf einem kleinen Vorsprung. Der Verletzte war halb in einen Biwaksack gehüllt, der andere stand daneben und winkte uns. Ich rief ihnen zu, daß es nicht mehr lang dauern könne, bis wir bei ihnen seien, doch war dies wohl leichter gesagt als getan. Wir mußten versuchen, von oben an sie heranzukommen, denn von unten war es nicht möglich. Bald hatten wir gleiche Höhe erreicht. Es war alles gut zu erkennen. Die Verletzungen des einen schienen sehr schwer zu sein, denn die Felsplatte unter ihnen war vom Blut gefärbt. Wegen der brüchigen Felsen war es auch noch gefährlich, sich von oben abzuseilen. Deshalb entschlossen wir uns zu einem Quergang. Dieser gelang: Bis auf sechs Meter kamen wir an die Verunglückten heran, dann gab es für uns keine Möglichkeit mehr, noch näher zu kommen. Die Felsleiste, die sich zu den beiden hinzog, war so brüchig, daß es keine Möglichkeit gab, dort einen Haken zu setzen. Ich rief hinüber, ob die Haken, an denen sie gesichert waren, auch zuverlässig geschlagen worden seien. Der Unverletzte antwortete, er habe fünf Haken geschlagen und er sei überzeugt, daß sie hielten. Ich warf ihm darauf ein Seil zu und wies ihn an, den Verletzten anzuseilen. Dann warf ich ein zweites Seilende, damit er es an den von ihm geschlagenen Haken verankere. Den verletzten Kameraden konnte er jetzt mit einem Karabiner im Brustgeschirr an dieses Geländerseil hängen. So konnte ich beim Queren durch Ziehen behilflich sein. Es ging wie erwartet, und nur zwei Meter trennten uns noch voneinander – da gab es einen Ruck, und alle fünf Haken brachen aus. Nur durch schnelles Zugreifen konnten wir einen Aufprall des Verletzten verhindern. Gott sei Dank hatten wenigstens wir uns zuverlässig gesichert.

Die Wunden von Anton Reindl wurden nun, so gut es ging, verbunden. Die Schulter, durch den Steinschlag zertrümmert, völlig offen und von Fliegen umschwärmt, sah schlimm aus. Auch den gebrochenen Oberarm schiente ich behelfsmäßig. Meine Kameraden hatten inzwischen den zweiten der verunglückten Seilschaft herübergebracht und alles für das Abseilen Nötige eingerichtet. Die erste Frage des Verletzten war: „Wo ist denn die Trage? Habt ihr keine Trage dabei?" – „Nein", sagte ich, „aber wir haben schon etwas, um dich gut hinunter zu bringen." Er sah mich erstaunt und auch etwas ungläubig an und meinte: „Ihr werdet es schon richtig machen." Ich nickte ihm beruhigend zu und bedeutete ihm: „Setz dich einmal in den Sitz." Er betrachtete den Sack mit Skepsis: „Ja glaubst du, daß du mich tragen kannst? Ich bin nicht leicht." – „Ja, es wird schon gehen."

Hans Hintermeier war bereits die erste Seillänge hinuntergefahren, und wir hörten seine Hammerschläge für das Einrichten des zweiten Abseilplatzes. Den unverletzt Geborgenen, einen Sachsen, sicherte Max Ebner vorsichtshalber mit einem weiteren Seil, dann glitt er selbst hinunter. Nun war ich mit dem Verletzten allein, und mir war fast feierlich zumute. Jetzt mußte sich „mein Sitz" bewähren. Von den Versuchen wußte ich, daß alles in Ordnung sein mußte, aber ein beklemmendes Gefühl blieb doch. Sekundenschnell jagten viele Gedanken durch den Kopf: Werden die Haken halten, die Karabiner, das Seil? Wie wird sich der Verletzte anstellen über der gähnenden Tiefe, ohne Kontakt zum Fels, ganz auf mich angewiesen?

Heute, nach ungezählten solchen Verletzten- und Totenbergungen mit dem „Gramminger-Trag- und Abseilsitz", muß ich schmunzeln, wenn ich an diesen Moment zurückdenke. Dieser Sack hat sich vielfach bewährt, er hat sich in allen Ländern der Welt, in denen Menschen aus Bergnot gerettet werden, durchgesetzt. Er wird noch heute benützt, nach dem gleichen Muster gebaut, robuster mit den neuen Materialien, doch genau gleich in seiner Funktion.

Schon bei den ersten Metern ging es tadellos, weich und völlig kontrolliert bergab, ein Erlebnis — für mich ein besonderes, wenn ich an den Einsatz und die Umstände dachte, die eine Bergung mit Tragsack und Stange verursacht hätte. Auch der Verletzte war überrascht. Er hatte es sich nicht so einfach vorgestellt. Das Umseilen am Ende der jeweiligen Seillänge war mit Hilfe der Kameraden leicht, und wir glitten Seillänge um Seillänge in die Tiefe. Bald trafen wir auf die beiden zurückgelassenen Kameraden, die sich freuten, sich wieder bewegen zu können, denn seitdem wir uns getrennt hatten, waren Stunden vergangen. Doch nun stand uns eine weitere Schwierigkeit bevor: Eine Querung nach Osten von etwa 40 Metern. Schon beim Aufstieg überlegte ich, wie wir diese Stelle wohl überwinden könnten, und es war mir etwas eingefallen. Hans Hintermeier ließ sich an einem Reserveseil hinab und nahm ein „Zugseil" bis zum nächsten Standplatz mit. Während des Abseilens querte er so weit wie möglich nach Osten bis zu einem guten Standplatz. In etwa der Mitte dieser Querung schlug er einen Haken, in dessen Karabiner er sein Seil einhängte. Max Ebner sicherte nun den Sachsen hinab und folgte so rasch wie möglich. Dann waren wir beide wieder an der Reihe. Wenn es senkrecht hinabging, war die Last für mich am leichtesten, denn dann hing der Verletzte in seinem Sitz und hatte mit mir nur etwas „Tuchfühlung". Bei dem Quergang wurde es anstrengender, aber die Kameraden gaben von unten gleichmäßig Zug und erleichterten mir diese Querung. Um die vierzig Meter nach Osten hinüberzukommen, mußten wir dieses Manöver noch zweimal wiederholen. Dann waren es noch zwei Seillängen gerade hinab ins Kar, wo uns die Kameraden schon erwarteten und mir die Last von den Schultern nahmen.

Für die vierhundert Höhenmeter von der Unfallstelle ins Kar hatten wir nur drei Stunden gebraucht. Mit der bisherigen Technik wären wir sicher in die Nacht gekommen, wenn es überhaupt möglich gewesen wäre, zu queren. Die Kameraden führten den Verletzten zum Spielißjoch hinab, wir zogen die Seile ein und verstauten das Material. Alle zusammen waren wir froh, daß diese vielen Abseilmeter ohne jede Gefahr abgelaufen und wir vom Steinschlag verschont geblieben waren. Steinschlaghelme gab es noch nicht, bei gefährlichen Passagen polsterten wir unsere Hüte, aber was

Links: Der Trag- und Abseilsitz – erstmals eingesetzt im Ernstfall, hat sich vom ersten Tag an bewährt. Das beweist auch die Tatsache, daß der „Sacco Grammingo" (italienische Bezeichnung) in der Konstruktion völlig unverändert heute noch gebaut und benützt wird.

Rechts oben: Anton Reindl hat die 400 Abseilmeter hinter sich, wir tragen ihn über das Kar hinab zum Spielißjoch, wo der Geländewagen steht.

Rechts unten: Der Verletzte wird auf einer Trage mit Einschlagtüchern und Riemen fixiert, denn nun beginnt die Fahrt über Stock und Stein, die ihm gewiß viele Schmerzen bereitet hat. Doch am selben Tag noch war er in der Klinik. Tragisch auch für uns war, daß Reindl eine Woche später an den Folgen einer Infektion gestorben ist.

hätte das wohl geholfen? Auch die Mittel, die wir zum Schienen gebrochener Knochen verwendeten, waren sehr primitiv. Oft mußten der Stiel des Kletterhammers oder der des Eispickels dafür herhalten.

Trotz seiner schweren Verletzungen wollte es sich Toni Reindl nicht nehmen lassen, selbst über das Kar zum Spielißjoch abzusteigen, wo unser Auto stand. Aber da hatte er sich wohl zu viel zugemutet, denn plötzlich sackte er zwischen den beiden ihn stützenden Kameraden zusammen und mußte das letzte Stück des Weges wieder im Abseilsitz getragen werden.

Zuerst fuhren wir noch die wenigen Meter zur Falkenhütte hinauf, damit die Geretteten ein warmes Essen und zu trinken erhielten — aber auch wir hatten einen Riesenhunger. Doch mich trieb es zur Eile, denn der Verletzte mußte dringend ärztlich versorgt werden. Er wurde auf die Trage gebunden und in den Geländewagen gehoben, der für solche Transporte umgebaut werden konnte. Dabei blieb noch Platz für drei Mitfahrer. Die Fahrt durch das Johannestal war für Reindl sicher eine Tortur, obwohl ich so schonend wie möglich gefahren bin. Doch dann, auf der Teerstraße und auf der Autobahn, fiel er in tiefen Schlaf. Von Hinterriß aus hatten wir schon die Klinik verständigt und dabei Professor Magnus mitgeteilt, daß ein besonders schwerer Fall bevorstand. Wir wurden von ihm und seinen Ärzten bereits erwartet. An den Mienen der Ärzte war abzulesen, wie sie den Fall beurteilten. Als erstes sollte Reindl Bluttransfusionen erhalten. Vorher verabschiedeten wir uns jedoch von ihm und versprachen, ihn bald einmal zu besuchen.

Doch daraus wurde nichts mehr, denn am folgenden Tag zeigten sich bei allen Beteiligten überraschende Nachwirkungen. Der Mittelfinger meiner rechten Hand war geschwollen. Beim Abseilen hatte ich mich ein wenig aufgeschürft, aber die Verletzung erschien mir so geringfügig, daß ich sie gar nicht beachtete. Bei der notdürftigen Wundversorgung Reindls mußte wohl etwas von seinem Blut in diese Wunde gedrungen sein, denn ich hatte mich infiziert, und schon am Nachmittag packte mich das Fieber. Als sich ein roter Streifen den Arm hinaufzog, ging ich zum Arzt. Er schickte mich umgehend ins Bett. Am anderen Tag diagnostizierte der Doktor bei mir eine schwere Angina und eine Blutvergiftung. Zwei meiner Kameraden mußten ebenfalls mit schwerer Angina ins Bett, einer von ihnen kam sogar ins Krankenhaus.

Ich blieb mit hohem Fieber im Bett und wartete, bis sich die Angina besserte, weil sonst der Finger nicht geschnitten werden konnte.

Aus der Chirurgischen Klinik kamen unterdessen keine guten Nachrichten. Anton Reindl brauchte mehrere Bluttransfusionen, doch obwohl sich die Ärzte mit all ihrem Sachverstand bemühten, überlebte er diesen Unfall nicht. Er starb nach einer Woche, und zwar primär wohl an jener Infektion, die er sich in der Wand zugezogen hatte, als seine Wunde 24 Stunden lang offengelegen war. Auch wir konnten uns nun erklären, weshalb wir plötzlich krank geworden waren. Wir haben auch aus diesem Fall gelernt und in Zukunft der Wundversorgung große Aufmerksamkeit gewidmet. Der erste Einsatz meines neuen „Trag- und Abseilsitzes" war wohl geglückt, letztlich aber war die Geschichte tragisch verlaufen. Anton Reindl blieb uns im Gedächtnis, er hatte sich tapfer gehalten, wenngleich all unser Bemühen um ihn vergeblich war.

Der Gramminger-Sitz

Eine technische Entwicklung, die den Rettungseinsatz bis zum heutigen Tag erleichtert

Als ich als Neunzehnjähriger 1925 in die Bergwacht eintrat, stand ich vor einer erstaunlichen Tatsache: Seit Mitte des vergangenen Jahrhunderts gab es den Alpinismus, und er war zu einer großen Bewegung geworden. Mit einher ging die Entwicklung der Klettertechnik in Fels und Eis, und die der Ausrüstung für das Sichern und Überleben. Die Technik der Bergrettung jedoch gab es nicht. Innerhalb von achtzig Jahren, von 1850 bis 1930, hatte sich nichts Brauchbares ergeben. Gerettet wurde zur Hauptsache mit der alpinen Ausrüstung. Außer einer leichten Gebirgstrage ist mir nichts bekannt, was Anfang der zwanziger Jahre für eine Bergung vorhanden gewesen wäre. Bei jedem Rettungseinsatz wurde improvisiert. Dies ist nichts Nachteiliges — doch die Ergebnisse der Improvisation flossen nirgendwo ein, sie blieben einmalig und wurden wieder vergessen. Und Bergungen aus hohen schwierigen Wänden waren einfach nicht möglich.

So war ich gezwungen, mir selbst Gedanken zu machen, aus allen Einsätzen zu lernen. Es war für mich selbstverständlich, daß ich hier Pionierarbeit zu leisten hatte; da es nichts zu kaufen gab, mußte ich jedes Gerät, das ich für Rettungen in den sommerlichen und winterlichen Bergen brauchte, selbst erdenken und konstruieren.

Eine Zeitlang verwendeten wir für den Abtransport von Verunglückten auch eine Stange, an die wir den Verletzten mit einem Seil und einer Plane befestigten. Im steilen Gelände, im Kar oder auf schmalen Steigen war das Tragen dieser Last schwierig und umständlich. Die kleine Auflagefläche auf der Schulter schmerzte, und wenn die Träger nicht im Gleichschritt gingen, schaukelte der Verletzte übel hin und her. War keine Stange zur Hand, benützten wir ein aufgeschossenes Seil, das wir in zwei Hälften teilten und mit einem Taschentuch zusammenbanden. In diese Seilschlingen steckten wir die Beine des Verletzten, und der Retter nahm ihn wie einen Rucksack auf die Schulter. Zur Sicherung wurden die Hände des zu Bergenden vor der Brust des Retters mit einem Taschentuch fixiert. Auf diese Weise trug ich auch Erwin Vuzem zum Gipfel des Hochwanner. Diese Form des Transports eines Verletzten mit behelfsmäßigen Mitteln steht heute in jedem Lehrbuch.

In unserer Werkstatt in München befaßte ich mich immer wieder mit diesem Problem. Es müßte etwas geschaffen werden, in dem der Verletzte wie in einem Rucksack getragen werden konnte, ein Mittelding zwischen Hose und Sitz mit breiten Tragriemen, das die Möglichkeit bot, auch über steile Wände abzuseilen, wobei der Retter entlastet und das Gewicht ausschließlich auf dem Seil ruhen sollte. Retter und Verunglückter sollten eine Einheit bilden, was nicht nur praktische Gründe hatte: Das Abseilen über steile und überhängende Wände erfordert für jeden Überwindung und setzt großes Vertrauen in die Qualität des Materials voraus. Die Gegenwart des Retters, der enge Kontakt mit ihm, sind für den Verletzten beruhigend und geben ihm ein Gefühl von Geborgenheit. Ich begann also mit Segeltuch und Leder einige Prototypen zu bauen, die wir zunächst einmal im Klettergarten erprobten. Der erste Eindruck war eine Überraschung — Abseilen, Tragen und sogar Klettern waren erstaunlich gut möglich. Völlig problemlos waren nun überhängende Passagen und steile Wände. Was früher die meisten Schwierigkeiten bereitete, war nun fast ein Spiel. Mit dem Abseilkarabiner ließ sich die Fahrt nach unten beliebig steuern. Innerhalb eines Jahres war ich mit der Erprobung und Fertigung soweit, daß der „Gramminger-Trag- und Abseilsitz" überall eingesetzt werden konnte.

Schwere Zeiten

Organisation und Einsätze der Bergwacht in den Kriegsjahren 1939 bis 1945

Der Beginn des Zweiten Weltkriegs brachte für die Bergwacht einen starken Aderlaß ihrer aktiven Männer. Noch in den ersten Monaten wurde der größte Teil der Rettungsleute aus allen Bereichen eingezogen, die meisten zu den Gebirgsjägern, die ja an fast allen Frontabschnitten kämpften. Den Gestellungsbefehl erhielten aber nicht nur die Kameraden in den Bereitschaften, sondern auch unsere hauptamtlichen Mitglieder in der Verwaltung. Bergwacht-Landesführer Karl von Kraus und sein Vertreter Richard Siebenwurst wurden genauso eingezogen — und somit war die Organisation ohne eigentliche Führung. Die Arbeit, die Einsätze jedoch gingen weiter. Sie wurden sogar, wenn auch in einem anderen Bereich, immer mehr: Zu den Einsätzen in den Bergen, zu denen wir nach wie vor gerufen wurden, kamen ab 1942 die Einsätze in der brennenden Stadt München, wenn die alliierten Bomberverbände ihre verderbenbringende Last abwarfen. Viele der Soldaten nützten auch die wenigen Tage ihres Heimaturlaubes, um in die Berge zu gelangen, um zu klettern oder im Winter Ski zu fahren. Manche hatten vielleicht auch die Ahnung, daß dies wohl die letzte Fahrt in ihre geliebten Berge sein würde, denn die Gefallenenmeldungen stiegen in dramatische Höhen.

Mit dem Einrücken unserer Landesführung wurde mir die Leitung der Bergwacht übertragen. Somit begann für mich die arbeitsreichste Zeit in meinem Leben. Zwar unterstützten mich mehrere ältere Kameraden nach Kräften, vor allem in den organisatorischen Dingen, doch die ständigen Einsätze in den Bergen und in der Stadt beanspruchten mich fast Tag und Nacht. Trotz aller Trauer um die gefallenen Kameraden war diese Zeit intensivster Arbeit und anhaltender Einsätze ein wesentlicher Abschnitt meines Lebens.

Durch den Krieg wurden nicht nur die Menschen vernichtet, unsere Kameraden, sondern er verschlang auch Unmengen an Material, und ich wartete bereits darauf, daß irgendein Requirierungskommando sich auch unserer Fahrzeuge bemächtigen würde. Und so kam es. Doch ich hatte mich darauf vorbereitet und schrieb sofort an den Reichsleiter im Führerhauptquartier, Martin Bormann, wobei ich ihm erklärte, daß diese Wagen ein persönliches Geschenk Hitlers an die Bergwacht seien. Das wirkte. Die Mercedes-Allrad-Geländewagen leisteten uns noch bis lange nach dem Krieg wertvolle Dienste — und erst Mitte der fünfziger Jahre tauschte ein Kamerad der Bereitschaft Berchtesgaden das letzte Exemplar gegen einen Unimog ein. Dieses „Stutzerl" steht heute, sauber hergerichtet und aufpoliert, im Mercedes-Museum in Untertürkheim.

Zu Beginn des Krieges besaß die Bereitschaft München drei Wagen dieses Typs. Die Wartung und kleinere Reparaturen besorgte ich selbst, doch wenn das Auto in die Werkstatt mußte, war mit

Oben: Unsere neue Werkstätte und Garage erhält ein Blechdach. Dieses Gebäude errichtete ich aus den unzerstört gebliebenen Teilen unserer Werkstatt in der Sommerstraße, die bei einem Luftangriff ausgebrannt war.
Unten, links und rechts: Der aus Finnland stammende „Akja", ein fellbespanntes Holzgestell, wurde von Wastl Mariner in der Heeres-Gebirgs-Sanitätsschule in St. Johann/Tirol weiterentwickelt und ganz aus Holz hergestellt. In München fertigte ich das erste Modell eines Akja aus dem Blech abgeschossener Flugzeuge. Wesentlicher Unterschied zum Holzakja war die Teilung des Gerätes in der Mitte, was den Transport im unwegsamen Gelände wesentlich erleichterte. Darüber hinaus war der Blechakja leichter als der hölzerne. Dieser war der Länge nach geteilt und somit nur schwierig zu transportieren. Nachdem ein Muster fertig war, schritt ich mit meinem Mitarbeiter Peps Aigner zur „Serienfertigung". Übrigens, die Arretiervorrichtung zum Verbinden der beiden Wannenteile ist bis heute gleich geblieben.

Geld nichts auszurichten. Bezahlt wurde die Erledigung der Reparatur nur mit Naturalien. Das bedeutete oft auch die Dreingabe der persönlichen Lebensmittelkarten.

Um die Verbindung mit den Kameraden an der Front nicht abreißen zu lassen und auch, um ihnen Nachrichten aus der Heimat zu übermitteln, beschlossen wir, ein monatliches Rundschreiben über unsere Tätigkeit zusammenzustellen und es den Kameraden an die Front zu senden. Wir erzählten von unserer Arbeit, von den Einsätzen, die zumeist jetzt mit ganz jungen Burschen, mit Siebzehnjährigen, durchgeführt wurden. Viele Feldpostbriefe, die uns erreichten, dankten uns, und viele, eigentlich alle Kameraden, die auf Urlaub weilten, besuchten immer auch unsere Geschäftsstelle, erkundigten sich nach unserer Arbeit und erzählten von dem, was sie erlebt hatten.

Von der Wehrmacht erhielt die Bergwacht auch einen großen Auftrag: Wir mußten für die skilaufenden Divisionen Skiverschraubungen herstellen. Für den Transport des Materials, der Waffen und vor allem der Verwundeten konstruierte ich aus Vierkantrohr und Segeltuch ein massives Gestell, mit dem vier Ski zu einem Schlitten verschraubt werden konnten. Von dieser Konstruktion stellten wir wohl zehntausend Stück her. Sie hat sich im Hohen Norden wie in Rußland aufs beste bewährt. Auch für unsere Rettungsarbeit war dieser Auftrag von großem Vorteil, hatten wir doch genügend Material für alle unsere Geräte zur Verfügung. Trotz der Bedrohung durch die Luftangriffe arbeiteten wir oft bis spät in die Nacht und erhielten auch die Hilfe von Kameraden, die abends nach ihrem eigenen Zehn- und Zwölf-Stunden-Tag noch bei uns mitarbeiteten. Leider wurde unsere gutausgestattete Werkstatt in der Sommerstraße bei einem Angriff getroffen und brannte völlig aus. Nur eine Bohrmaschine und das Telefon konnte ich retten, wir selbst befanden uns während des Bombeninfernos in einem Luftschutzkeller.

Nun brauchte ich einen neuen Raum für unsere Arbeiten. Seit 1939, genau seit dem Tag, an dem der Krieg ausbrach, wohne ich am westlichen Stadtrand, in der Reindlstraße. Hinter unserem kleinen Wohnblock dehnten sich Felder und Wälder hin. Ganz in der Nähe befand sich auch eine große Schrebergartenanlage, in der auch wir ein kleines Stück Grund bebauten. Von unserer Genossenschaft erhielt ich nun ein hundert Quadratmeter großes Stück, auf dem ich eine neue Werkstatt errichten wollte — ein schwieriges Unterfangen zu dieser Zeit. Glücklicherweise war die Werkstatt in der Sommerstraße nicht von einer Sprengbombe getroffen worden, sie war „nur" ausgebrannt. Die Mauern, aus Beton-Fertigteilen errichtet, standen noch. Sie waren ohne weiteres nochmals zu verwenden. Hinzu kam als weiterer glücklicher Umstand, daß sich jenseits des Schrebergartens ein Lager mit englischen Kriegsgefangenen befand. Auf ein Gesuch hin wurden mir vier der Gefangenen zugeteilt, mit denen ich nun begann, die Betonteile in der Stadt abzubauen, in die Reindlstraße zu transportieren und dort wieder aufzubauen. Voraussetzung war, daß ich die Gefangenen im Lager abholte, sie verköstigte und abends wieder zurückbrachte. Obwohl ich kein Englisch konnte, hatten wir bald ein sehr herzliches Verhältnis, zumal ich ihnen auch gestattete, in meiner Wohnung den britischen Sender, die BBC, zu hören, was ja strengstens verboten war. Zusammen bauten wir nun eine etwa sechzig Quadratmeter große Halle. Innerhalb von vier Wochen war diese Arbeit beendet und die Bergwacht verfügte wieder über einen Lager- und Werkstattraum, dessen Lage an der Peripherie der Stadt vor fallenden Bomben relativ sicher war.

Der deutsche Kommandant des Gefangenenlagers wußte, daß ich noch über ein Auto und das nötige Benzin verfügte. Er bat mich deshalb, für ihn und seine Gefangenen einige Fahrten durchzuführen, und zwar sollte ich in der Nähe von Dachau aus einem zentralen Lager einige der sogenannten „Care-Pakete" holen, die aus England und USA für die Kriegsgefangenen gesandt wurden —

eine erstaunliche Tatsache für das Kriegsjahr 1943. Diese Fahrten habe ich fast zwei Jahre lang durchgeführt. Übrigens hatte dies alles noch ein positives Nachspiel: Als die Amerikaner am 30. April 1945 München erreichten und die Gefangenen dieses Lagers befreiten, erhielt ich sofort von jenen vier Engländern Besuch. Während ringsum in meiner Nachbarschaft die Wohnungen ausgeräumt wurden, blieben Paula und ich davon verschont. Ja, noch mehr: Während drei von ihnen unterwegs waren, blieb einer von ihnen bei uns zuhause, um uns gegen eventuelle Überfälle zu schützen.

Der Krieg forderte immer mehr Menschenleben, nach und nach wurde sozusagen das letzte Aufgebot rekrutiert. Und ich war auch dabei. Auf den Gestellungsbefehl hin rückte ich am 9. September des Jahres 1943 in Miesbach in die Kaserne zur Sanitätsausbildung ein. Von Sanitätsausbildung war natürlich zunächst nicht die Rede. Wir mußten ganz normalen Grundwehrdienst an den Waffen absolvieren, marschieren, robben, schießen, Gewehrkunde lernen und ähnliches mehr. Wir waren zwar schon alle eher gestandene Männer, hatten aber ausnahmslos irgendeine körperliche Behinderung. Bei mir war dies das fehlende rechte Auge, das mich jedoch nicht davon abhalten konnte, daß ich schnell sehr gut schießen lernte und damit (wie mein Vater früher) allerlei Vorteile genoß. Jeden Freitag ging es von Miesbach in Marschformation die sechs Kilometer nach Hausham zur Schießübung. Die Besten beim Schießen durften von Hausham nach Miesbach mit dem Auto zurückfahren und brauchten in der Kaserne keinen Wach- und Reinigungsdienst absolvieren. Und noch etwas: Unter uns „Rekruten" befand sich auch ein Tabakgeschäftsinhaber. Dieser, ein begeisterter Schütze, stiftete zu jedem Schießen drei Preise: Zigaretten, Zigarren und Tabak. Als Nichtraucher hatte ich an diesen Naturalien natürlich wenig Interesse, doch meine Kapos waren ganz wild auf die Tabakwaren, die sie immer dann erhielten, wenn ich die meisten Ringe schoß.

Die Organisation der Bergwacht-Arbeit hatte nun Paula übernommen, die mich jedes Wochenende in Miesbach besuchte. Durch meine guten Schießresultate hatte ich diese Tage zu meiner Verfügung und mietete deshalb in Miesbach ein Zimmer, in dem ich mit Paula jeweils die Arbeiten besprach, die während der Woche in der Geschäftsstelle getan werden mußten.

Da ich mit meiner Einberufung zur Wehrmacht rechnete, hatte ich auch für diesen Fall schon vorgesorgt. Der Leiter der St. Johanner Sanitätsschule, Oberstabsarzt Dr. Uli Schäfer, hatte mir angeboten, sich sofort um mich zu bemühen, sollte ich eingezogen werden. Als es soweit war, verständigte ich ihn, worauf er mir mitteilte, daß ich zwar die drei Monate Grundausbildung hinter mich bringen müsste, doch dann würde einer Zusammenarbeit nichts mehr im Wege stehen. Bald war im Bataillon bekannt, daß ich nach drei Monaten Grunddienst auf Anweisung des OKH (Oberkommando des Heeres) nach St. Johann zur Sanitätsschule der Gebirgstruppen versetzt werden würde. Doch es kam noch besser.

Unser Kompaniechef nahm den morgendlichen Appell in napoleonischer Haltung ab. Er war wohl auch nicht größer im Wuchs und stand wie dieser kerzengerade da, die rechte Hand zwischen zwei Knöpfen im Uniformrock, und gab die Befehle mit scharfer Stimme. Ein Melder überbrachte ihm eine Depesche. Er las und rief dann meinen Namen. Ich trat aus dem Glied und meldete mich. Er: „Das mag ich: Noch nicht einmal richtig reingeschmeckt ins Militär — und schon vier Wochen Sonderurlaub." Auf mein verständnisloses Gesicht fragte er mich, wie ich zur Luftwaffe käme. Ich hatte keine Ahnung, worum es sich handelte. Erst als er mich aufklärte, dämmerte es bei mir: Ich erinnerte mich nun, daß vor einiger Zeit einmal einige Luftwaffenoffiziere in unserer Geschäftsstelle zu Besuch waren, und ich mit ihnen das Problem besprach, wie man in den Bergen notlandenden oder mit dem Fallschirm abgesprungenen Fliegern helfen könne. Mein Vorschlag war es damals, eine Rettungskiste in den Schutzhäusern des Alpenvereins zu deponieren. Anscheinend hatte sich diese Idee durchgesetzt, denn nun forderte man mich auf, nach München zu kommen, um die Aktion vorzubereiten und die jeweiligen Stützpunkte festzulegen und zu helfen. Von höchster Stelle der deutschen Luftwaffe nämlich war verfügt worden, daß ich für vier Wochen freigestellt wurde, um mit einem Hauptmann in einem „Fieseler Storch" (deutsches Aufklärungsflugzeug) die Alpen von Wien bis zur Schweizer Grenze abzufliegen. Unsere Aufgabe war es, geeignete Hütten ausfindig zu machen, in denen Reservekleidung und Notverpflegung für notgelandete und mit dem Fallschirm abgesprungene Flieger deponiert werden konnte. Die meist nur mit ungenügender Notausrüstung ausgestatteten Flieger sollten mit Hilfe solcher Depots überleben können. In dieser Notkiste befanden sich: zwei Paar Bergschuhe, Strümpfe, Unterwäsche, Anorak, Handschuhe, ein Daunenschlafsack, eine Wolldecke, Taschenlampen und Batterien, ein Esbitkocher, Zündhölzer und Lebensmittel.

Zunächst flog ich mit meinem Herrn Hauptmann von München nach Wien. Dann suchten wir von den verschiedenen kleinen Gebirgslandeplätzen aus Berggruppe für Berggruppe ab. Der „Fieseler Storch", jenes sagenhafte Langsamflugzeug, war für unsere Aufgabe ideal. Anhand von Karten, auch des Deutschen Alpenvereins, überflogen wir die verschiedenen Schutzhütten. Der Hauptmann entschied, daß aufgrund von geographischen Verhältnissen hier oder dort ein Flieger mit dem Fallschirm abspringen könnte, ohne sich bei der Landung zu sehr zu gefährden. Die in der Nähe gelegene Hütte wurde daraufhin für die Aufnahme einer solchen Rettungskiste ausersehen. Übernachtet wurde jeweils in Städten oder Siedlungen, die über einen kleinen Flugplatz verfügten, und landen konnte der Fieseler Storch eigentlich auf jeder Wiese. Ich sah das Unternehmen als eine interessante Aufgabe an, die mir viel Einblick in die Struktur der Alpen vermittelte.

Als ich nach diesem unerwarteten Sondereinsatz wieder bei meiner Kompanie in Miesbach eintraf, wollten alle wissen, wie es mir in den vergangenen vier Wochen ergangen war. Ich hielt mehrere kurze Vorträge und erklärte unsere Aufgabe. Dabei konnte ich bei meinen Kapos ein wenig Verständnis finden, wenn ich den Stoff des letzten Monats noch nicht ganz in mir hatte — aber spätestens beim nächsten Schießen würde ja alles wieder in Ordnung sein.

Am Ende dieser drei Monate siedelte ich in die Sanitätsschule nach St. Johann um. Dort war bereits eine Stelle für die Bergrettung des Heeres eingerichtet, in der ich meinen Kameraden vom Österreichischen Bergrettungsdienst, Wastl Mariner, traf. Da unser Chef, der erwähnte Oberstabsarzt Dr. Schäfer, wußte, daß ich auch in München gebraucht wurde, konnte ich jede Woche Urlaub nehmen, um dort die dringendsten Arbeiten zu erledigen. Die Sondereinsätze nach den Luftangriffen wurden immer zahlreicher, denn die alliierten Fliegerverbände flogen nun fast unbehelligt ihre Angriffe. Jeden Montag meldete ich mich bei unserem Kommandeur in St. Johann, berichtete ihm von meinen Einsätzen in München und hatte auch stets einige Benzingutscheine bei mir, mit denen es ihm möglich war, die wichtigsten Versorgungsfahrten für seine Gruppe zu unternehmen. (Da wir nach den Flächenbombardements mit unseren drei Fahrzeugen die Schwerverletzten aus den brennenden Häusern bergen und zu den La-

Oben links: Im Krieg demonstrierte die Bergwacht mit spektakulären Abseilaktionen im Zentrum Münchens den Stand der Rettungstechnik. Grund für solche Aktionen war natürlich auch die Möglichkeit, während dieser Übungen auch sammeln zu können.

Oben rechts: Unsere Abseilübungen von hohen Häusern lockten stets viele Zuschauer an. Während dieser Aktion verkauften wir auch die Lose für unsere Lotterie, die uns einmal im Jahr von der Lotterieverwaltung genehmigt wurde.

Unten: Unsere Fahrzeuge wurden zu Ausstellungsständen. Dort informierten wir über unsere Aufgaben, unsere Arbeit und über Naturschutz (geschützte Blumen und Pflanzen).

zaretten fahren mußten, erhielten wir nämlich genügend Zuteilungen von Benzin und Verpflegung.)

Dr. Schäfer hatte im Oberkommando des Heeres die Möglichkeit, für seine Abteilung weitere geeignete Leute anzufordern, um sie in St. Johann zu Ausbildern zu schulen. Auf seine Frage, ob mir geeignete Soldaten für den Sanitäts-Ausbildungsdienst bekannt wären, konnte ich ihm eine ganze Reihe von Bergwacht-Kameraden nennen, die auf diesem Gebiet bereits eine gediegene Ausbildung absolviert hatten und nun an der Front in anderen Abteilungen eingesetzt waren. Auf diese Weise war es mir möglich, an die vierzig Kameraden von allen Fronten, sogar aus Rußland, nach St. Johann zu bringen, was wohl den meisten das Leben gerettet haben wird.

Noch 1981, zu meinem 75. Geburtstag, erhielt ich einen Brief, der dies bestätigte und der mich sehr gefreut hat. Willy Iblher, langjähriges Bergwacht-Mitglied in München, schrieb mir aus Rimsting am Chiemsee:

Lieber Freund Wiggerl! Durch meine Kameraden habe ich erfahren, daß Du den ‚großen Geburtstag' hattest. Meine Familie und ich wünschen Dir alles Gute, Gesundheit und daß Du mit Deiner Frau noch viele schöne Fahrten unternehmen kannst. Nochmals besten Dank, daß Du mich 1943 nach St. Johann brachtest. Alle meine Kameraden (Schwere Gebirgsartillerie) wurden auf dem Rückzug in der Nähe von Grenoble von Partisanen erschossen. Du, lieber Wiggerl, bist mein Lebensretter!

Dein alter Freund Willy Iblher

Anfang März 1945 trat der Generalführer des Roten Kreuzes und Landesführer der Bergwacht, Karl von Kraus, von diesem Amt zurück. Auf seinen Vorschlag hin wurde ich am 27. März 1945 zum Landesführer der Bergwacht in Bayern bestimmt. Im Dienstblatt des Deutschen Alpenvereins — Bergrettungsdienst, erschien folgende Mitteilung:

Innsbruck, 1. Februar 1945
Landesführerwechsel:
Der bisherige Landesführer Bayern, DRK-Generalführer Dr. Karl v. Kraus, hat mit Schreiben vom 7. November 1944 den Vereinsführer darum gebeten, ihn von seinem Amte als Landesführer zu entbinden. Der Vereinsführer ist diesem Wunsche mit dem herzlichsten Dank für das Wirken des bisherigen Landesführers nachgekommen. Dr. v. Kraus hat als seinen Nachfolger seinen bisherigen Stellvertreter, den Kameraden Ludwig Gramminger, vorgeschlagen. Durch den Herrn Vereinsführer hierzu ermächtigt, habe ich den Kameraden Ludwig Gramminger mit sofortiger Wirkung zum Landesführer des DAV-Bergrettungsdienstes, Landesführung Bayern, und zugleich als Landesführer des DAV-Naturschutzdienstes, Landesführung Bayern, bestellt. Ich begrüße unseren verdienstvollen Kameraden Gramminger in seiner neuen Stellung, die er schon mehrere Kriegsjahre kommissarisch in musterhafter und verdienstvoller Weise geführt hat, auf das beste und ich rechne weiterhin auf seine gleichbleibende Mitarbeit und Gefolgschaft sowie auch auf diejenige seiner Mithelfer im ganzen Arbeitsbereich zum Nutzen der großen Gemeinschaft der deutschen Bergsteiger und des gesamten deutschen Volkes.

gez. Karl Zeuner
Sachverwalter für das Rettungswesen im DAV

Oben links: Wir seilten „Verletzte" nicht nur im Sitz ab, wir bauten von hohen Gebäuden in der Stadt auch „Seilbahnen", in denen die „Verunglückten" per Zugseil (Bremsseil) nach unten befördert wurden.

Oben rechts: Menschenauflauf in der Sonnenstraße – die Bergwacht übt zusammen mit dem Roten Kreuz. Ein zeitgeschichtliches Dokument, wie München vor den Bomberangriffen aussah.

Unten: Der „Gerettete" hat die Fahrt in die Tiefe gut überstanden, die Helfer befreien ihn aus dem Sack.

Der Hühnerschreck

Der Dackel Bürschi, unser ständiger Begleiter, war ein gefürchteter Jäger

Als ich Bürschi mitten im Krieg heimbrachte, war er gerade vier Wochen alt, und er hatte leicht in einem Maßkrug Platz. So servierte ich ihn Paula. Mit ihm begann ein ganz anderes Leben. Das Fraule verwöhnte ihn. Es dauerte nicht lange, dann ging nicht das Fraule mit dem Hund spazieren, sondern umgekehrt. Um das zu erreichen, hatte er eine ganze Reihe von Tricks, die er wirksam zu steigern wußte, bis das Frauchen nachgab. Sein Herrle hatte ihm beigebracht, zu folgen — so gut dies halt bei einem Dackel möglich ist. Und er folgte auch, aber nur so lange, wie er sich beobachtet glaubte. Ohne Aufsicht wurde er handkehrum zum Jagdhund, vor dem keine Hühner, Enten oder Gänse sicher waren. Oft genug mußte ich mit einem toten Huhn in der Hand nach dem Besitzer des Federviehs fragen. Und zahlen.

Er war ein leidenschaftlicher Bergsteiger und überall dabei. Seine Begeisterung war so groß, daß er keinerlei Ermüdung zeigte, auch wenn wir den ganzen Tag unterwegs waren. Unglaublich, welche Energie in dem Hund steckte und wie sicher er sich auf seinen kleinen Beinen in den Felsen bewegen konnte. Jederzeit war er bereit, eine Herde Schafe oder Ziegen zu scheuchen, die allesamt vor ihm Respekt zeigten.

Auf den meisten Sommerkursen und oft auch im Winter war der Bürschi ein aufmerksamer Teilnehmer. Bereits am zweiten Tag waren ihm alle Kursangehörigen persönlich bekannt, und er war in der Lage, sie von den anderen Gästen der Hütte zu unterscheiden, was er mit seinen Gunstbeweisen ausdrückte.

Auf dem Waltenbergerhaus in den Allgäuer Alpen war ein Kurs für Bergrettung im Sommer zu halten. Mit dem Mannschaftswagen fuhr ich mit Paula und Bürschi Richtung Allgäu. Unterwegs sammelte ich eine Reihe von Teilnehmern ein und nahm sie mit nach Oberstdorf, wo die dort Wohnenden zustiegen. Der Stillach entlang fuhren wir bis Einödsbach. Dort wurde die Tür geöffnet, und der erste, der da hinaussprang, war der Bürschi. Er hüpfte mitten in eine Schar Hühner, die hier friedlich scharrend ihrem Tagewerk nachging. Als ich die Fahrertür öffnete, hörte ich schon Flügelschlagen, Gegacker und Geschrei. Das ist der Bürschi! schoß es mir durch den Kopf, und schon rannte ich auf die andere Seite des Wagens — doch es war schon zu spät: Die erste Henne war schon in den Hühnerhimmel befördert, und der Bürschi schoß hinter dem zweiten Opfer her. Ein scharfer Pfiff ließ ihn innehalten, ich sprang auf ihn zu, ergriff ihn und das Frauchen legte ihm das Halsband und die Leine an. Nun erschien der Wirt von Ein-

ödsbach, der Besitzer des Hühnervolkes. Alsbald hob er ein lautes Jammern an über seine beste Legehenne und den großen Verlust, den er erlitten hatte. Und da er gar nicht aufhören wollte, erbarmte sich Kamerad Toni Steimer, ein Bäckermeister aus Memmingen, und versprach dem Wirt einen großen Sack von sogenannten „Mehlkrisch", den Überresten aus der Backstube, die an die Hühner verfüttert werden.

Als wir am Ende des Kurses wieder nach Einödsbach abstiegen, paßten wir gut auf, daß der Bürschi den Hühnerbestand nicht noch weiter dezimierte. Dann lieferte ich die Kursteilnehmer wieder der Reihe nach ab und fuhr mit Paula, Kamerad Steimer und Bürschi nach Memmingen. Es war schon dunkel. Toni lud uns ein, die Nacht zu bleiben, und er wollte uns unbedingt noch seine Backstube zeigen. Auch eine Tüte Mehl wollte er uns abfüllen. Augenzwinkernd öffnete er dazu eine versteckte Tür zu seiner „schwarzen" Mehlkammer, einem kleinen Anbau, in dem es zunächst finster war. Nach wenigen Sekunden ein Riesenlärm aus einer großen Kiste, die an der Wand stand: Gackern, Schreien, heiseres Gebell. Konrad rief: „Der Fuchs, der Fuchs im Hühnerstall!" und er begann rasch den Deckel abzuräumen, um ihn aufzuheben. Ich sah Paula an — wir waren im Bild...

Paula zwängte sich nun zwischen die Kiste und die Wand, dorthin, wo sie den Hund vermutete. Sie bekam ihn am Schwanz zu fassen und zog mit aller Kraft den Bürschi rückwärts aus der Hühnerkiste. Es war nicht einfach, denn im Maul hatte er das Hinterteil des Gockels, der flügelschlagend um sein Leben kämpfte. Jetzt hatte der Toni den Deckel offen und die Hühner flatterten und gackerten in Todesangst durch die „Geheimkammer". Als Tonis Frau nun mit dem Licht erschien, zeigte es sich, daß zwei Hennen auf der Kampfstatt geblieben waren, der Gockel war seines schönsten Schmuckes beraubt. Die Hühner wurden sofort überbrüht, gerupft, ausgenommen und in den Kühlschrank gelegt.

Der Bürschi hatte sich unter dem Kanapee verkrochen und wurde von Tonis Frau heftig geschimpft. Zum Beweis ihres Zorns fuhr sie mit dem Schrubber unter dem Diwan herum, was ihr der Bürschi sehr übelnahm.

Zwei Jahre später besuchte uns der Toni mit seiner Frau in München. Bürschi, der immer der erste im Treppenhaus war, wenn jemand an der Haustüre läutete, zeigte sich diesmal völlig verändert, geradezu abnormal: Kaum hatte er die Stimme von Frau Steimer vernommen, schoß er die Treppe wieder hinauf, hinein in die Wohnung und unter die Couch.

Unser Bürschi hat uns nie enttäuscht, die Freude, die wir mit ihm in den vielen Jahren hatten, gab ihm in der Erinnerung einen festen Platz. Er war absolut treu und anhänglich, dazu wachsam und besorgt um Frauchen, Herrchen und all die Dinge, die er bewachen mußte. Er war eine Persönlichkeit, hatte Charakter und Stolz — ein würdiger Vertreter seiner Rasse.

Mord an der Sonnenspitze

Rekonstruktion eines alpinen Verbrechens

Vom Hüttenwirt der Coburger Hütte, ich kannte ihn von einer früheren Bergung, erhielt ich gegen Mittag dieses 6. Oktober 1941 ein Telefonat: An der Sonnenspitze habe sich ein tödlicher Unfall ereignet. Eine Frau sei abgestürzt, doch der Begleiter verhielte sich auffällig. Ihm schien da etwas nicht in Ordnung zu sein. Mit Kamerad Wolfgang Pfund fuhr ich eine halbe Stunde später los, und nach zwei Stunden waren wir an der Ehrwalder Alm. Wir rannten auf die Hütte. Dort trafen wir auf einen etwa 35 Jahre alten Mann sowie den Hüttenwirt. Zu viert stiegen wir weiter, und nach einer weiteren Stunde befanden wir uns an der Unfallstelle. Mit dem Wirt ging ich mehrmals voraus; er erzählte mir dabei von seinem Verdacht, daß da ein Mord passiert sein könnte. Die Tote war vom Grat etwa eine Seillänge in schrofiges Gelände hinuntergestürzt und lag mit dem Kopf nach unten. Diese Stelle ist von etwas weiter unten, vom Grat her, ganz leicht zugänglich. Als ich den Mann befragte, geriet er in Widersprüche. Dazu berichtete mir der Wirt, daß der Mann etwa zwei Stunden lang „Hallo" gerufen habe. Dieses „Hallo" habe er die ganze Zeit gehört, in der er vor der Hütte beim Holzhacken war. Erst als der Mann um Hilfe gerufen hatte, war er sofort zur Sonnenspitze hinaufgestiegen. Auf seine Frage, wann der Unfall passiert sei, erhielt er die Antwort, vor etwa drei Stunden. Daraufhin sagte ich ihm auf den Kopf zu, daß er das Mädchen hatte umbringen wollen. Und da es wahrscheinlich nach dem Sturz noch gelebt hatte, habe er es solange liegen lassen, bis es tot war, dann erst kamen seine Hilferufe. Wir hatten eine erregte Auseinandersetzung. Meine Beweise und die Rekonstruktion der Tat, die ich ihm in allen Einzelheiten beweisen konnte, ließen ihn dann nach und nach verstummen.

Wir brachten die Tote im Tragsitz zur Hütte hinunter. Bis dorthin trug sie Wolfgang, während ich hinter dem Täter herging und ihn im Auge behielt. Auch erklärte ich ihm, daß ein Fluchtversuch nicht die geringste Aussicht auf Erfolg hätte, denn in diesem Gelände wäre er gegen mich ohne Chance. Der Wirt hatte, als er mich von der Ehrwalder Alm aus anrief, auch bereits die Polizei verständigt, und als wir an der Coburger Hütte ankamen, warteten bereits zwei Gendarmen auf uns. Während der eine bei dem Mann und der Toten blieb, trat ich mit dem anderen und dem Wirt in die Hütte, wo wir kurz unsere Beobachtungen und Vermutungen äußerten. Dann ging es weiter hinunter, wobei nun ich die Tote auf dem Rücken trug. Auf der Ehrwalder Alm luden wir das Opfer in unseren Wagen und brachten es ins Leichenhaus von Ehrwald. Die Polizei folgte uns mit dem Mörder.

Einige Zeit später las ich in der Zeitung, daß der Mann schuldig gesprochen wurde und für diese Tat 15 Jahre Zuchthaus erhalten habe. Ausschlaggebend für dieses Urteil war nicht zuletzt die Aussage einer Freundin der Ermordeten: denn diese hatte ihr anvertraut, daß der Liebhaber mit ihrem Tod drohe, falls sie ihn als Kindsvater angeben würde.

Oben links: Mit dem Hüttenwirt der Coburger Hütte steige ich zum Unfallort hinauf. Im Hintergrund die Zugspitze. – Noch am Berg bestätigt sich der Verdacht, daß hier ein Verbrechen vorliegen muß.
Oben rechts: Mein Kamerad Pfund hat das tote Mädchen im Tragsitz. Der Hüttenwirt hilft ihm beim Abstieg.
Unten: Der Abstieg mit dem Opfer und dem Mörder brachte für uns Retter eine schlimme Situation. Doch hatte ich den Täter schon wissen lassen, daß jeder Fluchtversuch vergebens sei.

Eine Totenbergung mitten im Krieg
Einsatz im Karwendel während eines Bombenangriffs auf die Heimatstadt

Aus Hinterriß erreichte die Bergwacht-Geschäftsstelle ein Anruf: In der Nordwand der Eiskarlspitze hat sich ein Kletterunfall ereignet. Fünfzig Meter unter dem Gipfel traf den Letzten einer Dreierseilschaft — Soldaten, die die wenigen Tage ihres Heimaturlaubs für eine Bergtour genützt hatten — ein Stein am Kopf. Er war sofort tot. Die Kameraden hatten ihn am Seil gesichert an der Unfallstelle zurückgelassen und waren über den Ostgrat und das Hochglückkar abgestiegen. Sie wollen in Hinterriß auf uns warten, um über alle Einzelheiten zu berichten. Innerhalb einer Stunde waren wir abfahrbereit: Max Ebner, Fritz Stadler und ich. Da uns diese Route unbekannt war, telefonierte ich noch mit der Bergwacht-Bereitschaft Bad Tölz, wo Michl Schmiedhammer sofort bereit war, mitzufahren. Er kannte seine Heimat, das Karwendel, und auch die Nordwand der Eiskarlspitze hatte er schon durchstiegen. Mit unserem Geländewagen ging es nach Tölz, dann wieder einmal auf der kleinen Sandstraße nach Hinterriß, wo wir die Kameraden des Verunglückten trafen. Dann weiter in die Eng, es eilte, denn uns standen für diesen Nachmittag noch 1400 Höhenmeter bevor, die Bergung, das Abseilen, der Abstieg über endlose Kare und die Rückfahrt nach München.

Zunächst hetzten wir auf dem Weg zur Lamsenhütte höher, bogen ab zur Drijaggenalm und dann weglos hinauf ins Hochglückkar, durch eine Schneerinne in die Westliche Hochglückscharte, wo wir den Ostgrat der Eiskarlspitze erreichten. Hier tat sich ein herrlicher Blick auf: die Gipfel der Karwendelketten, die hellen Kalkriffe — und fern, wie feine silberne Linien, glänzten die Gipfel der Tauern, der Venedigergruppe und der Zillertaler Alpen. Doch urplötzlich ein markerschütternder, rasend schnell anschwellender Lärm: ein Pulk von wohl zweihundert amerikanischen Bombern flog genau über uns in Richtung München. Die Schallwellen waren so gewaltig, daß wir sie auch am Körper spürten. Wir befanden uns ja im Krieg, kam es uns plötzlich in den Sinn, und wir hatten Angst, wahnsinnige Angst — auf diesem exponierten Grat, von dem wir nirgends hinflüchten konnten. Oft wurden diese Bombergeschwader von Jägern begleitet, falls die uns ausmachen sollten, gäbe es für uns kein Entrinnen mehr. In panischer Angst versteckten wir uns hinter den Felsen und warteten, bis dieser Spuk vorüber war. Nach dem letzten Flugzeug konnten wir aufatmen und wußten doch zugleich, daß wieder eine ungeheure Bombenlast auf unsere Heimatstadt fallen würde, daß ganze Straßenzüge zu brennen anfangen würden. Es würde Hunderte von Toten und Tausende von Verletzten geben, man würde uns dort brauchen — doch wir waren hier unterwegs, *einen* Toten zu bergen. Aber wir wußten auch, daß die Brände die ganze Nacht wüten würden, daß uns heute noch viel Grauenhaftes bevorstand. Dies spornte uns erneut an, und wenig später standen wir am Gipfel. Wir hatten keine Augen mehr für die Aussicht, keine Zeit für eine Rast, begannen sogleich mit dem Einrichten der Abseilstelle, und

Oben links: Steinschlag hat diesen Bergsteiger kurz unter dem Gipfel der Eiskarlspitze tödlich getroffen. Er ist ins Seil gefallen.

Oben rechts: Wir haben den Toten im Bergesack verstaut und beginnen, die erste Abseilstelle einzurichten. Wir werden ihn mit Bergseilen (damals noch Hanf) die gesamte Wand hinunterseilen.

Unten: Der Tote steckt im Abseilsitz, ich befinde mich unter ihm und gleite nun am Doppelseil zum nächsten Standplatz hinunter. Zur selben Stunde erlebte München einen der schwersten Fliegerangriffe. Wir sahen das Feuer, die Explosionsblitze und die Rauchsäulen bis hierher. Die Bomberpulks flogen im An- wie im Abflug über unsere Köpfe.

schon fuhr der erste in die Tiefe. Als er Stand hatte, meldete er uns, daß er das Seil, an dem der Tote hing, schon sehe. Er sah schlimm aus, aber er hatte sicher keine Sekunde leiden müssen: sein Schädel war zertrümmert, das Gesicht vom Blut verklebt. Wir verpackten ihn rasch, setzten ihn in den Abseilsitz, und dann nahm ich ihn auf den Rücken; er hatte einen kräftigen Körper mit sicher 80 Kilo Gewicht. Wir würden nun die 350 Meter Wandhöhe abseilen und über die folgenden Kare und Steilstufen weiter 1000 Meter in die Eng absteigen. Eine große Schinderei stand uns bevor, und immer wieder dachten wir an München, über dem sich nun die tödliche Fracht entladen würde. Eltern, Geschwister, Freunde, sie alle waren in Lebensgefahr. Doch wir mußten alle Sinne auf die Arbeit in dieser steilen Wand konzentrieren. Zwei richteten die Abseilstelle her, glitten hinab und erwarteten mich mit der Last. Wenn ich stand, kam der vierte herunter und sofort wurden die Seile abgezogen. Schlingen und Haken blieben zurück. Es war nicht leicht für mich, mit dem Toten jeweils die ersten Meter abzuseilen. Je steiler das Wandstück war, desto leichter hatte ich es, denn die Last auf meinem Rücken hing dann zum größten Teil am Seil. Wir verwendeten alle die Karabinerbremse, und die Kameraden kamen oft wie die Feuerwehr herunter, wobei sie sich mehrere Meter fallen ließen und elegant abbremsten. Es war wichtig, die Haken so zu schlagen, daß sie erstens absolut zuverlässig saßen und zweitens das einwandfreie Abziehen des Seils zuließen — eine Kunst, die viel Übung verlangte. Max Ebner überwachte dies; er schlug sogar, wenn er als letzter abseilte, die ihm zu viel erscheinenden Haken heraus und brachte sie zur weiteren Verwendung mit.

Wir waren nun an der vorletzten Seillänge angekommen. Das Kar war nicht mehr weit. Stadler hatte die letzte Abseilstelle schon eingerichtet und ließ sich die letzten zwanzig Meter der Wand hinunter, in den Schnee, der hier noch lag — es ist ja eine Nordwand.

Während des Abseilens, wir waren noch 2300 Meter hoch, konnten wir am nördlichen Horizont die Explosionsblitze, den Rauch und die Feuersäulen erkennen, die die Brand- und Sprengbomben ausgelöst hatten. Wir hatten eine lebhafte Vorstellung, was in unserer Heimatstadt los war. Und schon kamen die Bomber zurück, etwas weiter westlich, nicht so geordnet wie vorhin, aber wesentlich höher, jetzt ohne die vernichtende Last. Einige fehlten sicher, abgeschossen von der Flak und den Jagdfliegern. Auch für die, die am Fallschirm hinunter mußten, würde eine bittere Zeit beginnen.

Der Standplatz an der letzten Seillänge war sehr klein, und es war überaus steil hier. Fritz hatte hier nur einen Haken geschlagen. Noch im Sitz hängend rief ich hinab: „Do is ja bloß oa Hackl drin!" Der Fritz: „I hob bloß oan einibringa kenne, aber der hebt. I bin ja a oba, do konnst an Ochsn hihenga!" Ich traute dem Haken aber nicht. Mit einer Reepschnur klinkte ich mich in ihn ein, hängte aber die Seilbremse noch nicht um, sondern rief hinauf, Michl solle mit dem vierten Seil herunterkommen und den Standplatz besser herrichten. Er kam rasch herunter, konnte aber fast nicht stehen. Er hatte die Fahrt mit der Seilbremse gestoppt, hing jetzt in seinem Helfergurt, bewegte sich zum Haken hin, an dem der Fritz das Seil befestigt hatte, und klinkte den Karabiner des Helfergurts dazu, wobei er diesen nicht von seiner Seilbremse löste. Als Michl nun den Haken belastete, sahen wir beide mit Entsetzen, daß er sich in seinem Riß nach unten bewegte und ruckartig herausflog. Mit einem raschen Griff zog ich Michl, der ja noch in seinem Abseilsitz war, zu mir herüber. Ohne ein Wort zu sagen, hängte er seinen Karabiner mit dem Haken, dem Seil und meiner Reepschnur schnell in den Karabiner, der mich mit meiner Seilbremse verband. Wir atmeten auf — die Gefahr war zunächst einmal bestanden. Mit dem Toten waren wir nun zu dritt an unserem Doppelseil, das allerdings oben auch nur durch einen Karabiner lief. Wie gut, daß ich mich diesem Haken nicht anvertraut hatte und dennoch eine Reepschnur in ihn gehängt hatte! Jetzt hatten wir dieses Seil bei uns, es war nicht heruntergefallen. Da wir hier weder über Haken, Hammer und weitere Karabiner verfügten, mußte Fritz unten sein Material an dieses Seil binden, an dem wir es so heraufziehen konnten. Schon bevor Michl meinen Standplatz erreichte, hatte ich mein restliches Doppelseil, etwa drei Meter, um meinen linken Schenkel gewickelt und das Ende verknotet. Da ich nun beide Hände frei hatte, war dies leicht möglich. Auch Michl konnte mit beiden Händen arbeiten, und zusammen bauten wir nun eine absolut sichere Abseilstelle. Nun wollte ich ganz sicher sein. Mittels Bremskarabiner seilten wir zuerst den Toten hinunter, dann folgte Michl nach. Max kam, da er die ganze Zeit über nicht wußte, was da los war, von oben herunter. Als nächstes wurde das Doppelseil abgezogen und hinuntergeworfen, Max glitt ins Kar hinab und am Schluß folgte ich.

Fritz sagte nichts, als wir uns gegenüberstanden, doch sein Blick erklärte viel. Wieder einmal hatten wir Glück gehabt, und es war mir eine Lehre für viele ähnliche Situationen in den kommenden Jahren. In allen meinen Kursen brachte ich von nun an dieses Beispiel, wenn die Rede vom Abseilen war.

Der weitere Transport des Toten, das steile Kar hinunter, über verschiedene Steilstufen und Felsabstürze, kostete noch viel Mühe und Schweiß. Mit Michl Schmiedhammer wechselte ich mich ab, während die beiden anderen den jeweils Tragenden links und rechts stützten. Der vierte Mann hatte eine Hand an der nach hinten genommenen Sitzschlinge und konnte durch leichten Zug stabilisierend eingreifen. Es wurde Nacht, bis wir das „Stutzerl" erreichten. Der Tote kam auf die Trage, und dann fuhren wir zum Kofler-Vater, der damals das Gasthaus in der Eng bewirtschaftete, um etwas zu essen und zu trinken, denn die Bergung, der Auf- und Abstieg hatten viel Kraft gekostet. Der alte Kofler hat uns oft bewirtet und manchesmal winkte er nur ab, wenn wir bezahlen wollten. Wir hielten uns nicht lange auf, waren voller Unruhe, denn in München brannten wohl ganze Straßenzüge — ein roter Schein erleuchtete den nächtlichen Himmel. Weiter ging es, den Rißbach talaus, der Isar entlang nach Tölz, zur Leichenhalle am Friedhof, wo wir den Toten nur abluden — und dann eilten wir, so schnell das Stutzerl lief, nach München.

Chaotische Zustände in der Stadt, Brände überall, Sperrungen und Umleitungen. Mit Mühe erreichte ich meinen Einsatzplatz, den Hackerkeller. Fünf Stockwerke tief ging es da hinunter, und dort hatte ich mich zu melden. Obwohl der Luftangriff seit sieben Stunden vorüber war, wurden immer noch Schwerverletzte in diesen Keller getragen. In allen Stockwerken arbeiteten Ärzte in fieberhafter Eile mit oft primitiven Mitteln. In allen Ecken lagen die Verletzten. Schreien und Stöhnen erfüllte die von Medizingeruch geschwängerte Luft. Es gelang mir, meine Frau anzurufen, ihr zu sagen, daß wir gesund zurückgekommen seien und daß ich nun wohl die ganze Nacht Rettungseinsätze machen müsse. Dann stieg ich wieder hinauf in die feuerhelle Nacht und fuhr mit meinem Geländewagen in jene Straße, von der ein Hilferuf gekommen war, holte Schwerverletzte zur Operation — oft genug zur Amputation . . .

Eines alten Mannes Ende

Ein Schwächeanfall führt zum Absturz am Risser Falk

Zwei ältere Herren hatten am Morgen die Falkenhütte im Karwendel verlassen und gingen über den Steinfalk zum Risser Falk, 2414 m. Sie erlebten einen schönen Tag am Gipfel, waren seilfrei aufgestiegen und stiegen so wieder ab — für die zwei, die beide über siebzig Jahre alt sind, eine beachtliche Leistung. Doch da erleidet der eine einen Schwächeanfall und stürzt. Nach etwa hundert Metern bleibt er liegen, er ist tot. Sein Kamerad ist in schwierigem Gelände zu ihm hinuntergeklettert und kann ihm nun nicht helfen. Er steigt wieder hinauf zum Grat und geht zurück zur Falkenhütte, um Hilfe zu holen. Damals gab es noch kein Telefon dort oben, es rannte also jemand durchs Johannestal hinunter nach Hinterriß, um die Bergwacht zu verständigen. Ich verließ sofort die Geschäftsstelle und fuhr allein nach Tölz, Hinterriß und hinauf zur Hütte. Dort traf ich den Überlebenden — er war mir gut bekannt —, den Vorsitzenden der Sektion Oberland, Generalstaatsanwalt Sotier. Er war sehr niedergeschlagen, denn sein Freund, Landgerichtsrat Müller, lag oben am Risser Falk. Mit Hüttenwirt Max Kofler, seinem Sohn und einem Senn stiegen wir zu den Falken hinauf und bargen den Toten (wie in der Bildlegende beschrieben).

Wir luden ihn in den Geländewagen und ich fuhr, zusammen mit Adolf Sotier, hinunter nach Hinterriß und weiter nach München. Hier passierte nun etwas, was ich nicht für möglich gehalten hätte: Ich konnte den Toten nirgends aufnehmen lassen. Wir fuhren von Friedhof zu Friedhof, doch es fühlte sich niemand zuständig. Wir wurden von Ort zu Ort verwiesen. Mittlerweile war es Mitternacht, und wir fuhren den Toten immer noch durch München. Und erst als der ehemalige Generalstaatsanwalt am Telefon mit seinen früheren Kollegen ein Machtwort sprach, öffnete sich eine Leichenhalle.

Links: Bergung im kombinierten Gelände. Der Abgestürzte mußte zunächst zwei steile Seillängen im Gelände des II. Schwierigkeitsgrades bergauf getragen werden, dann ging es über den Steinfalk zum Mahnkopf und hinunter zur Falkenhütte, wo der Wagen stand. Deshalb banden wir den Toten auf mehrere Latschenäste, um ihn auf schrägen Flächen ziehen zu können.

Rechts oben: Querung eines Grashanges. Der Verunglückte steckt zwar im Tragsitz, da er aber sehr groß ist, müssen Arme und Beine verschnürt werden.

Rechts unten: Auf einem Bündel dürrer Latschenäste, einer Latschenschleife, ziehen wir den Toten über die Almwiesen zur Falkenhütte. Es dürfte wohl außer Zweifel sein, daß selbst solche Bergungen äußerst kraftraubende Unternehmungen darstellen. Verständlich auch, daß die Rettungsmannschaften sich diese schwere Arbeit erleichtern, wo dies möglich ist.

Sturz in der Schmittrinne

Ein Ernstfall beim Filmen am Totenkirchl

Im Auftrag der Wien-Film-Gesellschaft sollte ein Film über die Bergwacht gedreht werden. Geplant waren Aufnahmen von schwierigen Bergungen aus steilen Wänden. Den größten Teil dieses Films hatten wir an den Laliderer Wänden im Karwendel gedreht. Es fehlten noch einige Details, die wir am Totenkirchl aufnehmen wollten. Von der Stripsenjochhütte stiegen wir mit Mannschaften und Gerät hinauf zu den Führernadeln, drehten den ganzen Vormittag, bis die Sonne hinter dem Totenkirchl verschwand und wir bis zum Nachmittag eine Pause einlegen mußten. Bis die Sonne unseren Aufnahmeort wieder erreichte, würden zwei Stunden vergehen. Die Kameraden saßen auf Graspolstern, ließen es sich schmecken oder schliefen schon. Mit meiner Frau wollte ich etwas Leichteres klettern, nahm Seil und Karabiner und suchte mir ein paar Seillängen Fels, um zu üben. Wenig später beobachteten wir einen Alleingänger, der über den Führerweg zum Totenkirchl hinaufkletterte. Das Zusehen regte an, es kribbelte richtig in den Fingern — ich sah auf die Uhr, die Zeit würde reichen. Paula erfaßte meine Wünsche sofort und meinte: „Geh nur, ich schau dir von hier aus zu."

Voll Tatendrang rannte ich los. Schnell war der Führerweg hinter mir, und an der zweiten Terrasse hatte ich den Alleingänger eingeholt. Er war Soldat und befand sich auf Heimaturlaub. Zusammen kletterten wir nun zum Gipfel. Hell ragten die Kaiserwände in den Himmel, tiefer Friede lag über den Bergen. Mein Kletterkamerad erzählte von der Front, vom Krieg, ich berichtete ihm von meinen Bergwacht-Einsätzen. Als es für mich Zeit war, abzusteigen, bat er mich, mit mir gehen zu dürfen. Nacheinander, er hinter mir, damit er sehen konnte, wo die Griffe und Tritte waren, bewegten wir uns abwärts. Wir erreichten die Schmittrinne, ich winkte zu meiner Frau hinunter und ließ einen Juchzer folgen. Als wir zum „eingeklemmten Block" kamen, wo man sich frei aushängen läßt, bis die Füße einen Tritt erreichen, sagte ich ihm, wie er es anstellen solle, um diese Stelle zu überwinden. Er versuchte es mehrmals, fand jedoch keinen Tritt, obwohl er wesentlich größer war als ich. Ich bedeutete ihm, wieder heraufzukommen, ich würde ihm die Sache vorklettern. Nun stand er wieder oben auf dem Klemmblock. Die Hände auf die Knie gestützt, sah er mir zu, wie ich langsam hinunterstieg und ihm jeden Griff und Tritt zeigte. Plötzlich das häßliche Geräusch fallender Steine.

Ich hing gerade an den unteren Griffen und ließ mich auspendeln, als ich sah, wie mein Kletterkamerad über mir von einem Stein an der Schulter schwer getroffen vornüber kippte. Er fiel auf mich zu, an mir vorbei, stieß einen schrillen Schrei aus, und dann hörte ich die schrecklichen dumpfen Aufschläge. In einer Engstelle blieb er glücklicherweise hängen. Ich schrie hinunter: „Halt dich fest!" Dann kletterte ich in fliegender Hast die 60 Meter hinunter, und es gelang mir, mich unter ihm in die hier kaminartige Rinne zu klemmen. So, jetzt konnte er nicht mehr weiter fallen. Dann rief ich zu Paula hinunter, daß ich dringend Hilfe für den Abgestürzten hier bräuchte. Sie sollten alles mitbringen, Seile, Schlosserei, Abseilsitz, Verbandszeug. Meine Frau hatte ohnehin alles gesehen und alarmierte die Kameraden aus ihrer Mittagsruhe. Kurz darauf sah ich sie mit voller Kraft bergauf rennen.

Über mir der schwerverletzte Kletterer, Blut tropfte über die Felsen, rann an meinen Armen hinunter. Er stöhnte, er war bewußtlos. Doch sonst war es schattig und grabesstill. Da hörte ich Stimmen von oben — schlagartig wurde mir klar, woher der Steinschlag gekommen war: Da waren welche hinter uns im Abstieg. Ich rief hinauf, daß hier ein Verletzter liege, abgestürzt durch einen von ihnen ausgelösten Steinschlag, sie sollten größere Vorsicht walten lassen und mir helfen. Behutsam kletterten nun drei Bergsteiger die Rinne hinunter auf mich zu. Es war ein Heeresbergführer mit zwei hohen Offizieren. Der Führer warf mir nun ein Seil zu, und in gebückter Haltung seilte ich mich an. Jetzt sah ich schon den ersten meiner Kameraden die Rinne heraufkeuchen. Nach wie vor war ich in der Rinne verspreizt und durfte mich nicht rühren — endlich waren Helfer um mich, stützten den Bewußtlosen, und ich konnte mich entlasten. Mit großer Vorsicht streiften wir dem Verletzten einen Helfergurt über, seilten ihn an und hoben ihn langsam zum nächsten Standplatz nach unten. Hier verbanden wir seine offenen Wunden. Meine Kleider waren von seinem Blut so durchtränkt, daß man annehmen konnte, auch ich sei schwerverletzt. Der noch immer Bewußtlose wurde nun vorsichtig in den Trag- und Abseilsitz gepackt. — Wo wir ihn auch immer anfaßten, gab er Schmerzenslaute von sich — er mußte schwere innere Verletzungen erlitten haben. Mit großer Behutsamkeit nahm ich ihn nun auf meinen Rücken und glitt an den bereits verankerten Seilen mittels Bremskarabiner in den Führerkamin hinunter.

Die Kameraden hatten die weiteren Abseilstellen bereits vorbereitet, so daß ich überaus schnell nach unten kam. Dort erwarteten uns die Leute vom Film — schweigend, denn dieser Ernstfall war nicht zum Filmen. Mir war aufgefallen, daß der Verletzte sogleich ruhig geworden war, als er sich auf meinem Rücken befand. Es war mir klar, ich durfte ihn nach Möglichkeit nicht mehr von der Schulter nehmen. Unterstützt von zwei Kameraden begann ich den steilen schmalen Steig zur „Strips" hinunterzusteigen. Auf der Hütte befand sich glücklicherweise ein Militärarzt, der den immer noch Bewußtlosen auf ein Brett schiente und ihn dann von Soldaten in die Griesenau hinuntertragen ließ.

Fast ein Jahr später erhielt ich einen Brief aus Westfalen. Es war der Dank des Geretteten. Damals hatte er sich zwei Rückenwirbel gebrochen, doch er war in gute ärztliche Hände gekommen und hatte diese schweren Verletzungen, die zur Lähmung hätten führen können, gut überstanden und war wieder ganz gesund geworden.

Auch an mir war dieser so eigenartige Unfall nicht spurlos vorübergegangen. Obwohl ich damals schon viele oft grauenhafte Unfälle erlebt hatte oder zu Bergungen dorthin gerufen wurde, blieben mir der Schlag durch den Stein, das langsame Nach-vorn-Kippen des Mannes, sein Schrei und die dumpfen Aufschläge an den Felsen unter mir noch lange im Gedächtnis. Und oft genug kehrte dieses Geschehen auch noch im Traum wieder.

Die Stunde Null
Das Chaos nach dem Zusammenbruch. Besetzung durch die Amerikaner im Mai 1945

Die Amerikaner hatten die Donau überschritten, ihre Armeen stießen auf München zu. Die Reste der Deutschen Wehrmacht flüchteten nach Süden, besonders die Angehörigen der SS hinterließen eine blutige Spur des Schreckens. Aus dem Radio kamen die Durchhalteparolen der Gauleitung. München sollte festungsähnlich verteidigt werden. Aus dem gleichen Radio gab es aber auch ganz andere Nachrichten: Die Amerikaner verfügten über alle anderen deutschen Sender und drohten ein weiteres vernichtendes Bombardement an, falls München verteidigt werden sollte.

Auch die Dienststelle der Bergwacht war zweimal ausgebombt worden. In der Nähe von Holzkirchen, in Föching, im Schulhaus unter dem Dach, hatte ich deshalb ein Zimmer gemietet und dort alle wichtigen Akten, Belege, Filme und andere Einzelheiten deponiert. Unser „Stutzerl" und meinen privaten kleinen BMW-Dixi hatte ich bei einem Bauern in der Nähe von Weyarn im Heu versteckt. Da waren sie sicher. Der Mannschaftswagen befand sich im Gasthof „Alpenrose" in Hinterriß in einer Garage. Vorsichtshalber hatte ich jedoch alle vier Räder abgeschraubt und sie nach München in die Garage genommen.

Als nun diese Nachrichten aus dem Radio kamen, beschlossen meine Frau und ich eine vorübergehende Trennung. Ich brachte sie also hinaus nach Föching, wo sie die Umsturztage im kleinen Dachzimmer der Schule überstehen sollte. Ich dagegen blieb in unserer Wohnung in München und versuchte, sie vor Plünderung zu bewahren. Dies gelang auch, doch nur mit Hilfe der vier gefangenen englischen Flieger, die ich beim Bau meiner Garage kennengelernt hatte. In dieser Garage befanden sich noch zwei Fahrzeuge: unser mit einem großen roten Kreuz bezeichneter Sanka und mein Fiat.

In München hatte sich eine sogenannte Befreiungsgruppe gebildet, geführt von Hauptmann Gerngroß. Da zwei meiner Bergwacht-Kameraden dieser Gruppe angehörten, erhielt auch ich Kenntnis von ihren Plänen. Ja, ich wurde sogar aufgefordert, in unserem Sanitätswagen Waffen in die Stadt zu fahren, die in der Gegend von Hohenbrunn abzuholen waren. Und prompt kamen wir mit unserer Fracht in eine Kontrolle der SS, die sich jedoch begnügte, meine Ausweise zu inspizieren. Wir hatten großes Glück. Bei Entdeckung der Fracht hätte es eine Auseinandersetzung auf Leben und Tod gegeben. Mein Beifahrer und ich wußten das. Wir hatten die entsicherten Pistolen vom Kaliber 0,8 griffbereit zwischen den Sitzen stecken. Die Gruppe um Hauptmann Gerngroß hatte auch kurze Zeit den Rundfunk in ihrer Hand, doch es gelang der SS, den Sender wieder zurückzuerobern. Aufs neue wurden Widerstandsparolen ausgegeben.

In der Nacht zum 1. Mai 1945 rückten die Amerikaner in München ein. Die Stadt fiel glücklicherweise fast kampflos, die Großmäuler der Gauleitung waren auf der Flucht nach Süden. Über die Stadt wurde eine dreitägige Ausgangssperre verhängt. Am zweiten Tag versuchte jemand, in meine Garage einzubrechen. Leichtsinnigerweise verließ ich die Wohnung, um nachzusehen. Als ich um die Ecke trat, sah ich, wie drei amerikanische Soldaten im Begriff waren, die Tür einzuschlagen. Rasch lief ich hinzu und bedeutete, daß ich den Schlüssel hätte. Als ich aufschloß, stieß mir einer der Soldaten den Gewehrkolben in den Rücken und schrie: „Du SS-Mann!" Dabei zeigte er auf meine steirische Trachtenjoppe, auf der sich zwei kleine Achselklappen befanden. Unterdessen war die Tür nun offen und der Rettungswagen mit dem roten Kreuz sichtbar. Sofort wandten die drei ihr Interesse dem Auto zu, einer verlangte den Zündschlüssel, setzte sich in den Wagen und fuhr ihn heraus. Das Interesse der Soldaten gerade an einem solchen Fahrzeug war deutlich zu erkennen. Das war es, was sie für ihre Mädchen brauchten, denn es befand sich eine gepolsterte Bank und eine Trage im hinteren Teil des Autos. Sie stiegen ein und fuhren mit dem Sanitätsauto davon. Nach drei Tagen, als wir wieder auf die Straße durften, nahm ich mein Fahrrad und suchte in der Stadt nach unserem Sanka. Ich fand ihn auch. Er stand in Thalkirchen auf einem Platz. Eine Menge Soldaten umlagerte ihn mit ihren Mädchen. Meine Vermutung erwies sich als richtig: Der Rettungswagen war zu einem mobilen Freudenhaus umfunktioniert worden. Heimlich fotografierte ich ihn noch einmal, um einen Beweis zu haben, wenn ich nach seinem Verbleib gefragt werden sollte.

Nach einem Jahr war es möglich, die Verluste anzugeben, die bei der Besetzung entstanden waren. Ich sprach an der zuständigen Stelle vor, doch es war vergebens, niemand hatte je von diesem Wagen wieder etwas gesehen.

Einen Tag später wagte ich die Fahrt hinaus nach Holzkirchen, um nach meiner Frau zu sehen. Es war zwar sehr gefährlich, aber meine Sorge um sie war noch größer. Mit dem Rad fuhr ich also durch die Stadt und auf der Landstraße bis Föching. Die Schule war von Soldaten, hauptsächlich Schwarzen, besetzt. Mit einem Leutnant durfte ich das Gebäude betreten und zu unserem Zimmer hinaufsteigen. Paula war nicht dort — doch drinnen sah es wüst aus. Alles war von Papieren übersät, die Filme waren aus den Rollen gezogen, ein Wandschrank war umgeworfen. Wieder auf dem Schulhof, fragte ich den erstbesten Deutschen, ob er wisse, wo die Frau sei, die oben im Speicher der Schule gewohnt habe. Er wußte es nicht, konnte mir jedoch erklären, daß sich viele Besucher des Dorfes in der Kirche aufhalten würden, auch in der Nacht. Dort fand ich nach kurzer Zeit dann auch tatsächlich Paula. Doch wie sah sie aus! Hergerichtet wie ein altes Bauernweibl. Lachend erklärte sie mir, daß dies eine wichtige Verkleidung sei, damit sie nicht bei amerikanischen Soldaten besondere Wünsche weckte. Zusammen fuhren wir mit unseren Rädern auf der Autobahn zurück nach München und sahen Kolonnen von Panzern und Lastwagen der Amerikaner nach Süden rollen.

Wenig später sprach ich bei der Militärregierung in der Stadt vor und beantragte die Eröffnung unserer Geschäftsstelle sowie die Betriebserlaubnis eines Autos. Diese beiden Genehmigungen wurden mir erteilt, und ich radelte bald hinaus nach Weyarn, um den „Stutzerl", den Geländewagen, aus dem Heu zu graben. Am Rad hing ein sogenannter „Gigg", ein kleiner einachsiger Anhänger, auf dem ich Batterie, Benzin und Luftpumpe transportierte.

Kurze Zeit später montierte ich die Nummernschilder herunter, belud den „Gigg" mit vier Rädern, einem Kanister Benzin, mit der Batterie und der Luftpumpe. Mit dieser Last am Rad fuhr ich nach Hinterriß, um unseren Mannschaftswagen wieder nach München zurückzubringen.

Mit diesem Wagen war es nun auch möglich, die Möbel, Akten und Unterlagen der Bergwacht-Dienststelle, die immer noch im Schulhaus von Föching verstaut waren, nach München zurückzuholen. Mit Paula wollte ich diesen Transport bewerkstelligen. Doch es war ein Unternehmen mit Hindernissen. Als wir die Stadt verließen und gerade im Begriff waren, in die Autobahn einzubiegen, wurden wir von der Militärpolizei kontrolliert. Um diesen Posten hatten sich eine Menge Menschen gruppiert, die alle ankommenden Autofahrer sofort mit Fragen bestürmten: „Wohin fahren Sie, können wir mitkommen?" Ehe ich mich umsehen konnte, war der Bus voll. Aber nicht nur das: Eine ganze Reihe meiner reiselustigen Landsleute war über die hintere Leiter auch noch aufs Dach gestiegen. Zwar protestierte ich heftig, doch da die Posten dies grinsend beobachteten, fuhr ich los. Sicher befanden sich mehr als

zwanzig Personen auf und in dem Fahrzeug. Noch vor der Ausfahrt Holzkirchen wurden wir von einem Jeep der Militärpolizei überholt und zum Halten befohlen. Nun erhielt ich eine scharfe Lektion wegen Überladung, wurde wüst beschimpft und mußte schließlich den Bus wenden und dem Jeep über den Mittelstreifen zurück nach München folgen. Während dieser Auseinandersetzung hatten meine unerbetenen Beifahrer ganz still und leise das Fahrzeug verlassen oder waren vom Dach heruntergestiegen. Und jetzt war ich mit Paula allein — doch nicht für lange. Wir fuhren direkt in die Polizeidirektion in der Ettstraße. Man wollte nur wissen, wie ich hieße und wo ich wohnte — sonst nichts. Dann schob man mich in ein großes Zimmer, in dem schon etwa dreißig Personen zusammengepfercht waren. Dies waren nun keine kleinen Verkehrssünder wie ich, sondern es war leicht zu erkennen, daß es sich hier um andere Kaliber handelte. Da sich in diesem Raum nur sechs Liegen befanden, verbrachte der Großteil die Nacht auf dem Fußboden liegend oder an die Wand gelehnt. So oft es möglich war, sah ich nach dem Bus, der unten im Hof stand. Als diese schlimme Nacht vorüber war, holte man mich ab, und ich wurde vor den Schnellrichter geführt. Als ihm der Dolmetscher meine Geschichte übersetzt hatte, sagte er lachend: „Für Ihre Gutmütigkeit sind Sie ja dadurch bestraft worden, daß Sie heute bei uns übernachten durften." Dann war ich frei. Unglücklicherweise war am heutigen Tag die Fahrbewilligung meines Autos abgelaufen, und es war mir zu riskant, ohne dieses Papier durch die Stadt zu fahren. Deshalb rief ich einen Abschleppdienst an und ließ mich nachhause ziehen. Dort traf ich Paula gesund und munter.

Das war einmal der Münchner Hauptbahnhof. Er war häufiges Ziel der Angriffe, da der Bahnhof als Lebensader der Stadt natürlich auch als erstes wieder notdürftig instandgesetzt wurde. Da sich hier zu allen Tageszeiten viele Reisende aufhielten, gab es immer zahlreiche Opfer, die ich nach jedem Angriff aus dem Chaos holte.

Das Ende einer Epoche. Unmißverständlich. München, meine Heimatstadt, in Schutt und Asche, Tausende von Menschen verschüttet oder tot. Überall aus den Kellern die Hilferufe, überall Feuer, Brände. Dann die Angst vor den Zeitbomben, die oft Stunden und Tage nach dem letzten Angriff noch explodierten. Sofort nach der Entwarnung war ich mit meinen Bereitschaftskameraden unterwegs in drei Geländewagen, die als einzige durch die trümmerübersäten Straßen fahren konnten. Wir holten die Verletzten aus den Kellern und brachten sie zu den Sanitätsbunkern.

Die Bergwacht im Roten Kreuz

Der Alpenverein wird Opfer seiner Vergangenheit. Reorganisation der Bergwacht.
Zusammenarbeit mit den Amerikanern

Der Krieg war nun zu Ende, langsam begann sich das gewohnte Leben wieder einzurichten. Trotz materieller Not, trotz Hunger und dem Mangel an Ausrüstung zog es die Bergfreunde wieder ins Gebirge. Das Jahr 1945 brachte einen sonnigen Sommer, viele waren in den Bergen unterwegs, auf den Wegen und Routen, nach denen sie sich in den langen Kriegsjahren gesehnt hatten. Zwar wurde die Grenze nach Österreich hermetisch abgeriegelt, doch fürs erste war der deutsche Alpenanteil für alle genug, um die so lang vermißte Bergwelt wieder erleben zu können.

So blieb es nicht aus, daß sich Unfälle ereigneten, Menschen sich verirrten. Auch Rettungs- und Suchmannschaften mußten wie früher ausrücken.

Glücklicherweise waren die Bereitschaften der Bergwacht sowohl während des Krieges wie auch danach einsatzbereit geblieben. Überall konnte der notwendige Dienst aufrechterhalten werden, nur die Verbindung zur Zentrale nach München war abgerissen. Schon am 11. Mai 1945 trat ich deshalb mit der Kommandantur der Alliierten Militärpolizei in Verbindung und schrieb folgenden Brief:

Betrifft: Einsetzung von Bergführern. Der Präsident des Alpenvereins-Rettungsdienstes (Bergwacht) des Gebietes der Bayerischen Alpen erlaubt sich hiermit, den Alliierten Militärbehörden zur endgültigen Säuberung und Aufstöberung von Parteimitgliedern in ihren Schlupfwinkeln in den Bergen seine noch vorhandenen Rettungsmänner als Führer zur Verfügung zu stellen.

Die Bergwacht-Männer sind erprobte Bergsteiger, im Gebirgssanitäts- und Rettungsdienst ausgebildet, und haben sich parteipolitisch in keiner Weise betätigt. Besonders vorteilhaft sind die Orts- und Gebietskenntnisse der Rettungsmänner, die in den Bergen beheimatet sind. Diese bergerfahrenen Männer besitzen selbstverständlich die hierzu notwendige Ausrüstung. Für weitere Auskünfte stehe ich der Militärbehörde jederzeit zur Verfügung.

Mit Bergsteigergruß — DAV-Bergrettungsdienst, Landesführung Bayern, L. Gramminger

Auf diese Weise wollte ich mit den Militärbehörden einmal ins Gespräch kommen. Das Angebot wurde angenommen, und da auch die Soldaten der Besatzungsmacht Ausflüge in die Berge unternahmen (meist ohne jede Kenntnis und mit mangelhafter Ausrüstung), blieben auch dort Unfälle nicht aus. Und erst diese Unglücksfälle alliierter Soldaten bewog die Militärbehörden, sich näher mit der Bergwacht zu befassen. Dabei war der Alpenverein jedoch ausgeschlossen, denn als parteinaher Verein blieb er zunächst verboten, war doch der Reichsinnenminister Seyss-Inquart bis 1945 Vereinsführer des DuOeAV gewesen. Bis sich der Alpenverein wieder konstituieren konnte, vergingen noch vier Jahre. Erst 1949 wurde er in Würzburg von zwölf Männern („die zwölf Apostel") neu gegründet. Anders verhielt es sich je-

Oben: Schon im Dezember 1945 trat der Leiter der „Sports Section" im Garmischer „Recreation Center" der US-Army an uns heran, ob wir nicht die Betreuung der Pisten um Garmisch, die damals zum überwiegenden Teil von den Amerikanern benutzt wurden, übernehmen könnten. Darauf traten 16 Männer der Bergwacht-Bereitschaft Garmisch als „Ski-Patrol" ihren Dienst bei den Amerikanern an. Auf der Zugspitze demonstrierten wir den Amerikanern den Stand unserer Rettungstechnik anläßlich eines Lehrgangs, zu dem sie uns eingeladen hatten.

Unten: „Familienfoto" am Ende dieses Kurses. In der weißen Windbluse Captain Kenneth B. Floto, den wir als unseren Kameraden bezeichnen durften. Dreißig Jahre später kreuzten sich unsere Wege nochmals auf einem Campingplatz in Mexiko. Einige Jahre danach besuchte ich ihn in seinem Wohnort im Staat Kalifornien.

doch, wie gesagt, mit der Rettungsorganisation des Alpenvereins, mit der Bergwacht. Uns wurde schon 1945 erlaubt, eine Geschäftsstelle einzurichten, unsere Fahrzeuge wieder anzumelden und die Bereitschaften an den bisherigen Orten wieder zu besetzen. Diese Bewilligungen erstreckten sich zunächst jedoch nur über einen Monat und mußten dann wieder neu beantragt werden. Da unsere Geschäftsstelle am Stachus und die Werkstatt in der Sommerstraße ausgebombt waren, standen wir nun ohne Räume da. Aus dieser Notsituation half uns unser Ausbildungsarzt Dr. Julius Sinzinger, der uns in der Pettenkoferstraße zwei seiner Praxisräume zur Verfügung stellte. Hier arbeiteten wir bis zum Herbst 1946. In dem einen Zimmer befand sich das Büro, im anderen hatten wir verschiedenes Sanitätsmaterial gelagert.

Es kam der Winter, und in Berchtesgaden und Garmisch-Partenkirchen versuchten sich die amerikanischen Soldaten der dortigen Garnison im Skilauf. Wieder konnten Unfälle nicht ausbleiben — und wo die Amerikaner mit ihren Autos nicht hinfahren konnten, waren sie hilflos. Einen Verletzten zu Fuß oder mit der Trage von einem Berg herunterzubringen, war ihnen nicht möglich. Hier brauchte man ausgebildete Männer mit Ortskenntnissen und den nötigen Rettungsgeräten — die Bergwacht also.

Der Garmischer Bergwacht-Mann Max von Berg hat die Zusammenarbeit zwischen Deutschen und Amerikanern auf dem Gebiet der Bergrettung aufgezeichnet:

Im Herbst 1945 fand sich im ‚Loisach-Boten' (dem heutigen Garmisch-Partenkirchner Tagblatt) eine Anzeige. In ihr wurde mitgeteilt, daß die Bergwacht im Werdenfelser Land wieder ins Leben gerufen werden sollte. Die Gründungsversammlung fand Ende Oktober in einem Klassenzimmer der damaligen Realschule an der Hindenburgstraße statt. Der größte Teil der Anwesenden gehörte bereits vor und während des Krieges dem Bergrettungsdienst oder Bergwacht an. Bis zur Wintersaison 1945/1946 standen für die Aus- und Fortbildung der jungen und ‚reiferen' Jahrgänge nur mehr wenige Wochen zur Verfügung. Der erfahrene Oberarzt des Partenkirchner Krankenhauses, Dr. Gottlieb (Goggi) Neureuther und seine Helfer Bertl Pflugmacher, Martin Neuner und Hiasl Kuhn unterrichteten uns in Erster Hilfe. Anfang Dezember 1945 trat die US-Army an die Bergwacht-Bereitschaft Garmisch mit der Bitte heran, die sanitäre Betreuung ihrer Leute auf den Skipisten im Raum Garmisch zu übernehmen. Darauf traten am 20. Dezember 1945 sechzehn Männer der Garmischer Bereitschaft als ‚Ski-Patrol' ihren Dienst an. Sie waren am Schneefernerplatt, am Kreuzeck, am Haus- und Kochelberg tätig. Für die Riffelrißabfahrt und die Übungshänge an Eib- und Rießersee kamen später weitere acht Männer hinzu. Diese vierundzwanzig Ski-Patrol-Männer waren Angestellte der US-Army beziehungsweise der ‚Sports Section' des Garmischer ‚Recreation Center' (Sportabteilung des Garmischer Erholungszentrums der US-Army), unter der Leitung von Direktor Hazel E. Link und seiner Assistenten Charles J. Lynch, John H. Notman, Floyd L. Dye, Captain Kenneth B. Floto und C. M. Jordan. Besonders die beiden Letztgenannten vermittelten uns eine Menge neuer Kenntnisse über Ausrüstungs- und Verbandsmaterial. Als besonders nützlich erwiesen sich daher ihre Streckschienen, vor allem die für die Beine, und die vielseitige Verwendung des Dreiecktuches. Nicht bewährt haben sich die bereitgestellten Rettungsschlitten aus der Schweiz zum Transport der Verletzten. Die Einsätze unserer ‚Ski-Patrol' (in den Sommermonaten ‚Mountain-Patrol') kamen nicht nur den Angehörigen der Besatzungsmacht, sondern auch den deutschen Skifahrern und Bergsteigern zugute. Die US-Army war damals nicht nur unser ‚Brötchengeber', sie stellte auch alles notwendige Material ohne Entgelt zur Verfügung. Darüber hinaus sorgte sie für den Ausbau und die Instandhaltung der Telefone entlang der Abfahrtsstrecken. Nach der Währungsreform, 1948, wurden die zwölf hauptamtlichen Bergwacht-Männer für die Skigebiete Kreuzeck, Haus- und Kochelberg von der Marktgemeinde Garmisch-Partenkirchen übernommen.

Der erste Kurs nach dem Krieg

Die Zusammenarbeit mit den Amerikanern im Rahmen der „Ski-Patrol" brachte uns eine Reihe von Geräten, die sich in der Bergrettung gut verwenden ließen. Mein besonderes Interesse erregte die „Thomasplint-Schiene", mit der sowohl Oberschenkel- wie Unterschenkelbrüche rasch geschient und gestreckt werden konnten. Dazu kamen völlig neue Erfahrungen mit der Behandlung von Kälteschäden wie beispielsweise mit der Schocktherapie, von der sowohl wir wie unsere Ärzte noch nichts wußten. Doch auch von uns konnten die Amerikaner einiges erfahren, besonders natürlich auf dem Gebiet der Bergrettung.

Im Januar 1946 wurden Dr. Gottlieb Neureuther und ich mit den Angehörigen der „Ski-Patrol" aufs Zugspitzplatt, ins Schneefernerhaus, eingeladen. Captain Floto, der diesen Kurs organisiert hatte, wollte die deutschen und amerikanischen Rettungsmethoden vergleichen und die geeigneten zusammenführen. Wir wurden von den Amerikanern ausgesucht höflich behandelt und als Partner betrachtet. Auf dem Schneefernerhaus genossen wir alle Annehmlichkeiten, die wir so lange entbehrt hatten und die für die Amerikaner natürlich selbstverständlich waren. Ich hatte verschiedenes Rettungsmaterial dabei und demonstrierte das Abseilen eines „Verletzten" im Tragesitz mit dem Stahlseil aus einer Wand. Dies war für unsere Gastgeber neu, und es machte Eindruck. Mich dagegen hatte die amerikanische Streckschiene besonders interessiert. Diese Konstruktion war ein großer Fortschritt, nur war sie für unsere Einsätze zu schwer. Noch in der Nacht hatte ich sie in Gedanken umgebaut, wobei mir auch der Einfall kam, die Idee dieser Schiene mit zwei Skistöcken provisorisch zu verwirklichen. Am Morgen hatte ich die „Skistock-Schiene" schon so weit durchdacht, daß ich sie den Kursteilnehmern vorführen konnte.

Zurück in München, begab ich mich sofort in meine Werkstatt und baute die amerikanische Streckschiene aus Alurohr. Dabei verwendete ich statt des Dreiecktuches eine Rändelschraube an jeder Seite, womit der Streckvorgang schneller und vor allem exakter erreicht werden konnte. Diese Schiene hat sich in der Bergwacht rasch eingeführt und sie ist heute noch unverändert in allen der IKAR angeschlossenen Ländern in Gebrauch.

Dieser von Captain Floto geleitete Kurs, zu dem die Amerikaner alle ihre Rettungsleute aus dem Alpenraum zusammengezogen hatten, brachte auch für unseren Landesarzt, Dr. Neureuther, die ersten Erkenntnisse über den uns noch unbekannten „Schock". Dieses Wissen wurde schon beim nächsten Bergwacht-Kurs an unsere Rettungsmänner weitergegeben, und es gehört heute zu jeder Ausbildung.

Noch ein Nachsatz: Dreiunddreißig Jahre später befand ich mich mit Paula auf einer Fahrt von Mexiko nach Panama und campierte auf einem Zeltplatz bei den Tempeln von Merida. Am Abend nahm ich unsere übriggebliebenen Brotstücke und wollte sie zu einigen Pferden bringen, die etwa fünfzig Meter entfernt hinter einem Zaun weideten. Unterwegs lief mir ein Dackel über den Weg, der ein rot-weißes Schnupftabaktuch um den Hals trug. Ich redete ihn an und sagte: „Ja, was hast du denn für ein schönes Halsband?" Dies hatte sein Herr gehört, ein hochgewachsener Amerikaner, der nun auf mich zutrat und mich fragte: „Sie kommen aus Deutschland?" Ich sagte meinen Namen und meinen Wohnort München. Mein Gegenüber wurde plötzlich lebendig und meinte: „Nein, Garmisch-Partenkirchen!" — „Nein, Munich!" Und er: „No Munich, Garmisch, Zugspitze! Ich bin Captain Floto!" Nun begriff ich alles. Das gab ein Hallo. Er umarmte mich so stürmisch, daß Paula, die diese Diskussion aus der Ferne verfolgt hatte, zuerst meinte, wir beide seien in einen Ringkampf verwickelt. Es gab noch einen netten Abend und wir vereinbarten, daß ich ihn in den USA, in Carson City, im Staat Nevada, besuchen würde — ein Versprechen, das wir ein Jahr später wahr machten.

Die Bergwacht kommt zum Roten Kreuz

Im Bayerischen Roten Kreuz bestand schon vor dem Krieg ein sogenannter „Gebirgsunfalldienst", der allerdings nicht oft in Erscheinung trat. Die amerikanischen Militärbehörden bestanden schon in den ersten Monaten der Besatzung darauf, daß alle Rettungsdienste im Roten Kreuz zusammengeführt werden sollten. Dies war zwar nicht im Interesse der Alpenvereinskreise, und, ich gestehe es, zunächst auch nicht im meinen, denn die nun fünfundzwanzig Jahre bestehende Zusammenarbeit mit dem Alpenverein hatte stets gut funktioniert. Da der Alpenverein als Dachorganisation der verschiedenen Sektionen aber noch lange verboten blieb, und weil die Umstände drängten, einen funktionierenden Bergrettungsdienst aufzustellen, trafen sich am 15. Februar 1946 im BRK-Präsidium in München Vertreter des Bayerischen Roten Kreuzes (Dr. Stürmann, Donhauser), der Bergwacht (Gramminger, Frantz, Aigner), des Alpenvereins (Schmitt, Sotier) und vierzehn Bergwacht-Männer aus den verschiedenen Abschnitten und Bereitschaften. Die Niederschrift dieser Tagung enthält folgende Punkte:

1. Die Versammlung nimmt davon Kenntnis, daß das Bayerische Rote Kreuz aufgrund eines Erlasses der Militärregierung und durch die Verfügung des Bayerischen Ministerpräsidenten die Durchführung des alpinen Sanitäts- und Rettungsdienstes im Zeichen des Roten Kreuzes wahrnimmt.

2. Die Aufgaben der ehemaligen „Alpenvereins-Bergwacht e.V." und des ehemaligen „Gebirgsunfalldienstes des Deutschen Roten Kreuzes" werden daher in Zukunft vom Bayerischen Roten Kreuz, „Sonderformation Bergwacht", übernommen.

3. Die Vertreter des Alpenvereins nehmen davon Kenntnis und haben dagegen keine Bedenken.

4. Das Bayerische Rote Kreuz erklärt sich bereit, die Naturschutzaufgaben der Bergwacht gleichfalls durch die BRK-Sonderformation Bergwacht durchführen zu lassen, sofern die Bergsteigerorganisation mit diesbezüglichen Wünschen an das Präsidium des BRK herantritt. Organisation, Verwaltung und Finanzierung erfolgen dann ebenso wie die der Sonderformation Bergwacht durch das Präsidium des BRK. Auftraggeber für den Naturschutz bleiben jedoch nach wie vor die zuständigen Bergsteigerorganisationen.

5. Oberster Leiter der Sonderformation Bergwacht ist ebenso wie bei anderen Formationen des BRK der Präsident des Bayerischen Roten Kreuzes.

6. Das Referat Bergwacht im Präsidium des BRK wird mit zwei leitenden Herren besetzt, die grundsätzlich einander gleichgestellt sind und die beide nur in Verbindung miteinander zeichnungsberechtigt sind. Die bergsteigerische, alpine und rettungstechnische Ausbildung sowie die Durchführung der Rettungsmaßnahmen ist Aufgabengebiet des Herrn Ludwig Gramminger, Organisation und Verwaltung Geschäftsbereich des Herrn Karl Frantz.

Oben: Bis 1945, als wir erstmals die amerikanische Thomasplint-Streckschiene sahen, gab es in der Bergrettung so etwas nicht. Als mir Captain Floto damals anläßlich eines Lehrgangs auf der Zugspitze dieses Gerät zeigte, erkannte ich, welcher Fortschritt das Strecken des Beins bei Brüchen war. Noch in der Nacht überlegte ich mir, wie das Strecken eines Bruchs auch mit provisorischen Mitteln möglich sein konnte, und ich kam auf die Konstruktion mit Dreiecktuch und Skistöcken. Richtig angewandt, erfüllte sie ihren Zweck wie die amerikanische Schiene. Einen Tag später, als ich wieder zuhause war, begann ich sofort mit dem Bau einer teilbaren Schiene, bei der der Streckvorgang mittels Rändelschrauben millimetergenau reguliert werden konnte. Diese Schiene ist bei der Bergwacht nach wie vor im Einsatz und wird weiter genauso gebaut, wie ich sie bereits damals, 1945, in meinem Keller konstruiert hatte.

Unten: Meine Schiene, die wir die „Bergwacht-Streckschiene" nannten, gehört heute auch zur Standardausrüstung jedes „Sankas". Auf dem Bild wird sie im Ernstfall bei einer Skifahrerin angewandt.

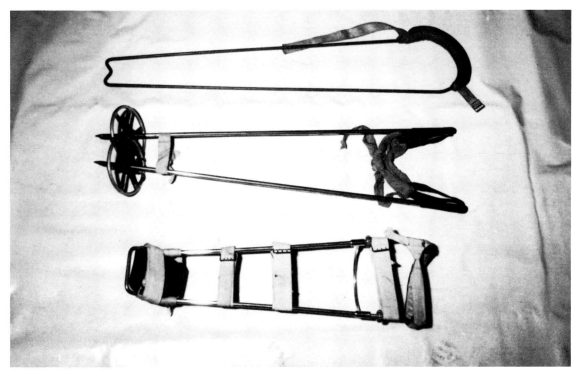

163

7. Die Anwesenden haben sich mit 13 gegen zwei Stimmen mit den Punkten 1 mit 6 einverstanden erklärt.

Nach einem Vierteljahrhundert im Zeichen des Grünen Kreuzes setzte sich unsere Arbeit nun unter dem Roten Kreuz fort.

Ab jetzt war wieder eine geregelte Arbeit möglich. Die Abschnitte und Bereitschaften hatten wieder eine Führung, die organisierte und sich um die Mittel und das Material sorgte. Der neuen Leitung unterstanden nun drei Hochgebirgsabschnitte: Allgäu, Hochland und Chiemgau sowie fünf Mittelgebirgsabschnitte: Bayerwald, Frankenjura, Fichtelgebirge, Rhön und Hessen. Diese acht Abschnitte entsandten je einen gewählten Vertreter (Abschnittsleiter) in den Landesausschuß, der einmal im Jahr tagte. Dieser Landesausschuß bestimmte Art und Durchführung der Bergwacht-Arbeit und beschloß in demokratischer Weise über Fragen und Probleme in den Abschnitten und Bereitschaften.

Die Gründung der IKAR
Die Internationale Kommission für Alpines Rettungswesen entsteht

Dr. Rudolf Campell, Rettungschef des Schweizer Alpen-Clubs und Alt-Zentralpräsident dieses Vereins, schildert im folgenden den Werdegang und die Entwicklung der IKAR so, wie er diesen Zusammenschluß von 1948 an erlebte.

Werdegang und Entwicklung der IKAR

Wenn man Werdegang und Entwicklung der Internationalen Kommission für Alpines Rettungswesen (IKAR) überblicken will, so muß man auf das Jahr 1948 zurückgreifen. Vom 28. August bis 3. September jenes Jahres organisierte der Österreichische Alpenverein (OeAV) in Kufstein am Kaisergebirge und in den Ötztaler Alpen in Obergurgl einen internationalen Bergrettungskurs unter der technischen Leitung von Wastl Mariner, Wiggerl Gramminger und Dr. Fritz Rometsch, zu dem auch der Verfasser dieses Berichtes als Mitglied der Gebirgskommission der Schweizer Armee und als früherer Zentralpräsident und Rettungschef des Schweizer Alpen-Clubs delegiert worden war. Es galt, bei diesem Anlaß besonders die Fortschritte in der Bergrettungstechnik zu demonstrieren und zu verbreiten, die sich als eine erfreuliche Nebenerscheinung aus dem Kriegsgeschehen ergeben hatten. Die Absicht war, dieselben auch für das Zivilleben und für die Touristik nutzbar zu machen.

Nach Abschluß des grauenhaften Völkermordens in Europa erwachte allmählich in den bisher verfeindeten Ländern das Bedürfnis, wieder im Frieden zusammenzuleben und zu überlegen, wie man gemeinsam zum Wohl aller wirken könnte. Noch motteten vielerorts Haß und Mißtrauen zwischen den früheren Feinden. Aber es zeigte sich mehrheitlich die Einsicht, daß man das Ideal einer Völkergemeinschaft Europas anstreben muß, wenn nicht alle einen Dauerschaden nehmen sollen.

In diesem Zustand erwachender Bereitschaft, sich zu verstehen, war es gegeben, zunächst auf kulturellem und sportlichem Gebiet Fühlung aufzunehmen und für den internationalen Gedanken aktiv zu wirken. Aus solchen Überlegungen heraus ist speziell auch im Geiste des „Roten Kreuzes" die Entstehung der IKAR als Schulterschluß der Alpenvölker Europas zu betrachten.

Dieses erste Zusammentreffen in den österreichischen Alpen des Jahres 1948 ist die Geburtsstunde der IKAR. Aus den Alpenländern Deutschland, Frankreich, Italien (mit Südtirol), Österreich und der Schweiz wurden je ein Rettungstechniker und ein Arzt aus den entsprechenden Bergrettungsorganisationen als Mitglieder der IKAR benannt. Es handelte sich um aktive Alpinisten und initiative Mitarbeiter. Wir versammelten uns mindestens einmal jährlich abwechslungsweise in einem anderen Land und behandelten in einem organisatorischen und in einem technischen Teil aktuelle Probleme des alpinen Rettungswesens. Wir bezeichneten Subkommissionen, die beauftragt wurden, Spezialfragen für Rettungsgeräte, für medizinische Probleme, für Flugrettung und Lawinenrettung, entsprechend der momentanen Notwendigkeit, zu behandeln. Wir organisierten oder unterstützten mit Rat und Tat internationale Rettungskurse und sorgten für Instruktionsmaterial, für Anleitungen, Filme usw. Länder außerhalb des Alpenkreises sandten in der Folge Beobachter zu unseren Veranstaltungen und wurden über den Stand unserer Tätigkeit auf dem laufenden gehalten. Lange Zeit hatten wir keine Statuten und ließen uns restlos vom Ideal, im Gebirge verunglückten Alpinisten zu helfen, leiten. Auch pflegten wir ein gutes Verhältnis zur UIAA (Union Internationale des Associations d'Alpinisme), und ein Mitglied dieser Dachorganisation der Alpenvereine sorgte für die Verbindung zwischen den beiden Organisationen.

Als Initiant und Mitbegründer der IKAR wurde mir der Vorsitz während fast zwanzig Jahren (1951 bis 1970) anvertraut. Ich wurde in der Folge zum Ehrenpräsidenten ernannt.

Als neutralem Schweizer fiel mir die Aufgabe zu, auch auf unserem Spezialgebiet Voreingenommenheit und Vorurteile bei den Vertretern aus den bisher verfeindeten Ländern zu beseitigen und alle zu überzeugen, daß es nötig und möglich ist, daß alle am gleichen Seil ziehen. Man vergißt leicht, daß 1948, in jener Zeitspanne nach Kriegsschluß, die großen alpinen Vereine in Deutschland, Österreich und Südtirol als sogenannte „paramilitärische Organisationen" noch suspendiert waren und zum Teil noch nicht schalten und walten konnten. So war auch der Bergrettungsdienst in jedem europäischen Land verschieden verwaltet und nach außen vertreten: In Österreich durch den „Bergrettungsdienst", in Deutschland durch das „Bayerische Rote Kreuz — Bergwacht", in Italien durch den „CAI", in der Schweiz durch den „SAC" und in Frankreich durch den „CAF", die nationalen Alpenclubs, in Jugoslawien durch einen halbstaatlichen Bergrettungsdienst.

Diese Unterschiede erschwerten zum Teil die administrative Leitung der IKAR. Und weil zwischen den zur IKAR gehörigen Ländern noch mannigfache Differenzen politischer und organisatorischer Art, zum Teil von früher her, bestanden, war es nur natürlich, daß mir die nicht immer einfache Aufgabe zufiel, zu vermitteln und zu schlichten. Ich will aber mit Freude bekennen, daß es für mich ein Vergnügen gewesen ist, mit den treuen Kameraden aus allen Alpenländern für die hohen Ziele der Bergrettung zusammenzuarbeiten.

Das Gerüst für die Arbeitsorganisation des Alpengebietes war nun aufgestellt und gefestigt. Jetzt galt es, neben der äußeren Administration, den Innenausbau an die Hand zu nehmen. Es war allen bewußt geworden, daß in verschiedenen Ländern, auch infolge der Kriegsnotwendigkeiten, bedeutende Fortschritte für das Bergrettungswesen gemacht worden waren, die es verdienten, Allgemeingut zu werden.

In meiner Arbeit wurde ich von den besten Spezialisten aus den verschiedenen Ländern tatkräftig unterstützt. So übernahm Wastl Mariner, in Zusammenarbeit mit den Kameraden Wiggerl Gramminger und Fritz Rometsch, die Führung der Subkommissionen für Geräte und Ausbildung, Melchior Schild diejenige der Lawinenhilfe und Dr. h. c. Fritz Bühler die Subkommission für die Flugrettung. Ich selbst durfte mich den medizinischen Fragen widmen. Später übernahm Dr. med. Neureuther, Garmisch-Partenkirchen, unterstützt durch Prof. Dr. med. Flora, Innsbruck, diese Aufgabe. Jedes der IKAR-Länder stellte uns zudem für diese Fachkommissionen seine besten Spezialisten zur Verfügung.

So ergab es sich, daß auch im außeralpinen Raum ein wachsendes Interesse für unsere Zielsetzungen und für unsere Tätigkeit erwachte. Darum mußten wir uns entschließen, auch die Bergrettungsorganisationen außerhalb unseres bisherigen Wirkungskreises als gleichberechtigte Mitglieder

Oben: Die Internationale Kommission für Alpines Rettungswesen wurde offiziell 1955 in Bozen gegründet. Die IKAR-Gründungsmitglieder von links: Dr. Gerd Mayer (AVS Südtirol), Zweiter unbekannt, dann Dr. Gerhard Flora (Österreichischer Bergrettungsdienst), Ludwig Gramminger (Bayerische Bergwacht), Dr. Rudolf Campell (erster Präsident), Dr. L. Robic (Jugoslawischer Bergrettungsdienst), Prof. Wastl Mariner (Österreichischer Bergrettungsdienst), Oskar Kramer (Deutscher Alpenverein), Karl Frantz (Bayerische Bergwacht), unbekannt.

Unten links: Wastl Mariner legt das Stahlseil um die Bremstrommel, die mit einem doppelten Seil verankert ist.

Unten rechts: Dr. Rudolf Campell demonstriert das Einrenken einer Schulterluxation nach seiner Methode. Der Helfer fixiert den Verletzten am Boden.

der IKAR aufzunehmen. 1968 wurden Spanien, Polen und die Tschechoslowakei aufgenommen, dann folgten in den Jahren 1971 bis 1974 Bulgarien, Kanada, Liechtenstein und Norwegen. Zu weiteren Rettungsorganisationen ergaben sich Kontakte, so im besonderen zu den USA, Japan, der UdSSR, Schweden, Rumänien und Mexiko. Verschiedene Bergrettungsorganisationen dieser Länder bekundeten ihr Interesse durch regelmäßige Delegierung ihrer Spezialisten als Beobachter und Mitarbeiter zu unseren Zusammenkünften. So ist aus einer freien Vereinigung einiger passionierter Bergrettungsleute in kurzer Zeit eine weltweite Hilfsorganisation geworden, die überall großes Ansehen genießt und für die Bergsteiger in Not, aber auch zugunsten der Gebirgsbevölkerung segensreich wirken kann.

Mit diesem unerwarteten Wachstum unseres Wirkungsfeldes auf internationalem Boden erhöhen sich begreiflicherweise die Schwierigkeiten der Verwaltung, so daß man daran gehen mußte, die Verbandsleitung durch allgemein gültige Statuten zu präzisieren, was nach Berücksichtigung unserer laufenden Erfahrungen 1970, unter Leitung meines Nachfolgers Erich Friedli aus Thun, realisiert wurde. Von 1955 an wurden jährlich in den verschiedenen Alpenländern ununterbrochen bis heute Tagungen, Kurse und Symposien durchgeführt.

Links: 1948 demonstrierten Wastl Mariner und ich vor einer Gruppe internationaler Bergrettungsmänner im Wilden Kaiser die neue Technik der Rettung aus schwersten Wänden: die Bergung mit dem Stahlseil. Unter den Geladenen befand sich auch der Chef der SAC-Rettungskolonne, Dr. Rudolf Campell. Vier Jahre später lud uns Dr. Campell ein, die Stahlseiltechnik Schweizer Bergrettungsmännern vorzuführen. Mit Wastl Mariner und Dr. Fritz Rometsch fuhr ich nach Glarus, wo wir oben im Urner Boden an einer fast 200 Meter hohen Wand die neue Technik eindrucksvoll zeigen konnten. Im Bild zwei Schweizer Rettungsmänner, die sofort Vertrauen in unser Gerät hatten.

Rechts: Abseilen von überhängenden Felsen in Querlage. Hier in den Allgäuer Alpen.

Zweck und Aufgaben der IKAR

Die Internationale Kommission für Alpines Rettungswesen (IKAR) ist eine Arbeitsgemeinschaft von alpinen Vereinen, Rettungsorganisationen und Fachleuten, welche die Rettungstätigkeit in den Bergen ausüben oder sich mit Rettungsfragen befassen (Artikel 1 der Statuten). Sitz der IKAR ist jeweils der Wohnort des gerade amtierenden Präsidenten. 1986: Erich Friedli, Thun. Die IKAR ist selbständig und neutral. Sie stellt sich allen zuständigen alpinen Rettungsorganisationen und Vereinen in beratendem Sinn zur Verfügung:

Die IKAR befaßt sich insbesondere mit folgenden Aufgaben:
— Vereinheitlichung der Rettungstechnik im Gebirge hinsichtlich Methode und Ausrüstung sowie Festlegung von ärztlichen Richtlinien für die Erstversorgung von Verletzten und Erkrankten am Unfallort im Gebirge.
— Begutachtung von Neuerungen auf dem Gebiet der alpinen Rettung, insbesondere Methode, Technik, Geräten und Transportarten.
— Durchführung von Symposien und Kursen zur Weiterverbreitung bewährter und zur Erarbeitung neuer Erkenntnisse auf dem Gebiete der Alpin-Rettung.
— Erfahrungsaustausch in methodischen, technischen und medizinischen Belangen der Gebirgsrettung, Austausch der technischen Anlagen, sowie Abgabe von Informationen über alle Belange im alpinen Rettungswesen.
— Das Arbeitsgebiet soll sich hauptsächlich auf den Alpenraum beschränken.

Die Mitglieder haben die Pflicht:
— Eigene Erkenntnisse aus der Geräteentwicklung und der Rettungstätigkeit der IKAR zur Verfügung zu stellen.
— Die Erkenntnisse der IKAR und die Empfehlungen ihrer Fachkommission in ihren Organisationen nach Möglichkeit anzuwenden.

Zuflucht zum Bomberschrott

Die Überreste amerikanischer Kriegsflugzeuge liefern das Material für eine Biwakschachtel in der Watzmann-Ostwand

Schon 1937, als wir die Vettern Frey Anfang Januar aus der Ostwand holten, kam mir der Gedanke, daß es in dieser großen und gefährlichen Wand (Steinschlag und Lawinen) ein Biwak geben sollte. Während des Krieges blieb für solche Pläne keine Zeit, doch waren es gerade auch „Rückstände des Krieges", die in mir diesen alten Plan wieder reifen ließen. In der Nähe von Holzkirchen wurden auf einem Feld die Wracks alliierter Flugzeuge gesammelt — von den Spitfires bis zu den viermotorigen B-47-Bombern war auf diesem Schrottplatz alles zu finden, was vom Himmel fallen konnte. Beim Anblick dieser Bleche, Schrauben, Rohre und Winkeleisen lachte mein Metallerherz, und die „Schachtel" begann vor meinen Augen reale Gestalt anzunehmen. Nach einer kurzen Verhandlung mit dem amerikanischen Chef dieses Materiallagers wurde es mir gestattet, alles, was ich brauchte, zu nehmen. Zunächst war ich in diesem Lager unterwegs, um mir Bleche und Rohre für den Bau eines Akjas zu suchen, doch als ich bei verschiedenen Bombern noch die völlig intakten Landeklappen sah (auf stabile Rahmen geschraubte Bleche von 250 x 80 Zentimetern), war die Form des Watzmann-Ostwand-Biwaks geboren. Die Sektion Bayerland, der ich angehöre, übernahm die Patenschaft dieser Aktion, und ihr damaliger Vorsitzender, Fritz Schmitt, beschreibt im folgenden Kapitel genau, welch ein Sturm der Entrüstung sich erhob, als dieser Plan bekannt wurde. Unter anderem wurde auch behauptet, dieses Metallgehäuse würde bei Gewittern Blitze anziehen und damit zur tödlichen Falle werden. Bei einem Blitzableiter-Fachmann der Münchner Feuerwehr erkundigte ich mich unter genauer Angabe der verwendeten Metalle nach den Auswirkungen dieser Gefahr für dieses Biwak: Das Gegenteil war der Fall! Dieses Ganzmetallgehäuse ist bei einer isolierenden Auskleidung mit Holz oder Kunststoff der beste Schutz vor Blitzgefahren, es wirkt als Faradayscher Käfig, das heißt die elektrischen Ströme gleiten der Außenhaut entlang in die Erdung.

Auf der Suche nach einem guten Platz in der Ostwand durchkletterte ich sie mit Hellmuth Schuster und Josef Aschauer auf dem Berchtesgadener Weg. Es war Anfang Juli 1948, wir hatten gutes Wetter und ordentliche Verhältnisse. Ohne Seil stieg ich mit diesen beiden hervorragenden Bergsteigern und Ostwandkennern höher. Plötzlich ein Schrei vor mir: Josef Aschauer krümmte sich zusammen und hielt sich die Schulter; bei einem unglücklichen Griff hatte er sie sich ausgerenkt. Die Methode Campell war mir seit einem Jahr bekannt, und es gelang mir ohne weiteres, Arm und Schulter wieder zusammenzubringen. Wir nahmen nun das Seil heraus und seilten uns an. Den lädierten linken Arm band ich ihm an den Körper, und etwas langsamer ging es weiter. Aber nicht weit, denn bei einem weiteren unglücklichen Griff renkte er sich auch noch die rechte Schulter aus. Wer sich je diese Verletzung zugezogen hat, weiß, welche Schmerzen eine sol-

Oben: Die Biwakschachtel in der Watzmann-Ostwand erregte damals heftigen Widerspruch, sie spaltete die Alpinisten in zwei Lager. Das Material für Dach und Wände hatte ich mir in Holzkirchen besorgt, wo die Teile von abgeschossenen B-47-Bombern auf einer Wiese gelagert worden waren. Mit alliierter Genehmigung hatte ich mir die nötigen Bleche und Eisen besorgt und sie in den Maßen 160 x 250 cm zusammengebaut. Im Spätsommer 1948 trugen wir die Teile vom Wimbachgries unter die Watzmann-Südspitze. Das Wetter war so schlecht, daß wir unseren Plan, sie zusammenzuschrauben, fürs erste aufgaben und sofort wieder abstiegen.

Unten: Wintereinbruch am Watzmann. Die Teile des Ostwand-Biwaks sind unter der Südspitze deponiert, wir steigen wieder ab.

che Verrenkung bringt. Der „Aschei" war nun richtig zornig, und zwar so, daß er sich nicht mehr helfen lassen wollte. Ich band ihm nun eine Rolle aus Kleidern unter seinen rechten Arm, damit dieser etwas entlastet war. Dann ging es weiter. Hellmuth zog am Seil, ich schob hinten. Unsere Sorge war nun, den Kameraden zum Gipfel und auf der anderen Seite gut hinunter ins Wimbachgries zu bringen.

Wenig später hörten wir Stimmen. Sie stammten von zwei jungen Burschen, die bereits seit zwei Tagen in der Wand waren und sich auch jetzt schwer verstiegen hatten. Wir dirigierten sie zu uns heran und stiegen, nun zu fünft, zum Gipfel, was sich zu einer schwierigen und komplizierten Angelegenheit gestaltete. Nach einem auch für Aschauer sehr schmerzhaften Abstieg zur Wimbachgrieshütte telefonierten wir um einen Rettungswagen, der uns mit dem Verletzten ins Krankenhaus brachte. Um den Arm einzurenken, erhielt der „Aschei" eine Spritze, und als er für kurze Zeit ohne Bewußtsein war, bat ich den Arzt, den Arm selbst einzurenken. Dies wurde mir erlaubt, und die Prozedur gelang ohne Komplikationen.

In der Firma *Koch* (Ofenbau) arbeitete ich dann mit einigen Bergwacht-Kameraden etwa zwei Monate an den Feierabenden, um diese kleine Hütte fertigzustellen. Danach wurde alles wieder auseinandergeschraubt und in genau 16 Einzelteile (Traglasten) zerlegt. Mit einem Lastwagen verfrachtete ich die Teile zur Wimbachbrücke, wo sie anderntags auf unseren geländegängigen dreiachsigen Steyrer-Lastwagen verladen wurden. So weit wie möglich ging es nun ins Wimbachtal hinein. Als das Gelände für den Laster zu unwegsam geworden war, luden wir erneut um — in unseren Mercedes-Geländewagen, mit dem wir in den hintersten Talwinkel fahren konnten. Nach mehreren Fahrten lagen nun die 16 Traglasten bereit, zum Teil große schwere Blechtafeln, die nicht leicht zu befördern waren. Wir übernachteten in der Wimbachgrieshütte, und am Morgen bewegte sich ein schwerbeladener Zug von zwanzig Mann die steile, felsige Westflanke zur Watzmann-Südspitze hinauf. Doch der Erfolg der Mühen blieb vorerst aus, denn im Verlauf des Aufstiegs verschlechterte sich das Wetter, worauf die Bergwacht-Männer wieder abstiegen. Mit Dr. Albert Heitzer, Fritz Schmitt und Peps Aigner biwakierte ich unter den zusammengelegten Blechtafeln, doch am Morgen lag Schnee um die Gipfelregion. Das war kein Wetter zum Abseilen in die Wand. Wir legten die Tafeln auf einer kleinen Plattform zusammen, verschnürten dieses Paket mit Stahlseilen, beschwerten es mit Steinen und stiegen ebenfalls ab.

Im kommenden Sommer stieg ich mit Freilassinger Bergwacht-Männern von der Wimbachgrieshütte zur Südspitze hinauf. Das „Baumaterial" lag noch so da, wie ich es im vergangenen Oktober verlassen hatte. Und wieder wurde das Wetter schlecht, wieder war an ein Abseilen in die Watzmann-Ostwand, an den Fuß des „Massigen Pfeilers", nicht zu denken. Um aber nicht ganz erfolglos und vergebens hier heraufgestiegen zu sein, ebneten wir einen Platz, etwa dreißig Meter unter dem Gipfel, ein, zogen eine kleine Mauer und begannen, die Teile zusammenzuschrauben. Drüben am Hundstod donnerte es, ein Gewitter war im

Oben links: Im Frühling 1949 stieg ich mit einigen Kameraden zur Watzmann-Südspitze und stellte die Teile zusammen, da wegen Schlechtwetter an ein Abseilen in die Ostwand wieder nicht zu denken war. Wir verankerten den „Schutzkarton des Watzmanns", wie Spötter unser Werk nannten, und stiegen wieder ins Tal. Im Herbst desselben Jahres, diesmal bei beständigem Wetter, stiegen wir, aus dem Wimbachgries kommend, wieder hinauf, demontierten das Biwak und seilten uns am Stahlseil der Winde mit den großen Teilen auf dem Rücken die Wand hinunter.

Oben rechts: Die Arbeit an der Winde ist schwer und eintönig, darüber hinaus sehr verantwortungsvoll.

Unten: Schon immer war Sport Schuster der besondere Mäzen der Bergwacht. Gustl Schuster stiftete die gesamte Innenausstattung unserer Biwakschachtel: Matratzen, Decken, Bezüge, Kocher, Geschirr ... 1983, ich war damals 77 Jahre alt, durchkletterte ich die Watzmann-Ostwand noch einmal und fand das Innere des Biwaks fast unverändert. Sogar die Decken, die nun 34 Jahre benützt wurden, waren in gutem Zustand.

Anzug. Fieberhaft wurde gearbeitet, und es gelang uns, noch ehe die ersten Tropfen fielen, das Dach auf die Behausung zu setzen. Schon während der Arbeit hatten die Kameraden ihre Befürchtung geäußert, daß so ein Metallhaus am Grat die Blitze ja geradezu anziehen müsse. Ich sprach dagegen und erklärte das System des Faradayschen Käfigs.

Als nun die Blitze zuckten und der Regen einsetzte, flüchteten alle meine Begleiter nach unten in die Wand unter Felsvorsprünge, während nur ich ins Blechgehäuse stieg und das Prasseln des Regens und der Graupeln abwartete. Von Blitzschlag blieb ich verschont, lag gemütlich auf der Matratze und wartete. Nach einer halben Stunde war das Schauspiel vorüber, ich stieg aus der Luke, trocken und bester Laune, und begann zu arbeiten. Nun tauchten auch die Kameraden wieder auf, durchnäßt, frierend und sahen mit Verwunderung, daß ich noch am Leben war, kein Blitzschlag, alles trocken — ein Beweis, daß das Biwak seinen Zweck voll erfüllen würde.

Am 5. September 1951 fuhr ich frühmorgens mit einigen Münchner Kameraden nach Berchtesgaden. An der Wimbachbrücke trafen wir Bergwacht-Männer aus Teisendorf, Freilassing und Ramsau. Mit zwei Geländewagen ging es das lange Tal hinein bis zur Wimbachgrieshütte, worauf die Autos umkehrten und die Kameraden holten, die bei der ersten Fahrt nicht Platz gefunden hatten. Diesmal war das Wetter stabil, und ich hoffte, der Plan, die Teile des Biwaks in die Wand abzuseilen, möge gelingen. Mit großen Rucksäcken, in denen sich Material, Biwakausrüstung und Verpflegung für drei Tage befand, stieg die Kolonne von etwa zwanzig Mann über die 1300 Höhenmeter des „Schönfelds" zum Südgipfel des Watzmanns hinauf. Oben begann dann am Nachmittag ein emsiges Treiben. Rasch war das Biwak in seine Einzelteile zerlegt. Unterdessen war auch die Stahlseilwinde verankert, und zwei zuverlässige Kletterer stiegen für die Rufverbindung in die Wand hinunter, obwohl wir zwei amerikanische Sprechfunkgeräte mitführten, und schon glitt der erste der Männer mit einer Last am Rücken in die Tiefe. Wir arbeiteten bis zum Einbruch der Dunkelheit. Fünf von uns, darunter auch ich, biwakierten unter dem „Massigen Pfeiler" auf dem Platz, auf dem morgen die Hütte stehen sollte. Ein großartiger Ort für dieses Biwak, mit einer weiten Sicht ins Steinerne Meer, ins Hagengebirge und ins Tennengebirge. Am Morgen begann die Arbeit mit den ersten Sonnenstrahlen. Fünf Lasten hatten wir mit dem 420 Meter langen Stahlseil über Winde und Bremsscheibe gestern noch hinabgebracht, 15 weitere standen heute bevor. Wir fünf begannen nun damit, das Fundament zu bauen und eine kleine Mauer zu ziehen. Unterdessen waren die Rufposten wieder bezogen und etwa jede halbe Stunde schwebte einer der Männer mit großen sperrigen Teilen herunter auf diesen Platz, wo wir halfen, die Last abzustellen. Nach einer kurzen oder auch längeren Rast banden sich zwei oder drei an ein Seil und stiegen die 420 Meter im schwierigen Fels zum Gipfel hinauf. Dort wurde dann abgewechselt: Die, die bisher das Seil bedient hatten, glitten nun mit einer Last nach unten, womit jeder der Teilnehmer einmal das Gefühl auskosten konnte, einer Spinne gleich über der Ostwand zu hängen. Ganz ungefährlich war dieses Abseilen dennoch nicht; zwar hatten wir Vertrauen ins Material und in die das Seil bedienenden Kameraden, eine große Gefahr bestand jedoch im Steinschlag, der von dem langen Seil ausgelöst hätte werden können. Steinschlaghelme waren ja damals noch immer völlig unbekannt.

In der warmen Vormittagssonne arbeiteten wir mit nacktem Oberkörper, in Turnhosen, und der Schweiß rann in Strömen. Ich hatte tags zuvor am

Oben: Fast einen Tag lang arbeiteten wir, bis das Fundament des Refugiums geebnet war. Der Zusammenbau erforderte nochmals einen ganzen Tag.
Unten links: Die Teile werden nach Plan zur kleinen Unterkunft für sechs Besucher zusammengeschraubt.
Unten rechts: Die erste Mahlzeit im neuen Haus wird zubereitet.

Gipfel die Reihenfolge der Teile bezeichnet, wie sie heruntergebracht werden sollten, damit wir zügig aufbauen konnten und kein wichtiges Stück fehlte. Doch bis zum Nachmittag waren wir mit dem Fundament beschäftigt — erst dann konnten wir mit dem Zusammenbau beginnen. Es war klar, wir mußten auch am folgenden Tag noch hier arbeiten und funkten deshalb zum Gipfel, daß die Mannschaft ins Wimbachtal absteigen könne. Auf unserem Adlerhorst erlebten wir einen stimmungsvollen Sonnenuntergang. Wir sahen die hellen Wolkenberge über dem Steinernen Meer und die weißen Kalkflächen sich mit einem hellen Rot durchfärben. Diesmal hatten wir es besser, denn das Fundament der Hütte stand bereits, und wir konnten auf den Matratzen, gehüllt in warme Decken, die sternklare Nacht bewundern.

Am nächsten Tag, es war wieder schön, arbeiteten wir noch bis zum Nachmittag — erst dann war das letzte Kabel verspannt, die letzte Schraube angezogen. Das langgeplante Werk war gelungen, die große Wand hatte für die in Not geratenen Bergsteiger ein Refugium erhalten — gewiß, ein Stück ihrer Wildheit und ihres Ernstes waren genommen worden, doch bleibt sie auch heute nur den Bergsteigern vorbehalten.

Am späten Nachmittag verabschiedeten wir uns vom „Schutzkarton des Watzmann", stiegen die zwei Stunden hinauf zum Gipfel und über das Schönfeld hinab zur Hütte, in der bereits das Licht brannte, als wir die Tür öffneten.

Die Watzmann-Biwakschachtel-Story
Fritz Schmitt über Vorgeschichte und Verwirklichung der heiß umstrittenen Notunterkunft

„ ... so bleibt es doch völlig unverständlich, daß es führende Männer des Alpenvereins und der Bergwacht waren, die nicht nur die Aufstellung dieser Biwakschachtel ... in die Wege geleitet haben, sondern auch noch dazu die heute übliche Massenreklame durch Wochenschau und Illustrierte in Anspruch genommen haben ..." (Der Bergsteiger, Mai 1950).

Schon die Bezeichnung „Biwakschachtel" ist eigentlich ein Nonsens, doch sie hat sich unterdessen eingebürgert. Willi Gustav Rickmers persiflierte den Begriff gar zu „Watzmanns Schutzkarton"; andere Spötter sprachen von einer „alpinen Hundehütte" und einer „Diogenes-Tonne". Die Erfinder solcher Notunterkünfte waren die Italiener, die sie „Bivaccho fisso" (ständiges Biwak) nannten. Geistiger Vater der „Bivacchi fissi" — wie auch des Club Alpino Academico — war Adolf Heß, berühmt geworden als Autor der „Psicologia dell'Alpinista". 1925 war in der „Rivista Mensile", der Monatszeitschrift des italienischen Alpenvereins, erstmals ein „Bivaccho fisso" abgebildet und beschrieben. Im Montblancgebiet und in den Walliser Alpen wurden damals die ersten vier Biwakschachteln probeweise errichtet, und 1934 schickte mir Adolf Heß eine Beschreibung der bis dahin erstellten westalpinen Notunterkünfte und bemerkte dazu: „Bis heute ist keine einzige Reparatur notwendig gewesen."

Die Biwakschachtel in der Watzmann-Ostwand war das erste Schutzhüttchen seiner Art in den Bayerischen Alpen und erregte während seiner Errichtung großes Aufsehen. Schon 1913 hatte sich die Sektion Bayerland des Deutschen Alpenvereins mit dem Gedanken beschäftigt, hochalpine Freilagerplätze auszubauen. Die Verwirklichung dieser Pläne wurde aber zunächst durch den Ersten Weltkrieg verhindert.

Am 1. Dezember 1948 stellte Franz Königer, ein ebenso bedächtiger wie erfahrener Westalpengeher, bei einer Bayerland-Hauptversammlung den Antrag, Biwakschachteln in unseren heimatlichen Bergen zu errichten. Unabhängig davon plante zur gleichen Zeit auch Wiggerl Gramminger von der Bergwacht ebenfalls, kleine Zufluchtshütten für Notfälle an besonders unfallträchtigen Stellen zu schaffen, wie etwa am Plattenschuß im Gebiet der Dreitorspitze oder im oberen Teil der Watzmann-Ostwand.

Im Einvernehmen zwischen der Sektion Bayerland und der Bergwacht fiel die Wahl des Standortes auf die Watzmann-Ostwand. Hellmuth Schuster, Bergführer und Obmann der Berchtesgadener Bergwacht, schlug als genauen Ort den „Massigen Pfeiler" vor. Am „Lokaltermin" nahmen außer ihm noch Ludwig Gramminger, Franz Schmid und ich teil, sozusagen alpine Koryphäen. Und wir taten etwas, was man von solchen Leuten eigentlich nicht erwarten sollte: Am regnerischen 11. August 1948 — an jenem Tag gab es drüben am Hohen Göll gar einen Erfrierungstoten — brachen wir auf, um die Ostwand zu durchsteigen. Warum sollten wir uns Sorgen machen, hatten wir doch einen Bergführer, noch dazu einen der Erstbegeher des „Berchtesgadener Weges" dabei. Er war allerdings gar nicht glücklich über diese Zumutung. Nach einem „Biwak" in seiner Wohnung fuhren wir mit dem Schiff über den tristen Königssee, stiegen in die graue Riesentreppe ein und holten uns, wie zu erwarten war, nasse Füße und kalte Finger. Franz, der Matterhorn-Nordwand-Held, sagte anerkennend: „So a Trumm Wand!" Während einer kurzen Rast holte Hellmuth seine Flöte aus der Tasche, und mit dem Nebel stiegen die perlenden Töne auf.

Dann kletterten, nein, rannten wir hinauf bis

unter den „Massigen Pfeiler", eine Felsstufe mit schützendem Überhang darüber. Hier sollte die Schachtel stehen. Mit Hellmuths Pickel räumte ich kubikmeterweise den Schutt über die Wand, um das Fundament zu ergründen. Stundenlang hing ein schweres Gewitter über dem Gipfelgrat, Regenwasser schoß über die dunklen Felsen herunter, und Hagel klimperte. Gegen Abend mußten wir weitersteigen, hinein in das Inferno und über den umstürmten Grat zum Watzmannhaus. Es schneite wie zu Weihnachten. Und wir bekamen eine vage Vorstellung von den Katastrophen, die sich 1922 und 1946 in der Ostwand bei Wetterstürzen abgespielt haben mußten — acht Tote.

Doch nun war in ein Wespennest gestochen! Umweltfanatiker, orthodoxe Alpinisten und Alpinethiker griffen aus höchst ehrenwerten Motiven zur Feder, und sie schrieben mit Gift und Galle. Vorwiegend in der Zeitschrift *Der Bergsteiger* sammelten sich im Jahr 1950 die Widersacher. Da war zu lesen, man zerstöre den hehren Nimbus dieser Wand, locke alpine Wickelkinder in die Falle und züchte bewußt gefährlichen Massenbetrieb. Man sprach von notwendig werdenden Ordnungsmännern, Verkehrsreglern und Schachtelwarten, von einer wohl zu installierenden motorisierten Aufzugswinde und 500 Meter Stahlkabel, und man behauptete kühn, von einem halben Hundert Unfalltoter wäre wohl kaum einer durch das Vorhandensein dieser Biwakschachtel gerettet worden. Es wurde orakelt, im Sommer sei die Blitzgefahr enorm und im Winter die Einstiegsluke zugeschneit. Die Blitzgefahr konnte man ruhigen Gewissens ausscheiden, denn hier gilt das Gesetz des Faradayschen Käfigs. Der alte Rickmers bewies Humor und kam sogar auf abwegige Gedanken: „Am schönsten denke ich mir die Schachtel für ein liebendes Paar, sofern es bei Erreichen der Schachtel noch bei Kräften ist." Von Biwakschachtel-Casanovas und Ostwand-Sex ist bisher allerdings nichts bekanntgeworden. Doch im Pro- und Contra-Spiel überwogen die Stimmen der Gegner. Als damaliger Vorsitzender der Sektion Bayerland — auch in diesem Kreis waren die Meinungen geteilt — geriet ich in Teufels Küche. So lud ich zu einem Aussprachabend ein. Alte Freunde behaupten noch heute, daß es eine kabarettreife Aufführung gewesen sei. Die Abstimmung ergab schließlich: 85 dafür, 15 dagegen bei fünf Enthaltungen.

Nun war das Improvisationsgenie Ludwig Grammringer an der Reihe, als Biwakschachtel-Architekt, Materialbeschaffer und Heimwerker in der Werkstatt der Firma *Ofen-Koch* in Obersendling. Es gelang ihm, aus den Tragflächen eines defekten amerikanischen Flugzeuges die Fassadenteile herauszuschneiden. So ergab sich eine Leichtmetallhülle mit einer Grundfläche von 2,5 auf 1,6 Meter. Der Alpenverein stiftete 200,— DM, von weiteren Spendern kamen Decken und Matratzen. Nun ergab sich die heikle Transportfrage. Woher den Treibstoff und die Fahrgenehmigung nehmen? Es eilte, denn der Winter stand vor der Tür. Am 25. Oktober 1949 ratterten, allen Widerständen zum Trotz, ein beladener Lastwagen und ein Geländewagen ins Wimbachtal. Dort wurden die Lasten verteilt: sieben große Wellblechtafeln, Drahtseilrollen, Werkzeug, Matratzen und die gesamte Innenausstattung. Unter den Lastenträgern befand sich auch der Verwaltungsausschuß-Vorsitzende des Alpenvereins, Dr. Albert Heitzer. Zu viert biwakierten wir hoch oben im Schönfeld unter den zusammengelehnten Blechtafeln. Am nächsten Tag schneite es uns und die zerlegte Biwakschachtel nahe der Watzmann-Südspitze ein. An ein Abseilen in die Ostwand war bei diesem Wetter nicht zu denken.

Nächster Akt: Im kommenden Sommer wurde die Biwakschachtel an Ort und Stelle zusammengeschraubt und stand deplaziert im Abseits. Wieder entbrannte die Diskussion: Die Gegner frohlockten, der Ostwandtraum schien ausgeträumt. Doch zu früh kam bei den Widersachern Schadenfreude auf. In der Zeit vom 5. bis 7. September 1951 gelang es Bergwacht-Männern unter Leitung von Wiggerl Grammringer, die Teile in die Ostwand abzuseilen und die Biwakschachtel in 2380 Meter Höhe am „Massigen Pfeiler" aufzustellen und zu verankern. Da erlaubte sich der alpinistisch hochkarätige Forstmeister Georg von Kaufmann den makabren Scherz, bei der Eiskapelle einen Wegweiser zur Biwakschachtel aufzustellen und den gesamten Berchtesgadener Weg zu markieren. Später mußte er seine roten Farbkleckse wieder abkratzen. Und aus dem Saulus wurde ein Paulus: Anläßlich eines Alleingangs durch die Ostwand im Dezember 1952 berichtete er, eine warme Nacht in der Biwakschachtel verbracht zu haben.

Im Münchner Faschingszug durfte eine Biwakschachtelattrappe gar als Gaudiobjekt herhalten. Den besten Biwakschachtelwitz mußte ich jedoch selbst erleben: Eines Tages erschien bei mir zuhause ein Gerichtsvollzieher, um die von der Forstverwaltung geltend gemachte und bisher nicht bezahlte Pachtgebühr für einige Quadratmeter Felsgrund am „Massigen Pfeiler" zu pfänden. Nun hatte ich die Nase voll. Die Sektion Bayerland verzichtete auf ihren „Immobilienbesitz" in der Watzmann-Ostwand und trat ihn an die Bergwacht und das Bayerische Rote Kreuz ab. Die haben seither ihre Sorgen mit der Instandhaltung der Hütte — einschließlich der Müllabfuhr. So wurden 1970 drei Säcke voll Dosen und anderem Unrat gesammelt und mit dem Hubschrauber ins Tal geflogen: Leider gibt es unter Kletterern auch Wegwerfmenschen.

Wie hat sich nun die Biwakschachtel in den vergangenen drei Jahrzehnten bewährt? Der Protest von damals erwies sich als Sturm im Wasserglas. Kein tödlicher Blitzschlag, kein in der Wettersturzfalle Erfrorener, kein Schachtelwart und keine Würstlbude. Dafür Überlebende und ein Bergwacht-Stützpunkt bei Rettungsaktionen sowie Eintragungen im „Schachtelbuch" als wichtige Informationen. Die Schlagzeilen heute lauten: „Rettung für viele" und „Wellblechhütte rettet Alpinisten".

Sogar Franz Rasp, Watzmann-Ostwand-Spezialist (über 250 Begehungen) und ehemaliger Bergführerpräsident, schrieb 1981: „Inzwischen hat die Biwakschachtel mehrfach die Berechtigung in Notsituationen erwiesen." So ändern sich die Zeiten!

Hilfe von oben

Bergung nach einem Wettersturz vom Gipfel der Laliderer Spitze aus. Erster Einsatz der Seilwinde

Am Abend des 28. September 1955 klingelte in der Dienststelle das Telefon. Am anderen Ende der Leitung war Sepp Merk, Bergwacht-Bereitschaftsleiter von Mittenwald, der mir berichtete, daß seit gestern zwei Kameraden aus Mittenwald und Tölz in der Laliderer Wand in Bergnot seien. Und heute habe man, trotz Sturm und Schneefall, den ganzen Tag über die Hilferufe aus der Wand gehört. Wohl sei die Bereitschaft Tölz zur Falkenhütte aufgestiegen und auch die Scharnitzer Kameraden vom Österreichischen Bergrettungsdienst seien ins Hinterautal gefahren, doch er könne sich nicht vorstellen, daß die beiden Gruppen bei dem Wetter irgendwie vorwärtsgekommen seien. Er bat mich, so rasch wie möglich herzufahren und das neue Gerät, die Seilwinde, mitzubringen.

Die Seilwinde sollte der Bergrettung ganz neue Möglichkeiten eröffnen. Jahrelang hatte ich mir Gedanken gemacht, wie Verunglückte bei Schlechtwetter, bei Vereisung der Wände und vor allem im Winter gerettet werden könnten, ohne daß sich die Bergwacht-Männer in akute Lebensgefahr begeben müßten. Als einzige Möglichkeit blieb nur der Einsatz von oben, und zwar nicht nur das Abseilen allein, sondern die Möglichkeit, Verunglückte auch nach oben zum Gipfel zu bringen. Das Abseilen allein barg für die Rettung Hilfsbedürftiger viel zu viele Risiken, denn es war kaum möglich, ohne Sicht von oben genau den Punkt zu treffen, an dem sich die Verletzten gerade befanden. Nur ein Gerät, mit dem der Retter hinaufgezogen und hinuntergelassen werden konnte, würde den Anforderungen entsprechen. Und dieses Gerät war nun nach vielen Versuchen und Änderungen so weit fertiggestellt, daß es eingesetzt werden konnte.

Ich sagte Merk zu, umgehend loszufahren, und lud sogleich die Seilwinde sowie drei Rollen mit je hundert Meter Stahlseil in unseren Geländewagen. Kurz vor Mitternacht traf ich in Mittenwald ein. Josef Merk hatte noch am Abend zwei Bergwacht-Männer durch das Karwendeltal über den Hochalmsattel zur Falkenhütte geschickt, damit sie dort Erkundigungen einzögen. Sie waren mit einem VW-Kübelwagen unterwegs, und es war fraglich, ob sie den gleichen Weg wieder zurückkommen konnten, denn es hatte heftig zu regnen begonnen, was dort oben gewiß Schneefall bedeutete. Wir erwarteten die beiden nicht vor 2 Uhr, besprachen währenddessen genau den Einsatz und packten das nötige Gerät in den Wagen. Für fünf Uhr früh erwarteten wir ein Dutzend Bergwacht-Männer, die dann mit uns über Scharnitz ins Hinterautal fahren sollten. Ich hatte Merk noch am Abend gebeten, vom Bundesgrenzschutz in Luttensee drei Funkgeräte zu besorgen, die auch schon zur Verfügung standen. Dies war für mich sehr beruhigend, denn ohne diese Geräte wäre bei dem Wetter in der Wand wohl nichts möglich gewesen. Noch vor 2 Uhr kamen die beiden von der Falkenhütte zurück, obwohl sie den Rückweg wegen des Neuschnees nicht mehr über den Hochalmsattel nehmen konnten. Sie waren durch das Johannestal und über Vorderriß, Wallgau und Krün nach Mittenwald zurückgekehrt. Schon bei der Auffahrt zur Falkenhütte trafen sie Tölzer Bergwacht-Kameraden, die gerade von der Falken-

Die 700 Meter hohe Nordwand der Laliderer Spitze im Karwendel-Hauptkamm wurde 1932 von Auckenthaler und Schmidhuber in einer für die damalige Zeit auffallend direkten Linie über den glatten Wandteil erklettert, der zwischen den beiden riesigen Verschneidungen im linken Bildteil deutlich erkennbar ist. Die Route wird mit VI− bewertet. Hermann Buhl hat sie im Jahr nach der hier geschilderten Rettungsaktion allein durchstiegen.

hütte abstiegen. Von ihnen war zu erfahren, daß die beiden in der Wand, Josef Biller aus Mittenwald und Walter Gerg aus Tölz, die Auckenthalerroute hatten klettern wollen und vermutlich bis in die Höhe des Schluchtquergangs gekommen waren. Ganz sicher war es aber nicht, denn Nebel und Neuschnee verdeckten die Wand fast den ganzen Tag. Darüberhinaus wußten die Tölzer, daß die österreichischen Bergrettungsleute gestern nachmittag noch zur Laliderer Spitze aufgestiegen waren. Ich wollte deshalb noch erfahren, was unsere österreichischen Kameraden erkundet hatten. Deshalb telefonierten wir nach Innsbruck zur dortigen Rettungsstelle und erfuhren, daß die erste Meldung schon gestern um 9 Uhr vormittag in Innsbruck eingetroffen war. Wenig nach mittag seien zwanzig Mann mit sieben Stahlseilen, Fackeln, Proviant und anderem Material von der Kastenalm im Hinterautal in Richtung Laliderer Spitze aufgestiegen. Mit den siebenhundert Metern Stahlseil wollten die Österreicher über eine Bremsscheibe einen ihrer Männer über die Auckenthalerroute hinunterseilen.

Um fünf Uhr, noch in völliger Dunkelheit, fuhren wir mit drei Autos und elf Mann über Scharnitz ins Karwendeltal und weiter ins Hinterautal zur Kastenalm. Dort trafen wir die Kameraden des Österreichischen Bergrettungsdienstes, die gestern Abend wieder abgestiegen waren. Was war geschehen? Mit zwanzig Mann waren sie in Richtung Laliderer Spitze aufgestiegen. Es hatte in Strömen geregnet, und der Regen war mit zunehmender Höhe in Schnee übergegangen. Nebel, Sturm und Neuschnee hatten das Fortkommen erschwert, weshalb sie erst gegen halb fünf Uhr den Grat erreicht hatten. Der Nebel war so dicht gewesen, daß sie keine Ahnung hatten, auf welcher Stelle des Grates sie sich befanden. Selbst Gebietskenner, Einheimische aus Scharnitz, hatten sich am Grat nicht orientieren können. Die gesamte Mannschaft hatte etwa eineinhalb Stunden nach der Biwakschachtel oder einem Gipfelkreuz gesucht, doch im Unwetter war nichts zu finden gewesen

— natürlich auch nicht der Ausstieg der Auckenthalerroute. Die Mannschaft war unverrichteter Dinge wieder abgestiegen und hatte durchnäßt und erschöpft gegen 23 Uhr wieder die Kastenalm erreicht. Sofort darauf war der Leiter der österreichischen Rettungsgruppe, Dr. Gerhard Flora, mit einem Jeep hinüber zur Falkenhütte gefahren, um sich über die Lage von Biller und Gerg zu informieren. Er kam kurz nach uns zur Kastenalm zurück und berichtete dasselbe, was uns bereits bekannt war. Flora wußte, daß die Hilferufe auch in der Nacht noch zu vernehmen gewesen waren — die beiden lebten also noch. Des weiteren bestätigte er uns, daß die zwei Kameraden, die von Mittenwald aus mit einem der drei Funkgeräte zur Falkenhütte gefahren waren, dort auch angekommen waren.

Der Großteil der Österreicher war nach kurzer Nachtruhe bereit, mit uns wieder aufzusteigen, und schon kurz nach 6 Uhr setzte sich ein Zug von 28 Mann, schwer beladen, in Bewegung. Seilwinde, Seiltrommeln, Seile, Haken, Karabiner und zwei Funkgeräte schleppten wir mit. Der er-

Oben links: Der erste Einsatz der Seilwinde erfolgte in einer großen und berühmten Wand, in der Auckenthalerroute der Laliderer Nordwand. Zwei Bergwacht-Kameraden, einer aus Mittenwald, der andere aus Tölz, waren bei zweifelhaften Wetterverhältnissen eingestiegen und bis etwa 300 Meter unter den Gipfel gekommen. Dort erreichte sie der Wettersturz mit voller Wucht und panzerte die Wand mit Schnee und Eis. An ein Weiterkommen war nicht mehr zu denken. Eine der größten Rettungsaktionen mit deutschen und österreichischen Bergrettungsmännern lief an. Im Bild steigen Bergwacht-Männer von Süden zur Laliderer Spitze.

Oben rechts: Am Grat, am Ausstieg der Auckenthalerroute, wird die Seilwinde verankert. Der Österreicher Karl Kombosch beginnt die Fahrt in die Tiefe, auf dem Rücken trägt er das Funkgerät.

Unten links: Die Funkstation oben am Grat war auch in Verbindung mit der Falkenhütte. Die drei Funkgeräte waren mir vom Kommandanten der Mittenwalder Gebirgsjäger zur Verfügung gestellt worden. Ohne diese Hilfsmittel wäre eine Bergung unmöglich gewesen.

Unten rechts: Sepp Biller aus Mittenwald ist gerettet, er hat überlebt. Sein weniger gut ausgerüsteter Kamerad ist kurz vor Ankunft des Retters erfroren.

ste Funkkontakt mit der Falkenhütte war um zehn Uhr abgesprochen, doch der tiefe Schnee verhinderte, daß wir zu diesem Zeitpunkt schon am Grat standen. Überraschenderweise erhielten wir dennoch Kontakt und vereinbarten die nächste Verbindung für 11 Uhr. Kurz vor diesem Zeitpunkt erreichten wir den Grat. Die Nebel auf der Nordseite hatten sich verflüchtigt, die Sicht zur Falkenhütte hinunter war frei. Bald war die Funkverbindung hergestellt. Man konnte uns von der Falkenhütte gut mit dem Fernglas erkennen. Auch erfuhren wir, daß wir viel zu weit links, das heißt, zu weit östlich waren. Dort, wo wir uns gerade befanden, sei der Ausstieg der Dibona-Mayer-Route; wir müßten weiter nach Westen. Per Funk wurden wir nun von Scharte zu Scharte nach Westen dirigiert, und erst nach eineinhalb Stunden erreichten wir den richtigen Einschnitt unterhalb der Laliderer Spitze. Zwischendurch erfuhren wir immer wieder, daß die Hilferufe aus der Wand noch zu vernehmen seien. Das trieb uns zu höchster Eile. So rasch es uns möglich war, verankerten wir Seilwinde und Bremsscheibe und rüsteten Karl Kombosch vom Österreichischen Bergrettungsdienst, einen Seilkameraden von Sepp Biller, aus. Er würde also mit dem Seil hinabgleiten. Der nächste Funk brachte eine deprimierende Nachricht: Einer der beiden in der Wand zeige kein Lebenszeichen mehr, hänge bewegungslos im Seil...

Unterdessen war alles vorbereitet und Karl Kombosch konnte in die Wand abgeseilt werden. Da er das Funkgerät auf dem Rücken trug, mußten wir ihm den Rucksack vorn an die Brust hängen. In ihm befanden sich warme Kleidung, Proviant, heißer Tee und der Tragsitz. Zum Schutz vor Steinschlag, vor allem aber gegen die ständig abfallenden Eisbrocken, trug er einen Motorradschutzhelm. Während des Abseilens waren wir mit Karl andauernd in Funkverbindung und erfuhren noch vor dem Einklinken des zweiten Hundert-Meter-Kabels, daß er die Hilferufe unter sich hören konnte. Wenig später hatte er selbst Rufverbindung mit dem noch lebenden Bergsteiger in der Wand. Noch wußte er nicht zu sagen, welcher der beiden es war, und erst beim Einklinken des dritten Kabels erfuhren wir, daß es sich um Sepp Biller handelte. Ein Aufatmen war bei den Mittenwalder Kameraden zu hören, ihren Sepp würden sie lebend wiedersehen. Es dauerte eine Zeit, bis Kombosch das Kommando zum Aufziehen gab. Zuerst mußte er einen schwierigen Quergang ausführen, wobei wir ihn noch mehrmals aufziehen und erneut hinablassen mußten; dann brauchte er Zeit, um Sepp Biller ein wenig mit Tee zu versorgen und ihn vor sich ans Seil zu binden. Endlich war es soweit: Wir durften in Aktion treten und begannen mit allen Kräften die Kurbel zu drehen. Links und rechts der Winde kniete einer der Männer und betätigte den Kurbelgriff. Die Ablösung war bereit, wenn Ermüdungserscheinungen auftreten sollten. Wir mußten die zwei etwa 280 Meter nach oben kurbeln. Kombosch befahl mehrmals Stopp, da der entkräftete Biller eine Rast benötigte. Bald hörten wir Stimmen, und dann erschienen auch zwei Köpfe. Kombosch hatte Biller einen halben Meter vor sich und half ihm, die Füße zu setzen. Die letzten Meter — Hände streckten sich den beiden entgegen, zogen sie auf den Grat. Lachen, Freude, Schulterklopfen — Sepp Biller war gerettet.

Das kleine Gerät, die Seilwinde, hatte sich bewährt, hatte ein Leben bewahrt. Biller war zwar von den vergangenen Stunden und dem Geschehen in der Wand gezeichnet, aber er wirkte fast frisch — vor allem, er hatte keine Erfrierungen, seine Hände waren warm, auch seine Zehen konnte er bewegen. Es war halb drei. Alles zusammen hatte das Bergen gerade zwei Stunden gedauert. Obwohl Biller und Gerg glaubten, in einem Tag durch die Wand zu kommen, hatte sich nur Biller

Die letzten Meter in der winterlichen Laliderer Wand. Karl Kombosch hat Sepp Biller vor sich, langsam bringt sie das Stahlseil nach oben. Karl Kombosch wurde unmittelbar danach erneut in die Wand hinabgelassen, um den toten Walter Gerg zu bergen.

so ausgerüstet, daß er auch ein Biwak überstehen konnte. Gerg dagegen war nur leicht bekleidet. Ein entscheidender und schließlich tödlicher Fehler war es, daß sie keinen Biwaksack mit sich geführt hatten. Wenig entfernt stand die Biwakschachtel, und dorthin brachten zwei von uns den Geretteten, um ihn mit trockener Kleidung und Proviant zu versorgen. Dann führten ihn die zwei Kameraden langsam ins Tal hinunter. Jetzt, da sich das Wetter besserte, gelang dies gut. An der Kastenalm wartete bereits ein Rotkreuzfahrzeug, um ihn ins Krankenhaus nach Mittenwald zu bringen.

Unsere Aufgabe aber war noch nicht erledigt. Es galt auch den Toten aus der Wand zu holen. Karl Kombosch wollte noch einmal die Fahrt in die Tiefe antreten. Er wußte ja nun, wie er hinunter mußte, um den toten Gerg sofort zu finden. Der befand sich etwa 280 Meter unter unserem Standplatz. Da wir über zehn Hundert-Meter-Seile verfügten, gaben wir Karl für den Toten ein zweites Seil mit, damit sollte das Aufziehen für ihn leichter gemacht werden. Leider ging die Kraft der Funkgerätebatterien zu Ende, Verbindungen waren nur mehr nach längeren Pausen möglich. Buchstäblich mit dem letzten Rest Strom erhielten wir das Kommando zum Aufseilen. Diesmal dauerte das Aufziehen eine Stunde, denn der Sack mit dem Toten verklemmte sich oft. Wir hatten keine Funkverbindung mehr, und so ging alles viel langsamer. Erst in der letzten Seillänge, als wir Sicht- und Rufkontakt hatten, lief alles wieder normal, und um halb sechs konnten wir abbauen und zusammenpacken. Den Toten brachten wir ebenfalls in die Biwakschachtel, wo ihn unsere österreichischen Kameraden am folgenden Tag abholten. Wir hatten wieder Eile, denn es dunkelte bereits und vor uns standen noch drei Stunden Abstieg. Ich war nun 35 Stunden im Einsatz, ebenso einige meiner deutschen Kameraden. Die Österreicher schliefen zwar ein paar Stunden, aber sie hatten gestern schon den Auf- und Abstieg zur Laliderer Spitze hinter sich gebracht. Nach 21 Uhr erreichten wir mit Fackelschein die Kastenalm, wo wir nur etwas aßen und uns sogleich wieder auf den Weg machten, diesmal mit unseren Autos hinaus nach Mittenwald.

Der Einsatz der Seilwinde zeigte allen Beteiligten, daß mit ihr Verunglückte aus steilsten Wänden auch bei winterlichen Verhältnissen gerettet werden konnten. Gewiß, es war noch viel zu ändern und zu verbessern, aber dieses Gerät leitete doch eine neue Epoche der Bergrettung ein.

Die bahnbrechenden Vorteile des Stahlseilgeräts zeigen sich bald im besonders exponierten Gelände. In Verbindung mit einem Funksprechgerät war diese neue Technik der Bergrettung den herkömmlichen Bergungsmethoden in den großen Wänden deutlich überlegen.

Eine neue Ära der Rettungstechnik: das Stahlseil

Über eine Winde wird es möglich, den Helfer vom Gipfel her in die Wand abzuseilen

Im Lauf der Jahre traten bei den verschiedenen Bergungen Situationen auf, die mit den herkömmlichen Mitteln nicht mehr, oder nur unter größtem Risiko, zu meistern waren. Dazu gehörten Bergungen aus winterlich verschneiten Wänden oder Einsätze bei starker Vereisung. Vereiste Felsen steigern Schwierigkeit und Risiko enorm, und nur die besten Kletterer sind dann solchen Gegebenheiten gewachsen. Doch es dauert in diesen Fällen auch sehr lang, bis die Retter von unten an die Unfallstelle herankommen. Seit langem hatte ich mich in Gedanken mit dieser Situation befaßt, denn es war mit Sicherheit anzunehmen, daß ein solcher Fall wieder einmal eintreten würde. Die Idee des Stahlseils für die Rettung von oben wurde in St. Johann gegen Ende des Krieges geboren. Über eine sogenannte Bremsscheibe konnte ein Retter in die Wand hinuntergelassen werden. Allerdings bestand bei Schlechtwetter oder Nebel die große Gefahr, daß der Retter am Verunglückten vorbeifuhr und, wenn er seinen Irrtum merkte, nicht mehr nach oben gezogen werden konnte. An eingeklinkten Hundert-Meter-Seilen mußte er unverrichteter Dinge die gesamte Wand hinuntergelassen werden. Ich suchte also nach einer Möglichkeit, den Retter am Stahlseil mit dem Verunglückten nach oben zu holen. Als einzige Möglichkeit bot sich hier das Windensystem an, wie es auch auf Baustellen verwendet wird. In dreimonatiger Arbeit entstand eine von Hand betriebene Winde, deren Betrieb untersetzt werden konnte. Sie wog etwa 16 Kilo und konnte für den Transport in verschiedene Teile zerlegt werden. Nachdem ich dieses Gerät mehrmals an verschiedenen Klettergartenwänden erprobt hatte, stand mit dem Abseilen der Teile für die Biwakschachtel in die Watzmann-Ostwand der erste große Einsatz bevor. Die dort zu überwindende Höhe betrug 420 Meter. Dafür waren also fünf Stahlseile notwendig. Beim Heraufziehen des leeren Seils zeigte sich, daß höchstens fünf Hundert-Meter-Seile auf der Windentrommel Platz hatten. Zudem lief es natürlich am Anfang, wenn der Trommeldurchmesser noch klein war, sehr langsam. Erst wenn viel Seil auf die Trommel gewickelt war, ging es rascher. Das ist nicht weiter schlimm, wenn ein lee-

Oben links: Die Einzelteile für eine Bergung mit dem Stahlseil. Zu sehen sind: Eine Rolle mit hundert Meter Stahlseil, Traggestell für die Rolle, Bremsscheibe, zerlegbare Winde (deutsch/österreichisches Modell), Umlenkbock, Seile, Karabiner, Haken, Hammer, Tragsitz und Helfergurte, Bergsack.

Oben rechts: Das von mir entwickelte Traggestell, mit dem zwei Rollen mit je hundert Meter Stahlseil transportiert werden konnten. Eine solche Rolle wog elf Kilo.

Unten links: Verankerung der Seilwinde. Das Traggestell wurde nur gesichert, es war beim Ab- und Aufseilen nicht belastet, sondern es mußte nur das Seil unbehindert ablaufen und wieder aufgenommen werden können.

Unten rechts: Die Umlenkrolle. Bei Rettungen und Bergungen im unteren Teil einer Wand verwendeten wir die Umlenkrolle. Sie bringt eine Reihe von Vorteilen: Die Rettung muß nicht vom Gipfel her erfolgen. Es braucht oben kein Stahlseilgerät verankert zu werden. (Im Kar oder zu Füßen der Wand wurde natürlich ein Stahlseil eingesetzt. Es war bei Steinschlag sicher.) Die Retter können die Verunglückten direkt erreichen. Beim Abseilen mit der Rolle besteht keine Steinschlaggefahr. Die Bergung ist von unten genau zu beobachten, es ist kein Funkgerät nötig. Und – es geht am schnellsten. Eine Seilschaft mit gutem klettertechnischem Können steigt ein und der zweite zieht ein Stahlseil nach. Wenn sich der Einsatzort höher als hundert Meter in der Wand befindet, kann das Seil von den beiden Kletterern auch mit einem Hilfsseil jeweils zum Stand nachgezogen werden. Wenn die Verunglückten erreicht sind, muß die Umlenkrolle absolut zuverlässig verankert werden. Dann wird mit dem Abseilen begonnen, entweder im Trag- und Abseilsitz des Retters oder, wenn der Verletzte dazu in der Lage ist, allein. Leicht ist es, das Ende des Seils wieder nach oben zu bringen: Dazu wird dieses „Ende" (die Kausche) mit einem Karabiner ins andere Seil gehängt und wieder aufgezogen. Wenn sich der letzte abseilt, bleibt natürlich die Rolle oben. Sie ist beschriftet mit der Bitte um Zusendung an die Bergwacht.

res unbelastetes Seil aufgezogen wird. Anders wird dies, wenn Retter und Verunglückter am Seil hängen. Dieses Gewicht ist dann am Ende sehr schwer zu ziehen, weil der Trommeldurchmesser immer größer wird.

Der Ernstfall trat 1955 ein. Wie im Kapitel „Bergwacht-Kameraden in Not" beschrieben, holten wir die Seilschaft Biller/Gerg in einem Großeinsatz deutscher und österreichischer Bergrettungsmänner aus der tiefverschneiten und im unteren Teil vereisten Laliderer Nordwand. Dies war der erste Einsatz meiner Winde für eine Lebendbergung (Gerg war wenige Stunden vorher erfroren), und sie hat allen beteiligten Kameraden deutlich vor Augen geführt, daß nur das Stahlseil von oben mit der Möglichkeit des Aufseilens in diesen Verhältnissen Erfolg bringen kann. Dr. Gerhard Flora vom Österreichischen Bergrettungsdienst war ebenfalls überzeugt und berichtete darüber Wastl Mariner. Beim Ab- und Aufseilen hatte sich nämlich (wie schon erwähnt) herausgestellt, daß die durch das aufgewickelte Stahlseil wechselnde Trommelgröße das Übersetzungsverhältnis ungünstig beeinflußte. Bei einem Treffen mit Wastl Mariner, dem Sachwalter für Rettungstechnik im Österreichischen Bergrettungsdienst, regte er an, das Seil beim Ablassen und Aufziehen über ein sogenanntes „Spiel" mit einer entsprechenden Untersetzung laufen zu lassen. Dabei läuft das Stahlseil zweieinhalbmal in einer vorgefrästen Rinne auf der Trommel der Winde. Das nachzugebende oder aufzunehmende Seil befindet sich hinter der Winde auf der normalen Kabeltrommel. Das „Spiel" war so konstruiert, daß auch das dickere Kupplungsteil ohne weiteres die zweieinhalb Wicklungen passierte. Damit war ein gleichmäßiges Auf- und Abseilen möglich, was sowohl die Geschwindigkeit wie den Krafteinsatz an der Kurbel betrifft. Als weiterer Vorteil wurde es nun möglich, ohne die geringsten Schwierigkeiten neue Seile anzukuppeln. Die zweieinhalb Wicklungen um das Spiel hatten eine so starke Bremswirkung, daß das Seil hinter der Trommel leicht mit einer Hand gestoppt werden konnte.

Ein Jahr später hatte dieses deutsch-österreichische Gemeinschaftswerk am Eiger den ersten großen Einsatz und bestand ihn in hervorragender Weise.

Unsere Winde hat die Techniker in allen der IKAR angeschlossenen Ländern überzeugt. Überall gab es auch in Details Veränderungen, doch das System hat sich, trotz der Revolution durch die Hubschrauberbergung, bis auf den heutigen Tag als wichtiger Bestandteil der Bergrettung erwiesen, denn bei Schlechtwetter ist es nach wie vor die einzige Möglichkeit, in vereiste und verschneite Wände zu gelangen.

Abseilübung am Brauneck. Die Bilder vom Abseilen Verletzter am „Spinnenfaden" des Stahlseils sind immer wieder faszinierend.

Rettung der Bergungsmannschaft

Absturz in der Matterhorn-Westwand. Jähes Ende eines Routineeinsatzes

Im Sommer 1956 verunglückten am Zmuttgrat des Matterhorns zwei deutsche Bergsteiger; sie waren mit dem Motorrad nach Zermatt gekommen und wollten dort am Matterhorn für die Begehung der Eiger-Nordwand trainieren. Ihr Zelt stand bei Zermatt am Ufer der Vispa. Die beiden stiegen zur Hörnlihütte, nächtigten dort und brachen dann auf, um den Zmuttgrat im Aufstieg und den Hörnligrat im Abstieg zu begehen. Die Schlafsäcke ließen sie auf der Hörnlihütte zurück. Nach acht Tagen fiel Zermatter Touristen das leere Zelt auf. Die Nachforschungen der Polizei ergaben, daß die beiden von ihrer Matterhornbesteigung nicht mehr zurückgekehrt waren. Zu diesem Zeitpunkt war das Wetter schlecht. Als es sich gebessert hatte, wurde der Zmuttgrat von einer Führerpartie und einer Wiener Seilschaft begangen.

Nach den Zmuttzähnen, dort, wo man in die Carrel-Galerien quert, entdeckte einer der beiden Wiener einen Bergsteiger mit einer roten Zipfelmütze vor sich. Er dachte zunächst, das sei der Führer der zweiten Partie, erinnerte sich aber, daß dieser ja hinter ihm sein müßte. Die beiden warteten nun auf ihn und verständigten ihn von dieser Entdeckung. Der Führer querte in die Wand hinein und fand dort einen im Biwak erfrorenen Bergsteiger. An einem Haken gesichert war der Mann in sitzender Stellung gestorben. Einer der Wiener machte einige Aufnahmen von der Situation. Dann löste der Zermatter Führer den Toten von der Sicherung und warf den Leichnam die Westwand hinab. Das empörte einen der Wiener, einen Kaplan, derart, daß er scharf gegen die Handlungsweise des Führers protestierte. In Zermatt wurde später über diesen Vorgang diskutiert, die Sache wurde peinlich, denn der Vater des einen vermißten Bergsteigers hatte bereits eine Belohnung für das Auffinden der Leiche ausgesetzt.

Es war beinahe ein Glück, daß man auf der Aufnahme nicht feststellen konnte, ob der Aufgefundene der vermißte Vogel oder dessen Kamerad Zireis war.

Das Wetter wurde wieder schlecht; die Zermatter Führer gaben an, gesucht, aber nichts gefunden zu haben. Man glaubte ihnen.

Nach einiger Zeit kam der Vater des vermißten Vogel auf die Dienststelle der Münchner Bergwacht und bat um unsere Hilfe, denn er habe zu den Zermatter Führern kein Vertrauen mehr. Ich mußte ihm sagen, daß nach der Schlechtwetterperiode und dem reichlichen Schneefall in großer Höhe wenig Aussicht bestünde, die Vermißten noch dieses Jahr zu finden. Auch die besten Schweizer Bergführer hätten dazu jetzt keine Chance mehr. Als der Mann, für mich durchaus verständlich, mit seinem Drängen nicht nachließ, willigte ich schließlich doch ein und versprach, sofort eine Suche zu organisieren. Ich gewann dafür als Begleiter meinen alten Freund, den Bergführer Anderl Heckmair. Da das Wetter gerade gut war, fuhren wir mit meinem Dienstwagen, einem VW-Käfer, ins Wallis. Das war am 1. Oktober 1956. Im letzten Augenblick brachte Herr Vogel noch zwei junge Kameraden der beiden Vermißten, Lothar Brandler und Klaus Buschmann vorbei, die wir mitnehmen sollten. Wir waren zwar nicht begeistert von dem Ansinnen, aber da wir im Wagen Platz hatten, gaben wir nach.

In Zermatt unterhielten wir uns zuerst mit den Polizisten, dann mit den Bergführern, um zu hören, ob inzwischen etwas gefunden worden sei.

Das war nicht der Fall. Wir übernachteten in Steinauers ausgebauter Alphütte in Winkelmatten, wo eine junge Schweizerin wohnte. Andertags zogen wir zu fünft auf die Schönbielhütte, begleitet von der Schweizerin, die uns in der schon geschlossenen Hütte versorgen wollte. Als Gerät für den eventuellen Abtransport des Toten nahmen wir bis zur Schönbielhütte einen halben Akja mit Fahrgestell und Rad mit. Bei schönem Wetter, aber eisiger Kälte verließen wir sehr früh am nächsten Morgen die Hütte und stiegen über die steile Moräne zum Zmuttgletscher hinunter und über ihn an den Fuß der Matterhorn-Westwand. Nach zweieinhalb Stunden hatten wir den offenen Bergschrund erreicht, der zwei bis vier Meter auseinanderklaffte; jenseits war eine etwa fünfzehn Meter hohe, senkrechte Eisflanke zu bewältigen. Die wenigen Brücken waren in labilem Zustand. Am unteren Steilhang und am Lawinenkegel der Wand hatten wir nirgends Spuren von Abgestürzten gefunden. Vermutlich waren die Toten unter dem Neuschnee verborgen. Wir seilten uns aber an, um die Zone oberhalb des Bergschrundes bis zum Beginn der Wand absuchen und um einen Blick in die dort auslaufenden, vom Zmuttgrat herabkommenden Couloirs werfen zu können. Anderl forderte unsere beiden jungen Begleiter auf, sich ebenfalls anzuseilen und zu versuchen, den Schrund zur Eisflanke zu überwinden. Klaus schaffte es nicht. Lothar zeigte mehr Geschick, erreichte den oberen Rand des gefährlich steilen und glatten Abbruches und hackte sich einen guten Stand. Nun machten Anderl und ich einen großen Fehler: Wir gingen nicht als Zweierseilschaft weiter, sondern hängten uns mit den Karabinern unseres Brustgeschirrs an das Seil des von oben sichernden Lothar. Der Abstand von Mann zu Mann betrug jeweils zehn Meter. Wir erreichten alle zusammen den oberen Standplatz von Lothar und ließen ihn gleich weitergehen. Die Verhältnisse in dem steilen Schneehang oberhalb des Abbruches waren gut. Wir konnten ohne Sicherung gleichzeitig am gespannten Seil gehen und mit Zwölfzackern und dem Pickeldorn aufsteigen. Auf der harten Firnauflage kamen wir sehr gut vorwärts, und das war auch der Grund, daß wir überhaupt nicht mehr daran dachten, uns zu sichern. Wir hatten nur Augen für das Eisfeld um uns, dabei betrug seine Neigung doch immerhin 50 Grad.

Wir hatten bereits einige Seillängen hinter uns, als mir das gleichzeitige Steigen ohne abzusetzen zu eintönig wurde. Ich rief Anderl, der als zweiter ging, zu, daß ich mich vom Seil lösen und allein nach links hinüber zum Zmuttgrat queren wolle, um dort die Felsen zu erreichen. Vielleicht würde es möglich sein, einen guten Stand zu finden und die oberen Wandpartien mit dem Glas abzusuchen. Ich klinkte mich also aus dem gemeinsamen Seil und querte nach links. Dabei war eine harte Rinne zu übersteigen, in der nachmittags, wenn die Sonne in die Westwand schien, der Steinschlag herunterkommen würde; jetzt schien sie mir sicher. Kaum war ich einen Meter jenseits der Rinne, da hörte ich hinter mir ein Rauschen. Als ich mich umsah, traute ich meinen Augen nicht: Ein Mann kam kopfüber auf mich zugeschossen! Lothar Brandler, der Seilerste, war gestürzt. Alles weitere ging blitzschnell vor sich. Ich sah die Reaktion von Anderl, wie er versuchte, den Sturz mit dem Pickel aufzufangen und wie ihm das mißglückte, weil Lothars Fahrt schon viel zu groß war. Anderl hatte keine Chance auf dem harten Firn, der Pickel griff nicht, er riß ihn aus dem Stand, er flog an mir vorbei; ich schrie ihm etwas zu, ich weiß nicht mehr was. Dann sah ich, wie der letzte Mann am Seil, Klaus, den furchtbaren Ruck bekam und nach rückwärts aus der Wand geschleudert wurde, ohne etwas dagegen tun zu können. Hilflos mußte ich all dem zuschauen, konnte nicht eingreifen, mußte zusehen, wie einer den anderen im Sturz überholte, wie sie die Rinne hinuntersausten, wie Arme, Beine, die steigeisenbestückten Schuhe, Pickel und Seilschlingen durcheinanderwirbelten, und wie sie plötzlich über die Kante verschwanden. Schrecklich. Fünfzehn Meter Abbruch: Sind sie in den offenen Bergschrund gefallen? Erst weit unten konnte ich den Auslauf des Lawinenkegels wieder erkennen, wartete lange Minuten, ob sie dort unten auftauchen würden, aber sie kamen nicht. Da wurde mir klar, daß sie wohl in den Schrund gefallen sein mußten ... Ich schrie und horchte abwechselnd — nichts. Meine Gedanken rasten wild durcheinander, ich mußte mich zu ruhiger Überlegung zwingen. Noch heute höre ich, wie ich mir selber laut zuredete: „Wiggerl, jetzt mußt du ganz genau überlegen, was zu machen ist!" Ich stand noch immer wie angewurzelt im Steilhang jenseits der eisigen Rinne, stand mit vier von den zwölf Zacken im Firn und krallte mich mit dem Pickeldorn fest. Ich durfte, allein und ungesichert, keine einzige falsche Bewegung machen; die unten, wenn sie noch lebten, brauchten mich jetzt. Es wäre furchtbar gewesen, wäre auch ich noch gefallen ...

Zwei der Gestürzten hatten ihre Pickel verloren, sie hatten sich in der Eisrinne verklemmt. Eispickel können für eine Rettungsaktion und für die Versorgung oder den Transport von Verletzten sehr nützlich sein. Ich mußte sie mitnehmen! Vorsichtig, Schritt für Schritt, stieg ich tiefer, querte ein paar Meter — und hatte sie. Mit zweien konnte ich besser absteigen, aber was sollte ich mit dem dritten machen? Ihn quer durchs Brustgeschirr stecken, war gefährlich, falls ich stürzte. So hängte ich ihn mit der Schlaufe an eine Hand. Mit äußerster Vorsicht, und doch keineswegs langsam, erreichte ich den oberen Rand des Schrundes, das Fünfzehn-Meter-Eiswandl. Meine Aufregung war groß, denn jetzt konnte ich endlich sehen, was los war. Zwei lagen, eng beieinander, im Steilhang unterhalb des Schrundes, das Seil lief nach oben und in die Spalte hinein. Also war einer in den Schrund gestürzt und wurde durch das Seil gehalten. Erst nach mehrmaligem Rufen bekam ich Antwort aus der Spalte, es war Lothar. Ich versprach ihm baldige Hilfe. Die beiden anderen lagen regungslos da, und ich vermutete das Schlimmste. Aber nun mußte ich meine ganze Aufmerksamkeit dem sehr schwierigen Abstieg über das Fünfzehn-Meter-Eiswandl zuwenden. Unmittelbar unter mir gähnte der schwarze offene Schrund, zunächst unabsehbar tief. Immer bereit, mich kräftig abzustoßen, falls etwas brechen sollte

oder falls ich rutschte, so daß ich jenseits auf den Gletscher und nicht in die Spalte fallen würde, ging es tiefer. Ich weiß nicht mehr, wie ich diesen Eisabbruch überwunden habe. Großes Glück hatte ich jedenfalls ... Mit einem kräftigen Sprung erreichte ich den jenseitigen Spaltenrand und stand bei den Rucksäcken, die wir dort zurückgelassen hatten. Dann half ich Lothar aus der Spalte. Dabei sah ich, daß er sich noch bewegen konnte. Als sein Gesicht auftauchte, erschrak ich tief, ohne es mir anmerken zu lassen: Es war voller schwerer Abschürfungen, und voll Blut; dann erkannte ich auch, daß es um seine Hände und Arme nicht besser stand. Er redete völlig fremde, unzusammenhängende Dinge, Auswirkungen eines Schocks. Sein übriges Verhalten bestätigte es: Er sah mich gar nicht an und wollte gleich die Rucksäcke den steilen, gut 250 Meter langen Hang hinunterwerfen. Mit Mühe hielt ich ihn davon ab, nahm dann gleich das Seil und sicherte ihn zu den beiden anderen hinunter. Die Rucksäcke trug ich selbst.

Unten angekommen stellte ich fest, daß Anderl bewußtlos war, er lag auffallend verkrümmt vor mir. Am Hinterkopf entdeckte ich eine klaffende,

Oben links: Im Sommer 1956 verunglückten zwei junge Münchner Bergsteiger am Zmuttgrat des Matterhorns. Einer von ihnen dürfte abgestürzt sein – er wurde bis heute nicht gefunden. Den anderen fand ein Zermatter Führer erfroren im Biwak und warf den Leichnam die Westwand hinunter. Ein Vorgehen, das mir ein Leben lang fremd war und das auch an anderen Orten Entrüstung auslöste. Der Vater des einen Verunglückten bat mich, nach seinem Sohn zu suchen. Für diese Suchaktion in einer schwierigen Wand gewann ich meinen alten Freund und Bergführer Anderl Heckmair. Als wir abfahren wollten, fragten zwei junge Bergsteiger, Freunde der Verunglückten, ob sie mitfahren dürften. Wir willigten ein. Im Bild links steigen wir mit einem Kurzakja zur Schönbielhütte hinauf.

Oben rechts: Nordwand, Zmuttgrat und Westwand von der Schönbielhütte.

Unten: Nach dem Absturz meiner drei Kameraden müssen wir den schwerverletzten Anderl Heckmair über den Gletscher zur Hütte hinuntertransportieren. Die beiden Jungen waren nicht so schwer in Mitleidenschaft gezogen.

stark blutende Wunde. Der zweite, Klaus, lag auf dem Rücken und stöhnte laut; er hatte Mühe, Luft zu bekommen. Ich untersuchte ihn. Er war nicht schwer verletzt. Eine kleine Erleichterung meiner Sorgen ... Aber Anderl war stumm. Den beiden anderen befahl ich mit großer Bestimmtheit, auf die Zähne zu beißen und nur das zu tun, was ich sagte. Währenddessen sicherte ich sie am eingerammten Pickel. Dann ermunterte ich sie, mir zu helfen, um Anderl richtig zu lagern. Als erstes verband ich ihm die schwere Kopfverletzung. Dabei wurde Anderl für einen kurzen Augenblick wach und klagte im Halbbewußtsein über Schmerzen an der rechten Schulter und am Arm. Als ich ihn abtastete, stellte ich eine Schulterluxation fest. Er sank wieder in Bewußtlosigkeit, doch das kam mir jetzt zugute: Mit einem kleinen Ruck war die Schulter wieder eingerenkt. Nach dieser Prozedur war Anderl auch schon wieder wach. Er erkannte den Berg gegenüber und sagte: „Das ist die Dent-d'Hérens-Nordwand". Er stellte aber noch keinen Zusammenhang mit seiner jetzigen Situation her. Es rührte mich, daß er mich nun erkannte und sagte: „Wenn nur der Wiggerl da ist, dann ist es schon recht ..."

Anderl hatte wie Klaus starke Beschwerden beim Atmen. Das konnten nur Rippenbrüche sein, und die stellte ich auch bald fest. Nun war es wichtig, aus der Gefahrenzone des Steilhangs herauszukommen. Über uns wanderte die Sonne langsam in die Westwand, und bald würde der Eisschlag einsetzen; die Rinne oberhalb unseres Standortes war wie ein Kanonenrohr auf uns gerichtet. Wir mußten also schnell aus dieser Schußlinie; aber wie? Anderl war absolut gehunfähig. Vorsichtig stülpte ich ihm meinen Biwaksack über. Ich wollte ihn damit langsam den steilen Hang nach unten ziehen. Den beiden Jungen gab ich genaue Verhaltensmaßregeln, sicherte sie, nahm den einen dicht vor mich, den anderen hinter mich.

Sie waren beide ungelenk und steif, gar nicht recht bei sich; ich mußte sie anschreien und mit scharfen Worten antreiben. Es blieb mir aber nichts anderes übrig, denn es gab nur eine Sorge: Anderl gut hinunterzubringen. Erst als wir den unteren Auslauf des Hanges erreicht und dann etwas gequert hatten, um so aus der Gefahrenzone herauszukommen, konnte ich mich den Verletzungen aller drei Kameraden annehmen. Zum Glück hatte ich reichlich Verbandsmaterial bei mir. Bei Lothar war nach der Versorgung der Abschürfungen an beiden Armen eigentlich das Schlimmste behoben. Klaus litt ebenfalls an Abschürfungen, dazu unter den Auswirkungen starker Prellungen am Rücken; er atmete nur mit Anstrengung. Zuhause stellte sich allerdings noch ein Rippenbruch heraus.

Schlimm stand es um Anderl. Die Schulter war zwar wieder eingerenkt und der Arm an der Brust fixiert, aber es machte mir große Sorgen, daß Anderl den Kopf nicht aufrecht halten konnte. Immer wieder fiel er haltlos zur Seite oder kippte nach vorn. Eine Weile überlegte ich, was das sein könnte. Schließlich band ich ihm aus der Nylon-Überhose eine richtige Halskrause — breit, dicht und fest, aber doch weich. Sofort ging es Anderl besser. Die weitere Untersuchung galt jetzt den Atembeschwerden, die mit besonders starken Schmerzen verbunden waren. Es mußten mehrere Rippen gebrochen sein. Meinen großen Überanorak verwendete ich jetzt als streng anliegende Bandage über Anderls Brust. Diese Prozedur war sehr schmerzhaft, aber hinterher war ihm wohler, ich spürte es, wenn ich ihn ansah. Was sollte ich jetzt nur mit seinen vielen Prellungen machen? Er

Die gewaltige Westwand des Matterhorns. Genau dort, wo schon Eugen Guido Lammer mit seinem Freund Lorria abgestürzt war, fielen auch meine Kameraden durch das steile Couloir hinunter. Die Fallhöhe betrug an die 200 Meter. Brandler, der den Sturz auslöste, fiel in die Randkluft und stoppte so das weitere Abstürzen der beiden anderen, die über den 15 Meter hohen Abbruch geflogen waren. Glücklicherweise hatte ich mich nur wenige Sekunden vor dem Sturz vom Seil gebunden, um in einer Schlucht nach den Vermißten zu suchen. Ich führte Anderl, der nur mehr ganz kleine Schritte gehen konnte, in sieben Stunden hinab zur Hütte.

konnte sich nur unter großen Schmerzen bewegen. Allein zu stehen war ihm unmöglich; ich mußte ihn stützen. Als ich versuchte, ihn auf meinem Rücken zu tragen, stellte sich eine weitere Komplikation heraus: Anderl verspürte wieder starke Schmerzen an den Lendenwirbeln. Nun probierte ich alles mögliche, um ihn in eine Transportlage zu bringen, die uns vorwärts kommen ließ, ohne ihm allzu heftige Schmerzen zu verursachen. Am besten ging es, wenn Anderl sich seitlich an mich lehnte und sich mit seiner unverletzten linken Hand an den Tragriemen meines Rucksackes festhielt. Nun legte ich meinen rechten Arm von hinten um ihn und hielt, hob und zog ihn gleichzeitig am Hosenbund. Durch diesen starken Zug erreichte ich eine Entlastung bei ihm, und er vermochte, wenn auch mit großen Schmerzen, winzige Schritte zu machen. Es blieb mir keine Wahl, nur so und nicht anders konnten wir, wenn wir Glück hatten, noch bei Tageslicht die Hütte erreichen.

Anderl setzte die Füße immer nur zehn Zentimeter voreinander. Auch die Steigeisen hinderten ihn, größere Schritte zu machen. Später, als der Schnee weich wurde, nahm ich ihm die Eisen auch sofort ab. Trotzdem mußte ich fast alle 20 bis 50 Meter eine Rast einlegen. Dabei konnte ich Anderl immer nur dadurch entlasten, daß ich mich etwas erhöht hinter ihn stellte, ihn an meine Brust lehnte und auf meine Knie setzte. Diese Stellung war die einzige, die er rastend einigermaßen ertrug. Allerdings wurden dabei jedesmal in kurzer Zeit meine Beine gefühllos, und ich mußte dann sehen, daß wir bald wieder in Bewegung kamen. Für mich waren diese Rasten viel schlimmer als das Gehen. Aber wie sonst sollte ich den schwierigen Abstieg durchführen! Ich hatte schon daran gedacht, Anderl auf Rucksäcke zu legen und zu ziehen; dabei hätte er aber große Schmerzen hinnehmen müssen. Nein, so, wie wir es jetzt machten, ging es schon am besten. Allerdings hatte ich noch zusätzlich mit den beiden Jungen zu tun. Ich mußte sie bei jeder Spalte sichern und alle Bewegungen überwachen. Jedesmal, wenn wir rasteten, fiel der eine einfach um, der andere hinter mir sackte ebenfalls zusammen und ich konnte keinen von ihnen zu Hilfeleistungen verwenden. Im Gegenteil, Anderl und ich hatten noch Mühe, sie an die einfachsten Grundregeln zu erinnern, etwa, wie man mit Steigeisen auf einem Gletscher abwärts steigt. Oft schrie ich sie wütend an; nur so war es überhaupt möglich, daß wir tiefer kamen. Vor uns lag noch eine Steilstufe mit Blankeis, und dort erst waren die größten Schwierigkeiten zu erwarten. Schritt für Schritt mußte ich sie dort absichern und dann allein mit dem schwerverletzten Anderl nachfolgen. Jede Spalte mußte ich entlanggehen, bis sie nur noch ein schmaler Riß war, erst dann konnte ich übersetzen, weil es Anderl nach wie vor nur möglich war, ganz winzige Schritte zu machen. Über fünf Stunden waren wir nun unterwegs und hatten schließlich den Gletscher hinter uns. Aber jetzt kamen der Fels und die Moräne. Das war noch schwieriger als vorher das Eis. Das Vorteilhafte an diesem Gelände war, daß ich mich endlich um die beiden Jungen nicht mehr kümmern mußte.

Jetzt war die Gefahr bestanden, keine Spalte, kein Abrutschen drohte mehr. Nun sahen wir bereits die Schönbielhütte. Von Zeit zu Zeit riefen wir, aber in der Umgegend war niemand zu sehen.

Nach einer weiteren Stunde sahen wir zwei

Oben links: Eine fürchterliche Prozedur war für Anderl der Abstieg vom Fuß der Westwand den Gletscher hinab zur Moräne. Ein Halswirbeleinriß, ein Schlüsselbeinbruch, verbunden mit einer Schulterluxation (die ich noch an der Unfallstelle einrenkte), sechs gebrochene Rippen und ein Lendenwirbeleinriß behinderten ihn äußerst schmerzhaft und machten es unmöglich, ihn zu tragen.

Oben rechts: Zwei Schweizer Bergsteiger und eine freundliche junge Schweizerin halfen uns am anderen Tag beim Abtransport des schwerverletzten Anderl Heckmair nach Zermatt.

Unten: Obwohl der Arzt, der Anderl in Zermatt untersuchte, nur einen Teil seiner Verletzungen feststellte, war er bemüht, ihn sofort in das Krankenhaus einzuweisen. Anderl aber wollte unbedingt nach Hause. Im Bild unsere Gruppe auf dem Zermatter Bahnhof.

Bergsteiger die Moräne dort absteigen, wo wir sie, um den Hüttenweg zu erreichen, ersteigen mußten. Ich war unendlich erleichtert, als ich die beiden sah, denn die Überwindung des etwa 50 Meter hohen Moränenwalls ohne Seilhilfe und Sicherung von oben wäre mir einfach nicht möglich gewesen. Aber nun kam uns wirklich einer davon von oben mit einem Seil entgegen. Es war Bruno Wintersteller, der bekannte Bergsteiger aus Salzburg. Wir banden Anderl ans Seil, ich ging hinter ihm her, Bruno und sein Kamerad zogen von oben. Mühselig und langsam stiegen wir über das steile Blockwerk höher. Auf dem Scheitel der Moräne legten wir Anderl zu Boden. Ich warf das Seil zu den beiden Jungen hinunter, die wir nun nacheinander auf die gleiche Weise hinaufzogen. Eine schwierige Entscheidung stand vor mir: Mit Hilfe der Österreicher konnte ich mit Anderl in einer halben Stunde auf der Hütte sein; aber sollten wir mit dem Schwerverletzten nicht besser sofort ins Tal? Andererseits wäre der Taltransport, ohne fremde Hilfe, in weniger als vier Stunden nicht zu bewältigen gewesen, und sieben Stunden waren wir vom Unfallort bis zum Hüttenweg schon unterwegs. Wir waren fix und fertig. Anderl meinte, wenn er in einer halben Stunde Ruhe hätte, wäre es für ihn am besten. Sicher, eine gute Lagerung konnte ihm nicht schaden – und Ruhe noch weniger. Im Seilsitz trugen wir ihn hinauf zur Hütte, wechselten uns dabei regelmäßig ab, und es ging auch verhältnismäßig gut.

Unsere junge Schweizerin erschrak, als der traurige Zug die Hütte erreichte, und sie hatte alle Hände voll zu tun. Es waren unterdessen auch noch zwei junge Schweizer aufgestiegen, die mir zusagten, andertags beim Abtransport zu helfen.

Anderls Schmerzen, die von den starken Prellungen herrührten, wurden stärker, Schwellungen traten auf, und am Ende war Anderl ganz und gar unbeweglich. Das waren auch die beiden Jungen. Klaus setzten die Prellungen erst jetzt richtig zu. Übersät mit blauen Flecken und blutverkrusteten Hautabschürfungen lagen die beiden da. Am nächsten Morgen waren sie fast völlig steif. Mich hatte fast die ganze Nacht der Gedanke an den Abtransport Anderls ins Tal beschäftigt, und so war ich schon sehr früh aufgestanden. Mit Latten und Tragbändern vervollständigte ich unseren halben Akja so, daß er einer Gebirgstrage gleichkam. Mit unseren Daunenschlafsäcken wurde das Gerät gut ausgepolstert, und Anderl konnte in halber Sitzlage und mit angezogenen Beinen ganz ordentlich transportiert werden.

Die beiden Jungen schienen am Morgen völlig bewegungsunfähig. Ich mußte ihnen erklären, daß nur die Bewegung selbst sie wieder beweglich machen würde. Daß ich dabei einige heftige Worte gebrauchte, entschuldigen vielleicht die Umstände. Tatsächlich ging es den beiden schnell besser, nachdem sie einmal auf Trab gebracht waren. Bei dem recht schwierigen Abtransport Anderls halfen mir die zwei braven jungen Schweizer Bergsteiger in aufopfernder Weise. Anderl war mit dem Transport zufrieden, die Schmerzen ließen sich aushalten, und so war auch ich froh, daß ich ihn in der vergangenen Nacht auf der Hütte gelassen hatte.

Auf dem Steig, der von der Hütte abwärts führt, passierten wir eine große Baustelle, auf der Lastwagen verkehrten. Bald kam uns auch einer entge-

Oben, rechts und links: Ein Jahr darauf kam ich mit drei Bergwacht-Kameraden wieder nach Zermatt. Wir stiegen hinauf zur Schönbielhütte und begannen am Tag darauf bei herrlichem Wetter die Suche. Diesmal mußten wir nicht einmal zur großen Randkluft steigen – schon von weitem sahen wir Dohlen kreisen und wußten, was uns nun bevorstand. Der letzte Dienst an einem toten Bergsteiger, eine Tätigkeit, über die in Einzelheiten nie gesprochen wird, und die doch in allen ihren grauenvollen Handgriffen getan werden muß.

Unten links: Die sterblichen Überreste sind verpackt, der Transport kann beginnen. Heutzutage ist die Aktion für die Bergungsmannschaften dort beendet, wo der Hubschrauber landen kann. Für uns begann erst der mühsame Abstieg.

Unten rechts: Auch von der Hütte hinunter nach Zermatt, oder genauer, bis zum Beginn der Fahrstraße, erfolgte der Transport des Toten noch auf den Schultern, das heißt, der Bergsack wurde an eine Stange gehängt.

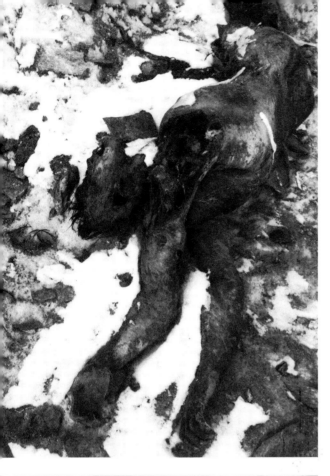

gen und der Fahrer erkundigte sich, ob wir Hilfe bräuchten. Ich winkte zwar ab, als er aber die beiden Jungen sah, ihre geschwollenen Gesichter, die vielen blauen Flecken, ihr Stöhnen hörte und erkannte, wie sie sich schmerzverzerrt mit ihren Rucksäcken abmühten, ließ er den Wagen sofort abladen. Er wollte uns wenigstens das Stück Weg bis zur Seilbahnstation Furi, 1864 m, bringen. Damit war ich nun doch einverstanden, denn das würde uns einige Zeit sparen, und für die beiden Jungen müßte das Fahren auf jeden Fall eine Erleichterung sein — so dachte ich zumindest. Aber das gutgemeinte Angebot wurde für uns fast ein Reinfall, denn der Fahrer glaubte anscheinend, er müsse die Seilbahnstation in Rekordzeit erreichen, und legte ein verrücktes Tempo vor. Nun sind ein Lastwagen und eine Bergstraße für den Transport eines Schwerverletzten ohnehin denkbar ungeeignet. Ich klopfte an das Fenster des Führerhauses und bedeutete dem Chauffeur, er möge etwas vorsichtiger fahren, aber offensichtlich mißverstand er mich, denn er wurde eher noch schneller. Als wir an der Station ankamen, waren alle heilfroh, daß wir diese Fahrt lebend überstanden hatten. Nun ging es mit der Seilbahn hinab zur Talstation und von dort durch Zermatt zum Krankenhaus. Ich wollte Anderl auf jeden Fall von einem Arzt untersuchen lassen, obwohl wir mit ihm vereinbart hatten, daß wir ihn gleich nach Hause bringen würden. Die erste Untersuchung ergab, daß das Loch im Kopf glücklicherweise nur eine Schnittwunde war, vermutlich von den Steigeisen der beiden Sachsen verursacht. Die Luxation der Schulter war richtig eingerenkt, aber am Halswirbel wurde ein Einriß festgestellt. Durch die von mir angelegte Krause hatte es jedoch keine Verschlechterung gegeben. Statt des Anoraks zur Fixierung der Rippenbrüche bekam Anderl jetzt einen Pflasterverband. Anderl war hier im Krankenhaus in den besten Händen.

Wir konnten also beruhigt nach Winkelmatten, zu Steinauers angebautem Stadel, hinaufsteigen, um zu übernachten. Am nächsten Tag waren wir rechtzeitig im Krankenhaus, um Anderl abzuholen. Der Arzt war zwar nicht erbaut von unserer Absicht, mit dem Verletzten die weite Strecke bis Oberstdorf im Auto zu fahren, aber Anderl wollte unbedingt heim, und so gab der Arzt schließlich nach, als wir versprachen, den Patienten entsprechend zu lagern. Mit einer Kutsche brachten wir ihn zum Bahnhof, und im Zug ging es weiter nach St. Niklaus, wo unser VW-Käfer und das Motorrad von Klaus und Lothar auf einer Wiese standen. Lothar fuhr mit der Maschine hinter uns her bis nach Brig, wo wir das Motorrad auf der Bahn aufgaben. Ein bißchen schwierig war es schon, in dem Wagen vier Personen und die Rucksäcke zu verstauen, denn wir hatten jetzt auch noch das Zelt, die Schlafsäcke und das Gepäck der beiden vermißten Bergsteiger bei uns; aber auf dem Gepäckträger brachten wir schließlich alles unter. Für Anderl schoben wir den Vordersitz ganz zurück und montierten die Rückenlehne ab; dann polsterten wir mit unseren Schlafsäcken alles gut aus und stützten den Verletzten unter den Knien ab. Diese Hockstellung war für ihn am besten. Die zwei Jungen zwängten sich hinten hinein, und nun konnte die lange Fahrt beginnen.

Um halb zwei Uhr in der Nacht kamen wir in Oberstdorf an, wo wir beschlossen, Anderl zuerst bei seiner Mariele abzuliefern und ihn dann in der Frühe ins Krankenhaus zu bringen. Nun mußten wir also Mariele wecken, und das war nur möglich, indem ich über den Holzstoß zum Balkon hinaufkletterte und ans Fenster klopfte. Da sie ja nicht wußte, was passiert war, erschrak sie natürlich fürchterlich, einmal, weil wir schon wieder zurück waren, und zum anderen, weil Anderl nicht durch die Haustüre hereinkam, obwohl er doch den Schlüssel hatte. Sie kam mit dem Dackel Wastl heruntergelaufen, der sich sofort mit Geheul ins Auto stürzte, auf Anderl hüpfte und ihm voller Begeisterung das Gesicht ableckte und vor lauter Freude auf ihm herumsprang. Kaum hatte ich ihn mit beiden Händen aus dem Wagen gezerrt, war er auf der anderen Seite auch schon wieder hineingeschlüpft und bei seinem Herrle. Wir brachten Anderl ins Bett, und seine Frau konnte sich davon überzeugen, daß er wohl schwer verletzt war, aber wieder in Ordnung kommen würde. Die zwei Jungen und ich legten uns auf dem Balkon in die Schlafsäcke, und da wir die ganze Strecke in einem Stück durchgefahren waren, schliefen wir auch bald ein.

Am nächsten Morgen brachten Kameraden der Bergwacht-Bereitschaft Anderl ins Krankenhaus und ich konnte mit den beiden Sachsen gleich nach München weiterfahren. Damit war unsere Suchaktion 1956 beendet. Ich war heilfroh, gut nach Hause gekommen zu sein. Anderl verbrachte seinen 50. Geburtstag im Krankenhaus. Bei gründlicher Untersuchung waren noch ein Lendenwirbel-Einriß und ein Riß am rechten Schlüsselbein festgestellt worden. Aber da Anderl wegen seiner sechs gebrochenen Rippen ohnehin ruhig liegen mußte, brauchte er wenigstens keinen Gipsverband für die Wirbelverletzungen.

Was wäre wohl gewesen, wenn ich mich oberhalb des Schrundes, in der Minute vor dem Absturz, nicht vom Seil gelöst hätte? Dann wären wir alle vier am Gletscher gelegen und Hilfe wäre, wenn überhaupt, ganz bestimmt zu spät gekommen.

Daß sich vor allem Lothar Brandler, der ja damals noch sehr jung war, dieses Erlebnis zu Herzen genommen hat, konnte ich später mit Freude feststellen. Er suchte sich Arbeit im Berner Oberland und benutzte das folgende Jahr, um sich intensiv Erfahrungen im Eis anzueignen. So ist aus dem hervorragenden Felskletterer noch ein vorzüglicher Bergsteiger geworden. Ich erlebte es ein Jahr später, im August 1957, bei der Rettung des Italieners Claudio Corti aus der Eiger-Nordwand. Als wir mit Corti am Gipfel ankamen, hatten freiwillige Helfer bereits eine Gebirgstrage für den Abtransport auf den Gipfel gebracht. Ich traute meinen Augen nicht, als ich Lothar bei ihnen sah...

Die Arbeit an den Fundamenten

In ungezählten Kursen, Lehrgängen und Vorträgen wurde versucht, wichtige Erfahrungen weiterzugeben

Eine vorrangige Aufgabe meiner Bergwacht-Arbeit sah ich von Anfang an in der Weitergabe meines Wissens an Jüngere oder nach mir Kommende. Genauso intensiv, wie ich mich in meiner Werkstatt um die Rettungsgeräte bemühte, wollte ich auch Wege suchen, die Technik der Bergrettung in den Lehrgängen so exakt und nachhaltig wie möglich zu vermitteln. Die Bergwacht hatte sich ja erst nach und nach von einem Ordnungsdienst zu einer Rettungsorganisation entwickelt. Als ich 1924 in die Organisation eintrat, mußte ich zwar einen Sanitätskurs belegen, aber dieser Erste-Hilfe-Unterricht war nur auf die Wundversorgung ausgerichtet. Einen Verletzten ins Tal zu tragen oder gar einen aus einer Wand oder von einem Grat zu holen — davon war nirgends die Rede. Es gab keine Techniken, keine Vorbilder, keine Lehrschriften.

Eine große Hilfe bei allem theoretischen Unterricht war mir von Anfang an die Fotografie. Schon 1924, in meinem ersten Bergwacht-Jahr, hatte ich bei allen Einsätzen eine Voigtländer-Kamera dabei und fotografierte alles Wichtige. 1930 konnte ich mir einen ganz großen Wunsch erfüllen: eine Leica, schon damals der Traum aller Fotografen, das Modell C, die Leica I. Sie war mir über drei Jahrzehnte auf allen schweren und leichten Bergtouren eine zuverlässige Begleiterin.

Seit 1930 gab es beim Alpenverein die „Lehrwarte". Geübte Bergsteiger, Kletterer und Skifahrer stellten ihr Wissen und ihr Können den Sektionen für Ausbildungskurse zur Verfügung. Neben der Geh- und Seiltechnik, der Wetter-, Karten- und Orientierungskunde, mußte der Lehrwart auch einen Kurs in Erster Hilfe belegen. Diese Lehrgänge wurden nun nicht in irgendeinem Gastzimmer gehalten, sondern eine ganze Kurswoche über auf der Hütte und im Gebirge. Geleitet wurde der Kurs von einem autorisierten Bergführer, der die technischen Dinge unterrichtete, während ich unter möglichst realen Umständen Erste Hilfe und Bergrettung vermittelte. Bald schon folgten auf die Sommer- die Winterkurse, bei denen Skiverschraubungen, das Brücheschienen und Abtransporte mit behelfsmäßigen Mitteln gezeigt wurden. Mit diesem Wissen kehrten die Lehrwarte in ihre Sektionen zurück und schulten dort wieder den Nachwuchs und andere Lernwillige.

Wichtige neue Erkenntnisse gewann ich vor allem in der Praxis, bei Ernstfällen. Natürlich brachten auch die Kontakte mit den Kameraden immer wieder Erfahrungen und neues Wissen, aber mit meiner Weiterbildung war ich ganz auf mich angewiesen.

Die Sportärztekurse

Die vielen Unfälle, die wir Monat für Monat erlebten, die Brüche, die zu schienen, die Luxationen, die einzurenken waren, die Wunden, die wir verbinden mußten, brachten natürlich nach und nach eine Menge Erfahrung und Übung. In vielen Punkten konnten wir es mit den Ärzten aufnehmen, waren ihnen sogar in manchen praktischen Dingen voraus.

Es war an einem schönen Februarsonntag des Jahres 1930, als ich im Spitzingseegebiet Dienst

Bergungsübung mit dem Stahlseilgerät an der Alpspitze. Der „Verletzte" steckt in einer Paketverschnürung, für die allein ein ganzes Seil erforderlich ist. Mit der Dreipunkt-Aufhängung kann eine genau waagerechte Lage erreicht werden. Der Retter, der mit am Stahlseil hängt, bemüht sich, daß der „Verletzte" nicht mit dem Fels in Berührung kommt. Er ist darüber hinaus für ihn eine große psychologische Hilfe.

hatte und mit einem Kameraden in der Unteren Firstalm stationiert war. Beim Eintreffen auf der Hütte hängten wir unsere Fahne, das grüne Kreuz auf weißem Grund, aus dem oberen Fenster und legten uns in die Sonne. Kurz vor Mittag traf die Nachricht ein, daß sich ein Skifahrer bei der Abfahrt von der Brecherspitze, 1685 m, am Freudenreichsattel, 1375 m, das Schienbein gebrochen habe. Wir schulterten die bereits gepackten Rucksäcke und waren in einer halben Stunde dort oben. Schon von weitem erkannte ich, daß sich jemand um den Verletzten bemühte. Als wir den Unfallort erreichten, sahen wir, daß der Bruch bereits geschient wurde. Mit einigen Zweigstücken und zwei Binden mühte sich der Mann, das Bein des Stöhnenden ruhig zu legen. Ich sah ihm eine Zeitlang zu und meinte: „Also, das mit diesen Ästen kann nichts werden, lassen Sie uns bitte diese Arbeit machen, wir sind von der Bergwacht und verfügen über das geeignete Material." Der so

Angesprochene erhob sich schweigend. Ich kniete mich vor den Verletzten und entfernte rasch die Binden und Stöckchen. Dann nahmen wir unsere hölzernen Steckschienen aus dem Rucksack, setzten sie in entsprechender Länge zusammen, polsterten sie mit verschiedenen Kleidungsstücken und fixierten das alles mit zwei Binden. Dann schraubten wir die Ski des Verunglückten mit den meinen zu einem Schlitten zusammen, banden zwei Stöcke an den auf dem Behelfsschlitten Sit-

Links: Eiskurs in den Zillertaler Alpen in der Bergführerausbildung. Meine Aufgabe bestand in Schulung und späterer Prüfung in den Bereichen Erste Hilfe und Bergrettung.

Rechts: Eisausbildung für Bergführer im Furtschaglkees im Zillertal. In der Spalte liegt ein „Verletzter", das heißt, einer der Bergführer wurde dort hinuntergeseilt und hat sich dort unten einen Standplatz oder besser „Liegeplatz" eingerichtet. Dann wird das Seil wieder heraufgezogen. Es ist angenommen, daß der Gestürzte einen Oberschenkelbruch erlitten hat. Ein Aspirant wird nun hinuntergelassen, schient den Bruch, legt eine Paketverschnürung an und läßt sich mit dem „Verletzten" in Querlage aufseilen.

zenden links und rechts zur Stütze, befestigten zwei Stöcke vorn für den Führenden, packten die Rucksäcke und begannen zu Fuß den Weg nach unten zur Firstalm. Der Mann folgte uns auf seinen Ski bis zur Hütte.

Dort trugen wir den Verletzten in die Stube, damit er sich aufwärmen konnte, und bereiteten für den Abtransport ins Tal unseren Schlitten vor. Der Mann hatte uns bis in die Hütte begleitet. Doch nun sprach er mich an und stellte sich vor: „Dr. Friedrich, praktischer Arzt", sagte er. Mir gab es einen kleinen Ruck, und ich fragte ihn, weshalb er mir dies nicht schon oben gesagt habe. Er jedoch erwiderte, ihm hätte unsere Arbeit gefallen, und wollte wissen, wo wir das gelernt hätten. Ich gab bereitwillig Auskunft. Ob er denn einen solchen Ausbildungsabend in München einmal mitmachen könnte, fragte er. „Das ist sehr gut möglich. Wir treffen uns am kommenden Freitag." Aus dieser Begegnung entwickelte sich eine persönliche Freundschaft über viele Jahrzehnte.

Dr. Friedrich wurde unser Ausbilder im Sanitätsbereich, war Mitglied im Bergwacht-Ausschuß und erhielt 1936 auch verantwortlich die gesamte rettungstechnische und sanitäre Verantwortung der Olympischen Winterspiele in Garmisch-Partenkirchen. Als Obermedizinalrat im Gesundheitsamt und als Inhaber einer großen Praxis wirkte er auf einem breiten medizinischen Feld, wobei er für die deutschen Sportärzte im Sommer wie im Winter Kurse im Bergrettungs- und Sanitätsbereich hielt. Zu diesen Kursen, die er nach dem Krieg einrichtete, hat er mich 18 Jahre lang eingeladen, und in jedem Jahr bin ich im Winter wie im Sommer je eine Woche bei diesen Lehrveranstaltungen gewesen und habe die jungen Sportärzte in Erstversorgung Verletzter und deren Abtransport unterrichtet. Die „Friedrich-Kurse" waren sehr beliebt, denn sie fanden inmitten großartiger Berge statt: entweder in der Brenta, wo wir in Madonna di Campiglio wohnten, oder in der Pala, wo San Martino di Castrozza unser Domizil war.

Diese Schulung im steilen, oft ausgesetzten Gelände zeigte den Ärzten, welche Gesetze hier galten, und mancher mußte sein Schulwissen etwas aktualisieren.

Wenigstens einmal zog ich mit der Mannschaft auch ohne jedes medizinische Hilfsmittel los, um den Ernstfall mit der einfachsten Ausrüstung zu üben. Dann mußte improvisiert werden, was mir bald auch den ehrenvollen Titel „Dr. improv." einbrachte. Aus diesen Sportärztekursen kam allmählich eine für uns ganz neue Generation von Medizinern. Sie interessierten sich für das Bergsteigen, einige erwarben auch das Führerpatent, und heute sind die Ausbilder bei Bergführerkursen oder Lehrgängen für Sportärzte fast stets Mediziner, die der Bergwacht angehören oder selbst Bergführer sind. Daß es bei diesen Ärztekursen durchaus gelungen ist, als Nicht-Mediziner einem bergbegeisterten Arzt Interessantes zu vermitteln und weiterführende Informationen zu geben, mag stellvertretend der nachfolgende Brief zeigen, den der Esslinger Facharzt für Chirurgie, Dr. Werner Keil, an den Landesarzt der Bergwacht, Chefarzt Dr. Gottlieb „Goggi" Neureuther, schrieb.

Oben: Die Gebirgstrage, ein vielseitig verwendbares Gerät, ist eine Konstruktion, die von Wastl Mariner und Dr. Fritz Rometsch in der Heeres-Gebirgssanitätsschule St. Johann noch während des Krieges für den Rettungsdienst des Heeres entwickelt wurde. An zwei Bügeln konnte das „Einrad" befestigt werden, somit war diese Trage fast auf jedem Pfad einsetzbar.
Unten links: Vom 28. August bis 3. September 1948 organisierte der Österreichische Alpenverein, Sektion Kufstein, einen internationalen Bergrettungskurs im Kaiser. Unter der Leitung von Wastl Mariner wurde erstmals mit Stahlseil, Bremsscheibe und der Gebirgstrage eine Rettung aus einer schwierigen Wand demonstriert. In der Trage Muck Wieser, darunter Kuno Rainer. Heute verfügen natürlich Retter und Geretteter über einen Steinschlaghelm, der damals noch völlig unbekannt war. Diese Demonstration verfolgte eine große Gruppe internationaler Bergrettungsmänner, unter anderem auch Dr. Rudolf Campell aus Pontresina, der erste Präsident der IKAR.
Unten rechts: Der Rettungsmann hängt mit einem eigenen Stück Stahlseil an der Kausche, ebenso die Trage. Der Verunglückte ist in der Trage fest verschnürt und obenhin noch mit einer Reepschnur an der Kausche gesichert.

Esslingen, 30. September 1964

Sehr geehrter Herr Landesarzt!

Vom 29. August bis 12. September dieses Jahres nahmen meine Frau (Fachärztin für Chirurgie und Anästhesie) und ich am 3. Lehrgang des Deutschen Sportärztebundes für Sommerbergsteigen in Madonna di Campiglio teil. Während dieses Lehrgangs hielt der Münchner Bergsteiger und Bergwacht-Ausbilder, Herr Ludwig Grammminger, vor den 25 Teilnehmern (ausschließlich Ärzte) zwei Vorträge mit Demonstrationen über „Erste-Hilfe-Leistungen im Gebirge". Diese beiden Vorträge waren so ausgezeichnet, daß es mir ein Bedürfnis ist, Ihnen gegenüber meine Hochachtung für Herrn Grammminger zum Ausdruck zu bringen und Ihnen für die Abstellung gerade dieses Bergführers zu unserem Kurs herzlich zu danken.

Herr Grammminger berichtete in sehr lebhafter und fesselnder Art über die Maßnahmen, die man bei Unglücksfällen am Berg unter den dort herrschenden erschwerten Bedingungen ergreifen kann. Es war außerordentlich eindrucksvoll, mit welcher Sachkenntnis und Präzision er zum Beispiel die Hilfeleistung bei Schulter- und Hüftgelenksluxationen, bei Unter- und Oberschenkelbrüchen, bei der Rettung Bewußtloser usw. schilderte; fast noch eindrucksvoller (für uns fachkundige Zuhörer!) war seine Schilderung der Symptome, auf die er seine Diagnose aufbaute. Am meisten überraschte Herr Grammminger seine Zuhörer aber mit dem unübertrefflichen Einfallsreichtum und dem Improvisationstalent, mit dem er mit den primitivsten Mitteln etwa eine Schiene herzustellen oder zu polstern verstand, und zwar so, daß diese Maßnahmen auch einer strengen fachkundigen Kritik standhielten. Herr Grammminger wußte andererseits sehr genau — und wies immer wieder darauf hin —, wo die Grenzen seiner Zuständigkeit bei den verschiedenen Verletzungsarten lagen.

Es ist sicher ein Wagnis, als sogenannter Laie einen Vortrag über „Erste Hilfe" vor 25 Ärzten zu halten. Wie Herr Grammminger diese diffizile Aufgabe löste, hat uns allen Bewunderung abgenötigt. Er ist nicht nur ein pädagogisches Naturtalent (wenn ich mich so ausdrücken darf), sondern er versteht es auch, seine Zuhörer für seine Sache zu begeistern.

Da ich mich selbst viele Jahre lang als Chef einer großen chirurgischen Klinik besonders mit der Unfallchirurgie befaßt habe, darf ich mir vielleicht ein Urteil erlauben über Wert und Form von Vorträgen über die „Erste Hilfe". Was Herr Grammminger auf diesem Gebiet in seinen beiden Vorträgen bot, war so hervorragend im Inhalt, und so wohltemperiert in der Form, daß auch wir Ärzte einen ausgesprochenen Gewinn davon hatten. Ich darf Ihnen zu diesem Mitarbeiter von Herzen gratulieren!

Kurse bei der Polizei

Bei jedem tödlichen Unfall ist die Polizei oder der Staatsanwalt zu verständigen. Dies ist auch so in den Bergen. Aber gerade hier war es immer problematisch, einen Polizeibeamten in schwieriges Gelände zu führen. Eine Zeitlang fotografierte ich deshalb den Unfallort und den Toten, doch genügte dies nicht immer. In der Polizeizentrale in München beschloß man deshalb, bergsteigerische Kurse anzubieten, um die Polizeiposten im Alpengebiet mit bergerfahrenen Männern auszustatten. Auf der Schwarzenkopfhütte im Spitzingseegebiet wurden nun jedes Jahr etwa zwanzig Polizeiangehörige zwei Wochen lang alpinistisch geschult,

Oben links: Der Akja war ursprünglich für den Einsatz im Winter gedacht und konstruiert. Ein Gerät, das die Bergungen ganz wesentlich erleichterte. Mit einigen Änderungen müßte sich der Akja auch im Sommer einsetzen lassen. Allerdings sollte er dann kürzer sein. Ich baute also den bisherigen Akja in drei Teilen. Das im Winter eingesetzte Mittelteil von etwa 45 cm Länge war herauszunehmen, mit vier Schrauben ließen sich zwei Schleifkufen montieren und für den Transport über Wiesen und Wege war ein Rad anzubringen, das mit Bautenzug und Trommel gebremst werden konnte.
Oben rechts: Der Kurzakja mit montiertem Rad auf einem Bergweg.
Unten: Kurzakja mit Schleifkufen und Schwenkarmen.

wobei sich Sommer- und Winterkurse abwechselten. Mein Unterricht bestand auch hier in alpiner Rettungstechnik und Erstversorgung Verletzter. Es war ja nicht Sinn der Sache, daß sich der jeweils eingesetzte Polizist nur als passiver Beobachter anschloß — er sollte bei den Bergungsarbeiten selbst tatkräftig helfen können. Geleitet wurden diese Lehrgänge von Franz Schmid, einem erfahrenen Bergsteiger. Mit seinem Bruder Toni hatte er 1932 die Matterhorn-Nordwand erstmals durchklettert.

Als ich zu einem dieser Polizeikurse im Winter einmal vom Spitzingsee zur Hütte hinaufgestiegen war (die Bahn gab es damals noch nicht), wurde ich bereits erwartet. Einer der Teilnehmer hatte sich bei einer Abfahrt die Schulter ausgerenkt, und obwohl sich zwei Ärzte auf der Hütte befanden, war es ihnen nicht gelungen, die Sache wieder einzurichten. Der Verletzte saß am Boden, die beiden Ärzte bemühten sich um ihn.

Auf meine Frage erhielt ich zur Antwort, daß es sich wahrscheinlich um eine Schulterluxation handle. Da der Patient starke Schmerzen hatte und sich verkrampfte, vermuteten sie, daß auch ein Bruch dazugekommen sein könnte und wollten daher ohne Röntgenbild nichts weiter unternehmen. In meiner aktiven Zeit habe ich 41 ausgekugelte Schultern eingerenkt — alle am Berg. Mit der „Methode Campell", die mich mein väterlicher Schweizer Freund gelehrt hatte, war das jedesmal gelungen, selbst wenn das Schlüsselbein gebrochen war. Unter den skeptischen Augen der beiden Doktoren begann ich nun, den Verletzten zu behandeln, und nach einer Minute war alles in Ordnung, der Schmerz weg, der Oberarmkopf in der Pfanne. Gemeinsam banden wir den Arm mit dem Dreiecktuch an den Körper, und ich instruierte den Mann, wie er vorsichtig nach unten steigen könne. Aber nun hatte er Hunger, wollte erst etwas essen — und, ich traute meinen Augen nicht, am Nachmittag sah ich ihn wieder beim Skifahren.

Nun, diese Geschichte war für mich fast etwas Alltägliches, aber sie hatte noch ein „Nachspiel".

Bei der Prozedur des Einrenkens hatte auch der Hüttenwirt zugesehen, und er bat mich in den Keller, wo sich ein kleiner Schweinestall befand. Zwei Ferkel lagen im Stroh, und ich hörte, daß eines von ihnen nicht mehr fressen wollte und auch nur mit Mühe aufstehen konnte. Anscheinend war ein Bein ausgerenkt. Ich besah mir den Schaden, und so war es auch, die „Methode Campell" konnte ich auch hier anwenden. Zwar schrie das Kleine wie ums Leben, doch mit einem kurzen Ruck war die Kugel in der Pfanne und das Tier wieder munter. Das bewies es sogleich dadurch, daß es zum Trog lief und zu fressen anfing. Als weiteres Nachspiel durfte ich im Herbst zur Schlachtschüssel auf die Schwarzenkopfhütte kommen ...

Lehrerkurse

Ostern 1954 erschütterte der Erfrierungstod von zehn Schülern und drei Lehrern des Gymnasiums Heilbronn ganz Deutschland und Österreich. Der „Bergkamerad", der Vorgänger der heutigen Alpinzeitschrift „Bergwelt", meldete:

Bergkatastrophe im Dachsteingebiet. Aus einer großen Reisegesellschaft aus Heilbronn, die sich im Bundessportheim Obertraun aufhielt, begaben sich am 15. April 1954 zwei Lehrer, eine Lehrerin und zehn Oberschüler im Alter von 15 bis 17 Jahren zu Fuß auf eine Bergwanderung zur Gjaidalm. Sie kehrten in der Schönblickalm ein und wurden dort gewarnt, bei dem Wettersturz weiterzuziehen, setzten aber ihren Weg fort. Führer der Gruppe war der 40jährige Südtiroler Hans Seiler. Da die 13 Personen am Abend nicht zurückkamen, setzte ein Großeinsatz von Rettungsmannschaften ein; trotz der ungünstigen Witterung und der Lawinengefahr waren

---

Bergung eines Verletzten mit provisorischen Mitteln. Mit Hilfe einer „Paketverschnürung", die mit einem weiteren Seil hergestellt werden kann, ist es einer Seilschaft möglich, einen Verletzten über einige Seillängen abzuseilen.

zeitweise über 300 Mann Bergrettungsdienst und Alpingendarmerie auf der Suche nach den Vermißten. Nach neuntägiger Suche wurden schließlich am 24. April 1954 die Leichen von 7 Schülern und 2 Lehrern unter dem Schnee aufgefunden. Bei Redaktionsschluß wurde die Suche nach den letzten vier Vermißten fortgesetzt.

Dieses Unglück veranlaßte die Kultusminister der Länder, die Vorschriften bei Schulreisen in den Bergen zu straffen. Zugleich wurde beschlossen, interessierte Lehrer zu Kursen einzuladen, bei denen Fachleute über Gruppenreisen im Gebirge sowie über Erste Hilfe unterrichten sollten. Mit dieser Aufgabe wurde der Deutsche Alpenverein betraut, der wiederum aus seinen Mitgliedern geeignete bergerfahrene Männer auswählte, die selbst Lehrer waren. Die Erstversorgung von Verletzten sowie den Abtransport aus schwierigem Gelände zu demonstrieren waren meine Aufgabe. Die Kurse fanden auf verschiedenen Alpenvereinshütten statt, es waren ausschließlich Sommerlehrgänge. Im Lauf der Jahre wurden es 22 Kurse, die jeweils etwa 20 Teilnehmer umfaßten.

Daß gerade auch der Ausbildungstätigkeit in meinem Leben eine große Bedeutung zukommt, läßt sich aus der Zusammenfassung der Kurse und Lehrgänge ermessen, die ich nach dem Krieg gehalten habe (alle diese Kurse dauerten mindestens eine Woche):

34 Bergführer-Kurse,
31 Hochtourenführer-Kurse,
46 Lehrwart-Kurse,
30 Jugendleiter-Kurse,
41 Sportärzte-Kurse
(Dr.-Friedrich-Kurse, bei diesen Lehr- und Übungsveranstaltungen des Deutschen Sportärztebundes nahmen pro Kurs bis zu 120 Sportärzte teil),
22 Lehrer-Kurse,
25 Rettungs-Kurse IKAR,
54 Rettungs-Kurse Bergwacht,
17 Polizei-Kurse.

Meine Bergführerprüfung

Seit 1948 wurde ich zu allen Bergführerkursen eingeladen, die der Deutsche Alpenverein ausschrieb. Mein Unterricht umfaßte Erstversorgung Verletzter und Bergung aus jedem Gelände. Fast alles, was ich lehrte, hatte ich mir autodidaktisch angeeignet, nur ein kurzer Sanitätskurs bei der Aufnahme in die Bergwacht 1924 und ein Skilehrerkurs 1929 waren meine „offiziellen Ausweise".

1957, als wir Claudio Corti aus der Eigerwand bargen, geschah dies ja ohne die Beteiligung der Grindelwalder Bergführer. Sie hatten beschlossen, und dies öffentlich verkündet, daß sie sich nicht in Lebensgefahr begeben wollten, wenn wieder irgendwelche „Verrückte" in die Eigerwand stiegen und Hilfe benötigten. Im Verlauf der Bergung, an der sich Bergsteiger (und Bergführer) aus sechs Nationen beteiligten, kritisierte uns der Obmann der Grindelwalder Bergführer, Christian Rubi, in einem Artikel der örtlichen Zeitung, da wir den zweiten Bergsteiger, Stefano Longhi, nicht geborgen hatten. Angesprochen wurde dabei auch, daß ich, der Leiter der Rettungsmannschaft, nicht einmal Bergführer sei. Zwar wurden diese Angriffe vom Schweizer Alpen-Club zurückgewiesen, doch war diese Kritik nicht spurlos an mir vorbeigegangen: Mit 52 Jahren entschloß ich mich, die Prüfungen zum „Berg- und Skiführer" abzulegen. Da ich seit Jahren selbst in der Prüfungskommission war, hatte ich vor dieser Aufgabe keinerlei Bedenken. Anläßlich des Bergführer-Lehrgangs 1957 auf der Sulzenauhütte sprach ich mit meinem Freund Anderl Heckmair und dem damaligen Referenten des DAV für die Bergführerausbildung, Hans Thoma. Beide befürworteten mein Anliegen, und auf

Abseilen eines Verletzten in der quer liegenden Gebirgstrage aus der Fleischbank-Ostwand im Wilden Kaiser. Der Retter im Helfergurt hat die Aufgabe, die Trage auf Distanz zum Fels zu halten. In flacheren Teilen wird die Trage in Fallinie um 90 Grad gedreht und kann auf den runden Kufen über den Fels gezogen werden.

mein Schreiben an den DAV-Verwaltungsausschuß hin, schrieb mir Hans Thoma einen sehr freundlichen Brief, den ich hier wiedergeben will:

23. Dezember 1958

Lieber Wiggerl!

In einer der letzten Verwaltungsausschuß-Sitzungen habe ich auf Deinen Brief vom 28.8.1958 hin, nach verschiedenen Unterredungen mit dem neuen Referenten, Herrn Sobez, und mit Herrn Hofmeister die Sprache auf Deine Absicht, Bergführer zu werden, gebracht. Dabei stellte ich den Antrag, Dir ohne Prüfung die Eigenschaft eines Bergführers zuzuerkennen. Ich begründete dies damit, daß Du kraft Deiner umfassenden Bergsteiger- und Rettungstätigkeit für uns ja tatsächlich Bergführer-A u s b i l d e r bist und somit schlecht von uns eine Prüfung verlangt werden könne.

Der Verwaltungsausschuß entschied jedoch gegen meinen Antrag und machte zur Bedingung, daß Du Dich der Bergführer-Prüfung unterziehst. Diese Maßnahme — das wurde eindeutig herausgestellt — soll vor allen Dingen Dich davor schützen, daß unsachliche Bemerkungen über den Erwerb eines Bergführer-Patents o h n e P r ü f u n g gemacht werden.

Wenn ich persönlich dies auch nicht unbedingt für nötig gehalten hätte, so muß ich doch gestehen, daß der Gedanke viel für sich hat, wenn Du rechtmäßig auf eine bestandene Prüfung hinweisen kannst. Ich wurde beauftragt, Dich von dem Beschluß des Verwaltungsausschusses in Kenntnis zu setzen.

Im übrigen aber möchte ich Dir herzlich danken für die freundschaftliche Art der Zusammenarbeit in der Zeit, in der ich Referent war, und Dir ein gesundes und glückliches neues Jahr wünschen.

Dein Hans Thoma

Im April des folgenden Jahres kam ein weiterer Brief von der Praterinsel:

28. April 1959

Betrifft: Bergführerprüfung 1959

Lieber Herr Gramminger!

Hiermit lädt Sie der Verwaltungsausschuß des Deutschen Alpenvereins zu der in München am 24. Mai 1959 stattfindenden Bergführerprüfung herzlichst ein.

Die Prüfung findet im Haus des Deutschen Alpenvereins, Sitzungszimmer, statt. Beginn 9 Uhr. Wir hoffen, Sie bei dieser Prüfung begrüßen zu dürfen.
Mit Bergsteigergruß

Josef Sobez
Referent für das Ausbildungswesen

Der Kandidat hat die Prüfung bestanden und ein schönes Abzeichen sowie einen Ausweis erhalten. Er trägt die Nummer 27.

Zuversicht, vom Schnee begraben

Lebendbergungen aus Lawinen sind Glückssache. Entwicklung von
Suchgeräten und -methoden für Verschüttete

Lawinen — der weiße Tod, heißt es. Lawinen bilden neben den (verschneiten) Gletscherspalten die unberechenbarsten Gefahren im Gebirge. Als sich der Schwerpunkt der Bergwacht-Arbeit vom Naturschutz mehr zur Bergrettung hin verlagerte, blieb es nicht aus, daß wir auch zu Lawinenunfällen gerufen wurden. Dies bedeutete für uns zunächst nun völliges Neuland. Es gab keine Lawinenforschung, kaum Erfahrungen über die Schneebeschaffenheit. Noch weniger wußten wir, wie Kälteschäden zu behandeln sind (auch den meisten Ärzten war dies damals unbekannt). Und für die Suche nach Verschütteten blieb uns nur eine vage Hoffnung sowie die Schaufel.

Trotz aller Fortschritte, die bis heute auf diesem Gebiet erarbeitet wurden, kam 1985 aus der Schweiz die deprimierende Meldung, daß im Zeitraum von 1974 bis 1984, also in zehn Jahren, durch die offiziellen Lawinenrettungseinrichtungen nicht eine Lebendbergung zu verzeichnen war. Aussicht, Lebende zu bergen, hat vorwiegend die unmittelbar nach dem Lawinenabgang einsetzende Kameradenrettung — mit den elektronischen Ortungsgeräten (Verschüttetensuchgeräten).

Auch ich mußte oft genug die Hoffnungslosigkeit verspäteter Suche erfahren, wenn wir nur mehr Tote aus dem Schnee graben konnten. Dabei erinnere ich mich an das große Lawinenunglück im Probstenkessel (Lenggrieser Gebiet) 1928. Bis die Meldung ins Tal kam, war es schon dunkel. Telefonat nach München, und so schnell wie möglich waren acht Mann zusammengetrommelt, die mit Mühe im Wagen Platz fanden. Als wir mitten in der Nacht an der Probstalm eintrafen, arbeiteten dort schon unsere Lenggrieser Bergwacht-Kameraden sowie Feuerwehrleute. Bei großer Kälte wurde im Schein von Fackeln und großen, schweren elektrischen Lampen die ganze Nacht fieberhaft gearbeitet. Wir fanden sie alle, aber es waren nur Tote, die wir aus dem gepreßten Schnee ziehen konnten.

Zwei Jahre danach wurden wir wieder zu einem Lawinenunfall nach Lenggries gerufen. Am Seekarkreuz waren zwei Frauen, Mutter und Tochter, von einer Lawine verschüttet worden. Am späten Nachmittag waren wir auf dem Lawinenkegel und begannen in fliegender Hast zu schaufeln. Ein glücklicher Umstand ließ uns die etwa sechzehnjährige Tochter bald finden — sie lebte noch, war aber bewußtlos. Ihr Gesicht war wie blühend. Wir hatten alle die Gewißheit, daß sie bald wieder ihre Augen aufschlagen würde, schnallten sie auf die Skiverschraubung und brachten sie schnell zur nahen Rauhalm. Dort begannen wir die Wiederbelebungsversuche, wie sie die damalige Medizin vorschrieb, und gerade die überlebte das Mädchen nicht. Ich bin mir fast sicher, daß sie mit den heutigen Methoden zur Behandlung von Kälteeinwirkungen nicht gestorben wäre.

Doch der Reihe nach: Im kalten Stall der Alm zogen wir das Mädchen aus und rieben es vorsichtig mit Pulverschnee (!) ein. Dabei war direkt zu spüren, wie die letzte Wärme aus den Armen und Beinen wich. Der Körper wurde kälter, und in unserer Not packten wir das Mädchen wieder in Decken, schnallten es auf den Skischlitten und fuhren nach Lenggries hinunter. Dort stellte ein Arzt den Tod fest. Die Mutter wurde erst in der Nacht geborgen, ebenfalls tot.

Dieses Unglück hat mich lange bewegt, besonders dann wieder, als sich herausstellte, daß die damaligen Kältebehandlungen, die in Mitteleuropa zur Anwendung kamen, ganz einfach falsch waren. Ein Beispiel aus einer Bergwacht-Lehrschrift von 1930, „Anleitung zur Nothilfe bei Erkrankungen und Unfällen im Gebirge", von Dr. Franz

Friedrich. In dieser 24seitigen Schrift werden Kälteschäden mit wenigen Zeilen behandelt:

Erfrierungen: Einer Erfrierung sind besonders durch Hunger, Anstrengung oder Blutverlust erschöpfte Menschen ausgesetzt. Ferner solche, die durch Alkoholgenuß betäubt eingeschlafen sind. Sehr gefährlich sind durchnäßte Kleider. *Enge Kleider und Schuhe sowie zu kleine Handschuhe (ungefütterte Glacéhandschuhe!) fördern das Erfrieren. Kennzeichen: 1. Bewußtlosigkeit, 2. bläuliche Verfärbung von Fingern, Ohren, Nase, 3. Glieder steif und gefühllos, 4. Atmung und Puls kaum wahrnehmbar.*

Die Kleider werden bei Erfrorenen aufgeschnitten, damit die erstarrten Glieder, die leicht brechen können, nicht bewegt werden. Die erfrorenen Glieder müssen in kühlem *Raum allmählich aufgetaut werden durch Abreiben mit Schnee oder naßkalten Tüchern; dann allenfalls kaltes Bad, das allmählich erwärmt wird. Sobald der Kranke schlucken kann,* kalten *Kaffee, Tee, keinen Alkohol. Beim Fehlen der Atmung künstliche Atmung. Nach der Behandlung die erfrorenen Glieder gut einhüllen.*

An dieser Behandlungsvorschrift ist fast alles falsch, sogar Alkohol ist gestattet, wie die neueste Bergwacht-Schrift „Kälteschäden" von Dr. G. Neureuther und Dr. G. Flora ausführt:

2. Hüttenmilieu: Bergrettungsmann: Warme Raumtemperatur. Hier zu den heißen gezuckerten Getränken auch Alkohol (Punschgetränke). Eintauchen des betroffenen Gliedes in ein Wasserbad mit lauwarmer Temperatur (cirka 10 Grad) im Laufe einer halben Stunde auf 40 Grad erwärmen, wenn dies schmerzmäßig aushaltbar ist, sonst langsamere Erwärmung (CAMPELL). Anschließend trockene Verbände, Extremitäten laufend bewegen lassen.

Viel von dem, was heute im alpinen Raum bei Kälteschäden angewendet wird, kam durch den Krieg im Norden Skandinaviens und Rußlands nach Mitteleuropa. In diesen Ländern waren die Forschungen bei Erfrierungen und Kälteschäden viel weiter. Dort wußte man, daß der Körper bei extremer Kälteeinwirkung auf ganz eigenartige, doch folgerichtige Weise reagiert. Dazu nochmals ein Zitat aus „Kälteschäden":

Um die Temperatur der lebenswichtigen Organe im Inneren des Organismus, also Herz, Lunge, Eingeweide, Hirn, möglichst lange hoch zu erhalten, schafft sich der Körper durch die kältebedingte Zusammenziehung der Blutgefäße in der Peripherie sozusagen eine Schale, in der das kalte Blut liegen bleibt; dazu rechnet man Haut, Unterhaut, Fettgewebe, Muskulatur, insbesondere die gesamten Arme und Beine.

Zusätzlich versucht der Körper die Temperatur des Inneren, also des Kerns, mit seinen Organen des Brust- und Bauchraumes sowie des Gehirns, durch eine Erregungssteigerung anzufachen (Kältezittern, schnellerer Herzschlag, schnellere vertiefte Atmung und anderes mehr). Diese Phase der Erregungssteigerung wird bei Sturz in kaltes Wasser sowie besonders beim Selbstmörder (imitierte Narkose) sozusagen ausgelassen, der betroffene Patient versinkt sofort in Phasen der Erregungsabnahme, Lähmung und schließlich Tod.

Am Unfallort wird die Messung der Kerntemperatur immer unmöglich sein; da erfahrungsgemäß die

Februar 1936. Zwei Bergwacht-Kameraden aus der Bereitschaft München, Beck und Hillinger, wurden am Wank von einer Lawine verschüttet. Die Meldung erreichte uns in München gegen Mittag, und in kürzester Zeit habe ich eine Mannschaft beisammen. Als wir zu sechst am Nachmittag beim Lawinenkegel eintreffen, arbeiten dort schon Garmischer Kameraden mit freiwilligen Helfern. Vor den meterhoch getürmten schweren Schneebrocken wird mir klar, daß aus einem solchen Inferno niemand lebend davonkommt. Dennoch arbeiten wir fieberhaft bis zum Einbruch der Dunkelheit – vergebens. Lawinenhunde gab es damals noch nicht, gegraben wurde deshalb auf gut Glück.

Gegen Abend gaben wir auf, beabsichtigten jedoch, am folgenden Tag die Suche fortzusetzen. Durch Vermittlung von Fritz Berger konnten wir eine Gruppe von Pionieren mit zwei Fahrzeugen organisieren und waren am anderen Vormittag mit 25 Münchner Helfern wieder am Lawinenkegel. Mit den Garmischer Kameraden arbeiteten wir den ganzen Tag über und fanden am Nachmittag einen der Verschütteten – tot. Erst am anderen Tag gegen Mittag wurde der zweite ausgegraben. Er lag in vier Meter Tiefe.

Bewußtlosigkeit bei einer Kerntemperatur von etwa 30 Grad eintritt, steht hiermit dem Helfer ein relativ sicheres Kriterium über die vorliegende Kerntemperatur zur Verfügung.

Was gab es damals, in den zwanziger und dreißiger Jahren, an Hilfsmitteln, um in einer Lawine rascher gefunden zu werden? Praktisch nichts — außer der Lawinenschnur. Diese etwa 25 Meter lange Schnur band sich der Skibergsteiger um den Bauch, sie flatterte dann bei der Abfahrt hinter ihm her. Während des Aufstiegs war sie, locker gewickelt, in der Brusttasche des Anoraks oder des Hemds. Bei Gefahr wurde dieses Knäuel herausgezogen und fortgeworfen. Diese Schnur hatte alle fünf Meter eine kleine Messingmarkierung; auf ihr eingeprägt die Meterzahl sowie ein Pfeil. Auf diese Weise waren die Retter beim Auffinden der Schnur sogleich im Bild, in welche Richtung sie graben mußten und wie weit der Verschüttete höchstens noch entfernt sein konnte.

Oben: Eine Lawine, die ganz Deutschland betroffen machte: Am 15. Mai 1965, gegen 13 Uhr, löste sich oberhalb des Schneefernerhauses und auch noch in weiten Bereichen rechts und links, ein riesiges Schneebrett. Teile des schweren nassen Schnees fielen über die Sonnenterrasse des Hotels und fegten die Menschen, die sich in den Liegestühlen sonnten, sowie Tische, Stühle und alles, was sich auf der Terrasse befand, hinunter auf den Hang, der mit Skifahrern bevölkert war. Es wurden an die 50 Menschen verschüttet. Glücklicherweise war ein Bergwacht-Kamerad im Hotel Augenzeuge des Unglücks. Minuten später war die Bereitschaft in Garmisch informiert, eine halbe Stunde später fuhr schon der erste Zug mit Rettungsmannschaften, Ärzten und Hundeführern vom Bahnhof Eibsee hinauf zur Zugspitze. Auf dem Lawinenkegel leiteten Bereitschaftsleiter Anton Reindl und Lawinenfachmann Hans Hibler die Sucharbeiten. An diesem Samstag waren 127 Mann im Einsatz, die 23 Verletzte und 9 Tote bargen (mehrere Verschüttete konnten sich selbst befreien oder waren ausgegraben worden). Am Sonntag, dem 16. Mai 1965 suchten 227 Mann, am Montag noch 108 Mann, am Dienstag 52, am Mittwoch 37 und am Donnerstag waren noch 6 Mann auf dem Lawinenfeld – dann war der letzte Tote gefunden.
Unten links: Das Schneefernerhaus und der darüberliegende Hang, an dem sich das Schneebrett gelöst hatte.
Unten rechts: Über 200 Helfer bemühen sich, die Verschütteten zu finden.

1967 kam mir die Idee, die Lawinenschnur im Stahlrohr des Skistocks zu verstauen. Dort hatte sie leicht Platz und wurde vor allem nie vergessen. Das richtige Ende der Schnur wurde um das Handgelenk gewickelt, und bei Gefahr brauchte man nur den Stock wegzuwerfen.

Im Februar 1945 verschüttete eine gewaltige Lawine die Bergwacht-Diensthütte am Dammbödele im Dammkar. Diese Diensthütte war damals von der Deutschen Wehrmacht okkupiert, und es befanden sich während des Lawinenabgangs drei Soldaten in der Hütte. Die Unterkunft, ein solider Holzbau, wurde weit hinuntergerissen und vollständig zugedeckt. Bei der Suche nach den drei Verschütteten setzte der Mittenwalder Bereitschaftsleiter Sepp Merk zur Suche seinen Hund ein. Meines Wissens war dies der erste Hundeeinsatz überhaupt. Dieser Hund fand denn auch zwei Tote und einen Lebenden. Das war der Beginn einer großen und umfangreichen Entwicklung. In Österreich, in Italien und in der Schweiz gibt es Hunderte von Hundeführern, die mit ihren geschulten Vierbeinern nach wie vor die kürzesten Suchzeiten haben — entscheidend ist allein der Zeitraum zwischen Unfall und Verständigung des Hundeführers bzw. seines Einsatzes auf dem Lawinenfeld. Jeder Lawinen-Suchhund absolviert mit seinem Herrn alle Jahre einen Kurs, bei dem eine Woche lang geübt wird. Die Hundeführer müssen dafür ihren privaten Urlaub einsetzen. Sie sind für die Bergwacht-Zentrale zu allen Tageszeiten erreichbar.

Vor etwa zehn Jahren, 1976, kamen die elektronischen Verschüttetensuchgeräte auf den Markt. Doch selbst wenn alle diese Gerätetypen auf einer Frequenz senden und empfangen — was derzeit noch nicht der Fall ist —, bieten sie niemals Sicherheit vor dem Lawinentod. Entscheidend ist nur, wie rasch der Verschüttete gefunden werden kann. Die Hälfte der von einer Lawine Erfaßten übersteht die mörderische Fahrt in den Schneemassen nicht lebend, und von den anderen lebt nach einer Stunde nur mehr jeder vierte.

Claudio Cortis langer Atem
Dank großartiger Zusammenarbeit einer internationalen Rettungsmannschaft
gelingt 1957 am Eiger ein Erfolg

Am Freitag, dem 9. August 1957, wartete ich beim Kaffeetrinken besonders gespannt auf die Nachrichten aus dem Radio. Es hatte sich bereits herumgesprochen, daß vier Bergsteiger in der Nordwand des Eiger unterwegs waren, eine deutsche und eine italienische Seilschaft.

Jetzt kam es: In der Eiger-Nordwand war einer der Bergsteiger gestürzt und hing seitdem am Seil. In der Nacht hatte sich das Wetter verschlechtert. Die Bergsteiger waren seit fünf Tagen in der Wand. — Ich konnte mir vorstellen, was das hieß, und ich dachte zwei Jahrzehnte zurück, 1936...

Telefonisch hatte ich vom Hotelier von Allmen in den letzten Tagen bereits erfahren, daß die beiden Seilschaften nur langsam vorwärts kämen. Kein Zweifel, die Bergsteiger in der Eigerwand waren in Bergnot. Es mußte ihnen geholfen werden. Sofort griff ich zum Telefon und ließ mich mit der SAC-Rettungsstelle Grindelwald verbinden. Dort wurde mir dasselbe mitgeteilt, was in den Radionachrichten gemeldet worden war — und noch etwas: Von Schweizer Seite waren keine Rettungsmaßnahmen geplant, denn das Wetter sei zu schlecht, die Wand vereist. Ich fragte nun, ob man etwas dagegen hätte, wenn wir von München her den deutschen Kameraden Hilfe leisten würden. — Das könnten wir tun, das sei unsere freie Entscheidung. Nach dieser Information unterrichtete ich noch meinen Kameraden Erich Friedli in Thun, den Schweizer Delegierten bei der IKAR (Internationale Kommission für Alpines Rettungswesen). Er versprach mir, eine Rettungsgruppe zusammenzustellen und mit einigen Stahlseilen zum Eigergipfel aufzusteigen.

Es war klar, daß wir sofort losfahren mußten. Gestern schon hatte ich telefonisch die Mannschaft zusammengestellt, und nun war es ein leichtes, sie mit je einem kurzen Funk zusammenzurufen. Wir trafen uns in der Werkstatt in der Wolfgangstraße, wo alles erforderliche Gerät bereits in dem VW-Bus verladen war. Dann kam mir noch etwas in den Sinn: Vielleicht wäre es möglich, daß uns ein Flugzeug der Schweizer Rettungsflugwacht von Altenrhein am Bodensee nach Interlaken fliegen könnte, es wäre vielleicht ein entscheidender Zeitgewinn. Die Flugleitung sagte uns zu, eine Maschine bereitzuhalten. In der Werkstatt angekommen, überprüfte ich mit meinen Kameraden, die unterdessen angekommen waren, noch einmal gewissenhaft unsere Ausrüstung. Dann ging es los über Memmingen und Lindau/Bregenz zur Schweizer Grenze. Wir waren nun zu acht, denn in Memmingen waren drei Kameraden aus dem Allgäu zugestiegen. Vom „Dienst VI" waren dies Hermann Huber und Alfred Koch, aus den Bergwacht-Bereitschaften Franz Fellerer, Martin Weixler, Emil Proksch, Alfred Hellepart, Hubert Bail und ich.

Es goß in Strömen. Bei diesem Wetter würde aus dem Flug wohl nichts werden. So war es dann auch. Es regnete auch in Altenrhein, kein Flugwetter — also mit dem VW-Bus weiter. Schon in Bern wurde es dunkel, und erst kurz vor Mitter-

Die Nordwand des Eiger. Diese Wand war wie keine andere der Alpen Schauplatz alpiner Dramatik. Als „Mordwand" genoß sie einen weltweiten Ruf, zu dem natürlich die leichte Erreichbarkeit der Anstiege wesentlich beitrug. Mit dem Fernrohr läßt sich auf der Kleinen Scheidegg jede Bewegung der in der Wand Kletternden beobachten. Als schaurige Sensation pendelte fast zwei Jahre lang der tote Körper von Stefano Longhi am langen Seil unterhalb der Spinne. Diese Tatsache allein lockte Tausende hinauf zur Kleinen Scheidegg. — Heute ist es um die Wand bedeutend ruhiger geworden, Besteigungen sind in den Sommermonaten an der Tagesordnung, Tragödien sind, auch dank der Hubschrauberbergung, selten geworden. Die schnellste Durchstiegszeit liegt bei fünf Stunden.

nacht trafen wir in Grindelwald ein, wo wir den Chef der Rettungsstelle aus dem Bett holen. In Nachthemd und Zipfelmütze, den Kerzenleuchter in der Hand, berichtete er uns von den letzten Ereignissen in der Wand. Erich Friedli war mit einer Gruppe der Rettungskolonne Thun am Nachmittag noch aufs Jungfraujoch gefahren und wollte über das Obere Mönchsjoch und den Eiger-Südgrat morgen zum Gipfel steigen.

Wo sollten wir jetzt übernachten? Nicht weit von hier gab es einen Gasthof mit Massenlagern. Unterwegs trafen wir einen Mann im Anzug, der uns fragte, ob wir aus München kämen und ob der Gramminger dabei sei. Jetzt erkannte ich ihn, es war Max Eiselin, Sportartikelhändler und hervorragender Schweizer Bergsteiger. Auch er verfolgte seit Tagen die sich anbahnende Tragödie am Eiger und hatte im Radio gehört, daß wir zu einer Rettungsaktion gestartet waren. Er war sofort bereit, morgen mit uns aufzusteigen, wir müßten ihn allerdings mit den nötigsten Dingen ausrüsten, er hätte nichts dabei. In unserer Unterkunft war kein Licht mehr, doch Eiselin wußte sich zu helfen. Er fand ein offenes Fenster, durch das nun acht weitere müde Bergsteiger einstiegen.

Ohne Frühstück verließen wir früh die Lager und fuhren hinab nach Grindelwald-Grund, wo ich hoffte, einen Sonderzug der Jungfraubahn zu erhalten. Doch trotz meiner intensiven Bemühungen, trotz aller Vorstellungen, wurde mir die kalte Schulter gezeigt: Kein Interesse, keine Unterstützung, ich wurde auf den Fahrplan verwiesen, der den ersten Kurs für acht Uhr ankündigte.

Und oben in der Wand rangen vier Bergsteiger mit dem Tod. Ich war sehr enttäuscht. Vor zwanzig Jahren war das noch anders gewesen, damals waren wir von der Direktion der Jungfraubahn mit allen ihren Möglichkeiten unterstützt worden. Nun also mußten wir auf den ersten fahrplanmäßigen Zug warten. Zwei weitere Bergsteiger trafen am Bahnhof ein. Man sah ihnen und ihrer Ausrüstung an, daß es sich um Extreme handelte. Sie stellten sich vor: Ricardo Cassin und Carlo Mauri aus Lecco, vom Bergsteigerclub der „Ragni", der „Spinnen von Lecco". Die beiden in der Wand, Claudio Corti und Stefano Longhi waren aus ihrem Verein, sie wollten sich an der Rettung beteiligen, wollten mithelfen. Mir war dies nur recht. Wir unterhielten uns ein wenig übers Klettern, über die Eiger-Nordwand. Max Eiselin dolmetschte. Mir waren die beiden längst bekannt, denn sie gehörten zur Spitze der italienischen Bergsteiger: Cassin, Ersterteiger des Grandes-Jorasses-Walkerpfeilers, der Piz-Badile-Nordostwand, der Westlichen-Zinne-Nordwand . . . Mauri, erste Winterbegehung der Nordwand der Großen Zinne. Wenig später stellte sich ein polnischer Arzt vor und sagte mir, er gehöre einer polnischen Bergsteigergruppe von acht Mann an, die bereit sei, uns zu helfen — ich sollte nur sagen, was sie zu tun hätten. Ich war von so viel Hilfsbereitschaft gerührt, sie tröstete mich ein wenig über die kalte Abfuhr hinweg, die wir im Bahnhof der Jungfraubahn erlebt hatten. Dazu wurde das Wetter besser, die Wolken teilten sich und heraus ragte die riesige Gestalt des Eiger, verschneit, ein winterliches Bild. Glücklicherweise fiel mir noch ein, daß wir kein Reservebenzin für die Kocher dabei hatten. Gerade war ich dabei, aus dem Tank des VW-Bus Benzin über einen Schlauch in eine Flasche abzufüllen, als einer der Polen kam und mir bedeutete, er hätte vorne am Campingplatz einen stabilen Kanister mit Benzin, den wolle er holen und mitnehmen. So brauchte ich nun doch kein Benzin in den Mund nehmen.

Die Fahrt hinauf zur Großen Scheidegg brachte wie immer herrliche Sicht auf die umgebenden Berge, vor allem auf das Wetterhorn; später tauchte auch das Schreckhorn auf. Da die Trasse der Bahn direkt unter den Nordabstürzen des Eiger entlangführt, ist die Wucht und die Größe dieser Wand hier gar nicht zu spüren. Auf der Scheidegg traten dann Mönch und Jungfrau ins Blickfeld, doch hier stiegen wir schon um. Die vielen Hände hatten das Gepäck bald umgeladen, weiter ging es bergauf zur Station Eigergletscher. Dort stellte uns der Wirt des Gasthauses ein Zimmer zur Verfügung, in dem wir unser Reservegerät zurücklassen konnten. Ein weiterer berühmter Bergsteiger kam auf mich zu: Lionel Terray. Er hatte die Absicht, mit seinem Gast Tom de Booy, einem Holländer, ebenfalls über die Westflanke aufzusteigen und zu helfen. Mittlerweile waren wir eine internationale Mannschaft geworden: Sechs Nationen bemühten sich um die Rettung der vier in Not befindlichen Bergsteiger.

Ich hatte eine Menge zu tun, um das gesamte Material gerecht nach Gewicht zu verteilen: Funkgeräte, Seilwinde, fünf Rollen Stahlseile à 100 Meter, dazu Seile, Karabiner, Haken, die gesamte Eisausrüstung, Biwakmaterial, Proviant und das persönliche Gepäck. Terray und de Booy waren bereits voraus, in ihren Spuren folgten Cassin und Mauri, dann in bunter Folge acht Deutsche, acht Polen und der Schweizer Max Eiselin. Nach etwa drei Stunden Aufstieg sahen wir erstmals in die Wand und waren erstaunt, welche Mengen an Schnee in den vergangenen Tagen gefallen waren. Was werden die vier wohl alles ausgestanden haben an Kälte und Sturm... Das Wetter war nun schön, aber es war kalt geworden, denn ein scharfer Wind pfiff über die Gipfelregion des Berges. Doch wir froren nicht, denn es wurde scharf gegangen. Von der großen Scharte, die etwa in der Höhe der Spinne liegt, sahen wir Longhi am Seil hängen. Cassin und Mauri riefen zu ihm hinüber — er antwortete. Es war furchtbar, diese Rufe zu hören, sie spornten uns zu größter Eile an. Wir querten nach rechts, dann noch der Gipfelhang und bald standen wir am höchsten Punkt. Niemand hatte Zeit für die grandiose Rundsicht. Eine Seillänge tiefer am Mittellegigrat sahen wir Bergsteiger, die dabei waren, eine Plattform in den überwächteten Grat zu graben, so weit, bis sie auf Felsen stießen. Den Grat hinunter waren ebenfalls Bergsteiger beschäftigt, ihn leichter gangbar zu machen. Wir stiegen nach Osten ab und begrüßten Erich Friedli mit sechs Helfern aus Thun, auch Terray und de Booy waren schon da. Friedli wollte ursprünglich mit mehr Männern vom Oberen Mönchsjoch her kommen, doch stellte sich heraus, daß der Südgrat durch den Schnee schwierig geworden war, weshalb ein Teil der Mannschaft umkehrte. Aus diesem Grund verfügten wir auch über weniger Material, es sollte allerdings morgen von diesen Leuten über die Westflanke heraufgebracht werden. Friedli beabsichtigte, mittels Bremsscheibe einen Mann am Stahlseil soweit hinabzulassen, bis er Sichtverbindung mit den Hilfebedürftigen herstellen konnte, um die Richtung zu bestimmen. Er hatte ja keine Seilwinde. Die allerdings hatten wir dabei und begannen sofort, sie zu verankern, was bei den Riesenmengen Schnee nicht leicht war. Einer der Schweizer schnallte sich das Funkgerät auf den Rücken und wurde über die vereiste Flanke abgeseilt. Nach etwa 70 Metern erreichte er die Kante, von der aus er einen Blick in die Wand tun konnte. Noch hatten wir mit ihm Sichtverbindung, doch übermittelte er uns per Funk, daß sich die Ausstiegsrisse viel weiter östlich befinden würden, weshalb wir ihn umgehend wieder heraufzogen. Es wurde alles abgebaut und etwa fünfzig Meter weiter östlich neu eingerichtet — viele Mühe, viel Zeit.

Es waren über dreißig Mann am Gipfel, die alle irgendwie beschäftigt waren. Ein Teil grub einen richtigen Weg in die Wächten entlang der Südseite, andere waren mit den Biwakplätzen beschäftigt, denn es dunkelte bereits, und auch wir mußten daran denken, auf welche Weise wir übernachten wollten. Hier lag der Schnee meterhoch, und es war gut möglich, geräumige Höhlen zu graben. In einer dieser Höhlen schmolzen wir Schnee, damit wir etwas Warmes zu trinken bekamen, und für dreißig Mann brauchten wir allerhand Wasser. Doch welch böse Überraschung, als die beiden Kocher, die wir dabei hatten, Nachschub an Benzin brauchten. Es stellte sich heraus, daß keine Reserve vorhanden war. Der Kamerad hatte diese in der Aufregung des Aufbruchs vergessen. Das vorhandene lauwarme Wasser wurde so eingeteilt, daß jeder der Mannschaft einen halben Becher erhielt — dann war es zu Ende. Wer noch Durst hatte, mußte ihn mit Schnee stillen.

Bald senkte sich Ruhe auf den Eigergipfel. Die Kameraden in den Höhlen lagen eng beisammen, um sich gegenseitig zu wärmen, um möglichst wenig der Körperwärme zu verlieren. Ich dachte an die vier in der Wand, die wohl in ihren Seilen hingen, der Kälte und dem Wind schutzlos preisgegeben, und das die achte Nacht. Es war durchaus möglich, daß sie es nicht überleben würden.

Zwischen Schlafen und Wachen vergingen die Stunden, das Stöhnen der Schlafenden, die Bewegungen der unmittelbaren Nachbarn, alles war zu vernehmen. Die Kälte kroch langsam in die Knochen — es war ungemütlich. An den Polen und Franzosen konnten wir sehen, wie weit zurück die bergsteigerische Ausrüstung 1957 in Deutschland noch war: Sie waren alle in Daunenjacken gehüllt, einige verfügten sogar über Daunenhosen. So ließ sich ein Biwak wesentlich leichter durchstehen. Langsam wurde es Tag, der Horizont färbte sich glutrot — ein großartiges Schauspiel von dieser hohen Kanzel. Im ersten Licht verließen wir unsere Schlafkammern und begannen sofort mit den Arbeiten zum Sichern der Bremsscheibe. Dann sprach ich mit Alfred Hellepart, der nun am Stahlseil in die Wand „abfahren" würde. Er hatte eine Bärenstatur und Kraft, überdies verfügte er bereits über Erfahrung mit dem Funkgerät. Kurz vor acht Uhr waren die Vorbereitungsarbeiten abgeschlossen, Hellepart hing im Sitz, ich hatte alles zum soundsovielten Mal kontrolliert und gab nun das Zeichen zum Abseilen.

Alfred Hellepart hat dieses Erlebnis selbst aufgezeichnet:

„Um Punkt acht Uhr morgens, am Sonntag, stand ich im Einschnitt an der Wächte über der Nordwand des Eigers. Ich möchte hier nicht meine Gefühle schildern, die mich bewegten. Aber ich wußte, unser Wiggerl ist an der Sicherung. Und im Vertrauen zu seinem Können und seiner Sorgfalt, im Vertrauen auf die Verläßlichkeit meiner Bergwachtkameraden und all der anderen prächtigen Burschen, die sich auf dem Gipfel befanden und mir viele gute Wünsche mitgaben, stieg ich langsam in den Gipfelhang ein. Ich probierte während des Abstiegs mehrere Male die Funkverbindung, und es klappte jeweils ausgezeichnet. Langsam entfernte ich mich von meinen Kameraden, und als ich in eine steile Schneerinne einstieg, verlor ich sie gänzlich aus den Augen. Ich kam mir in diesem Moment unsäglich verlassen vor. Doch ich hörte aus dem Sprechfunkgerät die Stimme von Erich Friedli, und da wußte ich wieder, daß alle in Gedanken bei mir in der Wand sind. Langsam ging die Fahrt tiefer hinunter. Ab und zu mußte ich anhalten, denn dann wurde wieder ein neues Stück Seil eingekuppelt. Rechts von mir sah ich eine schwarze Kluft näherkommen. Ich wußte, daß ich diesen Weg gehen mußte, denn nur über diesen konnte ich zu den vier Bergsteigern gelangen. Ich ließ mich nun in diese schwarze, unheimliche Kluft hineingleiten. Und dann sah ich zum erstenmal die Nordwand ganz hinunter. Und dieser Anblick nahm mir den Atem. Ich glaube, ich habe einen Ausruf unterdrückt. Diese drohende, düstere Schwärze, von einzelnen Schneebändern unterbrochen, wirkte mit ihrer fast in die Unendlichkeit verlaufenden Tiefe so unheimlich, daß ich unwillkürlich an meinem Stahlseil hochsah, das sich weit über mir, wie ein

Oben links: Auf der Kleinen Scheidegg, einem Bahnknotenpunkt im Hochgebirge, treffen die Züge von Grindelwald und Lauterbrunnen ein. Als erstes drängen Touristen ans große Fernrohr, suchen den leblosen Körper hoch oben in der Wand: „Dort, dort hängt er, er bewegt sich . . ."

Oben rechts: Stefano Longhi lebt noch – er winkt dem vorbeifliegenden Flugzeug zu. Zwei Jahre später bergen Schweizer Führer aus Wengen und Grindelwald den Körper mit einer Seilwinde von oben. Aus Sicherheitsgründen wurde für diese Bergung ein 500 Meter langes Stahlseil in einem Stück gefertigt und auf fünf Rollen verteilt zum Gipfel getragen. Mit diesem Seil lief ein Perlonseil am Retter die Wand hinunter, ebenfalls 500 Meter lang, um jedes Risiko auszuschließen.

Unten: Schweizer Bergrettungsmänner aus Thun transportieren eine Gebirgstrage über die Westflanke zum Gipfel. Auf dieser Trage brachten wir Claudio Corti ins Tal.

Zwirnsfaden immer dünner werdend, im Grau verlor. Nun hing ich winziges Menschlein frei in der Luft schwebend zwischen Himmel und Hölle und hätte beinahe vergessen, was meine Aufgabe war, so sehr packte mich dieser Anblick. Und ich erinnere mich besonders an die beruhigende Stimme des Funkpostens von der Scheidegg, an den Gusti, der mir meine Fassung wiedergab und mich an meine Aufgabe, anderen Menschen zu helfen, denken ließ. Während ich nun langsam weiter hineinfuhr in diese furchterregende Wand, bekam ich mit Friedli wieder Verbindung zum Gipfel.

Während des kurzen Anrufes hörte ich plötzlich eine menschliche Stimme. Erst war sie zwischen dem Heulen und Singen des Windes, der durch die Wand pfiff, kaum zu vernehmen. Als ich dann auf einem brüchigen Pfeiler, von dem durch mein Queren dauernd Geröll und Steine dumpf in die Wand hinunterpolterten, nach rechts pendelte, hörte ich ein deutliches Rufen und sah auf gleicher Höhe mit mir einen Bergsteiger auf einem kleinen Felspfeiler sitzen. Er befand sich ungefähr zwanzig Meter von mir entfernt und winkte mir zu. Ich gab sofort per Funk durch, daß ich einen gefunden habe. Dann rief ich ihn an: Es war Claudio. Nun versuchte ich an ihn heranzukommen und querte, mit den Steigeisen an das Geröll geklammert, über den Felspfeiler zu ihm hin. Seine erste Frage galt Zigaretten. Leider hatte ich keine einzige dabei, und da er auch nach Eßbarem verlangte, warf ich ihm aus etwa zwei Meter Entfernung eine halbe Tafel Schokolade zu, die er heißhungrig ergriff und sofort zu essen begann. Ich sah inzwischen, daß ich auf diesem Wege nicht an ihn herankommen könne und gab nach oben durch, mich wieder fünfzig Meter hoch zu ziehen, damit ich einen anderen Weg nehmen könne. Ich bedeutete Claudio, er möge sich einige Minuten gedulden, ich müsse wieder hoch, um besser zu ihm heranzukommen. Er nickte nur mit dem Kopf, so sehr war er mit dem Essen beschäftigt. Nach meinen Anweisungen zogen mich die Kameraden mit der Winde die Strecke hinauf, die ich benötigte, um nach Osten zu queren. Dann befahl ich Stopp sowie erneutes Abseilen. Ich ließ mich unmittelbar über dem Italiener in die steil nach unten abfallende Rinne gleiten. Dabei löste sich wieder sehr viel des brüchigen Gesteins, und ich warnte Claudio durch Rufe vor Steinschlag. Er drückte sich ganz eng an die Felsen. Als ich auf der tischgroßen Plattform, die sein Standplatz war, ankam, schüttelte er mir die Hand und wollte sich aufrichten. Ich bedeutete ihm sitzenzubleiben. Dann fragte ich ihn nach seinem Zustand. Er zeigte mir seine verbundene Hand, die von einem Seilbrand aufgerissen war. Am Kopf hatte er Steinschlagwunden, und ich verstand dann so viel, daß er bei einem Versuch allein nach oben zu kommen, etwa dreißig Meter abgestürzt war. Nun fragte ich ihn nach seinem Kameraden und nach den beiden deutschen Bergsteigern, die ja auch in der Wand sein mußten. Er gab mir zu verstehen, daß sein italienischer Kamerad ungefähr hundert Meter tiefer in den Seilen hinge und daß die beiden Deutschen, die ihren roten Biwaksack bei ihm zurückgelassen hatten, versucht hätten, allein nach oben durchzukommen. Seitdem habe er von den beiden nichts mehr gesehen und gehört. Zu zweit

Links: Wettersturz am Eiger und mühsamer Aufstieg durch die winterlich verschneite Westflanke. Für die vielen Retter mußte eine Menge an Ausrüstung und Gerät zum Gipfel getragen werden. Durch ein Mißgeschick blieb das Benzin für den Kocher im Tal, weshalb wir kaum Schnee schmelzen und Tee zubereiten konnten.

Oben rechts: Der Ausstieg aus der Wand endet nicht am höchsten Punkt, sondern östlich darunter am Mittellegigrat. Dort verankerten wir die Winde in den Felsen.

Unten rechts: Am anderen Morgen begann unser Kamerad Alfred Hellepart den Abstieg in die Wand. Mit dem Sprechfunkgerät dirigierte er die Männer an der Winde, ihn jeweils hinaufoder hinunterzulassen, bis er den Standplatz von Corti erreicht hatte. Von Longhi oder von Mayer und Nothdurft sah er keine Spur. Da diese nur ihre Muttersprache beherrschten, war eine Verständigung mit ihnen kaum möglich. Nachdem Hellepart Corti im Tragesitz hatte, konnte er das Kommando zum Aufseilen geben. Für Alfred begann nun ein ungemein anstrengender Weg nach oben.

versuchten wir dann noch, mit seinem Kameraden Rufverbindung zu erhalten, bekamen jedoch keine Antwort. Es war nur das Brausen des Windes zu vernehmen.

Da der Mann auf mich einen verhältnismäßig guten körperlichen Eindruck machte, bat ich Friedli durch Funk, den Italiener Cassin an das Gerät zu rufen, dieser möge mit Claudio sprechen und ihn fragen, ob er sich zutraue, allein und selbständig vor mir am Seil die Wand nach oben zu steigen. Doch sah ich schon während dieser Verhandlungen, daß Claudio dazu nicht mehr fähig war. Ich unterbrach das Gespräch und gab Friedli durch, daß ich es mir überlegt habe und daß ich ihn nun auf dem Rücken, im Gramminger-Sitz, nach oben transportieren werde. Friedli begrüßte dies. Auch er glaubte, daß dies für den Zustand des Mannes erträglicher sei.

Friedli bat mich nun, ich möge mich etwas gedulden, weil Gramminger von der Winde auf Mannschaftszug umstellen wolle. Dies würde eine erhebliche Zeiteinsparung bedeuten, denn mit dem Mannschaftszug ginge es bedeutend schneller und es waren dafür ja genügend Kameraden am Gipfel. Ich bemerkte auch, daß die Steigeisenriemen des Italieners alle gerissen waren. Es wäre allein schon deshalb unmöglich gewesen, ihn auf die vorher beschriebene Art zu transportieren. Ich befestigte den Eispickel an seinem Rucksack und half ihm, diesen zu schultern. Dann schnallte ich ihn in den Gramminger-Tragsitz, stützte ihn am Fels ab und schlüpfte selbst in dieses Gerät hinein. Ich hatte Claudio nun fest auf meinem Rücken sitzen. Leider mußte ich jetzt mein Funkgerät an die Brust nehmen, da ich es sonst nirgendwo unterbringen konnte. Dies war eine zusätzliche Behinderung. Doch es ging alles ziemlich reibungslos. Noch einige Minuten mußte ich sitzend warten, bis die Vorbereitungen am Gipfel beendet waren, dann kam von Friedli die Nachricht, daß ich nun aufgeseilt würde. Erleichtert gab ich die Antwort: ‚Ich bin bereit, gebt Zug!' Ich wollte schnell von diesem ungastlichen Ort wegkommen. Dann spürte ich, wie sich das Stahlseil straffte und zu singen begann. Obwohl ich ein fast unbegrenztes Vertrauen zu unserem Gerät hatte, konnte ich mich eines mulmigen Gefühls nicht erwehren, als das Seil, über die Felskanten scheuernd, uns langsam nach oben zog. Beim Hineinpendeln in die steile Rinne wurden durch den Ruck des Seils Steinbrocken losgelöst, die gottlob neben uns in die Tiefe polterten. Das Gewicht des Mannes war nicht unerheblich, und obendrein wurde ich durch das Funkgerät behindert. Die Steine waren mit einer dicken Eisschicht überzogen, und wenn ich nun mit den Steigeisen diese Eisschicht durchtrat, dann polterte das Geröll zentnerweise nach unten in die Wand hinein.

Zwischendurch wurde immer wieder angehalten, um oben auf dem Gipfel das Seil nachzuholen. Ich war etwa 370 Meter in die Wand eingefahren und mußte nun wieder Meter für Meter den gleichen Weg bergauf und zu zweit zurücklegen. Das Gelände wurde mit der Zeit etwas leichter und ich konnte auch das Seil mehr zur Fallinie hin korrigieren. Dadurch hörte das unangenehme Scheuern am Fels auf. Der Italiener jammerte begreiflicherweise über die Kälte. Und auch ich

Oben links: Claudio Corti hat die Wand auf dem Rücken von Alfred Hellepart verlassen und erhält, in einen Schlafsack gehüllt, eine erste Stärkung von Erich Friedli.

Oben rechts: Lionel Terray trägt Corti im Abseilsitz die letzten Meter des Mittellegigrates hinauf zum Eigergipfel. Wir sicherten die beiden dabei von oben und unten. Auf dem Gipfel wurde Corti in die dort bereitstehende Gebirgstrage gelegt, warm verpackt und sicher verschnürt.

Unten: In mühevoller Arbeit sichern wir Corti an zwei Seilen Seillänge um Seillänge hinunter. Die Schweizer Gruppe um Erich Friedli blieb auf dem Gipfel, da sich das Wetter besserte und Longhi so rasch wie möglich aus der Wand geholt werden sollte. Noch am frühen Nachmittag verschlechterten sich die Bedingungen in kürzester Zeit, und bald schneite und stürmte es. Auf dem Gipfel befanden sich die Stahlseile und die Winde-Geräte, die höchste Blitzgefahr bedeuteten. Die Schweizer stiegen deshalb am Nachmittag ab, überholten uns. Die Chancen für eine Lebendbergung Stefano Longhis waren damit auf Null gesunken.

spürte die Kälte in den Fingern, da mir beim Anseilen in der Wand ein paar Handschuhe hinuntergefallen waren. Allmählich kamen wir höher, und zwischen Wolkenfetzen stahl sich etwas Sonne zu uns herunter.

Ich hörte, wie sich Claudio darüber freute und sagte ihm, daß es bald besser werden würde. Nachdem wir noch eine Eisrinne hinaufgezogen wurden, empfand ich einen Augenblick lang unermeßliche Freude, als ich meine Kameraden auf dem Gipfelgrat wiedersah. Der Italiener ließ vor Erschöpfung den Kopf sinken und die Retter auf dem Gipfel nahmen irrtümlich an, daß er bewußtlos geworden sei. Sie beschleunigten nun das Tempo, und ich mußte meine ganze Kraft zusammennehmen, um noch mitzukommen. Durch den Anstieg und das lange Sitzen in den Gurten schon etwas mitgenommen, forderte dieser letzte Hang auch meine letzten Kräfte. Total ausgepumpt erreichten wir den Gipfel. Ich konnte Friedli noch zurufen, mich schnell von der Last zu befreien, dann legte ich mich der Länge nach in den Schnee. Corti wurde aus dem Sitz herausgerissen, und ich nestelte mir das Funkgerät, das mich am meisten am Luftholen behindert hatte, herunter. Ich wurde aufgerichtet, man klopfte mir auf die Schulter und schüttelte mir die Hände. Ich dachte in diesem Moment an Wiggerl, der treu und verläßlich an der Sicherung stand und daß wohl das meiste Lob ihm gebühren müsse, ihm und seinem Gerät, das eine so spektakuläre Rettung erst möglich machte. Die vielen freiwilligen Helfer verpackten Claudio Corti in Schlafsäcke, er erhielt zu essen und zu trinken (mittlerweile waren weitere Helfer heraufgekommen, die auch Benzin mitgebracht hatten). Ich verdrückte mich still in ein Biwakloch, um niemandem im Weg zu stehen, und rauchte in aller Ruhe eine Zigarette."

Soweit der Bericht von Alfred Hellepart.

Als wir von Hellepart über Funk aufgefordert wurden, ihn eine halbe Stahlseillänge, fünfzig Meter, heraufzuziehen, bewerkstelligten wir dies mit unserer Seilwinde. Es stellte sich aber schon beim ersten Meter Zug heraus, daß durch die Belastung die Winde vom hartgetretenen Schnee abgehoben wurde, womit sich das Kurbeln sehr erschwerte. Darüber hinaus ging uns das alles viel zu langsam. Helfer gab es genügend, und so beschlossen Erich Friedli und ich, mit Hilfe von Froschklemmen einen Mannschaftszug einzurichten, und zwar drei Gruppen zu je drei Mann. Diese drei Mannschaften zogen in den nötigen Abständen jeweils an einer Froschklemme. Dies ist ein kleines Gerät, das sich bei Zug in einer Richtung am Stahlseil festklemmt, sich in der entgegengesetzten aber bewegen läßt. An der Froschklemme konnte ein Karabiner befestigt werden und an diesem wiederum hing ein Bergseil, an dem jeweils drei Mann zogen. Diese neun Mann zogen auf dem waagrecht in den Schneehang der Eiger-Südseite gegrabenen Weg. Jede Zugstrecke betrug etwa zehn Meter, und an ihrem Ende mußten die Klemmen natürlich wieder nach vorn geschoben werden. Dazu war es nötig, das Seil vor der Bremsscheibe, also zwischen der Last und der Scheibe, jeweils zu blockieren. Dies besorgte Erich Friedli jeweils mit einer weiteren Froschklemme. Um das größtmögliche Maß an Sicherheit zu haben, saß ich hinter den Zugmannschaften auf einer kleinen Plattform und nahm das Seil über eine weitere Bremsscheibe. Hinter mir wiederum, als letzte Station, saß einer meiner Männer und wickelte das lockere Stahlseil auf die Trommel. Als Hellepart mit Corti auf dem Rücken über die Gratschneide kam, war das für

Oben links: Nach der Sturmnacht in der Westflanke begann das Abseilen erneut. Eine Gruppe von Schweizer Bergführern war uns entgegengestiegen, doch wir waren nun gut eingespielt und benötigten hier keine Hilfe mehr.

Oben rechts: Es ist geschafft. Anstrengung und Spannung fallen ab. Man sieht förmlich die Erleichterung. Links Ludwig Gramminger, rechts Lionel Terray.

Unten: Corti wird auf der Station Eigergletscher von italienischen Landsleuten umringt, die hier auf dem Bau tätig sind. Auch sie haben in den vergangenen Tagen am Geschehen in der Wand Anteil genommen. Auf ihren Gesichtern spiegelt sich die Freude über die geglückte Rettung.

uns alle ein großer Augenblick. Ein Dutzend Hände streckten sich den beiden entgegen, und ich dankte im stillen meinem Schöpfer, daß er dieses Werk gelingen ließ. Corti wurde, wie Hellepart schon berichtete, in zwei Schlafsäcke gesteckt und in einer eigens gegrabenen Höhle vom polnischen Arzt Dr. Hajdukiewicz versorgt.

Friedli und ich gingen die paar Schritte hinüber zu Hellepart und fragten ihn nach seinen Erfahrungen während des Auf- und Abseilens. Wir wollten, daß sein Nachfolger, derjenige, der jetzt hinab mußte, aus diesen Erfahrungen lernen konnte. Hellepart fand keine Kritikpunkte, nur das Funkgerät auf der Brust hatte ihn stark behindert und das Tempo, als wir ihn die letzten hundert Meter aufzogen, war ihm zu schnell. Wir fragten Lionel Terray, ob er immer noch bereit sei, den Weg in die Tiefe anzutreten, was er sofort bejahte. Während Erich Friedli ihn in französisch über die Handhabung des Funkgerätes unterwies, half ich ihm beim Anlegen meines Tragsitzes und prüfte die Verankerung am Stahlseil. Dann begann Terray die Fahrt in die Tiefe.

In seinem Buch „Le Conquerants de l'Inutile" (Die Eroberung des Unnützen) hat Terray seinen Erlebnissen ein ausführliches Kapitel gewidmet. Er schrieb es 1961, also nur vier Jahre nach den Ereignissen. 1965 erschien im Nymphenburger Verlag eine deutsche Übersetzung dieses Werkes unter dem Titel: „Vor den Toren des Himmels". Aus ihm zitieren wir mit freundlicher Genehmigung des Verlages die folgenden Passagen (Lionel Terray kam im September 1965 bei einer Bergtour im Vercors ums Leben):

„Durch unsere gemeinsamen Anstrengungen beginnt sich das Stahlseil, nachdem es sich beunruhigend gespannt hatte, langsam wieder zu bewegen. Als wir auf dem Treidelweg sieben bis acht Meter zurückgelegt haben, blockiert Friedli das Kabel auf der Bremsscheibe, wir verschieben die Klemmen wieder nach vorne, und der Vorgang wiederholt sich. Auf diese Weise haben wir 370 Meter Stahlseil heraufzuziehen. Es läßt sich verstehen,

daß diese Arbeit viel Zeit in Anspruch nimmt. Außerdem muß Hellepart, die Beine im rechten Winkel gegen die Wand gestemmt, eine ungeheure Muskelarbeit leisten und deshalb recht oft ausruhen. Nach mehr als anderthalb Stunden erscheinen die beiden Männer endlich am unteren Rand des Gipfeleisfeldes. Bald kann Hellepart, der fast am Ende seiner Kräfte ist, seine Last auf der Plattform des Grates absetzen. Trotz des erschreckenden Aussehens — in dem abgezehrten Gesicht stehen zwei winzige, im Grund ihrer Höhlen verlorene Augen — hat Corti die acht Tage in der Eigerwand unglaublich gut überstanden. Er scheint keine sehr schweren Erfrierungen zu haben und besitzt nicht nur die Kraft, sich aufrecht zu halten, sondern gestikuliert, redet großartig herum, beklagt sich, scherzt sogar. Dagegen ist nicht aus ihm herauszubringen, was eigentlich geschehen ist. Das Geschick seiner Gefährten scheint ihn weit weniger zu beschäftigen als die Frage, ob seine Durchsteigung als erste italienische Begehung der Eigerwand gewertet werden würde. Dabei widerspricht er sich unaufhörlich, bestätigt aber, daß sein im Quergang zur ‚Spinne' zurückgebliebener Gefährte der Italiener Stefano Longhi ist. Das war uns übrigens auch von Cassin und von Mauri versichert worden, die gestern abend vom Nordwestgrat aus ein paar Worte mit ihm hatten wechseln können. Dagegen läßt sich nicht erfahren, was aus den beiden Deutschen Franz Mayer und Günter Nothdurft geworden ist. All den Widersprüchen kann man doch entnehmen,

Oben: Nur einer der vier Unglücklichen ist gerettet. Von den beiden Deutschen fehlt jede Spur. Longhi hat die Nacht nicht überlebt – die Nachricht kam von Ernst von Allmen. Die Arbeit ist getan, die internationale Mannschaft trennt sich wieder, ein letztes Gespräch zwischen Lionel Terray, Dr. Hajdukiewicz und Hermann Huber.

Unten: Mühen und Plackerei sind vorüber, die Anspannung ist aus den Gesichtern gewichen. Wir warten auf der Kleinen Scheidegg auf den nächsten Zug hinunter nach Grindelwald-Grund. Von links: Wiggerl Grammminger, Hermann Huber, Lothar Brandler, Emil Proksch, Alfred Koch und Hubert Bail.

daß Corti mit ihnen bis zum Ende der ‚Spinne‘ aufgestiegen war. Dort ist er dann gestürzt, und die Deutschen haben ihn mit ihrem Biwakmaterial an jener Stelle zurückgelassen, an der er von Hellepart gefunden wurde.

Da dieser keine Spur von den Deutschen gesehen hat, kann man nur annehmen, daß sie abgestürzt sind, die Rufe stammten wohl von Longhi. Wie dem auch sei, es muß abermals jemand in die Wand absteigen, und zwar mindestens bis zum Fuß der ‚Spinne‘, um zu versuchen, die Deutschen zu finden und zu sehen, ob man Longhi noch Hilfe bringen kann. Friedli und Grammiger fragen mich, ob ich immer noch bereit sei, am Stahlseil abzusteigen, was ich sogleich bejahe.

Die Wolkendecke hat sich inzwischen niedergesenkt, und da ich schlechtes Wetter voraussehe, nehme ich alle Kleider mit, über die ich verfüge. Um mich vor Steinschlag zu schützen, setzt man mir einen Sturzhelm auf. Ein Sprechfunkgerät wird an meiner Brust angebracht, und der unermüdliche Friedli gibt mir noch Ratschläge für die Injektionen. Dann steige ich den Schneehang hinab. Bald stoße ich auf die erste Felsstufe. Dort, wo der Hang in den Felsen übergeht, sehe ich die über einen Zentimeter tiefen Einkerbungen, die das Kabel in den Kalk geschnitten hat. Dann werde ich einige Minuten angehalten. Der Sender teilt mir mit, daß man dem Kabel ein neues Stück von hundert Metern anfüge. Endlich steige ich weiter ab, die Kamine und Risse entlang, die ich vor zehn Jahren heraufgekommen war. Wie damals bedecken Schnee und Wassereis die schwarzen Felsen mit ihren schlecht geschichteten Griffen, verhüllen schwere Wolken den Berg, und es beginnt zu schneien. Ich durchlebe alles noch einmal mit außerordentlicher Lebendigkeit. Noch klingen mir Lachenals Scherze in den Ohren. Ich glaube, ihn vor mir zu sehen, wie er in seiner einzigartigen Geschmeidigkeit aus diesen Kaminen auftaucht und mir mit vor spöttischer Freude funkelnden Augen zuruft: ‚Nun, Führer, ist diese Tour interessant genug?‘

Das Stahlseil hält jäh an. Ich rufe den Gipfel nach dem Grund dieses Aufenthaltes, doch meine Frage bleibt ohne Antwort. Dagegen höre ich ein deutsches Gespräch mit, das zwischen der Kleinen Scheidegg und dem Gipfel geführt zu werden scheint. Endlich meldet sich der Gipfel: ‚Hallo, Terray, hören Sie mich? Antworten Sie!‘

Ich antworte: ‚Ich verstehe gut. Warum haben Sie den Abstieg gestoppt? Verstehen Sie mich? Antworten Sie!‘

Anscheinend hört man mich nicht. Es folgen neue Anrufe in deutsch und französisch, von langen Pausen unterbrochen. Das alles währt endlos. Um mich zu beschäftigen, führe ich ein Pendelmanöver nach links aus. Da kann ich nun aus nächster Nähe jenen Kamin wiedersehen, den ich 1947 wegen des Wassereises mit Steigeisen hatte erklettern müssen. Ich finde sogar den Riß wieder, in den ich den befreienden Haken einschlagen konnte. Doch bei jedem Zurückpendeln schabt das Kabel kleine Steine ab, und plötzlich erscheinen mir seine sechs Millimeter arg dünn und gespannt. Es beginnt in leichten Flocken zu schneien, und von höheren Hängen abrutschende kleinere Schneemengen hüllen mich in regelmäßigen Abständen in eine Wolke. Endlich höre ich: ‚Hier Scheidegg. Hallo Terray, hören Sie mich?‘

Ein langes Gespräch unterrichtet mich davon, daß der Gipfelsender nicht mehr empfängt. Von Zeit zu Zeit geht ein Zittern durch das Kabel: Man zieht mich zehn Zentimeter höher und läßt mich weiter hinab. Um mir die Zeit zu vertreiben, stoße ich in die Richtung einer Seilschaft, deren Schattenrisse sich vom Nordwestgrat abheben, ein paar Rufe aus, doch andere Rufe antworten aus der Tiefe des Abgrunds: das ist der alte Longhi, der sich weigert zu sterben, der immer noch hofft.

Können wir ihn retten? Diese Sache wird mit jeder Minute unwahrscheinlicher. Es geht auf vier Uhr nachmittags, und ein Sturm bricht los. So läßt sich an diesem Abend nichts mehr unternehmen. Hält das schlechte Wetter an, ist es unmöglich, zur ‚Spinne‘ abzusteigen, um Longhi zu retten, der auf einem der über hundert Meter weiter links gelegenen Bänder nicht weiter kann. Bei schönem Wetter wäre es vielleicht möglich, doch würde die ganze Rettungsaktion mindestens einen Tag beanspruchen. Ich zweifle auch nicht daran, daß sich bei annehmbarem Wetter mehrere bereit finden würden, einige Tage in der ‚Spinne' zu verbringen, um Longhi dem Tod zu entreißen, dem er mit bewundernswertem Mut Widerstand bietet; bei diesem Sturm aber sind wir machtlos.

Endlich fühle ich, wie sich das Stahlseil neuerlich spannt. Die Beine gegen den Berg gestemmt, steige ich ohne Anstrengung wieder hinauf. Ohne Sicht und ohne Funkverbindung erscheint Friedli ein Abstieg mit dem Kabel zu gefährlich. Deshalb hat er sich entschlossen, mich wieder aufzuziehen."

Terray war wieder bei uns, er war allein gekommen, ohne Stefano Longhi. Unser Funkgerät auf dem Gipfel hatte ganz plötzlich versagt, wir vermuteten, daß die Batterien erschöpft waren, und die grimmige Kälte hatte sicher zu diesem Defekt beigetragen. Allerdings funktionierte noch die Verbindung Kleine Scheidegg — Terray, doch sie konnte uns nicht helfen. Ohne direkte Verbindung zu unserem Mann am Stahlseil waren jedoch keine Manöver mehr möglich, wir mußten Terray wieder heraufziehen. Mit seinem funktionierenden Gerät meldeten wir zur Scheidegg hinunter, daß die Schweizer auf dem Gipfel biwakieren würden, wogegen alle anderen mit Corti noch heute über die Westflanke absteigen wollten. Des weiteren baten wir um Reservebatterien. Noch bevor Terray die Gratschneide erreichte, begann es vehement zu schneien und zu stürmen. Wenn wir ein Biwak in der Westflanke vermeiden wollten, galt es jetzt, Corti so rasch wie möglich ins Tal zu bringen. Zuerst aber mußte er über den steilen, ausgesetzten Grat zum Gipfel getragen werden. Dies besorgte Terray souverän, wobei er Corti im Tragsitz zum Gipfel brachte, von Hermann Huber gezogen und gesichert. Am Gipfel hatten unsere Schweizer Kameraden eine Gebirgstrage deponiert, in die wir Corti betteten und sturmsicher verpackten. Wir sicherten die Trage an zwei zusammengeknüpften, gut hundert Meter langen Seilen. Einer aus unserer Mannschaft hing in einem Helfergurt vorne an der Trage, das Gesicht bergauf. Er sorgte dafür, daß die Ladung in der Senkrechten blieb und sich nirgends verkeilte. Ich achtete auf die Sicherungen und war froh, daß mir mit Terray, de Booy, Cassin und Mauri hervorragende Männer mit großer Erfahrung zur Seite standen. Der Nebel war so dicht, daß wir die Trage und den begleitenden Mann nach etwa dreißig Metern schon nicht mehr sahen, weshalb wir eine Postenkette zur Verständigung einrichten mußten. Alle Mann waren zu Seilschaften zusammengeknüpft, da in diesem steilen Gelände Absturzgefahr bestand. Wie gut das war, zeigte sich wenig später, als einer der Polen ausglitt und seine zwei Kameraden mitriß. Nur die Geistesgegenwart von Tom de Booy konnte ein Unglück verhindern, als er das noch lockere Seil der Polen um seinen fest eingerammten Pickel werfen konnte.

Der Sturm wütete mit voller Wucht, und der auf der Kleidung schmelzende Schnee hatte uns bis auf die Haut durchnäßt. Kurz vor Einbruch der Dunkelheit hörten wir Stimmen von oben: Friedli und seinen Helfern war es auf dem Gipfel zu ungemütlich geworden und sie beschlossen, abzusteigen. Sie überholen uns und verschwanden bald in der Tiefe. Ich bat Friedli noch, daß er uns am Morgen mit einigen Stahlseilen entgegenkommen möge. Wir durften nun nicht weiter in der Fallinie hinunter, denn dort verwehrten senkrechte Steilabstürze den Weg. Wir mußten auf einem der Bänder queren und von dort erneut weiter abwärts steigen. Doch bald wurde es Nacht und allen war klar, daß uns ein weiteres Biwak bevorstand. Terray hat auch diese Situation in seinem Buch packend dargestellt:

„Es ist fast Nacht. Ein heftiger Wind peitscht den Schnee hoch, der uns die Augen verklebt und das Gesicht mit Eis überzieht. So geht es nicht weiter. Das führt direkt in die Katastrophe. Bei der ersten einigermaßen geeigneten Stelle lassen Gramminger und ich anhalten. Dieses neue Biwak ist außerordentlich unangenehm. Die meisten von uns sind durch die langen Anstrengungen bei Kälte, Wind und wenig Nahrung stark ermüdet. Wir haben kaum noch einen trockenen Faden am Leib, und viele verfügen nur über eine recht mangelhafte Biwakausrüstung. Nachdem wir Corti auf einem fast waagrechten Gratende verstaut haben, bleibe ich auf einer wenig ausgeprägten, dem Wind sehr ausgesetzten Plattform allein bei ihm. Alle anderen haben hinter den Felsen Deckung gesucht. Tom hat mich als letzter verlassen. Nach einer Stunde ist Corti endlich eingeschlafen, so daß ich nun versuchen kann, mich vor dem Sturm zu schützen. Doch keine dreißig Minuten später, nachdem ich mich unter einem winzigen Windschutz zu einer Kugel zusammengerollt hatte, fährt Corti aus seiner Betäubung auf und stößt gellende Schreie aus. Da er sich plötzlich auf einem vom Wind und vom Schnee gepeitschten Grat allein sieht, glaubt er zweifellos, wir hätten ihn im Stich gelassen. Ich muß zu ihm zurück, um ihn zu beruhigen und ihm zu trinken zu geben. Da ich bis ins Mark friere, eile ich immer wieder zu meinem Unterschlupf, doch jedesmal nötigen mich neue Schreie, zum Schlitten zurückzukehren.

Bei Tagesanbruch bemerke ich, daß mehrere Seilschaften zu uns aufsteigen. Als die erste auf unsere Höhe kommt, setzen wir den Abstieg fort. Die neuen Retter sind in der Mehrzahl alte Bergführer, die keine Steigeisen haben. So helfen sie uns kaum etwas. (...)

An die Stelle der Schneehänge sind jetzt senkrechte, manchmal sogar überhängende Felsstufen getreten. Diese neue Geländeart ist für einen schrägen Abstieg kaum günstiger, und die vor den Schlitten gespannten Männer haben schwer zu arbeiten. Glücklicherweise kommt nach einigen Seillängen der vortreffliche Führer Karl Schlunegger herauf und leistet Großartiges."

Auch diese Nacht fand ihr Ende. Sturm und Schneefall hatten aufgehört, nur die Kälte unter dem jetzt klaren Himmel war in unserer feuchten Kleidung kaum zu ertragen. Wir mußten uns bewegen, wir mußten wieder warm werden und begannen deshalb mit dem Abseilen der Trage. Corti hatte die Nacht gut überstanden, wenngleich er mehrmals nach Hilfe schrie. Terray hatte ihn jedesmal beruhigt. Gerade als wir mit unserer Arbeit begannen, erschien, wie schon erwähnt, eine Gruppe älterer Bergführer aus Grindelwald, die jedoch sehr mangelhaft ausgerüstet war und uns deshalb nicht helfen konnte. Doch wenig später sah ich Karl Schlunegger. Über zwanzig Jahre lag unser letztes Zusammentreffen zurück, 1936 hatten wir uns hier zum letzten Mal gesehen. Wir begrüßten uns herzlich, und ich war froh, daß wir nun einen absolut ortskundigen Führer hatten, der auch gleich mit anpackte. Kurze Zeit später erreichten wir ein breites Band, auf dem sich eine Gruppe von Bergsteigern niedergelassen hatte, die uns offenbar erwartete. Tatsächlich! Sie waren heraufgekommen mit heißem Tee, mit Suppe und einer Menge Proviant. Hei, die Schweizer wissen, was Leib und Seele zusammenhält. Im Leben hat mir keine Suppe mehr derart geschmeckt, wie die in der Eiger-Westflanke. Während wir uns stärkten, war auch Friedli mit seinen Männern heraufgekommen. Hier war es endlich möglich, eine ordentliche Sicherung anzubringen, und hier konnten wir auch das Stahlseil benützen. 500 Meter nach unten, unterstützt von Friedlis Helfern, bei gutem Wetter — die Sache war nun fast simpel. Wieder bildeten wir eine Postenkette von Mann zu Mann, um die Anweisungen durchgeben zu können. In kurzer Zeit standen wir mit Claudio Corti an den Geleisen der Jungfraubahn, vor der Station Eigergletscher. Hier erwartete uns geradezu eine Menschenmenge, Reporter, Fotografen und Neugierige. Corti wurde sofort in einen bereitstehenden Wagen verladen, um von der Kleinen Scheidegg weiter hinab nach Wengen ins Krankenhaus transportiert zu werden.

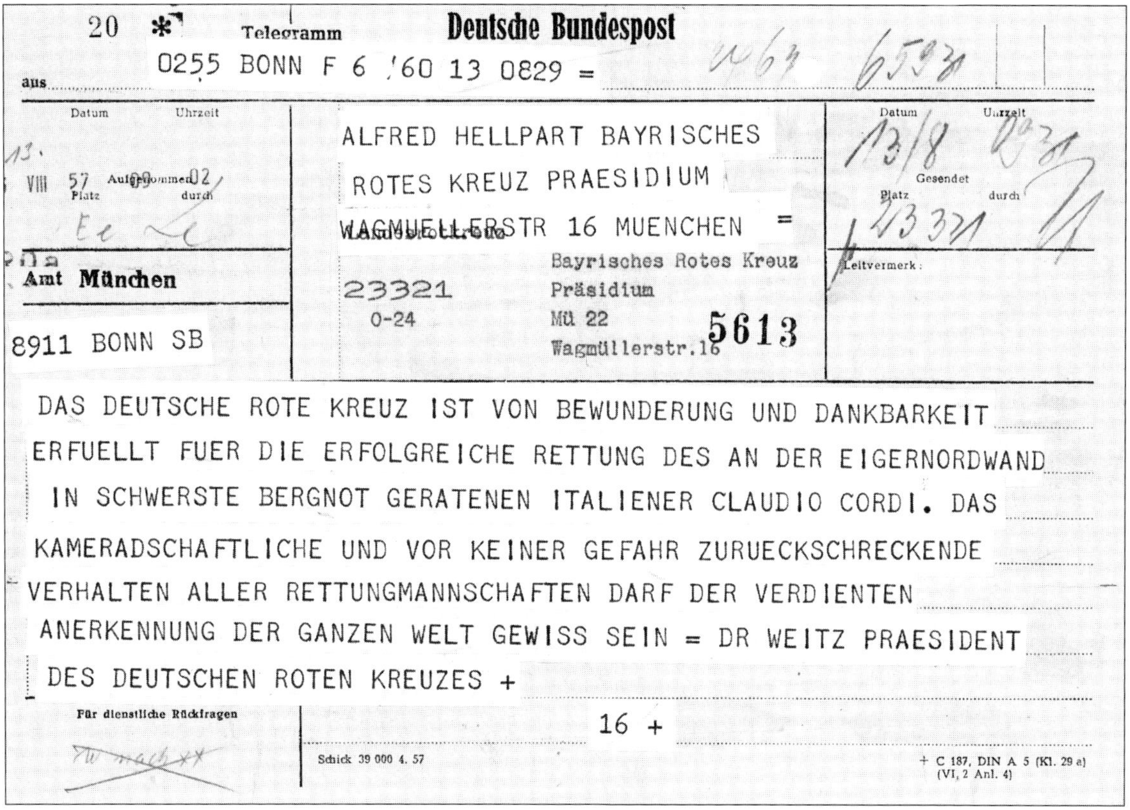

20 * Telegramm **Deutsche Bundespost**

aus 0255 BONN F 6 /60 13 0829 =

Datum Uhrzeit

13. VIII 57 Aufgenommen 02

Platz durch

Amt München

8911 BONN SB

ALFRED HELLPART BAYRISCHES ROTES KREUZ PRAESIDIUM WAGMUELLERSTR 16 MUENCHEN =

23321

0-24

Bayrisches Rotes Kreuz
Präsidium
Mü 22
Wagmüllerstr.16

5613

Datum 13/8 Uhrzeit

Gesendet

Platz 23321 durch

Leitvermerk:

DAS DEUTSCHE ROTE KREUZ IST VON BEWUNDERUNG UND DANKBARKEIT ERFUELLT FUER DIE ERFOLGREICHE RETTUNG DES AN DER EIGERNORDWAND IN SCHWERSTE BERGNOT GERATENEN ITALIENER CLAUDIO CORDI. DAS KAMERADSCHAFTLICHE UND VOR KEINER GEFAHR ZURUECKSCHRECKENDE VERHALTEN ALLER RETTUNGMANNSCHAFTEN DARF DER VERDIENTEN ANERKENNUNG DER GANZEN WELT GEWISS SEIN = DR WEITZ PRAESIDENT DES DEUTSCHEN ROTEN KREUZES +

Für dienstliche Rückfragen

16 +

Schick 39 000 4. 57

+ C 187, DIN A 5 (Kl. 29 a) (VI, 2 Anl. 4)

Eines der vielen Danktelegramme, die uns erreichten.

Ich war mit meinen Helfern ein wenig zurückgeblieben, wir ordneten das Material, wickelten die Stahlseile auf die Kabeltrommeln, und als wir in der Station Eigergletscher anlangten, war der ganze Rummel bereits vorüber. Die Fahrt hinunter nach Grindelwald unterbrachen wir auf der Kleinen Scheidegg und besuchten dort Ernst von Allmen in seinem Hotel. Er hatte, solange es das Wetter ermöglicht hatte, einen Großteil der Rettungsarbeiten an seinem Fernrohr verfolgen können und wußte als erster, wann der bedauernswerte Stefano Longhi am Seil hängend erfroren war. Sein Körper war mit dem Fernrohr genau zu sehen. Er blieb als schauerliche „Sehenswürdigkeit" fast aller Touristen, die die Kleine Scheidegg besuchten, noch zwei Jahre an seinem Seil hängen, und bei starkem Wind bewegte er sich langsam hin und her. Erst 1959 wurde er von einer Gruppe Schweizer Bergführer herausgeholt, mit einem Stahlseil vom Gipfel her.

*

Doch das Rätsel um die beiden Deutschen Günter Nothdurft und Franz Mayer war damit noch nicht gelüftet. Erst vier Jahre später, 1961, wurde es gelöst: Durch einen Zufall fand man weitab vom Normalweg zwei Tote, auf einem Felsband liegend, noch mit dem Seil verbunden. Es war die Seilschaft Mayer/Nothdurft; somit war erwiesen, daß sie die Wand vollständig durchklettert hatten und beim Abstieg an Erschöpfung und Kälte gestorben waren. Sie hatten ihr Biwakmaterial ja dem Italiener Corti überlassen, in der Hoffnung, noch vor dem Einbruch der Nacht die Station

Eigergletscher zu erreichen. Die Tatsache, daß Corti die Biwakausrüstung der beiden Deutschen bei sich hatte, als er von Hellepart zum Gipfel getragen wurde, ließ wilde Spekulationen aufkommen, von denen die schlimmste war: Corti habe sich dieser Ausrüstung bemächtigt, das Seil der Deutschen durchschnitten und sie in den Abgrund befördert. Corti hatte dies zwar immer bestritten, doch ganz konnte er sich in diesen vier Jahren nie vom Verdacht befreien, zumal er sich in vielen Interviews und Befragungen widersprach und eigenartig argumentierte. Corti war jedenfalls mit diesem Fund voll rehabilitiert, alle Verdächtigungen erwiesen sich als haltlos.

Wir verabschiedeten uns von Ernst von Allmen, fuhren nach Grindelwald hinab und schauten aus den Fenstern der Bahn noch einmal hinauf zu dieser Wand, die eine so gewaltige Faszination auf die Bergsteiger aus aller Welt ausübt — heute wie damals.

Hilfe im Flug

Flugzeug und Hubschrauber haben eine neue Dimension in die Bergrettung gebracht

Der folgende Beitrag stammt von Helmut Adelsberger, dem langjährigen Bergwacht-Referenten und heutigen Leiter der Abteilung Einsatzdienst im Präsidium des Bayerischen Roten Kreuzes. Er hat den Einsatz von Flugzeugen und Hubschraubern in der Bergrettung von der ersten Stunde an mitverfolgt und auch mitgeprägt.

Die Geschichte des ersten einsatzfähigen Hubschraubers, auch von Anfang an so genannt, geht in die Vorkriegsjahre 1937 und 1938 zurück. Professor Heinrich Focke in Bremen gelang damals die Entwicklung eines mit zwei Rotoren und einem vertikalen Frontpropeller ausgerüsteten Helikopters. Hanna Reitsch, damals Deutschlands bekannteste Fliegerin, demonstrierte im Februar 1938 die Flugfähigkeiten dieser Maschine in der Deutschlandhalle in Berlin. Den Machthabern des Dritten Reiches erschien die Einsatzfähigkeit des Hubschraubers als Angriffswaffe wohl zu gering, deshalb wurden die Pläne aller Wahrscheinlichkeit nach in irgendeine untere Schublade versenkt. Es blieb einem in Amerika lebenden russischen Emigranten, Igor Iwanowitsch Sikorsky, vorbehalten, nach dem Krieg den ersten in Serie gebauten Hubschrauber in seiner jetzigen Form, mit Heckrotor, zu konstruieren.

Es war aber noch ein weiter Weg, bevor auch nur die geringste Chance bestand, den Drehflügler im Rettungsdienst und schon gar im Gebirge einzusetzen. Erste Versuche, vor allem Materialtransporte, wurden mit der US Air Force durchgeführt. Schon bald wurde aber auch die 1954 wieder gegründete Bundeswehr mit Hubschraubern ausgerüstet. Und damals begann eine bis heute andauernde, hervorragende Zusammenarbeit zwischen der Bundeswehr, der Luftwaffe ebenso wie den Heeresfliegern, und der Bergwacht, für die mit diesem Gerät eine neue, man darf sagen, umwälzende Entwicklung begann.

Bevor auf diese Zusammenarbeit näher eingegangen wird, noch eine Episode aus der Gründungsgeschichte der Luftrettung. 1956 veranstaltete das Bayerische Rote Kreuz auf dem Sudelfeld eine groß angelegte Katastrophenübung. Wie später noch oft, wurde die Notlandung eines Flugzeuges als Übungslage angenommen. In echter Konkurrenz standen sich ein französischer Kleinhubschrauber und Flächenflugzeuge mit Fallschirmspringern gegenüber. Resultierend aus der Leistungsschwäche dieses Hubschraubers, der mit einem Piloten und zwei Verletzten in Außentragen nicht einmal vom mittleren zum oberen Sudelfeld fliegen konnte, entschied sich das Bayerische Rote Kreuz zunächst für die Möglichkeit, Einsatzkräfte und Material mittels Fallschirmen aus Flächenflugzeugen abzusetzen. Die damals gegründete Luftrettungsgruppe existierte bis 1977.

Parallel zu den bayerischen Bemühungen versuchte sich in der Schweiz ein Mann mit einem ganz anders funktionierenden System. Gemeint ist der zur Legende gewordene Gletscherpilot Hermann Geiger aus Sitten im Wallis. Er studierte den Flug der Bergdohlen so genau, daß er mit dem ihm zur Verfügung stehenden Sportflugzeug vom Typ Piper Super Cup (125 PS) auf kürzesten Distanzen auf Steilgletschern ebenso landen konnte wie auf eingeebneten schmalen Landestreifen inmitten eines Geröllfeldes (so an der Cabane du Mountet, 2886 m, im Val d'Anniviers). Zweitausend Hochgebirgs-Rettungsflüge hat er unternommen, und damit verdankt eine ganze Reihe verunglückter Bergsteiger Leben und Gesundheit diesem hervorragenden Flugpionier. Noch viel zahlreicher sind seine Versorgungsflüge zu den Hütten. Unter anderem wurde durch ihn sämtliches Material zum Bau der neuen Mutthornhütte, 2898 m, auf den Kanderfirn geflogen. Die erste Hütte in den Alpen, die so errichtet wurde. Geblieben aus den Geigerschen Erkenntnissen ist die Kurzlandetechnik im Steilgelände. Besonders in den französischen Skigebieten kennt man diese Flugplätze, dort Altiport genannt. Hermann Geiger selbst verunglückte 1966 als Fluglehrer bei einem Flugzeugzusammenstoß tödlich.

Während die Luftwaffe im Allgäu und im Chiemgau besondere Aktivitäten mit der Bergwacht entwickelte, blieb der Bereich Hochland und vor allem Garmisch-Partenkirchen eine Domäne der Heeresflieger. Dies lag in erster Linie an der Verfügbarkeit. Die in Garmisch und Mittenwald existierenden Gebirgsjägerstandorte hatten fortwährend Bedarf an Lufttransport-Unterstützung. Dies führte zur ständigen Präsenz der Heeresflieger vor Ort – ein Umstand, den sich die Bergwacht im Zusammenhang mit ihrer Rettungstätigkeit zunutze machen konnte. Da die Anliegen der Bergretter bei der Bundeswehr stets auf Verständnis stießen, bahnte sich über die spontane Hilfe bei Bergunfällen bis zur planmäßigen Ausbildung eine wirkungsvolle Zusammenarbeit an.

Dieser Zusammenarbeit standen nun natürlich die technischen Unzulänglichkeiten und das Leistungsmanko der Hubschrauber der fünfziger Jahre gegenüber: Vertol V 43, Bell 47, Djinn, Bristol Sykamore, Aluette 2 und nicht zuletzt die mit Winde ausgerüstete, großräumige, 1150 PS starke Sikorsky H 34. Haben – trotz vielfacher Einsätze – die vorerwähnten Hubschraubertypen die Bergrettung nur als Transportmaschinen unterstützt, so kann man im Fall der Sikorsky H 34 unumwunden sagen, daß mit dieser Maschine bereits echte Gebirgs-Luftrettungen durchgeführt wurden. Nach heutigem Verständnis würde der 1150 PS starke Sternmotor im Vergleich zu einem Turbinentriebwerk (Wellenjet) keine günstige kg/PS-Relation aufweisen, aber es war dennoch der stärkste Hubschrauber seiner Zeit. Eine gut funktionierende Hydraulikwinde und die Großräumigkeit der Kabine, die sogar Stehhöhe aufwies, rundeten die Einsatzfähigkeit der H 34 ab.

Deutlich unter dem Leistungsniveau der H 34 war die von der Luftwaffe eingesetzte Bristol Sykamore. Ein Drehflügler, der von seiner Triebwerksleistung ausschließlich im Seenotrettungsdienst eingesetzt werden sollte, flog plötzlich im Gebirge. Das Ganze blieb zwar irgendwie eine sportliche Improvisation, aber dadurch entstand der Begriff des Rettungsspringers. Mit anderen Worten, dieser Hubschrauber, der wegen zu geringer Leistung in größerer Höhe keinen Schwebeflug einleiten konnte, flog mit relativ geringer Vorwärtsgeschwindigkeit in einer Höhe zwischen zwei und vier Metern über das Einsatzgebiet. Die Bergwachtmänner, je links und rechts in der Türe sitzend, sprangen ab und rollten nach Fallschirmjäger-Landefalltechnik am Boden ab. Daß man diese Improvisation nicht unmittelbar am Unfallort und schon gar nicht im Steilgelände vollziehen konnte, lag auf der Hand. Wesentlich war jedoch, daß man, wo immer auch ein solcher Einsatz möglich war, Höhenmeter und Zeit sparen konnte – auch war das für einen auf Hilfe wartenden ver-

Links oben: Als der Hubschrauber noch nicht in der Luft stillstehen konnte und die Seilwinde noch nicht verfügbar war, mußten die Retter gleichzeitig auf Kommando rechts und links abspringen. Wenn das für den hangseitig springenden Bergwachtmann zwei Meter waren, konnten es auf der anderen Seite durchaus vier und fünf Meter sein, was immer wieder zu Verletzungen der Retter führte.

Links unten: Die feine Nase des Hundes ist nach wie vor die sicherste und schnellste Möglichkeit, Verschüttete zu finden. Wichtig ist dabei, daß der Führer und sein Hund als erste auf dem Lawinenkegel abgesetzt werden, damit er keine andere Fährte aufnimmt und seinen feinen Geruchssinn ausschließlich auf den oder die Verschütteten konzentriert. Beim Abseilen aus dem Heli hängen Hund und Herr zusammen am Seil. Diese Nähe, dieser körperliche Kontakt bedingen es, daß der Hund ohne jede Angst aus dem Helikopter gleitet, diese Luftfahrt sogar genießt.

Rechts: Der Verletzte wird mitsamt der Gebirgstrage aufgeseilt. Deutlich ist der schwenkbare Arm der Seilwinde zu erkennen.

Blick aus dem Hubschrauber. Bei diesem Einsatz handelt es sich um eine Übung, die im Oberreintal stattfand. In der Tiefe ist die Oberreintalhütte zu sehen.

unglückten Bergsteiger von unschätzbarem Wert. Daß die Quote der eigenen Verletzten bei der Ausbildung hoch war, braucht allerdings hier nicht besonders hervorgehoben werden.

Und dann kam sowohl bei der Luftwaffe wie bei den Heeresfliegern und beim Bundesgrenzschutz die technische Revolution, nämlich das heute noch und bis in unbestimmte Zeit wohl am besten geeignete Fluggerät für die Bergrettung, die „Bell UH 1 D".

Ein großräumiger, relativ leichter Hubschrauber zeigte dank seines leistungsstarken Turbinentriebwerks mit 1420 PS plötzlich Flugeigenschaften, von denen man bisher nur träumen konnte. Die Fluggeschwindigkeit, der Einsatzradius und die Leistungsreserven selbst in größeren Höhen erwei-

Und so sieht es vom Innern des Heli her aus: Ein Mann der Besatzung dirigiert das Stahlseil, mit dem ein Verletzter aufgenommen wird.

terten den Rahmen der Gebirgs-Luftrettung kolossal. Es dauerte zwar noch eine Weile, bis für dieses Fluggerät eine geeignete Winde zur Verfügung stand, aber schon in der ersten Zeit nach der Einführung der Maschine konnten spektakuläre Rettungsaktionen durchgeführt werden.

Bravouröse Einsätze der Flugzeugführer in gekonntem Zusammenspiel mit den Männern der Bergwacht sind die Gewähr für eine sichere Gebirgs-Luftrettung. Einsätze, die Stunden, unter Umständen sogar Tage in Anspruch nehmen würden, können mit dem Hubschrauber innerhalb kürzester Zeit und auf schonendste Weise bewerkstelligt werden. Diese Harmonie kommt nicht von ungefähr, sondern ist das Ergebnis einer intensiven Ausbildung. Da das Fliegen grundsätzlich und Hubschrauberfliegen im besonderen eine sehr teure Angelegenheit ist, sei an dieser Stelle der Bundesregierung und vor allem dem Bundesverteidigungsministerium ein herzliches Dankeschön für die ständige Unterstützung gesagt.

So gut und so fantastisch Gebirgs-Luftrettung funktionieren kann, wenn die entsprechenden Voraussetzungen gegeben sind, so schnell kann sie enden. Obwohl heute schon Nachteinsätze auch im Gebirge mit dem Hubschrauber durchgeführt werden, so lassen tiefhängende Wolken, Nebel, oder dichtes Schneetreiben jeden Einsatz von Anfang an scheitern. Dann ist wieder der Mensch gefordert, der Bergwachtmann mit seinem persönlichen Einsatzwillen, seinen durch hohes Ausbildungsniveau geschulten Fertigkeiten sowie seiner körperlichen Kraft und Kondition.

Links oben: Der Einsatz von Helikoptern im Gebirge hat die Bergrettung revolutioniert. Flugwetter vorausgesetzt, kann der Einsatzort in Minutenschnelle erreicht werden, und ebenso schnell wird der Verletzte abtransportiert. Mit der technischen Reife des Fluggeräts verbesserten sich auch Ausbildung und Können der Piloten. Auf dem Bild setzt der Pilot den Heli mit einer Kufe auf den Fels, was es den Bergwacht-Männern ermöglicht, direkt in die Wand einzusteigen. Dabei muß der Pilot mit den Rotorblättern oft bis auf einen Meter und weniger an den Felsen heran — ein überaus gefährliches Unterfangen, denn ein kurzer Windstoß kann den Hubschrauber an die Wand drücken.

Links unten: Bei diesem Hubschraubertyp wird der Verletzte vom in der Luft stehenden Heli mit der Seilwinde aufgenommen, emporgezogen und zu einem ebenen Platz geflogen. Dort landet der Pilot und verstaut den Verletzten mit einem Helfer im Innenraum.

Rechts: Zu Beginn der Helikoptereinsätze mußten sich die Bergwacht-Männer noch an ihren Seilen, die am Heli befestigt waren, abseilen. Die Stahlseilwinde kam erst später. Auf die gleiche Weise wurde natürlich auch der Verletzte mit dem Retter vom Hubschrauber aufgenommen.

In der Wand ist Totenstille

Im März 1961 kommt es zu einer großen Suchaktion nach
drei vermißten Watzmann-Ostwand-Begehern

Am Josefitag 1961, einem Samstag, war ich mit Paula unterwegs zum Achensee. Wir wollten zur Erfurter Hütte hinaufsteigen. Die Berge steckten noch im Schnee, wir hatten unsere Ski dabei. Da das anfangs so schöne Wetter sich rasch verschlechterte, sank bei mir die Lust weiterzufahren mehr und mehr. In solchen Fällen hilft eine Brotzeit für die Entscheidung. Als wir wieder einpackten, hüllten sich die Gipfel in Nebel, und jetzt hatte ich schon gar keinen Auftrieb mehr. Paula wollte wissen, weshalb wir nicht wenigstens einen Versuch wagen sollten — aber ich konnte es ihr nicht sagen, ich wollte ganz einfach wieder heim. Schon als wir am Sylvensteinsee vorbeifuhren, fing es zu graupeln und zu regnen an. Das Autoradio lief, und plötzlich kam eine Meldung, daß in die Watzmann-Ostwand eine Dreierseilschaft eingestiegen sei (so etwas erfuhr man damals noch über den Rundfunk). Das Wetter wurde schlimmer, Sturm trieb Schnee waagrecht über die Straße. Es war gut, daß wir umgekehrt waren. Die in der Ostwand würden jetzt etwas erleben. In den Abendnachrichten kam diese Meldung nochmals, etwas ausführlicher, und ich erfuhr, daß der Seilschaftsführer ein mir gut bekannter Bergsteiger war: Dr. Konrad Schimke aus Salzburg. Mich schüttelte es innerlich — bei dem Wetter auf den Watzmann. Erst am Dienstag dieser Woche hatte ich in Salzburg meinen Vortrag gehalten („Die Bergwacht — mein Leben") und war nachher mit den Salzburger Bergsteigern bis spät in die Nacht zusammengesessen. Darunter waren auch Dr. Schimke und seine Frau Helma, damals eine der aktivsten österreichischen Bergsteigerinnen. Es war eine fröhliche Runde, in der Paula und Konrad besonders lustig waren, denn sie konnten dem Wein zusprechen, während Helma und ich jeweils noch mit dem Auto nachhause fahren mußten.

23.45 Uhr. Das Telefon riß mich aus dem Schlaf. Hellmuth Schuster, der Berchtesgadener Bereitschaftsleiter, war am Apparat. Helma, Konrads Frau, war mit Markus Schmuck, einem Salzburger Bergsteiger, gekommen und wollte wissen, wie es den drei Bergsteigern in der Watzmann-Ostwand ginge. Sie waren bereits mit weiteren Salzburger Alpinisten ins Wimbachgries aufgebrochen und würden am Morgen zur Südspitze hinaufsteigen, da sie befürchteten, der Seilschaft in der Ostwand sei etwas zugestoßen, wollten versuchen, vom Gipfel her zur Biwakschachtel abzusteigen. Die Berchtesgadener Rettungsleute waren bereit, sich zu beteiligen und Hellmuth fragte mich, ob ich kommen könne. Auch fehle noch Ausrüstung.

Mit Paula fuhr ich in unsere Werkstatt in der Wolfgangstraße und lud mitten in der Nacht ein, was gebraucht wurde — Ausrüstung für zehn Mann, besonders Winterkleidung, die damals erst in Gebrauch kommenden Daunenjacken. Nachts um zwei Uhr verabschiedeten wir uns. Paula fuhr wieder heim, ich machte mich auf die Reise nach Berchtesgaden. Im Morgengrauen traf ich dort auf

Oben: Die winterlich verschneite Watzmann-Ostwand aus dem Hagengebirge. Links die Südspitze, dann Mittelspitze und Hocheck. Rechts der Hochkalter. Das Bild wurde etwa zur gleichen Jahreszeit aufgenommen, in der der Besteigungsversuch erfolgte.

Unten links: Die Rettungsmannschaften kämpften sich in tiefem Schnee unter widrigsten Bedingungen aus dem Wimbachgries hinauf zur Südspitze. Es herrschte höchste Lawinengefahr.

Unten rechts: Wir haben versucht, was uns möglich war und erkennen müssen, daß für eine Rettung der Vermißten nicht die geringste Aussicht bestand. Nach einem Sturmbiwak in der Nähe des Gipfels begannen wir am Morgen mit dem Abstieg. Die Verhältnisse waren anhaltend trostlos.

Schuster, Hillebrand, Zechmeister und viele andere von der Berchtesgadener Bergwacht. In einem Mannschaftswagen des Bundesgrenzschutzes fuhren wir Richtung Ramsau bis zur Wimbachbrücke und im Wimbachtal so weit hinauf, bis wir im Schnee steckenblieben. Von dort stapften wir mit schweren Rucksäcken auf Ski weiter — bei starkem Schneefall. Der Wind im Talgrund war nicht schlimm, aber oben, über die Grate, tobte der Sturm und hüllte die dunklen Felsen immer aufs neue in Weiß. Die Spuren der Salzburger waren verweht, nur da und dort schaute eine Rippe harten Schnees aus der weißen Fläche. In der Wimbachgrieshütte traf ich Helma Schimke. Vor einer Woche hatten wir uns lachend verabschiedet, jetzt stand Sorge in ihrem Gesicht. Sie hatte Funkkontakt mit Markus Schmuck, als er den Südgipfel des Watzmanns erreichte — das war um halb 11 Uhr gewesen. Er meldete starken Sturm, Kälte und viel Neuschnee; sie warteten auf das Stahlseil, brauchten Biwakmaterial. Nach einer Rast ging es wieder weiter, zunächst mit Ski bis dorthin, wo es ins Schönfeld hinaufgeht, dann spurten wir zu Fuß, uns abwechselnd, mit schweren Rucksäcken durch den tiefen Schnee, die 1400 Höhenmeter hinauf zur Südspitze. Kälte und Wind nahmen mit der Höhe immer mehr zu, Sturmböen hüllten uns in dichte Schneewolken. Es war ein mühsamer Aufstieg, der viel Zeit und Kraft kostete — erst gegen sieben Uhr abends trafen wir die fünf Österreicher, die sich wenig unter dem Gipfel, auf der Südseite des Berges, Höhlen gegraben hatten. Uns stand eine kalte Nacht bevor, der Sturm war zum Orkan angewachsen, und es galt nun, für weitere 25 Mann Höhlen zu graben. Jeweils fünf Mann taten sich zusammen und gruben einen Unterschlupf. Das Stahlseilgerät deponierten wir noch am Gipfel, denn wir beabsichtigten, am anderen Morgen in die Wand abzuseilen. Markus Schmuck berichtete uns noch, daß er versucht hatte, mit seinen Perlonseilen zur Biwakschachtel hinunter zu gelangen, was ihm aber wegen der Schneemengen nicht gelungen war — es

war einfach zu riskant gewesen. Auch für uns dreißig Mann war die Situation nicht ungefährlich, denn auch hier oben konnten jederzeit Lawinen abgehen; deshalb ordnete ich an, daß sich alle dreißig Mann zu einer einzigen Seilschaft verbinden sollten.

Jede Gruppe mußte sich auch noch separat sichern, damit bei einem eventuellen Lawinenabgang die Betroffenen wenigstens von der anderen Gruppe gehalten werden konnten. Zusätzlich sollte jede Abteilung mit der ihr benachbarten Rufverbindung halten, und zwar die ganze Nacht über. Vom Aufstieg waren wir noch schweißgebadet, zudem hatte der gefallene Schnee uns durchnäßt, und nun mußten wir bei gewiß 15 Grad unter Null ein Biwak durchstehen. Es war eine lange und harte Nacht, von Schlaf keine Spur, trotz unserer Daunenausrüstung, denn sie war ja naß.

Ein trüber Morgen dämmerte, der Schneesturm fegte mit unverminderter Stärke über den Gipfel. Aus den Schneehöhlen krochen vermummte Gestalten in gefrorener Kleidung, es krachte, wenn wir uns bewegten. Mit Markus Schmuck kam ich nach kurzer Einschätzung der Lage überein, abzusteigen, denn auch für die Rettungsmannschaft wurde es gefährlich. Wenn die drei die Biwakschachtel erreicht haben sollten, waren sie vorläufig in Sicherheit, im anderen Fall war die Hoffnung nicht mehr groß, sie lebend aus der Wand zu holen. Wir mußten nun selbst sehen, wie wir unbeschadet die steile Südflanke hinunterkamen, ohne uns in diesem Inferno zu verirren. Zechmeister war wohl der beste Kenner, er sollte vorausgehen. Wir bildeten eine einzige Seilschaft und konnten so mehrmals die ersten unserer Gruppe halten, wenn sie mit dem Schnee abzurutschen drohten. Vor einem Vierteljahrhundert, 1937, bei der Rettung der Vettern Frey, hatte ich den Abstieg bei ähnlichen Verhältnissen erlebt. Als wir das gefährlichste Stück, das Schönfeld, hinter uns hatten, sahen wir einige Bergsteiger, die uns von unten entgegenkamen. Es war unter anderem Forstmeister Georg von Kaufmann, der die Lage richtig erfaßt hatte und wußte, wie schwierig der Abstiegsweg bei diesem Wetter zu finden ist. In ihren Spuren fanden wir nun rasch hinab ins Wimbachtal. Die Ski brachten uns zur Hütte, und wir konnten aufatmen, daß wir, fast vierzig Mann, ohne Unfall zurückkehrten.

Helma Schimke war zutiefst deprimiert über den geringen Erfolg unserer Bemühungen. Ich fragte mich im stillen, ob wir wohl alles bedacht, alles richtig gemacht hatten. Das Innere der Hütte dampfte. Überall lag und hing die nasse Kleidung zum Trocknen. Hellmuth Schuster, der beste Ostwandkenner unter uns, wollte Helma den letzten Rest Hoffnung nicht nehmen, obwohl er wußte, wie gering die Chancen für die drei nun geworden waren. So wie sich das Wetter bessern würde, könnte die Wand mit Hubschraubern des Bundesgrenzschutzes abgesucht werden. Schuster hatte auch angeordnet, daß Bergführer und Bundesgrenzschutz-Ausbilder Friedl Votz mit einer Gruppe Soldaten vom Kührointhaus ins Watzmannkar aufsteigen und von der Skischarte her die Wand beobachten sollte. Sie waren auch am Montag schon dort oben gewesen und hatten an beiden Tagen in Sturm und Kälte ausgeharrt, anhaltend die Wand beobachtet und immer wieder im Chor und mit Megaphon in die Wand gerufen, doch ohne jede Antwort.

Am Nachmittag fuhren wir mit Ski hinunter zur Wimbachbrücke.

Der nächste Tag brachte besseres Wetter, es herrschte gute Sicht. Fünf Hubschrauber starteten, um die Wand zu beobachten. In einer Maschine befand sich Hellmuth Schuster — doch auch er, der alle Routen kennt, konnte nichts entdecken. Nur zahllose Lawinenbahnen, die meist auch noch vom Lärm und vom Winddruck der Helikoptermotoren ausgelöst wurden, waren zu sehen.

Um volle Gewißheit zu erhalten, startete der erfahrenste Pilot, Hauptfeldwebel Ludwig Keller, mit Heeresbergführer Peter Hillebrand zu einem waghalsigen Unternehmen: An einem dreißig bis vierzig Meter langen Seil hängend, sollte Hillebrand unter der Biwakschachtel abgesetzt werden. Dann wollte er sich zum Biwak, zum kleinen Blechhaus, hinaufkämpfen und nachsehen, ob sich die Bergsteiger in dieser Behausung befänden. Beide waren bei diesem Manöver in höchster Gefahr: Die Windböen konnten den Helikopter an die Wand drücken, und nach dem Absetzen war ein kleiner Schneerutsch, nicht einmal eine Lawine, in der Lage, den Bergführer aus dem Stand zu reißen und die Wand hinunterzuwerfen. Das Absetzmanöver gelang, Hillebrand fand Stand und klinkte sich aus dem Stahlseil — sofort drehte der Hubschrauber ab. Der Bergführer mußte nun durch tiefen Schnee nach oben spuren, bis zur Brust im Schnee, in überaus gefährlichem Gelände. Vierzig Höhenmeter bis zum Fuß des „Massigen Pfeilers", an dem wir vor zwölf Jahren das Biwak aufgestellt hatten.

Hillebrand, der auch Bergwacht-Mann ist, erreichte die tiefverschneite Behausung ohne Zwischenfall und mußte lange graben, bis er den Eingang soweit frei hatte, daß er sich hineinzwängen konnte. Er fand niemanden und nahm nur das Buch an sich, doch seit langer Zeit hatte sich hier keiner mehr eingetragen. Der letzte Hoffnungsschimmer war dahin. Hillebrand schoß nun, wie verabredet, eine grüne Leuchtkugel ab, das Zeichen, daß niemand im Biwak sei, und daß er abgeholt werden wolle. Dazu mußte er in der Wand die vierzig Meter wieder absteigen zu dem Punkt, von dem ihn der Helikopter holen konnte. Auch dieses Manöver glückte, und bereits um 8 Uhr morgens setzte der Hubschrauber im Hof der Kaserne Strub auf. Wir hatten die Nachricht geahnt, jetzt war sie Gewißheit. Vielleicht war die erste Vermutung schon die richtige, daß die drei Bergsteiger bereits am 19. März von einer Lawine in die Tiefe gerissen worden waren, die ein Jäger in der Watzmann-Ostwand beobachtet hatte. Bei einem weiteren Erkundungsflug sah der Pilot am Dritten Band einen Eispickel — ein stummer Zeuge der Tragödie.

Erst am 2. Mai 1961 war es möglich, von unten in die Wand einzusteigen. Bereitschaftsleiter Hellmuth Schuster und seine Begleiter fanden die toten Bergsteiger auf dem Schöllhorneis, direkt beim Einstieg am Salzburger Weg. Sie waren alle drei noch mit dem Seil verbunden und mußten mühevoll aus tiefem Schnee ausgegraben werden. Die Vermutung war also richtig: Sie hatten bereits am Josefitag in der Lawine den Tod gefunden.

Da sich an diesem Tag das Wetter verschlechterte, kam auch eine Bergung mit dem Hubschrauber nicht in Frage. Die Toten wurden in vielstündiger Arbeit 300 Höhenmeter abgeseilt, bis dorthin, wo sie von Bergwacht-Leuten mit der Gebirgstrage und dem Akja aufgenommen und nach Bartholomä hinuntertransportiert werden konnten. Von Helma Schimke erhielt ich einen Brief, in dem sie sich auf herzliche Weise bedankte. Sie sandte auch ihr Buch mit, das kurz nach dem Unglück erschien, und das zuerst heißen sollte: „Vom Glück auf steilen Wegen". Konrad, ihr Mann, hatte diesen Titel vorgeschlagen. Nach dem tragischen Tod ihres Mannes und seiner Begleiter in der winterlichen Watzmann-Ostwand änderte sie diesen Titel, indem sie die ersten beiden Worte wegließ. Das Buch hieß nun „Auf steilen Wegen" — es ist ein lesenswertes, oft spannendes Werk von einer Bergsteigerin, die auf große Touren in Fels und Eis, im Osten wie im Westen der Alpen zurückblicken konnte.

Vertrauen ist gut...

Die Prüfung der bergsteigerischen Ausrüstung ist die Aufgabe der Bergwacht-Geräte-Kommission

Jeder Bergsteiger muß sich auf sein Material verlassen können. Die Glieder der Kette Seil, Karabiner, Haken müssen so aufeinander abgestimmt sein, so dimensioniert werden, daß bei normaler und richtiger Handhabung keine gravierenden Schwachstellen vorhanden sind. Die Entwicklung dieser Ausrüstung zum heutigen Stand hat mehr als ein Jahrhundert in Anspruch genommen. Besonders angewiesen auf hochqualitatives Material war natürlich die Bergwacht. Aus diesem Grund befaßte ich mich von Beginn an mit der Ausrüstung und verbesserte und konstruierte selbst, wo mir dies nötig schien.

Nach dem Krieg, als das Bergsteigen den unerwartet starken Aufschwung nahm, war auch das Materialproblem wieder offen. Völlig getrennt von meinen Versuchen arbeitete auch Wastl Mariner an der Ausrüstung, hauptsächlich an Karabinern. Sein MARWA-Karabiner ist noch vielen älteren Bergsteigern ein Begriff. Auch ich hatte mich, ohne von Mariners Arbeiten zu wissen, mit Karabinern befaßt. Unsere Eisenkarabiner hatten zum Beispiel beide den Bogen im tragenden Teil. Als wir beide von unseren Arbeiten erfuhren, übernahmen wir die jeweiligen Vorteile zu einem einzigen Karabiner, den wir MAGRA-Karabiner tauften. Er war auf 2000 Kilopond Zugfestigkeit angelegt, eine Forderung, die ich immer vertreten habe. Noch in den fünfziger Jahren unternahm ich im Salewa-Gebäude die ersten Seil-Reißversuche, wobei mir Hermann Huber zur Seite stand. Ich fuhr sogar mit einer Reihe von Seilen nach Grenoble, da in der dortigen Universität solche Versuche durchgeführt wurden.

Die Gründung der Geräte-Kommission erfolgte aber erst am 21. November 1964 in Deisenhofen. Im folgenden einige Punkte, die bis 1984 in 18 Sitzungen mit 295 Traktanden behandelt wurden.

1964 bis 1969

Merkblatt für Lawinen — Verbesserungen der Gebirgstrage — Ajkabremse — Helfergurt — Zwei-Ski-Verschraubung — Alufolie — Steinschlaghelm — Holz-Bremsscheibe — Lawinen-Skistock — Förstersonde — Handelsübliche Sitz-/Brustgurt-Kombination.

1970 bis 1975

Horizontalsack für Hubschrauberbergung — Drehbare Seilhaspel — Behelfsmäßige Flaschenzüge — Elektronische Ortungsgeräte — Rucksackschaufel — Bergwacht-Karabiner (3000 Kilo) — Wärmepackung.

1976 bis 1980

Dreiteilige Gebirgstrage — Alu-Karabiner — Seilbremsen — Stirnlampen — Alpines Notsignal — Isoliermatte — Ortungsgeräte Ortovox, Redar, Pieps II.

1981 bis 1984

Kernmantel-Seile — Umlenkrolle — Schweizer Flaschenzug — Kunststoff-Bremsscheiben — Lawinenballon — Rohrsonden — Stahlkarabiner — Totensäcke — Funkgerätegarnitur für Schutzhelm.

In dankbarer Erinnerung

Vor allem das Sporthaus Schuster, aber auch Männer des Alpenvereins,
haben die Bergwacht unterstützt

Zwischen dem Sporthaus Schuster und der Bergwacht bestehen seit nun drei Generationen freundschaftliche und gute Beziehungen. Ich erinnere mich noch gut an den Senior und Gründer des Hauses, August Schuster. Neben zahlreichen Ausrüstungsgegenständen, die wir von ihm zu allen möglichen Gelegenheiten erhielten, interessierte er sich auch für Neuentwicklungen und Erfahrungsberichte, die aus den Kreisen der Bergwacht kamen. Seinen Sohn, den leider viel zu früh verstorbenen Gustl Schuster, durfte ich meinen Freund nennen. Auch er war ein großer Förderer unserer Organisation, und ich konnte vielmals seine Großzügigkeit erfahren.

Als wir, zum Beispiel, nach der geglückten Rettung Claudio Cortis nach München zurückkamen, mußte ich ihm in allen Einzelheiten berichten. Dabei erzählte ich ihm auch, daß die Franzosen, Italiener und Polen mit neuem hervorragendem Material ausgerüstet gewesen waren, mit sogenannter „Daunenkleidung" — leichten Anoraks und Hosen, die mit Daunen dick gefüttert waren und die Träger fast völlig vor der mörderischen Kälte am Eigergipfel schützten, was diese natürlich in den Biwaks in den Schneehöhlen sichtlich genossen. Uns dagegen konnten sie zittern und zähneklappern sehen. Wenig später wurde ich ins Sporthaus Schuster gebeten und Gustl überreichte mir zehn komplette Daunenanzüge für die weiteren Einsätze der Bergwacht.

Gustl Schuster baute sein Haus stetig weiter aus, und von der hohen Ostfassade seines Geschäftes in der Rosenstraße 3 in München demonstriert die Bergwacht seit langem alle Jahre den Stand ihrer Einsatzbereitschaft: Vom Dach dieses Hauses wird abgeseilt, am Seil aufgestiegen, eine Seilbahn verbindet zwei Häuser; irgendeine bekannte Persönlichkeit kommt in den Grammingersitz und beginnt auf dem Rücken eines „Retters" die Fahrt in die Tiefe — bestaunt von Tausenden von Neugierigen. Am Boden hat die Bergwacht eine gutbestückte Tombola aufgebaut und mit Losen kann jeder sein Glück versuchen. Diese mittlerweile zweimal jährlich stattfindende Veranstaltung hat in München nun schon Tradition.

Gustl Schuster hat Paula und mich mit dem „Afrika-Virus" infiziert — seine begeisternden Schilderungen haben auch uns siebenmal in den Schwarzen Kontinent gezogen. Mit den beiden Kindern, Heidi und Flori, verbindet mich seit lan-

gem die gleiche Freundschaft, wie sie mit ihren Eltern bestand. Besonders Frau Evi Schuster und ihrer Sekretärin Frau Schwaiger möchte ich hier herzlich danken. Beide haben mir bei Schreibarbeiten für dieses Buch zuvorkommend und selbstlos geholfen.

Eine Zusammenarbeit Bergwacht/DAV war von jeher selbstverständlich. Dennoch möchte ich ein paar Namen nennen, die über Jahre hinweg in vorbildlicher Weise für die Belange der Bergwacht eingetreten sind: Die Herren Zeuner, Schmid-Wellenburg, Biber, Heitzer, Kellerhals, März, Sedlmair, Schubert, G. Sturm, M. Sturm, Härter, Stitzinger und viele andere Herren Vorsitzende und Mitglieder des Haupt- und Verwaltungsausschusses.

Wer auf ein so langes und vielseitiges Leben zurückblicken darf, wie es mir zuteil wurde, weiß, wieviel von dem, was erreicht wurde, auch Gemeinschaftswerk ist — Ergebnis der Zusammenarbeit von vielen Gutgesinnten. An sie alle erinnere ich mich in Dankbarkeit.

Weggefährten

Meine Begleiter bei Touren, bei Rettungs- und Bergungseinsätzen — und durch mein Leben

Ich bin bald achtzig Jahre auf dem Weg. Menschen kamen und gingen, einige sind geblieben, sind mit mir eine längere oder kürzere Strecke unterwegs gewesen, einige leben noch. Wenn sich die Lebenden aus meiner Generation zu den verschiedenen Anlässen treffen, gibt es kurzweilige Stunden, wo trotz der Beschwernisse des Alters das Heitere, die Erinnerungen an die guten Zeiten überwiegen. Die Freunde, die Kameraden, die mit mir unterwegs waren, ich habe sie nicht vergessen — in den Bergen aber auch jene nicht, die dabei waren, wenn es hieß Vermißte zu suchen, Verletzte zu retten, Tote zu bergen... Die Bergsteiger besitzen das schöne Symbol der Seilschaft, des Verbundenseins auf Leben und Tod. Sie sind aufeinander angewiesen, müssen Rücksicht nehmen, sich bedingungslos verlassen können in schwierigen Verhältnissen – und sie erleben gemeinsam das Gebirge in all seiner Schönheit und Größe.

Wenn ich mich nun erinnere, um Dank zu sagen für gemeinsame Arbeit, das gemeinsame Erleben, dann kann ich nur einige nennen, stellvertretend für viele:

An erster Stelle natürlich Fritz Berger, den Gründer der Bergwacht. Ihm verdanke ich viel: Verständnis, Hilfe, Vertrauen.

Die Münchner Kameraden: Toni Woerndle, Karl Zisik, Anton Huber, Sepp Huber, Karl Heichele, Alfred Buchberger, Fritz Lense, Dr. Felix Goldmann, Alois Ebner, Sepp Steinmassl, Karl Grandl, Dr. Julius Sinzinger, Dr. Franz Friedrich, Dr. Braunwarth, Sepp Aigner, Leo Gumbiller, Max Schweiger, Karl Höfler, Karl Brandl, Wiggerl Mangold, Michael Singer, Karl Hilz, Max Göppel.

Bergwacht-Referat: Ernst Gottschaldt, Karl Breitmoser, Franz Goß, Karl Franz, Helmut Adelsberger, Gitta Hirschberg, Maria Greßl, Gerhard Betz.

Die Kameraden aus den Abschnitten: Alfred Schädlich, Josef Merk, Georg Frey, Georg Schwarzmann, Walter Böcherer, Otto Müller, Dr. Gottlieb Neureuther, Hans Sonderer, Fritz Hieber, Karl Eitzenberger, Richard Siebenwurst, Günter Mahd.

Die Freunde aus der IKAR: Dr. Rudolf Campell und Frau Trudi, Erich Friedli und Frau Susann, Wastl Mariner und Frau Trudi, Dr. Gerhard Flora, Dr. Elmar Jenny, Fritz Bühler, Albert Gayl, Peter Fuhrmann, Marian Bielecki, Andrej Robic, Hermann Geiger, Pavel Segula, Dr. Gert Mayer, Réne Arnold, Dr. Peter Götzfried.

Die Bergsteiger und Seilgefährten: Fritz Schmitt, Franz und Toni Schmid, Oskar Kramer, Hellmuth Schuster, Bertl Pflugmacher, Otto Eidenschink, Toni Mesner, Rudl Peters, Franzl Fischer, Hans Hintermeier, Bartl Hütt, Dr. Karl von Kraus, Anderl Heckmair, Erwin Vuzem, Max Ebner, Hans Brehm, Leo Rittler, Bertl Paidar, Martl und Toni Meier, Sepp Emmer, Bertl Herbst, Christian Schweiger, Hans Lucke, Hias Kuhn, Hans Ruder, Hans Brunner, Wolfgang Pfund, Ludwig Steinauer, Ludwig Schmaderer, Adi Göttner, Ludwig Vörg, Ernst Rosenschohn, Hartl Steinberger, Hermann Huber, Pit Schubert, Martin Schließler, Alfred Hellepart, Fritz Heimhuber, Toni Kinshofer, Anderl Mannhardt, Kurt Sigritz, Dr. Albert Heitzer, Dr. Bene Götzfried, Hans Ettl, Walter Kellerhals, Günter Sturm, Manfred Sturm, Fritz Zintl, Volkmar Stitzinger, Franz Rasp, Friedl Brand, Heini Hornsteiner, Raffael Hang und Sohn, Sepp Zechmeister, Hubert Heil, Karl Meier, Dieter Opitz.

Paula, meine Frau, hatte sich fürs Klettern begeistert. Sie bewegte sich elegant, auch im schwierigen Gelände.

Hellmuth Schuster †   Dr. Rudolf Campell †   Franzl Fischer †

René Arnold †   Anderl Heckmair   Helmut Adelsberger

Franz Schmid   Otto Eidenschink   Hermann Huber

Die Sicherheit in mir selbst

Zum Schluß meiner Erinnerungen darf eines nicht fehlen: das ist der Hinweis auf die Quelle der Kraft, die mich immer aufrecht hielt und die mir auch dann Zuversicht gab, wenn einige meiner Kameraden am Verzweifeln waren, oder uns die Naturgewalten das Fürchten beibrachten. Als Verantwortlicher sprach ich verzagten Helfern und Verletzten Mut zu. In schwierigen Situationen mußte ich oft Entscheidungen fällen, bei denen es um Leben oder Tod ging. Dann war mir mein völliges Vertrauen auf Gott eine unschätzbare Hilfe.

Ich denke dabei an die Nacht, die wir nach der geglückten Bergung Claudio Cortis aus der Eiger-Nordwand, an der Westflanke dieses Berges verbringen mußten. Wir waren alle sehr erschöpft. Das Biwak am Gipfel bei grimmiger Kälte steckte uns noch in den Knochen. Die Bergung und der Abtransport des Verletzten bis zu dieser Stelle hatten unsere Kräfte verbraucht. Jetzt waren wir am Ende, bis hierher und keinen Schritt weiter. Dunkelheit und dichter Schneefall machten jedes Weiterkommen unmöglich. Wie schnell konnte uns die rasch anwachsende Schneedecke zum Verhängnis werden. Nach kurzem Abwägen und Besprechen mit den Kameraden hatte ich keine andere Möglichkeit, als ein zweites Freibiwak anzuordnen.

Diese Westflanke ist steil, nirgendwo ist Schutz vor Steinschlag und Lawinen. Auch die Möglichkeit, schützende Schneehöhlen zu graben, um dem rasenden Sturm und der klirrenden Kälte zu entgehen, gab es hier nicht. Die Trage mit dem Verletzten befestigten wir, so gut es möglich war, an einigen Felsbrocken. Wir waren den Naturgewalten hilflos ausgeliefert. Mehr stehend als sitzend kauerten wir an den Felsen des Steilhangs. Was würde uns diese Nacht bringen? Wir mußten mit allem rechnen. Vernichtender noch als Steinschlag könnte sich eine der riesigen Lawinen auswirken, die hier bei Neuschnee abgehen. Unter solchen Umständen schläft man im Stehen, aber das würde den Erfrierungstod bedeuten. Durch ständiges Reden und Zurufen hielten wir uns also wach. Einer kümmerte sich um den andern, damit keiner einnickte. Der heulende Sturm machte eine Verständigung fast unmöglich.

Wie klein ist doch der Mensch in solchen Situationen! Wie hilflos den Elementen ausgeliefert! Wie unscheinbar gegenüber dem, der alle Kräfte in der Hand hält! Minuten werden zu Stunden und die Gedanken an die letzten Dinge kommen in den Sinn. — Diese Nacht am Eiger war nur eine von vielen, in denen das Leben meiner Kameraden — und natürlich auch mein eigenes — von einer einzigen Entscheidung abhängig war.

Was läge in solchen Gefahrenmomenten näher, als daß man seinen Sinn auch dem Höchsten, dem Lebensgeber, zuwendete. Ich schäme mich nicht zu sagen, daß ich oft bete. Daß ich Gott um Führung anrufe. Das ist kein Schützengrabenglauben, der nur in äußerster Not lebendig wird. Für mich ist Gott Realität. Ein vertrautes Verhältnis zu ihm gab meinem Leben im Bergrettungsdienst erst Inhalt und Bedeutung.

Er läßt uns nicht im Ungewissen über den Sinn des Lebens und was danach folgt. In diesem Zusammenhang denke ich oft an den Bibelvers aus Amos 4:13: „Denn siehe! Der Bildner der Berge und der Schöpfer des Windes und Er, der dem Menschen mitteilt, womit sein Sinn sich befaßt. Er, der die Morgenröte und die Dunkelheit macht, und Er, der auf die Höhen der Erde tritt: Jehova, der Gott der Heerscharen ist sein Name."

Wenn ich am Grab eines verunglückten Kameraden stand, war ich mit den Worten des Priesters oft unzufrieden. In der Ungewißheit seiner Ausdrucksweise fehlte wahrer Trost. Jeder konnte sich heraussuchen, was ihm besser gefiel. Entweder das Zurückkehren zum Staub, oder, daß Gott den Verunglückten zu sich genommen habe. Eine andere Möglichkeit ist die Auferstehung am Jüngsten Tag, und wer mit all diesem nicht zufrieden war, der konnte sich für die ewige Ruhe entscheiden. Einleuchtend dagegen fand ich immer schon die Worte Jesu aus dem Vaterunser: „Dein Name werde geheiligt, dein Reich komme, dein Wille geschehe wie im Himmel, so auch auf der Erde." Wenn dieses verheißene Reich Gottes dafür sorgt, daß Gottes Wille nicht nur im Himmel, sondern auch auf der Erde geschieht, wird durch die Auferstehung der Toten ein gerechter Ausgleich für die vielen Übel dieses Lebens geschaffen.

Oft waren es junge Bergsteiger, deren zerschmetterte Körper wir bergen mußten. Sollte in diesem Augenblick für sie alles vorbei sein? Das konnte ich nie glauben. Diese Überzeugung vertiefte sich in mir auch dadurch, weil ich seit langem die Bibel lese. Sie ist für mich das Wort Gottes. Ein Wegweiser. Eine Kraftquelle. Ein tröstender Anker in Gefahr.

Es ist mir ein Bedürfnis, am Schluß dieses Buches deutlich zu machen, daß ich die Früchte meiner Arbeit nicht allein einem unbeugsamen Willen und dem Fleiß zuschreibe, sondern auch — und vor allem — dem Wohlwollen dessen, der die Berge auch zur Freude und zur Erholung des Menschen geschaffen hat.

Nachwort

von Hans Steinbichler

Ludwig Gramminger ist nicht nur ein alpiner Begriff, er ist eine Institution. Wer 65 Jahre in den Bergen unterwegs ist, wer zahllose schwierige Situationen in Fels und Eis, bei Sturm und Kälte gemeistert hat, ohne auch nur einmal abgestürzt zu sein, noch nicht einmal ins Seil, wer all die Zeit über von Steinschlag und Lawinen verschont worden ist, hat nicht nur Glück gehabt. Das ist auch nicht nur der berühmte siebte Sinn, das ist mehr, mehr als von all dem etwas — es ist fast unbegreiflich. Und das läßt sich noch steigern: Alle die Kameraden, die mit dem Wiggerl auszogen, die mit ihm geklettert sind oder bei den Rettungen mit unterwegs waren — sie sind alle lebend zurückgekommen, oft genug nur deshalb, weil der Wiggerl ein waches Auge (sein einziges) auf Retter und Gerettete hatte, sie vor mancher weiteren Gefahr bewahrte. Und selbst damit noch nicht genug: Wer so viel weiß, kann und erfahren hat, der ist nicht von ungefähr plötzlich Kursleiter, Ausbilder und Prüfer. Auch da kann der Wiggerl sagen, daß all seine Schüler aus Hunderten von Kursen nicht nur mit profundem Wissen, sondern samt und sonders auch mit heiler Haut zurückgekommen sind. Können? Glück? Vertrauen?

Ich habe mit ihm versucht, dieses Leben aufzuzeichnen, aus diesem harmonischen, glücklichen Verlauf jene Meilensteine zu finden, die in ein solches Buch passen, die sich als Glieder einer Kette zusammenfügen lassen zu einem Ganzen. Es wäre uns, aus der Distanz von Jahrzehnten bis zu einem halben Jahrhundert, wohl kaum geglückt, wenn der Wiggerl nicht stets etwas getan hätte, das gerade in heutiger Zeit unerläßlich ist: Er hat sein Leben fast von Anfang an aufgezeichnet — in Bildern, in oft erschütternden Schwarzweißfotos. Seine Kamera war immer bei ihm, mit ihr hat er zahllose dramatische Situationen dokumentiert, den Ablauf des Geschehens festgehalten und einen nicht alltäglichen Beitrag zur Zeitgeschichte geleistet. Als Bergretter erlebte er ja das Gebirge zumeist bei mißlichen Verhältnissen und schlechtem Wetter. Diese Umstände waren es oft, die zum Unglück führten, und gerade dann mußte er ausrücken, ohne Rücksicht auf den Wetterbericht, die Schneelage oder die Lawinengefahr. Es war eine große Tat, daß er in diesen Situationen die Kamera mitführte — und sie auch benützte. Es läßt sich gut vorstellen, was sich die Unfallopfer oder die Kameraden gedacht haben mögen, wenn er selbst bei größter Eile, im brüllenden Sturm oder an ausgesetzten Standplätzen seine Kamera aus dem Rucksack zog und fotografierte. Es war dies nicht die persönliche Neugier oder gar die Absicht, irgendwann einmal ein Buch zu schreiben, nein, wie bei fast allem, was er tat, stand auch die Fotografie im Dienst der Sache, der Bergrettung. Mit diesen Bildern konnte er den Ablauf der Bergung oder Rettung, die Umstände, die zum Unfall geführt hatten, genau zeigen. Er war ja nicht nur derjenige, der am Ende die Scherben zusammengelesen hat — mindestens die Hälfte seines Lebens bestand aus Vorsorge und Unfallverhütung, aus der Vermittlung von Sicherungstechniken in Kursen und Schulungen. Bergwacht, Alpenverein, Polizei, Bergführer, Sportärzte — es läßt sich nicht einmal annähernd zusammenfassen, wieviel der Wiggerl aus seinem Erfahrungsschatz weitergereicht hat. Und das war nicht nur die Technik der Sicherung und Bergung — vor allem war es auch die Schule der Gefahr, die Vorsicht, die Umsicht, die Verantwortung, die Bereitschaft, jederzeit zu helfen.

Die Kameradschaft, für viele vielleicht ein etwas antiquierter Begriff, bedeutete dem Wiggerl viel. Aber er verstand unter diesem Wort ja auch etwas anderes, von ihm fest Umrissenes: Kameradschaft heißt für ihn, jederzeit für den Mitmenschen da zu sein, Schmerzen und Not zu lindern, sich für seine Rettung bis an die physischen Grenzen einzusetzen und als ruhender Pol im Inferno die Übersicht zu bewahren, Mut zuzusprechen, Vertrauen auszustrahlen. Kameradschaft ist für ihn das Seil mit seinen beiden Enden. Die Aufgaben sind Gemeinschaftswerk, auf den Kameraden muß man sich verlassen können, und von ihm muß man erwarten dürfen, daß er sein Bestes gibt.

Der Wiggerl war ein Praktiker, von Geburt an. Als er 1925 in die Bergwacht eintrat, war dies fast eine Bedingung für seinen neuen Aufgabenbereich. Die Bergwacht, als Naturschutzorganisation und Ordnungsdienst gegründet, mußte sich ganz natürlich mehr und mehr dem Sanitäts- und Rettungsdienst in den Bergen zuwenden. Aber hier gab es kaum Kenntnisse und nur dürftige Ausrüstung. Das eine eignete sich Ludwig Gramminger in ganz kurzer Zeit an, das andere entwickelte er mittels eigener Ideen. Die Kenntnisse im Sanitätsdienst erwarb er sich in Kursen und in der Praxis — das Rettungsgerät konstruierte er sich weitgehend selbst oder verbesserte es in ganz wesentlichen Bereichen: Trag- und Abseilsitz („Gramminger-Sitz"), Abseilkarabiner, Stahlseil, Akja, Streckschiene — wieviel Leben konnte mit diesen Ausrüstungsgegenständen gerettet werden in einer Zeit, in der an eine Bergung aus der Luft noch nicht einmal gedacht werden konnte. Der Wiggerl war aber nicht nur Erfinder und Konstrukteur, er hat diese Geräte auch in Serie gebaut — mit seinem umfassenden Organisations- und Improvisationstalent.

Für das vorliegende Buch habe ich mit dem Wiggerl nahezu ein Jahr lang zusammen gelebt und gearbeitet. Ich habe ihm zahllose Fragen gestellt, habe ihn oft, wie es so unschön heißt „auseinandergenommen", regelrecht zerlegt. Es war nicht das Verhältnis Reporter kontra Opfer, nein, der Draht zueinander, das Thema Berge, war schon am ersten Tag gefunden und hat uns beide bis zuletzt gefesselt. In diesen vielen Stunden an der Schreibmaschine, wo er neben mir saß und lebendig und immer engagiert erzählte, habe ich viel über den Menschen Gramminger erfahren.

Diese sechzig Jahre Bergwacht, die sechs Jahrzehnte an der „Front" der Bergrettung haben Spuren hinterlassen. Es gibt praktisch keine Situation, in der ein Mensch Hilfe bedürfte und in der der Wiggerl keinen Rat wüßte oder seine Lage nicht verbessern könnte. Helfen, Enttäuschung oder Not zu lindern sind sein Lebensinhalt. Er kann

Bei einer IKAR-Tagung auf der Kleinen Scheidegg. Drei Bergrettungsexperten, die in ihren Ländern führend tätig waren, von links: Ludwig Gramminger, Deutschland; Erich Friedli, Schweiz; Wastl Mariner, Österreich.

dies mit seinem handwerklichen Geschick genauso wie mit gütigen verständnisvollen Worten, die den Weg von Herz zu Herz finden. All dies hat er sich bewahren können aus den ungezählten Situationen, die er erleben mußte: den zerschmetterten Körpern, den schwerverletzten Bergsteigern, der Nachbarschaft des Todes. Er war es, der die Angehörigen der Verunglückten aufgesucht hat, die schlimme Botschaft übermitteln mußte; er hat die Verletzten ins Krankenhaus geführt, sie besucht und ihnen Mut zugesprochen; er hat die Bergtoten betreut bis ins Leichenhaus und auch zum Grab. Wer je bei einer Bergung dabei war, wird ermessen können, welcher körperliche Einsatz erforderlich ist, einen Verletzten oder Toten aus schwierigem Gelände zu Tal zu bringen. In einer Zeit, in der es noch keinen Hubschrauber gab, in der jeder Meter zu Fuß überwunden werden mußte, hinauf und hinunter. Gerade diese Mühen und Strapazen, diese oft verzehrenden Schindereien waren es auch, die den Wiggerl erfinderisch werden ließen, ihn zum Nachdenken brachten, wie man sich diese Schwerarbeit erleichtern konnte, im Sinne der Helfer wie der zu Rettenden. Seine genialste Tat war die Konstruktion des Gramminger-Sitzes, eines denkbar einfachen Gerätes, das einem etwas veränderten Rucksack gleicht. Der „Trag- und Abseilsitz" war ein Geniestreich in der Bergrettung (vergleichbar vielleicht noch mit dem Akja und der Seilwinde). Mit ihm war nun eine Bergung aus jeder Alpenwand möglich; er hat sich schnell durchgesetzt und er wird überall dort verwendet, wo Menschen in den Bergen der Hilfe bedürfen. Auch noch heute wird er nach denselben Prinzipien gebaut — mit den modernen Materialien.

Der Wiggerl war noch nicht 25 Jahre alt, als er durch einen Unfall sein rechtes Auge verlor. Ein niederschmetterndes Ereignis, das sein Leben bis zum heutigen Tag beeinflußt hat. Der Verlust eines Auges ist gerade auch für einen Bergsteiger eine schwere körperliche Beeinträchtigung, denn er ist beim Steigen und Klettern, besonders aber beim Durchqueren von Blockfeldern und im unebenen Gelände auf das räumliche Sehen angewiesen. Und der Wiggerl, der elegante Kletterer, der in allen schwierigen Wänden, Kanten und Graten zuhause war, mußte von vorn beginnen. Er hatte sich umgestellt, hatte mit dem ihm eigenen Fleiß, ja mit einer bewundernswerten Hartnäckigkeit die alte Sicherheit fast wiedererreicht und mit diesem einen Auge sogar schwierigste Felstouren unternommen. Im Alter hat ihm dann auch noch eine ärztliche Fehlbehandlung drei Viertel der Sehkraft des verbliebenen Auges genommen — und auch das hat er überwunden, hat in dieser Zeit damit begonnen, sein Buch aufzuschreiben, langsam, doch konzentriert und zielbewußt. Mit einer achtfachen Lupe liest er jetzt Manuskripte, Satzfahnen und Bücher. Hätte er nicht seine Bilder und dieses beneidenswerte Gedächtnis — aus dem Buch wäre wohl nie etwas geworden, denn der Wiggerl hat kein Tagebuch geführt und keine Notizen verfaßt. Das einzige, was er schrieb, waren Briefe an seine vielen Freunde in zahlreichen Ländern der Welt, die irgend etwas mit der Bergrettung zu tun haben, die er gerettet oder unterrichtet hatte. Diese Briefe, die vielen Kontakte haben den Wiggerl dann im Alter zum Wandervogel werden lassen, zum Weltreisenden. Er, der außer einem klassischen Münchner Dialekt nur noch etwas Hochdeutsch spricht, begann die Erde zu bereisen.

Mit 61 Jahren, er war noch hauptamtlich bei der Bergwacht angestellt, fuhr er drei Wochen nach Afrika, besuchte Kenia und seine Nationalparks. 1968 flog er nach Uganda, und dort war er wieder unterwegs in den Tierreservaten. 1969 war Rhodesien das Ziel. Ein Jahr später, 1970, war er pensioniert worden, kaufte sich einen Wohnwagen und

Oben: Münchner Biergartenatmosphäre vor 60 Jahren.
Unten: Vom Klettern zurück. Auf der „Strips", von links: Oskar Kramer, Hellmuth Schuster, Anderl Heckmair, Wiggerl Gramminger und Peter Aschenbrenner, der diese Hütte damals bewirtschaftete!

fuhr drei Monate lang über Frankreich, Spanien, Portugal nach Marokko. 1973 war er im südlichsten Staat des Schwarzen Kontinents, mietete sich einen Campingbus und bereiste dieses Land voller Gegensätze ein ganzes Vierteljahr. Dieses Camperleben hat ihm so gefallen, daß er sich 1974 einen Fiat-Bus kaufte und ihn auch selbst ausbaute. Mit ihm fuhr er nach Norden, nach Dänemark, Schweden, Norwegen und Finnland. Auch diese Reise dauerte drei Monate. Das Jahr darauf, 1975, zog es ihn wieder nach Süden, und erneut bildete Südafrika das Ziel für zwölf volle Wochen im Campingbus. 1976 waren die Balkanländer, die Türkei und Griechenland das Ziel einer dreimonatigen Fahrt. 1977 kam der Sprung über den großen Teich. Im Campingbus reiste er von San Francisco nach Norden, nach Kanada, er erlebte Britisch Kolumbien und die Insel Vancouver. In einem Vierteljahr fuhr er 25000 Kilometer. 1978 flog er wieder in die USA und besuchte in drei Monaten 21 Nationalparks in 19 verschiedenen Staaten. 1979 ging es im Campingbus von San Francisco nach Süden, nach Mexico, wo er auf einem Zeltplatz jenen Amerikaner traf, mit dem er 1946 auf der Zugspitze einen Rettungskurs geleitet hatte. 1980 gab es zur Abwechslung wieder einmal einige Wochen in den Bergen, Fahrten in die Schweiz, nach Frankreich und Italien. 1981, das letzte Jahr, das er mit seiner geliebten Frau Paula verbringen durfte, flogen sie noch einmal nach Amerika und fuhren von San Francisco nordwärts, auf dem Alaska Highway nach Kanada und weiter bis Anchorage. Auf der Rückfahrt besuchten sie erneut Vancouver und trafen nach drei erlebnisreichen Monaten wieder in San Francisco ein; 28000 Kilometer saß der Wiggerl am Steuer.

Am 17. November 1982 starb Paula in seinen Armen — der Wiggerl war allein. Er brauchte lang, bis er nach diesem Schlag wieder ins Gleichgewicht kam. Und jetzt war alles viel schwerer für ihn: Haushalt erledigen, Einkaufen, Kochen — Arbeiten, die Paula besorgt hatte, er mußte sie nun neu lernen. Aber auch über diesen Berg stieg der Wiggerl, denn seine Lebenskraft, sein Mut waren nicht verlorengegangen. Mit seiner tiefen Religiosität und im Bewußtsein, seine Paula bald wiederzusehen, begann er diesen neuen Lebensabschnitt. Schon 1983 war er wieder unterwegs, flog mit dem DAV nach Nepal, um im Langtang-Himal zu wandern. 1984 dann hatte er erstmals seit seiner Pensionierung wieder viel Arbeit: Er mußte ein Buch, seinen Lebensbericht zusammentragen, und er nahm diese Aufgabe ernst, so, wie er alles, was er im Leben begonnen hatte, ernstgenommen hat. 1985 trat der Wiggerl ziemlich massiv in mein Leben — wir begannen zusammen das Buch zu schreiben: „Das gerettete Leben". Dreimal allerdings gab es eine Unterbrechung, denn den Wiggerl hatte die alte Reiselust wieder ergriffen: Im Frühling zwei Wochen in die Türkei, im Som-

Wiggerl Gramminger erhält von Verleger Rudolf Rother den Bergverlagspreis 1984.

Anderl Heckmair und Ludwig Gramminger 1981.

mer eine Reise nach Ägypten und Anfang Herbst wanderte er in Andorra. Für 1986 sind fest geplant: Albanien, und nach seinem 80. Geburtstag Kanada, Vancouver, Alaska.

Den Wiggerl lernte ich in einem seiner Vorträge kennen. Er nannte ihn „Die Bergrettung — mein Leben", und darin kam sein fast unnachahmliches Erzählertalent so richtig zur Geltung. In diesem Fall waren die Bilder fast zweitrangig, man konnte die Augen schließen und zuhören, auf welche Weise er all die zahlreichen Widerstände und Schwierigkeiten meisterte — unglaublich, haarsträubend. Und dennoch: Der Erzähler stand vor uns, war ein Leben lang allen Gefahren entronnen, hatte alle seine Kameraden wieder heil nach Hause gebracht. Später habe ich ihn zu manchen alpinen Anlässen getroffen, habe ihn auch einmal fotografiert, zusammen mit Anderl Heckmair, und dann hab ich ihm dieses Bild geschickt. Ich erhielt einen lieben Brief, in dem er mir dankte und weitere Fotos wünschte. Und dann kam das Buch. Mit ihm die vielen Stunden zusammen an der Scheibmaschine, in denen wir zurückschauten in eine ferne Zeit, aus der nicht mehr allzuviele Zeitzeugen leben. Wir haben ein nicht alltägliches Leben aufgezeichnet, ein Leben, das es wert ist, aufgeschrieben zu werden, bewahrt zu werden für die, die nach uns kommen. Denn sie werden sicher einmal fragen: „Wie war das damals?" Jetzt, in der Rückschau, dürfen wir beide sagen, es waren interessante, nie langweilige Stunden. Das Kapitel von der Hochwanner-Nordwand, die Titelgeschichte, haben wir zu dritt geschrieben. Da waren wir mehrere Abende bei Erwin Vuzem und seiner reizenden Frau zu Gast. Links saß der Wiggerl, rechts der Erwin, und ich mußte beide anhaltend bremsen, denn sie erzählten mit einer solchen Begeisterung, daß ich nicht im entferntesten mit dem Schreiben folgen konnte. Es ist vielleicht die schönste Geschichte des Buches, eine mit

Der Wiggerl schreibt sein Buch. Das Lesegestell hat er sich selber gebaut.

höchster Dramatik und jenem guten Ende, nach dem sich eigentlich alle Menschen sehnen.

Wer so viele Menschen dem Leben zurückgegeben hat wie der Wiggerl, ist ein dankbares Objekt für Orden und Ehrenzeichen. Auf der Suche nach einem heruntergefallenen Kugelschreiber zog ich auch einmal eine Schuhschachtel unter dem Kanapee hervor — und was fand sich darin? Blitzende Kreuze und Sterne, Orden, Abzeichen, Bänder, die ganze Schachtel voll. Der Wiggerl grinste: „Ja, stell dir vor, de müaßat i jedesmoi auf mei Joppn stecka…" Das war natürlich eine Vorstellung, aber ein paar von diesen metallenen Wertschätzungen dürfen wir schon aufführen: Das „Grüne Kreuz" des Alpenvereins; die „Olympia-Erinnerungsmedaille", das „Ehrenzeichen für Deutsche Volkspflege" (wie sinnig); ein „Kriegsverdienstkreuz mit Schwertern" (ganz daneben); das „Ehrenzeichen des Deutschen Roten Kreuzes"; das „Steck-Kreuz"; und natürlich auch das „Bundesverdienstkreuz Erster Klasse". Am meisten freut ihn das „Grüne Kreuz". Es wird verliehen bei zehn Lebendrettungen, und der Wiggerl ist einer der ersten Träger dieser Auszeichnung.

Lieber Wiggerl, es war eine schöne gemeinsame Zeit, eine Zeit der Erinnerung. Wir haben sie aufgezeichnet, sind ganz weit zurückgegangen und haben dort begonnen, wo 1906 in München der kleine Bruder von drei Mädchen auf die Welt gekommen ist. Zwischen diesem Jahr und dem der Fertigstellung des Buches liegen acht Jahrzehnte. Eine Zeit mit weltbewegenden Epochen, ja schlimmen Zeiten — und doch auch anderen, besseren. Du hast die Klippen umschifft, bist in beneidenswerter Gesundheit und Frische achtzig Jahre alt geworden. Ich wünsche Dir weiterhin diese angeborene mitreißende Lebensfreude, die keinen unbeteiligt läßt, der sie erfahren durfte.

Register

Abseilkorb 78
Adelsberger, Helmut 241, 259
Aggenstein 100
Aigner, Peps 172
Akja 132, 200
Alliierte Militärbehörden 158
Allmen, Ernst von 40, 49, 50, 57, 234, 239
Alpenverein 14, 18, 76
Alpenvereins-Rettungsdienst 158
Aluette 242
Amman, Karl 16
Angerer, Willy 46, 48, 59, 62
Arnold René 259
Aschauer, Josef 65, 66, 72, 110, 170
Auckenthalerroute 180
Ausbildung 204

B-47-Bomber 170
Baumgartner, Georg 87, 90, 92
Bayerisches Rotes Kreuz 162, 166, 241
Bayerland, Sektion 18, 76, 112, 170, 179
Bell 47 242
Bell UH 1 D 242
Benediktenwand 10
Bereitschaften 78
Berg, Max von 160
Berger, Fritz 13, 16, 20, 22, 34, 76, 78, 80, 81, 218, 256
Bergesack 36
Berg- und Skiführer 214
Bergführerausbildung 207
Bergführerkurse 214
Bergführerprüfung 214
Bergrettungsdienst 166
Bergwacht-Bereitschaften 106
Bergwacht-Streckschiene 162
Bergwacht-Streifen 100
Biller, Josef 182, 184
Biwakschachtel 170, 177, 179
BMW-Dixi 152
Booy, Tom de 225
Bormann, Martin 132
Brandler, Lothar 192, 193, 203
Brehm, Hans 122
Bremsscheibe 188, 225

Bristol Sykamore 242
Brunner, Hans 123, 127
Buchenhain, Klettergarten 14, 18
Bühler, Fritz Dr. 166
Buschmann, Klaus 192

Campell, Rudolf Dr. 165, 208, 259
Care-Pakete 134
Cassin, Ricardo 224
Chamonix 112, 114
Chevrolet 93, 104
Chiemgau 24
Club Alpiner Skiläufer 114
Coburger Hütte 142
Col de la Forclaz 112, 114
Corti, Claudio 203, 222, 224, 226, 230, 232, 254, 260

D-Radl 31
Dachstein-Bergkatastrophe 212
Dammbödele 221
Daunenbekleidung 254
Dent d'Hérens-Nordwand 196
Deutsche Rettungsmedaille am Band 75
Dibona-Mayer-Route 124, 125, 184
Dienst VI 16, 38, 42, 46, 65, 74, 82, 92
Diensthütten 34, 81
Djinn 242
Dolomiten 25 f.
Duschl, Heinrich 13

Ebner, Max 123, 124, 127, 128, 144, 146
Edelweißposten 100
Eidenschink, Otto 16, 259
Eigergletscher 224, 239
Eiger-Nordwand 40 ff., 222 ff.
Eiselin, Max 224
Eiskarlspitze 144
Ellner, Hans 114, 121
Elmautal 108
Emmer, Sepp 16, 82, 99
Epp, Ritter von 72, 75
Erste-Hilfe-Unterricht 204
Ertl, Hans 16, 20

Falkenhütte 86, 123 f., 130, 148, 180

Fiechtl-Herzog-Route 16
Fiechtl-Weinberger-Route 82
Fieseler Storch 136
Fischer, Franz 16, 87, 92 f., 259
Flora, Gerhard Dr. 182, 190, 218
Floto, Kenneth B. 160
Focke, Heinrich Professor 241
Förstersonde 221
Franz, Karl 258
Frey, Franz 65
Frey, Georg 100, 103, 258
Frey-Vettern 74
Friedli, Erich 168, 222, 224 ff., 230
Friedrich, Franz 39, 78, 208, 217
Friedrich-Kurse 208
Frontzacken 53
Funkgeräte 78
Funktechnik 23

G 5 (Geländewagen), siehe auch: Stutzerl 114
Gebirgsjäger 66, 70, 75, 121, 132
Gebirgs-Luftrettung 245
Gebirgstrage 131, 208
Geiger, Hermann 241
Gerätekommission 253
Gerg, Walter 182, 184
Gerngroß, Hauptmann 152
Glatthard, Arnold 50
Gleisl, Luggi 96
Goldmann, Felix Dr. 23
Göttner, Adi 16, 38, 65, 66, 72
Gottschaldt, Ernst 13
Grammingersitz 21, 124, 126 ff., 131, 230, 254
Grandl, Karl 16, 20, 24, 78, 111, 258
Grands-Mulets-Hütte 31, 114, 116, 118, 121
Grindelwald 224, 239
Grob, Ernst 38
Grubenkar-Nordpfeiler 82

Haberl, Adolf 87
Hackerkeller 147
Hajdukiewicz Dr. 234
Halskrause 196
Hang, Raffael 110
Hartmann, Dr. 112
Hausstätter, Franz 42

Hechtel, Richard 82
Heckmair, Anderl 16, 22, 126, 192 ff., 198, 214, 259
Heeresflieger 242
Heeres-Gebirgssanitätsschule 132, 208
Heitzer, Albert Dr. 172, 178
Hellepart, Alfred 226, 228, 230, 232, 258
Herbst, Albert 16, 42, 46
Hibler, Anton 221
Hibler, Hans 221
Hillebrand, Peter 251
Hintermeier, Hans 16, 59, 64, 89, 90, 123, 124, 127, 128
Hinterstoißer, Andreas 48, 50, 59
Hinterstoißer-Quergang 48, 49, 59, 62
Hitler, Adolf 72, 75
Hochalmsattel, Diensthütte 36
Hochkalter 110
Hochland 24
Hochtourenführer-Kurse 214
Hochwanner 87, 94
Höfats 100
Hohljoch 82, 84, 86
Huber, Hermann 234, 253, 259
Hubschrauber 241 ff.
Huitfeldbindung 10
Hütt, Bartl 16
Hundeführer 221
Hydraulikwinde 242

Iblher, Willy 138
IKAR 165, 166

JU 52 48, 108
Jugendherbergsverband 76
Jugendleiterkurse 214
Jungfraujoch 224

Kabeltrommel 190
Kälteschäden 217, 218
Karwendelhaus 18
Kaufmann, Georg von 179, 250
Kederbacherweg 110
Keil, Werner Dr. 208
Keller, Ludwig 251
Kerntemperatur 221
Knorrhütte 93

269

Kofler, Max 18, 124, 148
Kombosch, Karl 182, 184, 186
Kraus, Karl von 16, 65, 72, 132, 138
Kreuzspitze 108
Kriegsjahre 132
Kristianiabogen 11
Kuhn, Hias 16, 96, 160
Kurz, Sepp 66, 72
Kurz, Toni 48, 50, 53, 54, 57, 59, 62, 64
Kurzakja 194

Ladizalm 124
Laliderer Wand 123, 180
Lammer, Eugen Guido 196
Landesstelle Bayern des DuOeAV 78
Lauper, Hans 40
Lawinen 217
Lawinensonde 36
Lehrerkurse 212, 214
Lehrwartkurse 214
Lense Fritz 100
Liebl, Paul 16, 82, 89 f., 94, 108
Longhi, Stefano 214, 222, 224, 226, 230, 234, 237, 239
Lucke, Hans 16
Luftangriffe 134, 136

Madonna di Campiglio 208
Magnus, Professor 98, 99
MAGRA-Karabiner 253
Mariner, Wastl 136, 165 f., 190, 208, 253
MARWA-Karabiner 253
März, Fritz Dr. 94
Massiger Pfeiler 172, 178, 179
Matterhorn 28 ff., 192
Mauri, Carlo 224
Mayer, Franz 228, 234, 239
Mehringer, Karl 40, 46, 62
Meier, Martin 16, 40, 50, 59
Meier, Toni 16, 99
Merk, Karl 16
Merk, Sepp 180, 221
Mercedes-Geländewagen 72, 106, 132
Mercedes-Kompressorwagen 31, 42, 104
Messner, Toni 16, 114, 118, 121
Methode Campell 170, 212
Minarek, Eugen 16
Mittellegigrat 44, 225
Möhn, Arwed 16
Möhn, Fedor 16
Möhn, Rudi 16
Montblanc 31 f., 112
Müller, Landgerichtsrat 148
Münchner Haus 88, 89

Naturschutzreferenten 100
Naturschutzstreifen 100
Neuner, Martin 160
Neureuther, Gottlieb Dr. 160 f., 208, 218
Nothdurft, Günter 228, 234, 239

Oberes Mönchsjoch 224
Oberreintalhütte 92
Olympiaschlitten 39
Ordnungs- und Naturschutzdienst 23, 100
Orter 24
Ortsstellen des Bergrettungsdienstes 80
Österreichischer Bergrettungsdienst 180, 182, 190

Paidar, Herbert 16, 65, 66, 72
Paketverschnürung 212
Pause, Walter 82
Peters, Rudi 16, 40, 42, 64
Pflugmacher, Bertl 160
Pfund, Wolfgang 123, 127, 142
Polizeikurse 210, 214
Pradidali, Cima di 25

Ragni di Lecco 224
Rainer, Edi 46, 48, 62
Rainer, Kuno 208
Raithel, Oberleutnant 70
Rasp, Franz 179
Reindl, Anton 124, 127, 130, 221
Reitsch Hanna 241
Rettungskurse Bergwacht 214
Rettungskurse IKAR 214
Rettungsstellen 81
Risser Falk 148
Rittler, Leo 16, 122
Rittlerquergang 16
Rometsch, Fritz Dr. 65, 66, 70, 72, 166, 208
Rosenschohn, Ernst 16, 38
Rubi, Adolf 48, 49
Rubi, Christian 48, 49, 214
Ruder, Hans 65, 72, 84, 94, 114, 116, 121, 123, 127

SAC-Rettungsstelle 40, 46
Sanitätskurs 23
San Martino di Castrozza 208
Schädlich, Alfred 258
Schäfer, Uli Dr. 135
Scheidegg, Große 224
Scheidegg, Kleine 40, 239
Schild, Melchior 166
Schimke, Helma 248, 251, 252

Schimke, Konrad Dr. 248
Schlunegger, Hans 48 f.
Schlunegger, Karl 238
Schmaderer, Ludwig 16, 65, 68, 72
Schmid, Franz 16, 212, 259
Schmid, Toni 16, 20
Schmidt-Wellenburg, Dr. 81
Schmiedhammer, Michl 144, 147
Schmitt, Fritz 170, 172
Schmittrinne 150
Schmuck, Markus 248, 250
Schneck 100
Schneefernerhaus 221
Schönfeld 66
Schuler, Paula 20
Schulter- und Hüftgelenksluxationen 210
Schuster, August 254, 258
Schuster, Gustl 172, 254, 258
Schuster, Hellmuth 170, 251, 259
Schuster, Karl 11
Schwarzenkopfhütte 210
Schweizer Alpen-Club 214
Schwieriger Riß 48, 62
Seeleinsee 100
Sedlmayr, Heini 42
Sedlmayr, Max 40, 46, 62
Seilwinde 180, 182, 184, 186, 225
Seyss-Inquart, Reichsinnenminister 158
Siebenwurst, Richard 46, 75, 114, 116, 121, 132
Sikorsky, Igor Iwanowitsch 241
Sikorsky H 34 242
Simond, Refuge 116
Simson 104
Singer, Franz 16
Sinzinger, Julius 160
Sixtriß 16
Ski-Patrol 158, 160, 161
Skistockschiene 161
Sobez, Josef 216
Sonderformation Bergwacht 162
Sonnenspitze 142
Sotier, Generalstaatsanwalt 148
Spießjoch 124
Spinnen von Lecco 224
Sportärztekurse 204, 214
Sport Schuster 172, 254
Stadelmann, Paul 82
Stadler, Fritz 144
Stahlseil 188, 190
Stahlseilwinde 246
Steimer, Toni 141
Steinauer, Ludwig 112, 116, 122
Steinberger, Hartl 16, 65, 72

Steinmassl, Sepp 258
Steuri, Fritz 42, 44
Steyrer-Lastwagen 172
St. Niklaus 202
Stutzerl 106, 112, 114, 123 f., 132, 147, 152

Telemarkschwung 11
Terray, Lionel 225, 230, 232, 234
Teuffel, Hans 42, 46
Thoma, Hans 214, 216
Thomasplint-Schiene 161 f.
Todesbiwak 44, 48
Totenkirchl 14, 21, 150
Touristenverein Die Naturfreunde 10, 76
Trag- und Abseilsitz 21, 124, 126 ff., 131, 230, 254

Udet, Ernst 44, 75
UIAA 166
Umlenkbock 188

Vajolettürme 26
Vallothütte 32, 114, 116, 118
Venedig 25
Verein zum Schutz der Alpenpflanzen und -tiere 76
Vertol V 43 242
Vierradlenkung 106
Vor-Ort-Hilfsstelle 78
Vörg, Ludwig 16
Votz, Friedl 251
Vuzem, Erwin 87 f., 90, 92, 94, 99

Waltenbergerhaus 140
Wank 218
Watzmann-Ostwand 65, 170, 248
Watzmann-Biwakschachtel 65, 170 ff., 177 ff.
Waxensteiner 11
Weinberger, Frane 21
Welzenbach, Willo 16, 40
Wien-Film-Gesellschaft 150
Wimbachbrücke 66, 70, 74
Wimbachgrieshütte 172
Wimbachtal 178
Windensystem 188
Winklerriß 26
Wintersteller, Bruno 198, 200
Woerndle, Anton 24, 258

Zehnzacker 53
Zeltposten 100
Zermatt 28, 192
Zeuner, Karl 138
Zmuttgletscher 193
Zmuttgrat 192
Zürcher, Alfred 40

Rückkehr ins Leben

Erwin Vuzem, den Ludwig Gramminger 1937 aus der Hochwanner-Nordwand trug, feiert seit damals einen zweiten Geburtstag – wenn immer möglich – mit seinem Retter.

Lieber Wiggerl,

dieses Buch beschreibt die Geschichte der Bergrettung, die Entstehung der Ausrüstung und der Rettungsgeräte, die Technik ihrer Anwendung. Doch bleibt der Mensch, der mit dieser Technik umgeht, wohl unersetzlich. So empfand ich es damals, vor fast 50 Jahren auch, in jenen Septembertagen des Jahres 1937, als ich mit meinen erfrorenen Füssen, ohne Nahrung, zehn Tage lang in der Nordwand des Hochwanners ausharren mußte, und auf Dich und Deine Kameraden wartete. Ich hoffte, nein ich wußte, daß Du kommen würdest. Ich kannte Dich ja und wußte von Deiner Arbeit in der Bergwacht und von den Rettungen vieler verunglückter Bergsteiger – und so war es auch.

Es bleibt eine mir auch heute noch unvorstellbare Leistung, mich auf dem Rücken 400 Meter durch die schwierige Nordwand des Hochwanner zum Gipfel zu tragen. Dein Einsatz hat mir das Leben gerettet, Dein Mitgefühl und Deine Entschlußfreudigkeit bewahrten mir zwei Tage später die Unversehrtheit.

Du hast aber auch vielen anderen Bergsteigern Leben und Gesundheit erhalten. Stellvertretend für sie möchte ich Dir danken für den stets spontanen und selbstverständlichen Einsatz — bei jedem Wetter, in schwierigstem Gelände, zu allen Jahreszeiten, ohne Ansehen der Person und der Umstände. Wer Dich kennt oder dieses Buch gelesen hat, weiß, wie oft dabei Dein Leben und das Deiner Helfer auf dem Spiel stand.

Wenn wir alle, die Du aus Lebensgefahr gerettet hast, heute wieder in die Berge gehen können, die Großartigkeit und Schönheit der Gebirge erleben dürfen, dann verdanken wir das Dir. Lieber Wiggerl, als noch immer aktiver Bergsteiger weiß ich um dieses Geschenk – ich bin stolz, daß ich Dich meinen Freund nennen darf.

E. V.